本书受教育部人文社会科学研究"WTO裁决执行的法律机理及中国实践研究"项目（批准号：17YJC820036）资助
本书由上海第二工业大学资助出版

WTO裁决执行的法律机理与中国实践研究

RESEARCH ON THE LEGAL MECHANISM OF WTO
RULINGS COMPLIANCE AND CHINA'S PRACTICE

孟 琪 著

復旦大學 出版社

摘要

本书探讨WTO裁决执行的法律机理和中国实践问题。WTO专家组和上诉机构作出并经全体成员组成的争端解决机构（DSB）通过的建议和裁决，即"WTO裁决"是WTO争端解决机制的核心。任何争端解决机制，裁判是中心，执行是命脉。及时有效地执行WTO裁决是WTO法律体系可靠性和可预见性的具体体现，是衡量WTO争端解决机制有效运作、为多边贸易体系提供稳定性与可预测性的重要指标。WTO裁决能否得到执行直接影响着多边贸易体制的稳定和发展。近年来，一些延迟执行案件和执行争议案件导致WTO裁决执行率的下降，因此，WTO裁决执行问题被认为是"WTO争端解决机制中最棘手的问题之一"。

本书共分为五章。

第一章WTO争端解决机制的裁决执行概述。分别介绍了WTO争端解决机制的裁决制度和执行制度，通过WTO裁决的法律约束力和裁决执行的法律效力的分析，得出WTO裁决具有法律约束力，应该得到败诉方执行的结论。对WTO主要成员代表——美国、欧盟和中国的WTO裁决执行情况进行简单介绍，并分析总结了影响败诉方裁决执行决策的主要因素。

第二章详细介绍了美国和欧盟的WTO裁决执行制度。选取美国和欧盟作为研究对象有其特定的原因：其一是美国和欧盟是WTO最大的两个成员方，所涉案件数量也是位居前二，而且它们国内具有相对完善的WTO裁决执行制度；其二是目前WTO裁决执行实践中的拖延执行和执行争议案件，甚至最终诉诸报复制度解决争端的案件主要集中在美国和欧盟。美国和欧盟国内的 WTO 裁决执行制度以及实践中的典型执行案例都有非常重大的参考和借鉴意义，值得研究。因此，本章分别介绍了美国和欧盟的 WTO 裁决执行制度，通过国内法律体制、执行 WTO 裁决的立场和态度以及典型案例分析等方面的研究，并对美国和欧盟执行 WTO 裁决策略进行比较，反映出美国和欧盟都以国家利益为根本出发点来决策 WTO 裁决的执行与否，但在实践中的表现方式有所不同。

第三章 WTO 裁决执行机制法律机理的研究。首先详细介绍了 WTO 关于裁决执行机制的具体规定，主要包括 7 个方面的内容；其次对 WTO 裁决执行机制的价值、目标、基本原则和运行要素等 4 个基本问题展开研究；在此基础上，最后提出 WTO 裁决执行机制的法律机理，通过对其理论基础——"跨国法律进程"理论的深入探讨，指出国家自身的力量才是遵守国际法的根本力量源泉，而非外在的压力。国家遵守国际法的主要原因在于通过不断的互动，使得国际规则内化为本国规则。"跨国法律进程"理论的两个关键术语是"互动"和"内化"，通过对 WTO 裁决执行过程中的"互动"和"内化"的实践考察，我们发现"跨国法律进程"理论较好地解释了 WTO 成员为什么执行或不执行 WTO 裁决的法律机理。

第四章 WTO 中国案件裁决执行情况报告。截至目前，中国被诉案件 43 起，涉及中国败诉且需要执行的案件有 19 起，中国政府几乎执行了所有对中国不利的 WTO 裁决。本章详细介绍了中国被诉的所有案件的基本案情和执行过程以及结果，并进行了简要评述，全面展示了中国执行 WTO 裁决的实际情况。

在此基础上，第五章针对中国执行 WTO 裁决的具体问题进行研究。本章介绍了中国执行 WTO 裁决概况，通过案件执行分析总结了中国 WTO 被诉案件败诉的主要原因和中国执行 WTO 裁决的主要困难和现实问题，并对完善中国 WTO 裁决执行机制提出具体的策略与建议，提出中国应该采取各种灵活的方法和策略执行 WTO 裁决的观点，这将有利于提升我国的国际形象，更好地维护国家利益。

随着国家贸易实力的加强和经济优势的突显，中国参与的 WTO 争端解决案件必将越来越多，争端解决能力将面临日益严峻挑战，尽快适应国际交往的规则,并从中争取主动权,已经迫在眉睫。中国应当学会成为 WTO 体制中更熟练的参与者,通过运用灵活性的策略来提高履行国际义务的能力,以更好地维护国家声誉和最大化自身利益。本书建议改变中国以往完全执行 WTO 裁决的单一做法,借鉴美国和欧盟等 WTO 其他成员方的经验和做法,以国家利益为中心,构建一套涵盖立法、行政和司法的有"中国特色"的 WTO 裁决执行制度,以维护国家利益和声誉。

序

世界贸易组织（以下简称 WTO）争端解决机制被认为是整个国际贸易体系和有效执行乌拉圭回合谈判成果的"关键所在"，被誉为 WTO 体制"皇冠上的明珠"。迄今为止，通过 WTO 争端解决机制裁决的案件已累计达到 584 件，为有效解决国际贸易争端发挥了至关重要的作用。随着 WTO 争端和裁决数量的不断增加，DSB 裁决和建议（简称 WTO 裁决）的执行问题开始成为国际社会关注的焦点。任何争端解决机制，裁判是中心，执行是命脉。及时有效地执行 WTO 裁决是 WTO 法律体系可靠性和可预见性的重要保障，是衡量 WTO 争端解决机制有效运作、为多边贸易体系提供稳定性与可预测性的重要指标。WTO 裁决能否得到执行直接影响着多边贸易体制的稳定和发展。

2019 年是我国加入 WTO 的第 18 年。在过去的 18 年里，我国除了作为第三方参与的争端解决案件以外，WTO 涉华贸易争端案件共 63 件，其中我国作为申请方的案件 20 件，作为被诉方的案件 43 件。作为 WTO 的成员，我国严格履行成员义务，自觉遵守 WTO 规则和执行 WTO 裁决，始终是多边贸易体制的积极参与者、坚定支持者和重要贡献者。

从应然的角度看，以"一视同仁"的态度遵守所有国际司法机构的裁决，这固然是一种道义和理想，但不一定符合国际社会的现实。鉴于我国在世界舞台上的角色转变，参与国际法实践的方法和策略亦须不断顺时应势做出调整。在 WTO 争端解决机制框架内，如果善于运用国际法原理，以具有灵活性的法律方法和策略执行 WTO 裁决，将有助于改变西方国家对我国的固有偏见与长期误读，有利于提升我国的国际形象，也有利于更好地维护我国的国家利益。

　　中国加入WTO以来，国内有关WTO争端解决机制的研究取得了丰硕的成果。但以WTO争端解决机制中的裁决执行机制的法律机理为主题开展系统、深入、完整的理论和实证研究的成果尚不多见。孟琪女士选取了这一具有理论意义与实践价值的课题作为她的博士后研究主题，呈现在读者面前的著作描绘了一幅构思较为缜密完整的WTO裁决执行机制的图画。本书针对WTO争端解决机制中的"裁决执行机制"的法律机理进行研究，通过深入的国际法理论分析，阐述了WTO裁决执行机制的国际法基础；通过比较方法，分析了美国和欧盟等具有代表性的成员的WTO裁决执行制度，在此基础上，归纳总结出了WTO裁决执行的一般法律机理，并深入探讨了我国的WTO裁决执行实践和问题。作者提出我国应采用更加灵活的方法和策略执行WTO裁决的观点新颖、独特，提出的建议和措施言之有据，值得我国相关主管部门的借鉴与重视。

　　作为上海第二工业大学的副教授，孟琪女士长期从事国际经济法的教学科研工作，并有在境外长期访学的经历。她国际法理论基础扎实，英语水平优秀，研究能力出众。在华东政法大学进行博士后研究期间，身为母亲、妻子和女儿，她不仅克服了本职工作繁重的困难，而且很好地平衡了家庭、学习和工作的关系，潜心于课题研究，以优良的答辩成绩如期出站。作为合作导师，我相信这部凝聚了孟琪女士心血与智慧的著作，必将为我国WTO争端解决机制领域研究添上浓墨重彩的一笔。

刘晓红

2019年6月5日

目录

学术概述 ··· 1

引言 ··· 9

第一章 WTO争端解决机制的裁决执行概述 ····················· 13
  第一节 WTO争端解决机制的裁决制度 ························· 14
    一、WTO裁决的内涵 ·· 15
    二、WTO裁决的法律约束力 ······································· 17
  第二节 WTO争端解决机制的裁决执行制度 ···················· 22
    一、WTO争端解决机制的裁决执行制度概述 ················ 23
    二、WTO裁决执行的法律效力 ··································· 32
  第三节 WTO裁决执行现状 ··· 38
    一、WTO裁决执行概况 ·· 41
    二、美国和欧盟WTO裁决执行现状 ··························· 43
    三、中国WTO裁决执行现状 ····································· 44
  第四节 影响败诉方裁决执行决策的主要因素 ··················· 45
    一、WTO裁决的正当性 ·· 47
    二、国际执行法律制度 ·· 50

三、成员国（地区）内法律体制 …… 50
四、成员国（地区）内的政治经济因素 …… 51
五、国家实力 …… 52
六、国家主权 …… 53
七、国家声誉 …… 55
八、授权报复措施 …… 56
九、角色反转 …… 58

第二章 美国和欧盟 WTO 裁决执行制度 …… 67
第一节 美国 WTO 裁决执行制度 …… 70
一、美国参与 GATT/WTO 争端解决情况概述 …… 70
二、美国被裁决为败诉案件的执行情况分析 …… 73
三、美国执行 WTO 裁决的国内法律体制 …… 77
四、美国执行 WTO 裁决的典型案例分析 …… 83
第二节 欧盟 WTO 裁决执行制度 …… 99
一、欧盟参与 GATT/WTO 争端解决情况概述 …… 99
二、欧盟执行 WTO 裁决的立场与态度 …… 109
三、欧盟执行 WTO 裁决典型案例分析 …… 112
第三节 美国和欧盟执行 WTO 裁决的比较研究 …… 124
一、美国和欧盟执行 WTO 裁决的特点 …… 124
二、美国和欧盟 WTO 裁决执行的比较 …… 129

第三章 WTO 裁决执行机制的法律机理研究 …… 143
第一节 WTO 关于裁决执行机制的具体规定 …… 144
一、通报执行裁决的意向 …… 145
二、WTO 裁决执行的监督机制 …… 149

三、WTO 裁决执行的"合理期限" ……………………… 152
　　四、WTO 裁决执行的复审制度 …………………………… 156
　　五、报复水平的仲裁 ………………………………………… 158
　　六、补偿制度 ………………………………………………… 166
　　七、报复制度 ………………………………………………… 170
第二节　WTO 裁决执行机制的基本问题 ……………………… 178
　　一、WTO 裁决执行机制的价值 …………………………… 178
　　二、WTO 裁决执行机制的目标 …………………………… 182
　　三、WTO 裁决执行机制的基本原则 ……………………… 185
　　四、WTO 裁决执行机制的运行要素 ……………………… 187
第三节　WTO 裁决执行机制的法律机理 ……………………… 189
　　一、WTO 裁决执行机制法律机理的理论基础 …………… 191
　　二、WTO 裁决执行机制法律机理的实践考察 …………… 194

第四章　WTO 中国案件裁决执行情况报告 ……………………… 215
　第一节　中国执行 WTO 裁决案件情况报告 ………………… 216
　第二节　报告小结 ……………………………………………… 272

第五章　中国执行 WTO 裁决问题研究 …………………………… 275
　第一节　中国执行 WTO 裁决概况 …………………………… 278
　　一、中国执行 WTO 裁决基本情况 ………………………… 279
　　二、中国执行 WTO 裁决典型案例分析——中美"知识产权案"
　　　 …………………………………………………………… 284
　　三、对中国执行 WTO 裁决的简要评价 …………………… 286
　第二节　中国执行 WTO 裁决面临的困难和问题 …………… 288
　　一、中国 WTO 被诉案件败诉的主要原因分析 …………… 289

二、中国执行 WTO 裁决的主要困难和现实问题 …………… 291
　　三、WTO 裁决执行对中国的影响 …………………………… 296
第三节　完善中国 WTO 裁决执行机制的策略与建议 …………… 297
　　一、中国执行 WTO 裁决的立场和能力 …………………… 298
　　二、中国执行 WTO 裁决的法律策略 ……………………… 299
　　三、完善中国 WTO 裁决执行机制的建议 ………………… 303

结语 ………………………………………………………………… 323

主要参考文献 ……………………………………………………… 325

后记 ………………………………………………………………… 343

缩略语表（Abbreviation）

缩略语	全　　称
DSB	世界贸易组织争端解决机构 (Dispute Settlement Body)
DSU	《关于争端解决规则与程序的谅解》 (Understanding on Rules and Procedures Governing the Settlement of Disputes)
GATS	《服务贸易总协定》 (General Agreement on Trade in Services)
GATT	《关税与贸易总协定》 (General Agreement on Tariffs and Trade)
ICJ	联合国国际法院 (International Court of Justice)
ILO 宪章	《国际劳工组织宪章》 (International Labour Organization Charter)
ITO	国际贸易组织 (International Trade Organization)
MAS	双方同意的解决办法 (Mutually Agreed Solutions)
NAFTA	《北美自由贸易协定》 (North American Free Trade Agreement)
OECD	经济合作与发展组织，简称经合组织 (Organization for Economic Co-operation and Development)
RPT	合理期限 (Reasonable Period of Time)
SCM	《补贴与反补贴措施协定》 (Agreement on Subsidies and Countervailing Measures)
TPIPS	《与贸易有关的知识产权协定》 (Agreement on Trade-Related Aspects of Intellectual Property Rights)
WTO	世界贸易组织 (World Trade Organization)

与 WTO 裁决执行有关的重要案件名称一览表

序号	案号	案件全称	案件简称
1	DS27	欧共体——香蕉进口、销售和分销体制案	欧共体——香蕉案
2	DS26 DS48	欧共体——荷尔蒙牛肉和牛肉制品措施案	欧共体——荷尔蒙案
3	DS46	巴西——飞机出口融资计划案	巴西——飞机案
4	DS108	美国——海外销售公司税收待遇案	美国——FSC案
5	DS136	美国——《1916年反倾销法》案	美国——1916年法案
6	DS160	美国——美国版权法第110(5)节案	美国——版权法案
7	DS217 DS234	美国——《2000年持续倾销和补贴抵消法》案	美国——伯德修正案
8	DS222	加拿大——支线飞机的出口信贷和贷款担保案	加拿大——飞机案
9	DS267	美国——高地棉花补贴案	美国——棉花案
10	DS285	美国——影响跨境赌博和博彩服务供应措施案	美国——博彩案

注释：
（1）为简化案件名称，本书中均采用案件简称。
（2）鉴于部分案件有多个起诉方以及为了便于案件说明和解释，本书中的部分案件简称后面会注明起诉方，特此说明。

学术概述

一、选题的理论意义与现实意义

在 WTO 并不具有如国内强制执行机构的情况下，WTO 成员为什么会执行某些 WTO 裁决，但有的 WTO 裁决却得不到有效执行？为什么有的 WTO 裁决能够得到及时而有效的执行，而有个别裁决需要通过执行复审程序甚至授权报复程序后才能够得以执行？为什么有的 WTO 裁决到目前为止都尚未得到执行？中国面对 WTO 不利裁决的立场、国内执行机制以及中国是否享有执行 WTO 裁决的灵活性？为解决上述问题而开展本课题的研究，其学术价值和实用价值不言而喻。

1. 理论价值

（1）有助于澄清 WTO 裁决的法律效力问题。本书将重点研究下列问题：WTO 裁决是否是国际法？WTO 裁决的公正性是否得到成员的普遍认可？WTO 裁决对各成员的法律效力如何？

（2）有助于深入开展 WTO 裁决执行理论的研究。本书将结合 WTO 裁决执行理论研究美国、欧盟和中国等主要成员执行 WTO 裁决的法律机理与实践问题，深入探讨影响各成员执行 WTO 裁决决策的主要因素以及其对成员执行 WTO 裁决实践的影响，据此提出促使败诉方执行 WTO 裁决的具体策略和建议。

本书的研究成果将有利于丰富我国参与国际体系变革、国际规则制定和提升国家"软实力"的理论。

2. 实际应用价值

（1）在和平崛起的进程中，我们有必要重新寻找与校准中国在世界舞台上的定位。善于运用国际法，灵活执行 WTO 裁决，是塑造国家形象的重要一环，也是增强国家实力不可或缺的一部分。本书的研究，将为完善我国 WTO 裁决执行机制提供理论和实践支持，便于我国更好地应对 WTO 裁决的执行问题。到目前为止，中国被诉案件 43 起，有 13 起案件在合理期限内执行完毕，有 2 起案件起诉方对我国的执行提出质疑，有 1 起案件正在进行执行专家组程序，有 1 起案件处于执行阶段。中国已在汽车零部件案、知识产权案、文化产品案、原材料出口限制案、电子支付服务案、取向硅钢双反案、X射线安全检查设备反倾销案和稀土案中执行了WTO裁决。除为了执行取向硅钢双反案而应急性地颁布了存在诸多天生缺陷的《执行世界贸易组织贸易救济争端裁决暂行规则》外，其他案件的执行都是在没有任何WTO裁决国内执行机制的情况下完成的，执行实践中暴露出许多问题，例如执行WTO裁决缺乏法律依据、法律程序简单不易操作、执行工作启动较晚等。为了更好地应对WTO裁决执行，规范WTO裁决执行程序，彰显我国遵守WTO裁决的"守法"形象，有必要进行顶层设计，完善我国执行WTO裁决的国内机制。

（2）为我国更好地促使美国和欧盟执行WTO裁决提供重要策略。通过研究美国和欧盟执行WTO裁决的立场、影响执行决策的因素、国内执行机制和其实际运作情况，有助于我国更好地促使美国和欧盟执行WTO裁决。中国政府应该密切关注美国和欧盟的执行进展情况，适时进行交涉和施加压力，争取更为有利的执行结果，而不是等执行结果出来之后再采取对策。如中国诉欧盟紧固件反倾销案（DS397），欧盟的执行结果并不令人满意，但由于我国监督执行程序不健全，准备不充分，而处于相对被动的地位，使得最终执行效果差强人意。

因此，本书的完成，可在丰富我国参与国际制度和处理与国际司法机构关系理论的同时，为我国遵守国际规则和执行WTO裁决，最终提升国家实力提供理论和实践上的参考。

二、国内外研究综述

在当今国际社会，国际法具有号令天下的道义力量。执行国际司法机构的不利裁决，是国家遵守国际法的重要表现。WTO裁决的执行问题是衡量WTO争端解决机制是否有效运作、能否为多边贸易体制提供稳定性与可预见性的重要指标。国内外学术界都很重视研究WTO裁决执行的理论和实践问题。

WTO裁决的执行问题是近年来国际法学者的一个热点研究领域。国内外学者大都从国际法角度关注WTO裁决执行的理论问题研究，形成了大量研究成果。除汗牛充栋的中英文论文外，傅星国、李晓玲、胡建国等学者还各自专门出版了关于WTO争端解决裁决执行机制的专著。但是，现有文献较少关注 WTO 裁决执行背后的法律机理问题，特别是忽视了对主要成员 WTO 裁决执行与否的决策因素研究。就与 WTO 裁决执行法律机理及实践问题有关的研究而言，主要表现在以下两个方面。

1. 在 WTO 裁决执行法律机理方面

国外的代表作有 Benjamin L. Brimeyer 的《The Inability of the WTO Dispute Settlement Process to Achieve Compliance from Superpower Nations》（2001），Brendan P. McGivern 的《Seeking Compliance with WTO Rulings: Theory, Practice and Alternatives》（2002），Sebastiaan Princen 的《EC compliance with WTO law the interplay of law and politics》（2004），D. Palmeter 的《The WTO Dispute Settlement Mechanism: Compliance with WTO Rulings and other Procedural Problems》（2005），Yenkong Ngangjoh-Hodu 的《Theories and Practices of Compliance with WTO Law》（2012），Rachel Brewster 的《Supplying Compliance: Why and When the United States Complies with WTO Rulings》（2014）等。这些文章提出"超级大国在执行 WTO 裁决方面存在困难""执行 WTO 裁决的一些替代选择是导致它们不执行的原因之一""美国和欧盟执行 WTO 裁决的时机和影响因素"等重要观点。简言之，WTO 成员并非不加区别地执行所有的 WTO 裁决，决策是否执行是受到其背后的法律机理的影响，实践中根据具体情况采取不同的策略。

国内专门研究以 WTO 裁决执行为主题的文章还较少，代表作是李晓玲的《WTO 争端裁决的执行机制研究》（2012），Xiaowen Zhang 和 Xiaoling Li 的《The Politics of Compliance with Adverse WTO Dispute Settlement Rulings in China》（2014），胡建国的《美欧执行 WTO 裁决的比较研究》（2014），贺小勇的《WTO 裁决执行与否的法律机理》（2015），张乃根的《WTO 授权贸易报复的请求问题探究——以紧固件案执行争端解决为视角》等。这些文章提出美国、欧盟和中国执行 WTO 裁决的实际情况，并指出一些影响执行表现的因素。

2. 在主要成员执行 WTO 裁决之实践方面

Wilson 2007 考察了各成员的 WTO 裁决执行情况，提出如果能够通过行政行为而不是立法行为来执行WTO裁决，那么执行将更为迅速和有效。美国国会研究服务局（2011）曾对美国尚未执行的WTO裁决做了一个系统梳理。Brewser和Chilton（2013）从执行供给的角度考察了美国执行WTO裁决的机理和时间，提出行政机关和国会是美国执行WTO裁决的供应主体，且行政机关较国会更可能较快地执行WTO裁决。左安磊（2013）考察了欧盟执行WTO裁决的基本立场。关于中国执行WTO裁决的情况，国内学者尚未有全面深入的研究。Harpaz（2010）提出，中国执行WTO裁决主要体现了尊重第三方裁决的意愿。Webster（2013）认为，虽然中国声称积极执行WTO裁决，但实际上存在"纸面执行"的问题，即"对中国执行WTO裁决的表现持有质疑的态度"。

综上所述，学术界普遍认识到研究执行WTO裁决法律机理和实践问题的重要性。(1) 以美国和欧盟为代表的成员，并非在任何情况下都无条件执行WTO裁决；(2) 通过对执行实践的考察，发现在执行WTO裁决方面，存在大国"例外"问题；(3) WTO裁决执行与否的决策受到一些因素的影响，与其背后的法律机理密切相关；(4) 中国执行WTO裁决的比例在不断提高，但对中国执行WTO不利裁决的意愿和能力仍存质疑。本书研究一方面从WTO裁决执行实践出发，深度挖掘执行WTO裁决的法律机理，另一方面，通过对WTO裁决执行的法律机理的研究，提出促使败诉方执行WTO裁决的具体策略，最终落实到我国实践，为我国更好地执行WTO裁决提出具体策略，为完善我国WTO裁决执行国内机制提出建议和方案。

三、本书的主要创新

1. 选题新

迄今为止，国内外学者大多关注以个别案例为重点来研究WTO规则的解释和适用问题，统计和罗列执行WTO裁决的基本情况，对于WTO裁决的效力和执行理论，以及内部蕴含的法律机理等基础理论问题，我国应如何参与和应对WTO裁决执行，并在大量实践的基础上，完善和重构一套有中国特色的国内执行机制等问题，国内还未出现比较深入和系统的研究成果，因此本书的选题较新颖。

2. 观点新

本书提出如下新观点。

第一，成员是否执行WTO裁决的决策和执行策略往往受到众多因素的影响，其中蕴含着法律机理。综观美国和欧盟执行WTO裁决的历史、现状和执行实践，除了WTO裁决的公正性这一重要因素之外，还经常受到其他因素的影响，涉及有关国内立法的修改、具有高度政治敏锐性和影响国家重大利益等问题的裁决，美国和欧盟经常采取拖延甚至不执行的策略。而WTO裁决的执行过程实际上就是一个成员间通过"互动"而将裁决"内化"的动态过程，这就是WTO裁决执行的法律机理。

第二，关于是否执行一项WTO裁决，学术界一般是以时间线（合理期间）和执行效果这两个因素为判断标准。时间线就是WTO裁决被"内化"时间的"长"与"短"问题，但所谓"执行效果"是一项模糊的标准，容易造成即便一方认为已执行某项WTO裁决，而另一方却可能认为未执行，或只是"纸面上的执行"，尤其是各成员方对我国的执行已经出现这种不同的看法。因此，首先，中国应当根据自身的利益，灵活选择执行WTO裁决的策略，完善或重构国内执行机制，将执行规则和过程向国际社会公开化和透明化，争取更多国际道义上的支持，以便获得国际舆论上的优势和对方成员的接受；其次，中国应明确提出执行WTO裁决的国际标准，即是否执行应严格依据WTO协定文本的规定，而不是依据各成员的主观判断，以此突显中国在国际社会中的话语权和制定国际规则的实力。

3. 结论新

一是从国际法基本理论角度审视WTO裁决的效力问题，有可能得出新结论；二是通过研究美国和欧盟执行WTO裁决的实践情况和特点，找到影响WTO裁决执行决策的主要因素和法律机理，有可能对我国更好地执行WTO裁决提出针对性建议和策略；三是通过比较中美欧的WTO裁决国内执行机制及其执行实践，有可能完善或重构一套有中国特色的WTO裁决国内执行机制。

四、本书的研究方法

1. 比较研究法

比较研究的对象主要是美国和欧盟。这两个 WTO 成员在 WTO 规则研究的历史、主导制定 WTO 规则的能力、参与执行 WTO 裁决实践的经验等方面有明显的优势，但与我国情况存在明显的差异，导致它们在国际事务的处理和国际法的实践方面与我国经常出现不同的立场和主张。因此，在研究 WTO 裁决执行的法律机理及中国实践问题时，有必要梳理美国和欧盟在 WTO 体制下执行 WTO 裁决的态度和立场、国内执行机制、实践情况及特点，以提出既符合我国国情又保护国家贸易利益和守法国家形象的执行对策和建议。

2. 案例分析法

自 1995 年成立以来，WTO 受理的案件已经达到 580 起。这些判例为研究各成员执行裁决的态度、实践和策略提供大量有价值的数据和信息。首先，本书主要选取美国、欧盟的典型案例为样本，实证分析它们在执行 WTO 裁决方面的立场及影响决策的原因，并研究 WTO 裁决执行的法律机理；其次，对于中国执行 WTO 裁决的问题研究，本书针对性选取有关的 WTO 裁决案件（案号为 DS362、DS363、DS373 和 DS427 等）予以分析。

3. 实证研究法

通过对商务部具体负责 WTO 争端解决工作的一线同志以及立法部门同志的访谈，与参与相关案件审理与执行的律师、专家和学者进行交流探讨，及时发现需要解决的问题，验证观察和研究结论，针对我国 WTO 裁决执行情况和完善国内执行机制的设想与之充分交流。

引言

世界贸易组织（World Trade Organization，WTO）是当今世界唯一规范全球贸易的国际组织。WTO代表着近95%的全球贸易份额，且具有完整的国际法人格，其成立至今的实践已经充分证明，它的宗旨不仅得到了确立，而且得到了延伸。WTO成立20周年之际，WTO总干事——阿泽维多在发表的讲话中指出，WTO在过去的数年中促进了贸易增长，解决了大量的贸易争端，抵御了2008年的金融危机，支持了发展中国家融入贸易体系，并有力地遏制了贸易保护主义[1]。事实上，很难想象一个没有WTO的世界。

争端解决机制是WTO多边贸易体制的重要组成部分，是迄今为止人类历史上最为成功的、和平解决国家间贸易争端的机制，其旨在保护WTO成员方（地区）内各行各业的合法利益，维护该体制的稳定和可预见性。截至2019年3月31日，WTO争端解决机构已经受理580起案件[2]，从数量上远远超过其他全球性争端解决机构。当然，提交WTO的争端案件数量多一方面可以理解为全球贸易摩擦加剧，另一方面更能体现全球经济联系的紧密，各成员对WTO争端解决机制的信心。

WTO专家组和上诉机构作出并经全体成员组成的争端解决机构（Dispute Settlement Body，DSB）通过的建议和裁决（the recommendations and rulings），即"WTO裁决"[3] 是WTO争端解决机制的核心。任何争端解决机制，裁判是中心，执行是命脉。及时有效地执行WTO裁决是WTO法律体系可靠性和可预见性的具体体现，是衡量WTO争端解决机制有效运作、为多边贸易体系提供稳定性与可预测性的重要指标。WTO裁决能否得到执行直接影响着多边贸易体制的稳定和发展。

WTO争端解决机制设立了一套三位一体的裁决执行体系。该体系由三项机制组成：一是司法机制，由专家组、上诉机构和仲裁庭对WTO裁决执行的合理期限、裁决执行过程中产生的争议以及经授权报复的水平做出司法裁定；二是监督机制，对WTO裁决执行的全过程进行多边监督（包括通报监督等）；三是救济机制，在败诉方不执行WTO裁决时，允许胜诉方进行补偿谈判或申请授权报复[4]。这三项机制相辅相成，分阶段按程序进行，充分发挥了裁定、监督和救济的多重作用，为WTO裁决的执行提供了制度上的保障，共同促使败诉方及时有效地执行WTO裁决。

截至2019年3月31日，WTO争端解决机构共受理成员方提起的争端案件580件，作出了343项裁决。在诉诸争端解决机制的案件中，有超过90%的案件最终被裁定违反了WTO规则，在几乎所有作出裁决的案件中，败诉方均声明愿意执行裁决，且裁决执行的情况和效果都不错，只有在极个别案件中出现了执行不力的问题，诉诸报复的案件更是屈指可数。通过对上述WTO裁决案件的执行实践进行统计分析，结合美国和欧盟两个主要WTO成员方的执行制度和经验，我们可以发现WTO裁决执行具有特定的法律机理蕴含其中。

到目前为止，中国对比其他成员方的执行情况表现良好，这是一个非常了不起的结果，与美国、欧盟等少数WTO成员拖延执行甚至拒不执行裁决相比，中国可以被称为执行WTO裁决的"模范成员"。中国认真执行WTO裁决，充分体现了中国对于WTO争端解决机制的高度信任和尊重，也维护了中国是履行国际义务的负责任大国的形象。但同时，建议中国政府能够更熟练地掌握WTO争端解决技巧，通过运用灵活的策略来提高履行国际义务的能力，放弃完全执行WTO裁决的单一做法，采取国家现实主义的态度，借鉴美国、欧盟等WTO其他成员方的制度和经验，构建一套涵盖立法、行政和司法的有"中国特色"的WTO裁决执行制度，尽最大可能地维护国家利益、保护国内产业。

注释：

［1］ Azevêdo：WTO marks 20 years of helping boost trade growth，WTO Website. https：//www.wto.org/english/news_e/news15_e/dgra_01jan15_e.htm.（2019-3-20）.

［2］ 本书所有统计数字均来源于WTO官网，特此说明。

［3］ 本书中的WTO裁决特指由专家组、上诉机构和仲裁小组作出的并经DSB通过的建议和裁决。文章中出现的WTO裁决和DSB建议和裁决可以替代使用。

［4］ 傅星国. WTO争端裁决的执行机制. 上海：上海人民出版社，2011：58.

第一章

WTO 争端解决机制的裁决执行概述

成员在 WTO 败诉了怎么办？WTO 裁决是否具有法律约束力？败诉方[1]是否有义务必须执行 WTO 裁决？WTO 裁决执行问题一直是学界争论的焦点，已经成为困扰 WTO 争端解决机制良好运转的关键性问题。在 WTO 争端解决机制的第一个十年里，WTO 裁决的执行率从第一个五年的 69%下降到第二个五年的 54%[2]，足以说明问题，近年来，大量拖延案件（指执行期限被持续延长的案件）和执行争议案件（指充分执行受到质疑的案件）引起了执行率的进一步下降[3]，被认为是"争端解决机制中最棘手的问题之一"[4]。

不执行问题使得 WTO 争端解决机制的作用受到很大的影响，WTO 裁决得不到及时有效的执行，使得胜诉方的既得利益处于持续受损害的状态，同时也减损了多边贸易体制的权威性，影响了其他成员方对多边贸易体制的信心，WTO 裁决的执行问题也可能是多哈回合谈判迟迟没有进展的主要原因之一。

第一节　WTO 争端解决机制的裁决制度

WTO 自 1995 年成立至今，其争端解决机制在有效解决争端、维护成员利益等方面发挥着重要和独特的作用，被誉为 WTO"皇冠上的明珠"，WTO 争端解决机制作出的裁决是 WTO 法律体系中不可缺少的核心部分。一方面，WTO 裁决代表着成员在 WTO 法律框架下可获得的实体性和程序性救济；另一方面，也代表着成员所承担的义务和责任。

WTO 争端本身就是一场激化了的谈判，每一起争端案件都像一次"局部地震"，是多边贸易体制各"板块"（成员）之间贸易摩擦导致的"地壳运动"，既反映出经济全球化浪潮下各国资源配置与比较优势的变化及其引起的竞争关系的变化，也凸显了针对这种变化各国采取相应政策所引发的矛盾和冲突。在 WTO 多边贸易法律体制框架下，争端解决就是成员对其"利益的丧失或减损"实施的救济措施、通过利益交换最终恢复或调整权利与义务平衡的过程。

一、WTO 裁决的内涵

WTO 争端解决机制一直被认为是一个准司法机关，为了形象地说明问题，我们将其比喻为一个"加工厂"。裁决是整个争端解决机制的"最终产品"，其"生产者"是专家组、上诉机构以及争端解决机构，其产品对象是包括争议方在内的全体 WTO 成员[5]。

（一）WTO 裁决的含义

根据《关于争端解决规则与程序的谅解》（Understanding on Rules and Procedures Governing the Settlement of Disputes，DSU）第 3.3 条的规定，"在一成员认为其根据 WTO 涵盖协定所享有的直接或间接获得的利益正在因另一成员采取的措施而减损的情况下"，可以通过申诉将案件提交给 DSB 裁定。第 3.7 条规定，"在提起某一案件前，申诉方应就根据这些程序采取的措施是否有效作出判断。"当申诉方作出判断并决定向 DSB 提起申诉后，DSB 要求双方进行磋商，并提出"争端各方均可接受且与 WTO 涵盖协定相一致的解决办法无疑是首选办法"。DSU 第 19.1 条规定："如专家组或上诉机构认定一措施与一适用协定不一致，则应建议有关成员使该措施符合该协定。除其建议外，专家组或上诉机构还可就有关成员如何执行建议提出办法。"因此，若磋商不能得到令人满意的结果，申诉方可以请求专家组进行裁决；当专家组作出裁决后，任一争端方如有异议，可向上诉机构提起上诉申请，由上诉机构作出最终裁决。

关于上述规定，有一点需要特别说明，即专家组和上诉机构作出的建议和裁决对成员并不是自动具有约束力的，必须经 DSB 通过后才能成为 DSB 的建议和裁决。也就是说，只有经由 DSB 通过的专家组和上诉机构作出的裁决才具有法律约束力，被称为 WTO 裁决。

由上述规定可知，所谓 WTO 裁决指的就是 WTO 争端解决机构（DSB）的专家组和上诉机构作出的、经 DSB 通过的裁决报告。即 WTO 专家组或上诉机构经事实审查和法律分析后裁定被诉方的某项措施与 WTO 协定不符后,将提出报告建议该被诉成员使其违法措施与WTO协定相符。该裁决报告经DSB通过后,便构成WTO裁决。WTO裁决是对成员所采取措施合法性的(准)司法判断,一方面代表了败诉方在WTO中所需承担纠正其违法措施的义务,另一方面也代表了胜诉方在WTO多边贸易体制下获得有效救济的权利。

(二) WTO裁决的法律特征

WTO裁决既是WTO争端解决司法阶段的产物,也是争端解决执行阶段的核心。作出裁决的根据、解释以及推理过程至关重要,与裁决的合法性、合理性、法律意义、法律约束力和效力等问题密切相关。

1. WTO裁决的合法性

裁决有两个核心要件:一是裁决的合法性(legitimacy),二是裁决的法律约束力(legal binding)。两者之间有着密切的联系:裁决的约束力有赖于裁决的合法性,只有这样,成员才能接受和执行裁决;同时,裁决只有具有约束力,其合法性才具有现实意义。

WTO裁决的作出是WTO全体成员事先同意并赋予专家组和上诉机构的权力,通过"反向共识原则"生效的裁决确保了裁决的司法独立性,专家组和上诉机构按照DSU规定作出的裁决当然具有合法性。

2. WTO裁决的公正性

WTO成员能否执行裁决,关键在于DSB能否公正地裁定成员申请的案件,即WTO裁决的公正性是否得到了成员的普遍认可。"如果国家内心相信规则是公正的,该国就更可能自愿遵守规则。当一种问题满足了某些公正的标准而被认为是公平的,它更趋向于产生被各方都视为合法的结果。这些结果持续得更加久远,因为当被视为公正程序的产物时,它们往往不易煽动不满的人起来颠覆它们。"[6]

作为被诉方的美国和欧盟,事实证明,被诉的概率比较高,败诉率也普遍高于平均败诉率,这说明DSB的专家组和上诉机构在处理涉及美国和欧盟作为被诉方的贸易争端时,基本上坚持了客观的评判标准。在美国和欧盟作为被诉方的争端中,申诉方一般不愿意通过磋商的方式解决争端,反而更倾向于将争端提交给 DSB 的专家组或上诉机构进行裁决，这一事实充分说明了越来越多的 WTO 成员方信赖 WTO 裁决的公正性。美国和欧盟对 WTO 的不利裁决执行的比例与其他 WTO 成员执行的比例非常接近，更加反映了 WTO 裁决的公正性已经得到了普遍认可。

因此，WTO 裁决是国际法，应该得到各成员的普遍执行，从执行实践来看，WTO 裁决的公正性也确实得到了广泛认同。

3. WTO 裁决的自动性

WTO 争端解决机制项下的"自动性"是指以反向共识方式通过的 WTO 裁决。与 WTO 的协商一致决策机制明显不同，DSB 的许多决策均采取反向共识原则。如专家组的成立、专家组报告的通过、上诉机构报告的通过，以及批准授权报复等方面，均采取了自动通过的反向共识原则。

DSU 第 16.4 和 17.4 条规定："专家组和上诉机构的报告应得到通过，除非 DSB 经协议一致不通过该报告。"WTO 是众多国际组织中第一个对"反向共识"给出明确规定的。反向共识是 WTO 争端解决机制相对于 GATT 时代的一项重要进展。进行 WTO 时期，要阻止争端解决进程必须经全体成员一致同意，也就是说，任何成员都可以自动地启动争端解决机制，专家组或上诉机构报告，以及授权报告的决定均自动通过，除非全体成员一致反对，败诉方根本无法阻止争端解决的进程。这一规定为专家组、上诉机构和 WTO 裁决执行各阶段制定了严格和精确的时间表，减少了专家组和上诉机构积压的案件。

WTO 裁决的自动性确保了贯穿争端解决机制各个阶段的严格时限，提高了争端解决的效率。在 WTO 争端解决机制方面，程序自动性以法律上的合法性替代了政治上的合法性，这一改革被学者称之为"WTO 争端解决机制的里程碑"，也是 20 世纪下半叶全球经济法制领域中最重要的变革。

二、WTO 裁决的法律约束力

在国际贸易争端解决中，裁决报告是否有法律约束力往往是胜诉方和败诉方争论的焦点问题。与《国际法院规约》不同，WTO 争端解决谅解（DSU）没有明确写明其裁决对争端方具有法律约束力。因此，成员违反

WTO 协定究竟承担怎样的法律责任？WTO 裁决到底有没有法律约束力？败诉方是否有义务必须执行 WTO 裁决？这些问题都引起各方面的激烈争论。

所谓法律约束力是指一项判决在多大程度上构成一项不可抗拒的假设。一旦我们确立了某项裁决具有法律约束力，则意味着败诉方有义务执行此项裁决，即只有那些具有法律约束力的裁决或建议，才能够得到成员的执行。

"既然国际法具有普遍的法律约束力，那么国际法主体就应当积极遵守法律规则并执行相关裁决"，这已得到国际法学者的广泛共识。WTO 涵盖协定就是 WTO 成员共同签订的一项国际经济条约，因此，执行 WTO 裁决事实上就是遵守国际法的具体表现。WTO 法是具有强制性的法律规范，即使败诉方承受授权报复的不利后果，也不允许违反[7]。因此，绝大多数学者普遍认为 WTO 裁决具有相当的法律约束力。

根据 DSU 的规定，专家小组或上诉机构的裁决报告，除非 DSB 全体成员一致反对，否则予以通过生效，这种否定式的协商一致（又称"反向共识"）使得 WTO 裁决的法律约束力在国际法领域颇具效力。

(一) WTO 裁决具有法律约束力的来源

根据 DSU 的规定，如果专家组或上诉机构裁定争议措施与有关 WTO 协议不符，专家组或上诉机构应当作出要求败诉方"使其措施与相关涵盖协议相符"的建议（简称建议），专家组或上诉机构可以作出关于败诉方如何执行 WTO 裁决的提议（简称提议）。专家组或上诉机构的裁定、建议或提议（统称为 WTO 裁决）都包括在专家组或上诉机构的报告中，报告经由 DSB 审议通过即产生法律效力，因此包含其中的 WTO 裁决也具有了相应的法律效力。

(二) 关于 WTO 裁决具有法律约束力的理论论证

著名的 GATT/WTO 专家约翰·杰克逊教授（John H. Jackson）多年来一直在努力捍卫 WTO 裁决的法律约束力。早在 1997 年，杰克逊教授就通过对 DSU 条款、上下文、宗旨，以及 GATT/WTO 的案例实践进行详尽分析后提出从 GATT 的历史来看，GATT 缔约方认为经由成员方全体通过的专家组报告是具有法律约束力的，GATT 的这种做法已经构成《维也纳条约法公约》和习惯国际法中关于条约解释的重要资料[8]。同时，论证在传统国际法意义上，WTO 裁决具有法律约束力，败诉方必须执行裁决。其理由概括如下[9]：（1）GATT 缔约方看待通过后的专家组裁决的历史实践表明，裁决是具有法律约束力的。（2）DSU 中共有 11 项条款，从不同角度证明专家组报告对败诉方构成一项国际义务，要求成员必须执行裁决。（3）在"非违约之诉"中，成员没有义务必须撤销争议措施。这一规定从反面证明，在违约之诉中，成员有义务撤销违法措施。（4）败诉方未执行的裁决事项将一直保留在 DSB 的会议议程中，这表明执行裁决就是一项必须履行的义务。（5）DSU 第 22.1 条规定，执行裁决是首选目标。DSU 的起草者认为他们已经明确传递出一个信号，即执行裁决是首选，尽管 DSU 或许应该用更明确无误的语言来表述，就像国际法院规约一样。如果裁决的约束力问题最终打到上诉机构，上诉机构会裁定裁决是强制性的，而不是败诉方可以随意选择或拒绝的可选项。（6）如果一个国际机构中败诉方可以随意选择是否执行裁决，那么这只能造成大国沙文主义和弱肉强食，使小国和弱国遭殃。即使是美国，也希望在其胜诉案件中裁决得到执行。（7）在许多国家的法律体系中，WTO 规则在传统意义上具有约束力，尽管这些国家的法律没有明确这样说。

罗斯勒（Frieder Roessler）认为，《维也纳条约法公约》第 26 条要求签约国履行其所承担的义务，而在 DSU 条款中没有作出与此相反的规定，而且，迄今为止没有一个缔约方或者 WTO 成员，正式宣布有权维持一项被裁定违法的措施[10]。

一些欧洲学者并不支持欧洲法院的裁决，认为法院曲解了 DSU 的条款。马弗鲁迪斯（Petros C. Mavroidis）认为，令人遗憾的是，由于 WTO 没有清晰无误地说明 WTO 裁决对于其成员具有约束力，导致一些成员，包括欧洲法院，在处理欧共体法与 WTO 法之间的关系上得出了令人怀疑的法律结论（当然这一结论具有政治目的）[11]。佐纳肯（Geert A. Zonnekeyn）认为，DSU 第 22.1 条规定，补偿只是一项临时性措施，而且无论补偿还是报复,都不能替代完全执行裁决,将违法措施与 WTO 规定一致起来。补偿是自愿的,且应与 WTO 协定相一致。补偿不是解决争端的最终方法,仅仅是一个临时性手段,相当于暂时熄灭了争端双方的火苗,并确保在合理期限内胜诉方的权利不再继续遭到败诉方违法措施的侵害。通过补偿,WTO 并未授权败诉方可以继续违法的权利,相反,它阻止败诉方永久地拖延执行裁决。通过接受补偿,败诉方实际上等于承认了专家组和上诉机构裁决的约束力,因为裁决已经判定败诉方的措施违反了 WTO 法[12]。

此外,联合国国际法委员会(ILA)认为,WTO 成员在法律上必须依照善意原则履行 WTO 义务,包括 DSB 作出的最终裁决。一旦 WTO 裁决机制认定成员违反了其所承担的义务,成员必须确保全面履行其国际义务。补偿只是在完成执行裁决之前的一个过渡性替代物。报复只是在例外的情况下方可由 DSB 授权执行,一旦成员将其违法措施与国际义务一致起来,报复必须立即停止[13]。

综上所述,WTO 是国际法的一部分,WTO 规则创设了国际条约义务,对全体 WTO 成员具有约束力,因为这些成员事先通过和批准了 WTO 协定。国际法要求成员按照善意遵守原则在域内统一履行条约义务。WTO 作出的裁决正是基于上述 WTO 协定,由全体成员批准通过,构成 WTO 法律的重要渊源。同时,作出 WTO 裁决的过程和程序也是获得合法性和全体成员认同的过程,进而赋予了 WTO 裁决以合法性和约束力,呼吁全体成员善意遵守。

(三)关于 WTO 裁决具有法律约束力的实践论证

通过对 WTO 裁决执行程序的审查,我们可以发现:通过执行裁决合理期限的仲裁实践,进一步明确 WTO 裁决具有法律约束力。对败诉方来说,"合理期限"是指执行 WTO 裁决的合理期限,败诉方有义务充分利用这段时间并在该期限内执行完成 WTO 裁决,如果在合理期限内没有或者没有完成执行 WTO 裁决,将面临不利的法律后果,包括补偿谈判或授权报复。WTO 裁决执行程序中的复审程序进一步强化了 WTO 裁决的法律约束力。复审程序负责审查原裁决的执行情况,在客观上加强了 WTO 裁决的法律约束力,再一次确认了 WTO 裁决必须无条件执行的事实。

WTO 裁决事实上只对争端所涉案件及争端各方具有法律约束力,对任何其他第三方没有约束力。关于 DSB 通过的专家组报告的法律地位,上诉机构在"Japan-Alcoholic Beverages 案"中指出:经 DSB 通过的专家组报告是"GATT 体系"的重要组成部分。它们常常被后来的专家组所考虑。它们给予 WTO 成员合理预期,然而,这些报告在具体案件争议各方之外是没有约束力的[14]。上诉机构这一解释说明,只有经过 DSB 通过的专家组报告才在争议各方之间具有约束力,对第三方或其他不涉案方均无约束力。

上诉机构在"US——Shrimp(Article 21.5)案"中强调,其在"Japan-Alcoholic Beverages 案"中就专家组报告的法律效力的结论同样适用于上诉机构报告,再次明确上诉机构报告具有终局约束力,同时指出:必须记住的是,经 DSB 通过的上诉机构报告正如 DSU 第 17.14 条所规定的那样,必须由争端各方无条件接受,因此,上诉机构报告必须由争端各方视为涉案争端的最终解决办法。

由此可见,首先,在 DSB 通过裁决报告之前,专家组或上诉机构报告仅是专家组或上诉机构的临时性意见,对争端各方没有法律约束力;其次,由 DSB 通过的专家组和上诉机构建议和裁决不是 WTO 法的权威解释,仅对争议各方具有法律约束力,对其他非争端方的 WTO 成员不具有法律约束力;最后,DSB 通过的专家组或者上诉机构报告必须由争端各方无条件接受。

综上所述,我们得出以下结论。

第一,WTO 虽然没有对其裁决给出明确的定义,但一旦得到全体成员通过,即会变成具有法律约束力的一道命令。实践证明,随着 WTO 法律化进程的不断深入,WTO 裁决慢慢褪去 GATT 时代外交导向的政治色彩,越来越具有司法甚至判决的意味。

第二,WTO 做出裁决的程序自动化导致 WTO 争端解决机制门槛很低,几乎所有的案件都可以诉诸 WTO,其中也有少数政治上敏感的大案、要案,这在客观上给裁决执行造成了很大的压力。

第三，WTO 设计了四种救济措施，执行裁决是第一救济措施，也是最终救济措施，是不可替代的救济措施。补偿或者报复只能是在无法执行裁决时的替补，不能永久化。

第四，WTO 裁决的合法性是通过以下三个方面的努力获得的：一是强制管辖权，意味着 WTO 作出裁决是全体成员事先同意并授权给专家组和上诉机构的权利；二是按照反向共识通过裁决的自动性赋予裁决的司法独立性；三是 WTO 裁决没有增加或减少适用 WTO 所规定的权利和义务的能力，即专家组和上诉机构没有造法的权力。

第五，关于 WTO 裁决的法律约束力，专家组和上诉机构作出的裁决并不自动具有约束力，只有经由 DSB 通过后才具有法律地位。一般认为，WTO 是国际公法的一部分，WTO 规则创设了国际条约义务，对全体成员具有约束力。

第六，要辩证地看裁决与执行的关系，不能仅仅因为有少数案件的裁决没有得到执行，就否定裁决的约束力和有效性。例如在"EC-Bananas 案"和"EC-Hormones 案"中，尽管裁决长时间没有得到执行，但专家组和上诉机构在裁定和执行各个阶段所做出的裁定和条款解释在后来的争端解决案件中被专家组和上诉机构频频引用。这些裁决和解释实际上为所有成员提供了一面"镜子"，有助于成员对照自身行为，确保本国法律规章与 WTO 保持一致。

第二节　WTO 争端解决机制的裁决执行制度

无救济，无权利。裁决是法律对是非曲直作出的判断，执行裁决是救济的兑现。国际法既没有统一的立法机构，也没有独立的执法体系，裁决执行问题一直被认为是国际法的"软肋"，WTO 也不例外。

WTO 是目前世界上唯一的规范全球贸易的国际经济组织，其争端解决机制在有效处理贸易争端、维护成员合法权益方面发挥着重要且独特的作用。由 WTO 专家组和上诉机构作出并经全体成员组成的争端解决机构通过的建议和裁决，即 WTO 裁决，是 WTO 法律体系不可或缺的核心组成部分。如果说 WTO 争端解决机制是 WTO 体制的核心，那么 WTO 争端解决机制中的裁决执行制度（简称 WTO 执行制度）就是核心中的关键，因为快速有效地执行 WTO 裁决是 WTO 法律体系稳定性和可预见性的具体表现，而裁决执行的好坏直接关系到 WTO 多边贸易体制的稳定和发展。

二十几年来，该制度运行良好，共受理 580 起争端，做出了 343 项裁决，绝大部分裁决都得到了败诉方的良好执行。但在实践中，也会出现败诉方不执行裁决[15]的情况，而不执行裁决被认为是"WTO 争端解决机制中最棘手的问题之一"。因此，有必要设立 WTO 裁决执行制度确保败诉方及时有效地执行裁决。

在确保裁决公正的同时，WTO 非常注重裁决的执行问题，为此设立了一整套制度安排，包括执行裁决意向的通报、执行裁决的多边监督、执行裁决的合理期限、执行裁决异议的复审、报复水平的仲裁以及作为临时性措施的补偿及报复等。这套集政治、外交、法律手段为一体的 WTO 裁决执行制度有效地保障了裁决的执行，在实践中也积累了大量丰富的案例。

从目前 WTO 的司法实践来看，专家组和上诉机构如果认为被诉方的涉案措施与 WTO 协定不符，大多"建议"败诉方撤销违规措施。而这项"建议"根据 DSU 第 3.7 条的规定是 WTO 争端解决机制的首要目标，只有这一目标无法立即实现时，才可适用补偿谈判，而报复措施只是争端解决的最后手段。撤销违规措施、补偿和报复作为 WTO 争端解决执行机制的三种实施方式既关系密切，又存在较大差异，且具有一种适用上的层级关系。

一、WTO 争端解决机制的裁决执行制度概述

WTO 裁决是 DSB 对成员所采取措施是否合法的一种准司法判断，代表着成员在 WTO 法律体系中可获得的实体性和程序性救济，也代表着成员所承担的义务和责任。裁决的执行是救济的兑现和落实，及时有效的执行裁决

是 WTO 法律体系稳定性和可预测性的具体体现[16]。因此，WTO 非常重视裁决的执行问题，专门创设了一套执行机制，为 WTO 裁决的执行提供了制度上的保障，在实践中积累了大量丰富的案例。

（一）WTO 裁决执行的含义

1. 国际法中执行的含义

国际法中的执行（compliance）是指一方的行为符合条约明示的规则或一方的行为与具体规则之间相符或相同的状态[17]。在国际法规则中，经常使用三个单词表示执行的意思，为了更清晰的解释执行的含义，有必要对这三个单词进行说明并做以区分。"implementation"原意是"将某项计划或体制付诸实施"；"compliance"的意思是"人们遵守某项法令、规则或要求"[18]；"enforcement"被解释为"用强制手段确保遵守法律或规章的过程"[19]。在国际法适用中对这三个单词的解释略有不同，"implementation"一般译为"实施"，通常是指实施国际义务，包括通过国内立法、执法和司法机构等予以落实的过程；"compliance"常被译为"符合"或"执行"，一般是指"一方的行为符合条约明示的规则"或"一方的行为与具体规则之间相同或相符的状态"，主要是指国际法义务的承担者自己去执行国际法，即国家作出的有效承诺在实践中得以充分实现；"enforcement"多译为"强制执行"或"履行"，一般定义为"将具有法律效力的判决、裁定和调解书等按照法律程序付诸实施的过程"，通常是指一方为防止国际法规则不被遵守而对义务主体采取的强制性措施[20]。单纯从字面上来看，这三个单词具有很高的相似度但又有一些微妙的差异，如果按照执行力度的强弱来排序的话，"enforcement"最强，"compliance"次之，"implementation"较弱。鉴于"compliance"一词更接近于本书所探讨的 WTO 裁决的执行之意，因此本书倾向于使用"compliance"对应"执行"。

国际法主体执行国际法规则是对其承诺的兑现，因此，执行是常态，不执行才是例外。不执行一部分是因为国际法规则规定的不明确，也有在少数情况下，国家为了保护其国家主权或者重大国家利益而选择不执行。但国家不执行国际法规则或裁决，往往会引发国际法律责任的承担问题。任何义务的违反均将引发国家责任的承担，这是国际法的一项基本原则[21]。任何法律制度都有关于违反义务应承担的责任的规定，国际法当然也不例外[22]。

国际法律责任，又称为国家责任，是指一个国际法主体实施了违反某项国际法规则的行为或者没有承担自己的某种国际义务，而根据国际法的规定而应承担的法律责任，是国际法主体对其国际不法行为所要承担的不利后果。当国家应当承担国际法律责任时，受损害国和其他相关国家依法有权援引国际法律责任制度，对侵害国采取单独或集体的措施，迫使其执行相应裁决和履行国际义务。当然，违反国际条约义务也应承担国际法律责任，因为国际条约是根据国际法在国际法主体之间确立相互权利和义务关系的国际规则。国际习惯法中关于"条约必守"的原则构成了国家承担国际法律责任的法律依据。

国际条约均规定了国际法律责任，但不同的国际条约对国际法律责任形式的规定会有所不同。如一国家不遵守国际法院的判决，《联合国宪章》第94条第2款规定："任何国家，无论是否联合国会员国，如果认为另一方没有遵守国际法院的判决，都可以将这一问题提交安理会。安理会如认为有必要，可以提出建议或决定应采取的措施，以执行判决。"

2. WTO中执行的含义

WTO协定是典型的国际经济条约，其规定的法律义务是国际法意义上的有约束力的法律义务，成员应当遵守，若有违反，必将引发相应的国际法律责任。国际法中关于国际法律责任的规定对WTO协定是完全适用的。

誉有WTO法"教父"之称的美国著名学者——杰克逊教授提出："上诉机构已合理地表明，一般国际法是相关的，并且适用于WTO及其附件，包括GATT。过去，对此存在一些问题，一些缔约方认为，GATT是一个'单独的体制'，在某种程度上与一般的国际法体系是隔绝的。上诉机构已经很清楚地表明，这是不对的。"[23]

杰克逊教授进一步指出，WTO协定规定的成员的法律义务包括：第一层次的义务，即WTO协定规定的义务，是WTO法的首要义务；第二层次的义务，即执行DSB所做的建议和裁决（WTO裁决）的义务[24]。成员必须执行WTO协定的第一性义务和衍生于第一性义务的第二性义务，即专家组和上诉机构裁定某成员违反第一性义务后，成员必须执行裁决，以便恢复权利和义务的平衡。第一性义务决定了第二性义务，而第二性义务反过来保障第一性义务得以落实[25]。WTO 成员方同意并签署了具有强制性的争端解决程序，使得执行 DSB 建议和裁决成为其应承担的条约义务的一部分[26]。因此，执行 WTO 裁决属于 WTO 成员方第二层次的法律义务[27]，是成员方承担 WTO 协定义务的组成部分，败诉方必须执行，否则将承担国际法律责任。

杰克逊教授最后指出，如果成员方的唯一义务是保持减让的总体平衡，如果败诉方可以自由选择执行或者不执行 WTO 裁决，甚至宁愿忍受报复也不撤销违法措施，那么 WTO 如何取信于民？成员需要 WTO 提供一种可预见性来帮助他们规划投资和经济活动，如果其他成员可以随意撤销减让，如果把 WTO 义务仅理解为恢复总体减让的平衡，或者有利于个别案件的解决，那么 WTO 的稳定性和可预测性目标就会落空[28]。

WTO 协定并没有具体规定通过什么样的方式执行裁决，因此，胜诉方和败诉方始终对此争论不休。败诉方要求在具体执行裁决的方式上保持自由裁量权，而胜诉方则要求应该指定某种特定方式作为执行 WTO 裁决的唯一有效方式。在 WTO 裁决执行机制运行中，专家组和上诉机构认为执行 WTO 裁决是一个具有特定含义的技术概念，因此，作出的司法解释和判决澄清了裁决执行的有关概念，使 WTO 有关裁决执行方面的规则更加明确、有效和具有可操作性。如在"Argentina-Bovine Hides"案中，仲裁员第一次明确了执行的含义。仲裁员提出，执行（裁决）是"一个具有特定含义的技术概念"，即包括：（1）完全撤销违法措施；（2）修改违法措施；（3）纠正该措施中违法的那些内容[29]。在"Chile – Alcohol"案中，仲裁员澄清了"迅速"执行的含义，其指出，DSU 明确强调了全体 WTO 成员的利益，败诉方应立即执行裁决。把 DSU 第 21.1 条和第 21.3 条联系起来读，"迅速"执行就意味着立即执行[30]。

由此可见，WTO 争端解决机制中的"执行"有狭义和广义之分，广义的执行是指成员对 WTO 协定项下的所有义务的执行，狭义的执行是指败诉方对DSB建议和裁决的执行[31]。WTO争端解决机制明文规定败诉方迅速执行裁决，规定补偿或报复只是临时性救济措施，不能用来代替裁决执行。而根据上诉机构的解释，执行裁决的具体含义是"对某成员方所实施或维持的违反WTO协定的措施予以撤销或修改。"[32]

因此，所谓WTO裁决的执行是指基于《关于争端解决规则与程序的谅解》（DSU）第22.1条、第22.8条的规定，即违反WTO协定的成员必须撤销或修改违法措施，或者部分取消违法措施，具体方式包括：(1) 撤销或修改败诉方被裁定与WTO涵盖协定不一致的措施；(2) 对利益丧失或减损提供了有效的解决办法；(3) 达成令双方满意的解决办法。除此之外，其他的救济措施如中止减让或其他义务（即贸易报复）、补偿谈判等都不能作为执行WTO裁决的方式。

（二）WTO裁决执行制度的主要内容

如果通过的专家组或上诉机构报告裁定成员被诉措施违反了WTO协定义务，败诉方应执行专家组或上诉机构的建议和裁决，否则胜诉方可以申请其他临时救济措施。因此，DSU第21条"对执行建议和裁决的监督和裁决之执行"和第22条"补偿和报复制度"是有关WTO裁决执行制度的主要规定[33]，其主要内容如下。

1. 裁决执行意向的通知

根据DSU第21.3条的规定："在专家组或上诉机构报告通过以后，败诉方应当在30天内召开的争端解决机构会议上通知其执行的意图。如裁决报告不能立即执行，则应确定执行的合理期限。"

通报执行裁决的意向只是整个执行WTO裁决程序的第一步，其代表着裁决执行程序的开始，并为之后的执行程序铺平道路。通过履行通报执行裁决意愿，败诉方被要求当众正式宣布将如何执行裁决。这项义务可以被视为对"善意执行原则"的最直接的考验，也是检测成员对裁决态度的"试金石"；这不仅强化了WTO法的约束力和WTO裁决的执行力，而且成为促使败诉方及时有效地执行WTO裁决的有效步骤。

任何明智的败诉方面向外界的态度都是遵纪守法，因此，到目前为止，

DSB 从未收到过败诉方在此会议上通知称其将不执行 WTO 裁决。这很明显地说明了成员方对 WTO 裁决的尊重。当然，这也是败诉方一种理性的选择。因为如果败诉方明确表示不执行 WTO 裁决，胜诉方可以直接申请报复授权；而败诉方通知执行意向后，能够充分利用执行程序授予的时间处理违规措施；败诉方公开表示愿意执行 WTO 裁决后，如果一旦食言，将会蒙受国家声誉的损失。

2. 裁决执行的方式

DSU 对裁决执行方式并未做出明确和具体的规定，相关内容只是规定在 DSU 第 19.1 条中。DSU 第 19.1 条规定："如果专家组或上诉机构认定某措施与适用协定不一致，应'建议'（recommend）有关成员使涉案措施符合该协定。除其建议（recommendations）外，专家组或上诉机构也可就有关成员如何执行建议提出（suggestion）办法。"

根据 DSU 第 19.1 条的规定，专家组或上诉机构应"建议"败诉方使违规措施与 WTO 协定相符，并不需要说明具体执行的内容和方式。虽然专家组或上诉机构可以提出执行办法，但因为没有规定执行的具体方式，而在实际中执行的方式并不确定且方法多样，因此专家组或上诉机构提出执行方式的具体建议可能会对败诉方执行方式的选择产生影响，甚至被败诉方指责该建议不适当地干涉了成员的"内政"。DSU 第 19.1 条只是规定专家组或上诉机构可以在适当的情况下提出执行方式的建议，而没有授予其就执行方式做出裁决的权限，因此败诉方拥有执行方式的完全的选择权。在"危地马拉——水泥案"中，专家组认为，"建议"和"就如何执行裁决建议提出办法"并不相同，专家组有权建议使违规措施与 WTO 协定相一致，这个"建议"属于 WTO 裁决，具有法律约束力，但对具体执行方式只能提出没有任何法律约束力的"提议"[34]。败诉方可自行选择裁决执行方式，但执行裁决的最终结果必须与 DSB 的裁决以及 WTO 协定相一致。

在实践中，专家组或上诉机构的报告所做出的"建议"的表述基本已有固定的模式，即"建议 DSB 要求……将其……措施修改为与 WTO 涵盖协定的义务相符。"专家组或上诉机构报告极少就具体的执行方式提出建议，某些特殊案件中曾经有过建议撤销与 WTO 协定不一致的措施。如在"美国——《1916年反倾销法》案"中，专家组曾直接建议美国废除《1916年反倾销法》[35]。撤销违规措施的建议与DSU第3.7条的规定是完全一致的，即在争端双方不能就解决争端的方式达成协议的情况下，争端解决机制的首要目标是撤销与协定不一致的措施。而起诉方往往在书面陈述中提出被诉方应该采取某种具体方式使其违规措施与WTO协定相一致，但因这种建议没有法律依据，往往在实践中并不被采纳。

3. 评估执行效果的法律机制——执行审查程序

准确评估败诉方的执行情况对确保裁决得到全面执行非常重要，同时也关系到胜诉方后续救济的实施。DSU第21.5条规定："如在是否存在为遵守建议和裁决所采取的措施或此类措施是否与适用协定相一致的问题上存在分歧，则此争端也应通过援用这些争端解决程序加以决定，包括只要可能即求助于原专家组。"即败诉方应当在合理期限内将WTO裁决中确认为与WTO涵盖协定不符的措施纠正使其与WTO协定相符。但关于败诉方是否已经执行了裁决，或其裁决执行措施是否与WTO涵盖协定相一致，胜诉双方有可能再次发生争议。DSU第21.5条规定了解决此类执行争议的程序——执行审查程序。

实践中，如果胜诉方对败诉方的执行方式不满意，当事方就所采取的执行措施是否符合裁决要求、是否与WTO协定相符等问题产生分歧，可根据DSU第21.5条的规定，将问题提交"执行审查专家组"评估，因此，审查裁决执行情况的程序常被称为"第21.5条程序"。根据第21.5条程序设立的专家组通常被称为"执行审查专家组"（compliance panel）。但DSU未对执行审查专家组的具体程序进行明确的规定，从实践情况来看，执行审查专家组一般适用DSU有关原审专家组的规定和程序。

4. 对裁决执行情况的监督

根据DSU第2.1条、第21条和22.8条的规定，WTO建立了一整套裁决执行监督机制，其中第21条的标题就是"对执行建议和裁决的监督"。DSU第22.1条规定："为所有成员的利益而有效解决争端，迅速符合DSB的建议和裁决是必要的。"通过该机制，WTO首次以法律的形式要求败诉方及时通报其执行WTO裁决的意向，并要求败诉方定期提交关于执行

WTO裁决情况的报告，通过上述手段对执行裁决过程保持全程监督，甚至包括在不执行 WTO 裁决情况下的补偿谈判和授权报复等。

为了监督败诉方更好地执行裁决，DSU 第 21.6 条规定："DSB 应监督已通过的建议或裁决的执行。"在每次 DSB 例会上，败诉方应当对被列为 DSB 会议的监督对象的案件的执行进展情况进行报告。而且任何成员都可以针对败诉方的执行报告发表意见、提出质疑或批评。在实践中，在合理执行期限内，即使胜诉方不认可裁决的执行方式，对案件的执行情况不满意，也只能通过发表评论、提出批评或与对方磋商等方式表达自己的意见和建议。

对裁决执行进行全方位监督，是裁决执行体制中不可或缺的一个组成部分。监督通过不间断地、系统地运作，收集、分析和散发成员执行裁决的情况，从而有助于抑制成员采取不必要或者非善意的投机行为。同时，通过反复"曝光"，将执行 WTO 裁决的情况置于多边主义的"聚光灯"下，无形中对败诉方产生一种威慑性的压力。

5. 补偿制度

补偿（compensation）是一种替代性的、临时性的救济措施，它只在停止不法行为暂时不可行的情况下或作为停止不法行为前的一段时间内的替代临时措施。

DSU 第 22.1 条和第 22.2 条是关于补偿制度的规定。DSU 第 22.1 条规定："补偿和中止减让或其他义务属于在建议和裁决未在合理期限内执行时可获得的临时措施。但是，无论补偿还是中止减让或其他义务均不如完全执行建议以使一措施符合有关适用协定。补偿是自愿的，且如果给予，应与有关适用协定相一致。"DSU 第 22.2 条规定："如有关成员未能使被认定与一适用协定不一致的措施符合该协定，或未能在按照第 21.3 条确定的合理期限内符合建议和裁决，则该成员如收到请求应在不迟于合理期限期满前，与援引争端解决程序的任何一方进行谈判，以期形成双方均可接受的补偿。如在合理期限结束期满之日起 20 天内未能议定令人满意的补偿，则援引争端解决程序的任何一方可向 DSB 请求授权中止对有关成员实施适用协定项下的减让或其他义务。"

根据上述规定，补偿的适用必须满足两个条件：第一，只能在不能立即撤销违规措施时或不能在合理期限内执行 WTO 裁决时才适用；第二，补偿的适用必须在双方自愿的情况下。

6. 报复制度

DSU 第 22 条"补偿和中止减让"是关于 WTO 报复制度规定的最核心条款，本条共包括八项规定：（1）DSU 第 22.1 条规定了补偿和报复两种救济措施的临时适用性和补偿措施的自愿性质，还规定了执行裁决与补偿、报复相比较具有优先适用性；（2）DSU 第 22.2 条规定了胜诉方申请报复授权的前提条件，即如果败诉方未执行 WTO 裁决，应首先诉诸补偿谈判，只有在谈判未果的情况下，才可以最终诉诸报复授权；（3）DSU 第 22.3 条规定了报复措施适用的"平行报复"和"交叉报复"规则，并规定了适用交叉报复制度的严格限制程序和条件；（4）DSU 第 22.4 条规定了授权报复水平的"等同"原则；（5）DSU 第 22.5 条规定了报复授权的禁止情况，即如果适用协定禁止此类中止，则 DSB 不得授权中止减让或其他义务；（6）DSU 第 22.6 条和第 22.7 条规定了报复授权适用中的仲裁制度；（7）DSU 第 22.8 条规定了报复授权终止的原因及 WTO 裁决执行的继续监督机制；（8）DSU 第 22.9 条规定了 WTO 报复制度的适用范围。

DSU 第 22 条关于报复制度的规定除了对报复制度适用的一般性规定外，主要规定了两项制度：一是"交叉报复"制度；二是报复仲裁制度。

（三）对 WTO 裁决执行制度的简要评价

国际法既没有统一的立法机构，也没有独立的执法体系，加上由于历史原因，WTO 法律上未能写明败诉方必须无条件执行裁决。实践证明，上述各项"先天不足"并没有阻止 WTO 通过制定和运行一套执行机制来确保其裁决得以执行。

WTO 已经创新设计了一套裁决执行机制，为确保 DSB 裁决得以执行发挥了重要的作用。但由于 WTO 条文没有关于 WTO 裁决执行义务的明确规定，即没有明确、具体的执行规则，因此关于 WTO 裁决执行的规定属于"软法"。经过乌拉圭回合的谈判，WTO 规则得到明显的完善，争端解决机制迅速呈现"法制化"的态势，但受到制定 WTO 裁决执行规则当时的经济和政治的影响，WTO 关于裁决执行的规定明显具有妥协性，没有明确规定裁决执行的具体内容和方式，只规定了具有"促使执行"目的的临时强制措施——报复制度。

从某种角度上来讲，现行的 WTO 裁决执行机制虽然已经具备了法律化的特征，但现实的国际政治和经济关系仍是其存在和运行的基础，因此在实践中，现行的 WTO 裁决执行机制对发展中国家成员明显不利。因为：一方面，在有些情况下，裁决的执行要通过报复性贸易限制来保证，而发达国家和发展中国家在经济实力方面存在着严重的不对等，如美国和欧盟对其他发展中国家的贸易限制往往对后者的经济会产生严重的不利影响，而除了经济实力较强的发展中国家以外，其他发展中国家对美国和欧盟这样的强势国家实施贸易限制很难有任何成效；另一方面，发展中国家提起关于执行问题的诉讼，不仅要承担高额的诉讼费用，而且面对强势的发达国家，有时还可能引发不低的政治成本，因此，一般的发展中国家没有动力通过诉诸争端解决机制来解决执行问题，哪怕是在证据确凿的情况下[36]。

二、WTO 裁决执行的法律效力

WTO 涵盖协定系 WTO 成员间签订的国际经济条约，既然国际法具有普遍法律约束力，那么相关的国际法主体就应当积极遵守国际法并执行其裁决，因此，执行 WTO 裁决事实上就是遵守国际法。

自然法学派曾提出，国家遵守国际法是因为国家要遵从更高层次的法律约束，而这种更高层次的法律就是自然法[37]。实证法学派虽然认为"国际法不是真正意义上的法"[38]，但他们也承认国际法的效力来源于国家间的同意，即国际法是国家间的承诺，就应当遵守它，因为"遵守国际法只是兑现自己的承诺。"[39] 著名国际法学者路易斯·亨金（Louis Henkin）曾经宣称："绝大多数情况下，绝大多数国家遵守绝大多数国际法原则与义务。"[40] WTO 裁决的执行实践已经印证了路易斯·亨金的判断。

WTO 裁决的执行与否直接关系到每一个 WTO 成员的切身利益，裁决执行效果的好与坏反映着多边贸易体制的执行力和公信力。WTO 裁决执行的效力从某种角度来说取决于 WTO 裁决的合法性和法律约束力。

（一）WTO 裁决具有合法性和法律约束力

WTO 裁决有两个核心要件：一是裁决的合法性，二是裁决的法律约束力。这两者之间有着密切的联系：裁决的约束力有赖于裁决的合法性，只有这样，成员才能接受和执行裁决；同样，裁决只有具有约束力，其合法性才具有现实意义。WTO 裁决具有合法性和法律约束力是 WTO 裁决得以执行的前提和基础。

1. WTO 裁决的合法性

强制性司法管辖权表明，裁决是 WTO 法律在现实中的具体适用，裁决的作出是 WTO 全体成员事先同意并赋予专家组和上诉机构的权力；按照"反向共识原则"通过裁决确保了裁决在司法上的独立性；专家组和上诉机构无权造法，在解释 WTO 条款时不能增加或减少适用协定所规定的权利和义务。这些要件汇聚在一起，共同赋予了裁决以合法性。

我们可以从 WTO 争端解决机制的司法管辖权来分析 WTO 裁决的合法性问题。WTO 的司法管辖权即专家组和上诉机构的司法管辖权，其具体表现在两个方面。

（1）司法管辖权的统一。

争端解决的统一性源于 WTO 协定的一揽子协议。即通过 1994 年 4 月 15 日各方在摩洛哥马拉克什签署乌拉圭回合最后文件，所有成员一揽子接受了乌拉圭回合多边贸易谈判结果。WTO 争端解决机制可以受理所有成员就 WTO 任何下属多边协定下所产生的争议，也就是说，几乎所有的事项都可以诉诸争端解决机制，而专家组必须受理。

（2）司法管辖权的强制性。

作为乌拉圭回合的重要成果之一，也是 GATT 体制的最大创新，WTO 争端解决机制创设了强制性的司法管辖权。DSU 第 23.1 条规定："当成员寻求纠正违反义务情形，或寻求纠正其他造成适用协定项下利益丧失或减损的情形，或寻求纠正妨碍适用协定任何目标的实现的情形时，他们应援用并遵守本谅解的规则和程序。"

这一条款被认为是"排他性争端解决条款",明确要求WTO成员必须将WTO多边协定的争端诉诸WTO争端解决机制。意味着WTO成员事先已经赋予WTO争端解决机制排他性司法管辖权来处理有关争端。强制性司法管辖权对WTO裁决的法律效力具有重要影响。马弗鲁迪斯认为:"根据DSU第23.2条,WTO成员同意通过WTO的强制性第三方裁决来解决与贸易有关的争议。如果说没有必要遵守这一强制性裁决制度作出的裁决,那么,就等于宣布整个争端解决机制形同虚设。沿着这一思路,DSB通过的专家组或上诉机构的裁决对败诉方来说就是具有约束力的。"[41]

2. WTO裁决具有法律约束力

WTO法并没有明文规定其裁决具有法律约束力,但同样,WTO也没有明文规定其裁决不具有法律约束力。

第一,专家组或上诉机构裁定某成员某项措施违反WTO规则,代表着WTO法律体系正式宣布该措施违法。这种非法性需要败诉方以执行裁决的方式予以消除,否则非法性始终存在。

第二,WTO成员在接受WTO协定的时候便同意争端解决机制拥有强制性和排他的司法管辖权,这等于成员毫无保留地承认WTO裁决对其具有约束力,并有义务按照"善意原则"执行裁决[42]。反过来讲,如果WTO裁决不具有约束力,那不意味着宣布整个WTO法律体系是无效的,WTO的客观存在也会受到质疑。

第三,DSU明确规定,败诉方如一时无法将违法措施与WTO一致起来,可向胜诉方提供补偿或接受报复。然而,DSU进一步明确,补偿和报复都只是最终执行裁决或解决争端前的临时性措施。唯一、也是一劳永逸的出路是败诉方执行裁决,使其措施与WTO协定一致起来。

第四,DSU明确规定,在裁定不存在违反WTO协定的情况下,成员没有义务取消相关措施。这从反面可以推定,在裁定违反WTO的情况下,成员有义务取消违法措施。

第五,上诉机构在判例中指出,"DSB的建议和裁决是执行裁决的WTO成员所承担的一项国际条约义务"[43]。这是WTO法律体系第一次宣布执行WTO裁决是国际条约义务,也是WTO进一步"国际法化"的重要标志之一。

(二) WTO 裁决执行（包括部分执行）的法律效力

"国际法之父"格劳秀斯认为，自然法是为了维护一种生活秩序的必然产物，国际法就是国际社会参与者应该遵守的行为规则[44]。现代的自然法学派在解释自然法时摆脱了宗教束缚，而是基于人类的实践理性与共同的善。其认为国际社会中存在着一些共同的善（common good），国际法承载着这些共同的善，因而国家遵守国际法就意味着将共同的善实现的一种可能[45]。

虽然 WTO 设置了裁决执行的监督机制，但其本身并无强制执行 WTO 裁决的实力。在 WTO 层面只能通过沟通解决，却不能采取任何实质性措施[46]。虽然 DSU 关于裁决执行的条款的确表明了成员方希望该机制具有强制力的意愿，但 WTO 裁决是否得到及时有效地执行以及执行效果如何更多反映的是国家主权的意志，这是 DSU 裁决执行条款无法摆脱的悖论[47]。

因此，WTO 裁决得以执行或者部分执行的法律效力表现如下。

1. 可以实现胜诉方的国家利益

由于败诉方受争议措施相关的国内政治、经济和社会等因素的控制，并不是所有的 WTO 裁决都可以得到完全有效的执行。争议措施可能具有高度政治敏锐性或者在败诉方国家内有大量的游说团体，败诉方不得不只在表面上执行或者完全不执行。虽然 WTO 裁决实际上不能得到完全有效地执行，但是，该裁决仍然是有价值的，在绝大多数情况下，仍然有助于间接地实现胜诉方的某些国家利益，因为争议措施法律上的胜诉可以对败诉方政府施加一定程度的压力以取得对贸易政策实质性的影响，或者虽然不能对贸易政策产生实质性的影响，但是仍然可以有利于胜诉方达到一些政治或者经济目的。

2. 可以转移或者减轻胜诉方的国内压力

在某些案件中，美国和欧盟在促使败诉方执行 WTO 裁决时经常表现出一定的灵活性。由于 WTO 诉讼有转移国内选民压力的作用，所以有时即使明知败诉方无法执行 WTO 裁决，依然做出提起诉讼的决定，但是在执行

WTO 裁决时则可以保持一定的灵活性，可以起到互相减轻国内压力的作用。

比如在"美国版权法第 110（5）节案"中，欧共体[48]最终接受了美国每年（2001—2004 年）支付的 120 多万美元的补偿。事实上美国既没有实际支付补偿，也没有修改违规的国会立法。欧共体除了要求将该案一直列入 DSB 议程外，并没有采取进一步的措施；在"欧共体诉美国《1998 年综合拨款法》第 211 节案"中，美国始终没有撤销或修改违规立法，但欧共体也没有申请授权报复，究其根本是因为这两部法律确实涉及了复杂的政治经济因素，欧共体也意识到美国执行 WTO 裁决确实存在严重困难；再如"哈瓦那俱乐部"案涉及了美国对古巴的经济制裁问题，该案在美国国内的政治敏感度极高[49]。虽然美国没有完全执行 WTO 裁决，但是，欧盟却实现了借此在一定程度上转移欧盟内部相关利益集团压力的目的。

再比如中国被诉的"音像制品案"的裁决执行涉及了 19 个法规和部门规章的修改和调整。在目前的执行结果中，中国尚未修改或调整关于电影贸易权问题的两个文件：《电影管理条例》和《电影企业经营资格准入暂行规定》。基于对该争端的复杂性和敏感性的考虑，中国希望美国能够理解中国在此案裁决执行中确实存在困难。中国提出该案将通过双方的共同努力和相互合作得以妥善解决。但美国却认为，中国的裁决执行缺乏明显的进展。最终中美经过多轮谈判和磋商，于 2012 年 4 月 15 日正式签署了《关于供影院放映的电影的谅解备忘录》。在 2012 年 5 月 24 日的 DSB 会议上，中国表示其已采取一切必要措施执行了 WTO 裁决。而美国则提出，以上《备忘录》只代表了裁决执行的显著进步，该案并未完全执行[50]。本案执行确实存在难度，原因在于发展中国家和拥有繁复制衡体制的国家在执行 WTO 裁决时存在先天的困难和缺陷。但也因此，美国实现了借此案大大减轻来自本国电影产业的行业压力的最终目标。

3. 可以发挥传递信息的作用

当对执行 WTO 裁决的期望很弱的时候，除了对引起争议的贸易限制措施产生或多或少的实质性影响之外，其本身还具有传递信息、启动外交程序、甚至施加威胁的作用。比如贸易伙伴或者政治领导人针对特定的贸易问题通过媒体施加诉讼的压力。例如，巴西诉美国"棉花补贴案"就是向市民社会传递美国的农业政策对第三世界棉花增长影响信息的一个主要媒介。相类似的，申诉方的最初目的可能不是希望通过诉讼解决争议，或者是获得授权报复，而是希望通过提起诉讼能够对被诉方产生一定的威慑作用[51]。但是，并不是所有的成员都会相同程度地受到此类诉讼的影响，较多的 WTO 成员可能根本就不受这种政治性威胁的影响。考虑到诉讼的成本和专业性，也不是所有的成员都会使用提起诉讼产生的政治威慑作用。

4. 可以优化成员的谈判地位

从某种角度来看，WTO 裁决即使不能完全被执行，也可以起到超越现存争议、深化国家目标甚至影响某些领域重要性的作用。一个 WTO 案件可以直接影响正在进行的 WTO 谈判，通过澄清现有 WTO 协定下的义务进而改变成员的谈判地位，尤其是当成员间针对某项谈判内容很难达成一致意见的时候[52]，如巴西和共同申诉方通过澄清了美国的法律义务从而影响了多哈回合关于农业问题的谈判，并且欧盟取消了农业补贴。上述案件都非常有效地促使了那些试图消灭发达国家农业补贴政策的弱小国家在多哈回合中的谈判地位。这些案件彰显了司法诉讼和多边谈判之间的紧密关系[53]。考虑到所有 WTO 成员参与诉讼的能力，单独针对贸易利益很明显不是 WTO 成员提起诉讼的一个充分必要理由，成员提起诉讼往往都是结合了其他相关的多种经济或政治目的。

5. 可以施加一定的政治耻辱感

尴尬情绪甚至政治耻辱感将给国家施加压力促使其行为，并且使他们只提起那些真正有价值的诉讼。如在一个早期的案件中，因为败诉所带来的政治耻辱感会给败诉方施加压力，向胜诉方作出反击而提起一个新的诉讼，从而最大限度地适用 WTO 规则。作为被诉方而败诉通常会推动这个成员将作为申诉方提起新的相应的诉讼，明显的政治耻辱感可以成为诉讼的动力。但是，并不是所有的 WTO 成员都具有相同程度的政治耻辱感。Galanter 理论证明重复诉讼人，例如美国或欧盟，很少在一个既定争议中投入相同的感情[54]。事实上，这些重复诉讼人已经意识到参加 WTO 诉讼只是例行公事[55]。

第三节　WTO裁决执行现状

WTO裁决执行与否直接关系到每一个WTO成员的切身利益，WTO裁决执行的好坏验证着多边贸易体制的执行力和公信力。在WTO领域的博弈中，谁更善于出牌，谁就能更好地维护自身利益。截至2019年3月31日，WTO争端解决机构共受理成员方提起的争端案件580件，作出了343项裁决。在诉诸争端解决机制的案件中，有超过90%的案件最终被裁定违反了WTO规则，在几乎所有作出裁决的案件中，败诉方均声明愿意执行裁决，且裁决执行的情况和效果都不错，只有在极个别案件中出现了执行不力的问题，诉诸报复的案件更是屈指可数。

美国和欧盟很明显是最主要的参与WTO争端解决机制的国家，且处于遥遥领先的位置。中国作为较晚加入WTO组织的成员，也是"后来者居上"，成为WTO成员涉案数量的第3名[56]（见表1-1）。

表1-1　主要WTO成员涉案情况对比表

序号	成员	案件合计	申诉数量	被诉数量	第三方数量
1	美国	276	123	153	148
2	欧盟	185	100	85	197
3	中国	63	20	43	168
4	加拿大	62	39	23	142
5	印度	51	24	27	155
6	巴西	49	33	16	137
7	阿根廷	43	21	22	62
8	日本	40	25	15	200
9	墨西哥	40	25	15	102
10	韩国	38	20	18	124

自 WTO 成立以来，美国和欧盟就是最主要的两个 WTO 争端解决机制参与者，并始终保持着较高水平的参与度，参与比例基本平稳，充分说明美国和欧盟都一直保持着对 WTO 争端解决机制的信任和依赖，发生贸易争端还是倾向于诉诸多边体制的 WTO 来解决。中国自加入 WTO 以来，作为当事方所参与的案件经历了从无到有、由少到多的过程。从数量和比例上来看，在经历了"初期阶段"的学习和适应之后，涉案数量激增，涉案比例高达 27.4%，位居世界第二位。这一变化充分说明了中国已经从最初的消极被动参与者转变为现在的积极主动参与者，实现了从单纯防守到攻防并举的过渡（见表 1-2）。

表 1-2 WTO 主要成员作为当事方的阶段性涉案情况对比表

成员	1995—2001 年		2002—2006 年		2007—2018 年		1995—2018 年		2002—2018 年	
	件数	比例	件数	比例	件数	比例	件数	比例	件数	比例
美国	125	51.7%	55	48.2%	94	44.3%	274	48.0%	149	45.7%
欧盟	89	36.8%	43	37.7%	52	24.5%	184	32.2%	95	29.1%
日本	21	8.7%	6	5.3%	13	6.1%	40	7.1%	19	5.8%
韩国	17	7.0%	9	7.9%	12	5.7%	38	6.7%	21	6.4%
印度	26	10.7%	9	7.9%	14	6.6%	49	8.6%	23	7.1%
巴西	29	12.0%	7	6.1%	12	5.7%	48	8.4%	19	5.8%
墨西哥	17	7.0%	13	11.4%	10	4.7%	40	8.6%	23	7.1%
中国	/	/	5	4.4%	58	27.4%	63	11.0%	63	19.3%
总案数[57]	242		114		212		573		326	

通过对 WTO 主要成员作为申诉方与被诉方地位的对比分析（见表 1-3），可以发现美国、欧盟和韩国等发达国家的申诉数量和被诉数量相差不大，申诉比例和被诉比例也基本持平，日本作为发达国家的唯一例外，申诉比例略高于被诉比例。中国、印度、巴西和墨西哥等发展中国家，除了印度的申诉比例和被诉比例基本持平外，巴西和墨西哥的申诉比例远高于被诉比例，只有中国的被诉案件数量达申诉案件数量的 2.15 倍，中国的申诉比例（6.1%）和被诉比例（13.2%）之间相差达 7.1 个百分点。这些数据充分说

明了中国一直是以"被诉者"的身份在参与WTO争端解决案件,仍然只是WTO争端解决机制的良好遵循者,与其他国家相比较,尤其是发展中国家,中国主动利用WTO争端解决机制保护自身权益的积极性还不够高。但2018年中国的表现(申诉方5件,被诉方4件)是一个很好的开端,预示着中国将向积极主动地践行者转变。印度在这一方面并没有表现出明显的差异,申诉和被诉数量基本平衡,也是它们良好运用这一机制的最好证明。

表1-3 WTO主要成员作为申诉方与被诉方地位之对比表

成员	1995—2001年 申诉	1995—2001年 被诉	2002—2006年 申诉	2002—2006年 被诉	2007—2018年 申诉	2007—2018年 被诉	总计 申诉	总计 被诉	占总案数比例 申诉	占总案数比例 被诉
美国	69	56	15	40	39	55	123	151	21.5%	26.4%
欧盟	56	33	20	23	23	29	99	85	17.3%	14.9%
日本	9	12	3	3	13	0	25	15	4.4%	2.6%
韩国	6	11	7	2	7	5	20	18	3.5%	3.2%
印度	13	13	4	5	7	7	24	25	4.2%	4.4%
巴西	17	12	5	2	10	2	32	16	5.6%	2.8%
墨西哥	10	7	6	7	9	1	25	15	4.4%	2.6%
中国	/	/	1	4	19	39	20	43	3.5% 6.1%[58]	7.5% 13.2%[59]
总案数[60]	242		114		176		573(326)			

WTO争端解决机制中的第三方制度颇具特色,一方面为WTO新成员提供一个良好的学习平台,另一方面也为WTO老成员开辟利益诉求的渠道。WTO和上合组织主要成员除了作为当事方参与WTO争端解决案件外,作为第三方的情况也从另外一个侧面反映出利用WTO争端解决机制解决经贸争端的态度和积极性。除墨西哥作为第三方参与争端案件的比例略有下降外,其他WTO和上合组织主要成员作为第三方涉案的比例是不断增加的(见表1-4),中国作为第三方参与案件的比例均超过了50%,而印度的参与比例在最近十年中翻了两倍。

表1-4　WTO主要成员作为第三方的阶段性涉案情况对比表

成员	1995—2001年		2002—2006年		2007—2018年	
	数量	比例	数量	比例	数量	比例
美国	42	17.4%	29	25.4%	75	42.6%
欧盟	43	17.8%	38	33.3%	100	56.8%
日本	45	18.6%	43	37.7%	95	54.0%
韩国	18	7.44%	24	21.1%	79	44.9%
印度	32	13.2%	18	15.8%	87	49.4%
巴西	15	6.2%	33	28.9%	72	41.0%
墨西哥	18	7.44%	28	24.6%	43	24.4%
中国	/	/	59	51.8%	95	54.0%
阶段总案数	242		114		176	

一、WTO裁决执行概况

据统计，目前DSB已经受理580起案件，作出343项裁决，仅有6起案件还没有执行裁决，9起案件正在申请报复授权，7起案件已经授权报复。因此，到目前为止，WTO裁决的执行率高达94%，著名国际法学者路易斯·亨金（Louis Henkin）曾经提出："绝大多数情况下，绝大多数国家遵守绝大多数国际法规则与义务。"[61] WTO裁决的执行实践已经印证路易斯·亨金的判断。可以说，在几乎所有作出裁决的案件中，败诉方都声明愿意执行裁决，几乎所有裁决在几乎所有时间都得到几乎所有成员的执行[62]。裁决执行的情况也不错，仅在个别案件中出现了执行不力问题，诉诸报复的案件更是屈指可数[63]。值得注意的是，几乎所有败诉方都明确表示了它们执行裁决的意愿，并且绝大多数成员也确实在一个合理期限内执行了WTO裁决。WTO裁决得到普遍执行是现实情况，裁决执行情况良好是总体评价。

WTO的大量争端在双边磋商阶段就得以解决，统计显示，仅有不到一半的案件进入到专家组阶段，大量的案件通过"庭外和解"了。实际上，争端解决机制始终鼓励"庭外解决"争端，但必须指出的是，"庭外和解"不是一般理解上的"私了"，这是争议方以司法裁决为依据，在符合WTO规则的前提下,争端方就利益丧失或减损进行的"利益交换",并始终受制于全体成员的集体监督。在某些特定案件中被诉方在裁决报告通过前即撤销或修改了违规措施,在另一些案件中被诉方在裁决报告通过后立即撤销或修改了不符措施,其他绝大多数 WTO 裁决经过合理期限后都得到了良好的执行[64]。这与关税与贸易总协定(GATT)时期专家组报告在大多数情况下得不到通过,其裁决更得不到有效执行形成了鲜明对比。

　　截至目前,尚未出现任一败诉方公然表示拒不执行 WTO 裁决的情况。WTO 裁决执行机制使用率较高,特别是"案中案""案套案"的情况层出不穷,成员在执行阶段诉诸司法裁定的情况不断增多。尽管部分措施被提起了《关于争端解决规则与程序的谅解》第 21.5 条项下的"执行复审"程序(以下简称"执行之诉"),但只有一小部分案件进入了 DSU 第 22 条项下的"补偿和中止减让"程序。案件进入 DSU 第 21.5 条和 22 条程序也是在 WTO 法律体系的框架内按照 WTO 所规定的程序进行的,从这个角度上来说,WTO 的执行现状是令人满意的[65]。

　　从涉案协定或领域看,传统领域的 GATT 协定和与《贸易有关的知识产权协定》(TRIPS 协定)所涉案件裁决的执行率最高,违法措施得以及时撤销。在保障措施和纺织品领域,违法措施也能得到及时撤销,裁决的执行率较高。而在《补贴与反补贴协定》《反倾销协定》等贸易救济案件中,执行率则较低,许多案件诉诸执行异议复审程序后仍久拖不决。裁决执行率最低的是农产品、动植物检疫领域,裁决执行常常陷于困境,导致一次次引用复审程序。在某种意义上,执行率的高低反映了成员境内贸易政策和监管体制与 WTO 规则之间的差异。按涉案措施划分,涉及行政规章的裁决执行速度要比涉及立法的裁决执行速度快一些。在一些案件中,由于败诉方国内政治阻力过大,导致一些"高难度"案件的裁决执行不下去,甚至使整个 WTO 法律体系受到极大压力。按照国别统计,美国、欧共体、日本、澳大利亚等成员在相互诉讼的案件中往往出现执行不利情况,而发展中成员执行裁决的情况较好。

　　虽然 WTO 的执行情况总体良好,但在个别特殊案件中,也出现了不执行甚至是拒绝执行的情况,如"美国赌博案"(DS285)、"欧盟香蕉案Ⅲ"

(DS27) 等。而这一问题成为"争端解决机制中最棘手的问题之一"。WTO 虽然成功地裁决了很多案件,一些没有被执行的案件经过报复授权或实施了报复措施以后,最后仍然遭遇"不执行"这道高墙[66]。因此,如何杜绝不执行裁决情况的发生,如何通过报复措施促使裁决执行是急需解决的问题。

目前发达成员,如美国、欧盟等在执行之诉中作为被诉方的频率较高,这说明在很多情况下发达成员都未能在合理期限内有效执行 WTO 裁决。相比较而言,发展中成员却能及时有效地执行 WTO 裁决,被提起执行之诉的比率相对较低[67]。归其原因在于发达成员对 WTO 规则最熟悉,能够娴熟地使用 WTO 裁决执行中的技巧,而且很多技巧不断翻新,通过利用 WTO 裁决执行机制的漏洞为国内产业或敏感行业的调整争取了充分的时间。相应地,当发达成员胜诉时,弱小成员作为败诉方往往会无奈地按时执行 WTO 裁决,否则将面临发达成员强有力的报复威胁;反之,当发达成员败诉而弱小成员胜诉时,发达成员往往会找各种借口拖延甚至不执行 WTO 裁决,因为即使胜诉方获得了报复授权,弱小成员大多也无从适用。

二、美国和欧盟 WTO 裁决执行现状[68]

美国和欧盟作为 WTO 成员中两个最大的经济体在执行 WTO 裁决的表现上并不理想,虽然从统计数据上来看,两大成员方已经执行了绝大部分的裁决,但对一些争议敏感的、标的额高的、案情比较复杂的和对国内利益影响较大的案件,执行情况差强人意,尤其是当美国和欧盟作为争端双方时,裁决的执行情况往往更不理想。某些国家在有能力、有利益且有借口不执行裁决时仍然选择不违反国际法,才能真正揭示国际法的执行机制效力[69]。因此,分析美国和欧盟的执行情况,更容易揭示 WTO 执行机制的效力及影响执行的因素。

美国是全球经济的重要推动者,也是 WTO 争端解决机制使用最频繁的成员之一。然而这个争端解决机制的"领头羊"常常遭到其他成员指责其怠于执行 DSB 的建议和裁决。美国一方面拖延执行或拒绝执行 DSB 的建议和裁决,另一方面又以此向贸易伙伴施压,其做法严重损害了争端解决机制的公信力和权威性,同时被其他 WTO 成员指责实施双重标准。

GATT 时期，根据 Hudec 教授的统计，美国完全执行了其应执行案件的 64%，部分执行的达 7%，完全不执行的达 29%。在后期，美国的执行比例分别变化为 60%、0 和 40%，美国的完全不执行比例有明显的上升趋势[70]。这样的执行情况及变化趋势令人担忧，经济实力强的大国不执行裁决但又不能被强制执行裁决，极大危害了国际经济法律体制。WTO 时期，可以用优劣参半来形容美国对裁决的执行情况。美国不执行的案件明显体现了一个特点，即不执行的案件并非由实力较弱的发展中国家提起诉讼的，而主要是由欧盟提出的一些争端，如"美国——FSC 案"（WT/DS108）、"美国——《1916 年反倾销法》案"（WT/DS136、WT/DS162）和"美国——版权法第 110（5）节案"（WT/DS160）等。

欧盟的执行情况与美国类似，一些典型的不执行案件如"欧共体——香蕉案"（WT/DS27）、"欧共体——荷尔蒙案"（WT/DS26、WT/DS48）都与欧盟有关，且对方当事方都有美国。

通过对欧美 WTO 裁决执行现状进行分析，可以发现：首先，胜诉方和败诉方的经济实力差距对执行效果有较大的影响，并有一定的规律，即实力差距越大的成员之间的执行效果越好，争端解决越迅速，而实力相当的成员之间的执行效果反而较差，如"欧共体——香蕉案""美国——FSC 案"、巴西和加拿大之间的"飞机出口补贴案"等，经实践证明，典型的"不执行 WTO 裁决案件"大多是发生在实力相当的成员之间。其次，这些不执行案件有一个共同的特点，即政治敏锐性极强或经济利益影响极大，甚至有些案件的执行成为执行其他案件的筹码。最后，目前执行机制中存在着一些问题：缺乏强制执行机制，实际执行效率低下，从而导致无法真正意义上实现贸易自由化的目标，难以实现国际法追求的公平、正义价值。

三、中国 WTO 裁决执行现状

截至 2019 年 3 月 25 日，WTO 争端解决案件共计 573 起，中国共参与了 63 起贸易争端，作为起诉方的有 20 起，占争端解决案件总数的 3.5%；作为被诉方的有 43 起，占争端解决案件总数的 7.5%；以第三方身份参与 WTO 争端解决案件 163 起。其中 33 起案件已经结案（7 起案件通过和解结案，7起案件通过磋商结案，19起案件中国政府执行了WTO不利裁决，其中有2起案件提起DSU21.5执行复审诉讼。），其中，中美"白羽肉鸡双反措施案"（DS427）被DSB执行专家组裁决未完全执行该WTO裁决，中加"纤维素纸浆反倾销措施案"（DS483），由于对中国执行本案裁决的情况不满意，加拿大已于2018年9月11日提起DSU第21.5条执行之诉。余下4起案件处于专家组成立阶段，6起案件处于磋商阶段[71]。由此可见，中国几乎执行了所有对中国不利的WTO裁决。

截至目前，中国被诉的案件总量达43件，是仅次于美国和欧盟的被诉案件最多的WTO成员方，起诉中国的成员主要是美国（23起案件）和欧盟（9起案件），这些案件大多针对中国的经济贸易政策，争议措施涉及贸易救济、进口关税、出口限制、服务贸易、与贸易有关的投资措施以及知识产权等多个领域。

中国败诉的案件数量不少，因而如何执行WTO裁决已经成为中国面临的一个棘手的现实问题。到目前为止，中国政府在所有WTO裁决执行案件中都在约定的合理执行期限届满前提交了执行报告书。从总体上来说，中国政府都认真、努力地践行承诺并执行了WTO裁决，作为败诉方的中国非常好地执行了WTO裁决，几乎全部在合理执行期限内执行了对已不利的WTO裁决，除了"中国—影响部分出版物和音像娱乐产品的贸易权利和销售服务措施案"，由于执行难度过大，比DSB裁定的合理执行期限晚了13个月执行了裁决[72]。这一执行现状既表明对争端解决规则的理解和运用日渐成熟，也表明了较强的执行意愿。

第四节　影响败诉方裁决执行决策的主要因素

根据国际法执行理论，基于一个成员对WTO义务的违反可能会直接或间接地影响许多其他成员、甚至是全部其他成员的经济利益和自由市场准入的利益，成员方通常都会遵守 WTO 规则[73]。但同时，许多因素会影响国际法或国际裁决的遵守或执行，例如国家主权和声誉、报复或制裁、国际裁决的公平性与合法性、国际法规则与国内社会的互动方式以及国内政治法律制度等。国际法遵守理论的几大流派[74]强调不同因素的特定作用[75]。嵌入到国内社会的理性选择理论可以解释美国和欧盟执行 WTO 裁决的绝大部分实践。WTO 成员政府仍旧是裁决执行的核心决策者，其决策受到国内外一系列因素的影响。国际因素（包括国家主权和声誉、报复或制裁、国际裁决的公平性与合法性等）通过影响国内政治进程对政府决策产生影响。而根据 John Maguns 的观点，确认那些促使败诉方执行裁决的因素是非常简单的，主要取决于 3 个"R"，即：名誉（reputation，不希望被作为无视法律者）、报复（retaliation，由 DSB 授权实施），以及可能存在的角色反转（role reversal，即在未来的某个案件中自己可能作为一个胜诉方而要求对方执行 WTO 裁决）[76]。

由于 WTO 争端解决机制缺乏对裁决执行内容和方式的明确规定，败诉方具有对 WTO 裁决执行完全的选择权和控制权，所以在实践中，出现了一些败诉方执行不力甚至拒不执行的情况，对胜诉方利益和 WTO 体制产生了不利的影响。国际关系是一国根据其他国家的行为或反应作出抉择的过程。因此，最终促使裁决得以执行的是一种"内力"和"外力"相互作用的合力。所谓"内力"是指源自 WTO 成员的内驱力，即成员认识到自身在争端解决机制中胜败比有可能的客观现实，从确保自身核心利益出发，在计算不执行裁决的违法成本与执行裁决的收益基础上，维护自身在多边贸易体制中的形象，并兼顾其他成员的反应，在执行裁决方面采取的某种合作态度。所谓"外力"主要源于两个方面：一方面是裁决的合法性，即裁决是全体 WTO 成员一致同意建立的准司法机制的产物，裁决的产生过程便是裁决获得合法性和有效性的过程，成员接受和执行裁决源自裁决的合法性；另一方面是 WTO 裁决执行机制作为一套制度安排所释放出来的规范性压力。

分析影响败诉方裁决执行决策的主要因素，对于查找败诉方不执行裁决的原因及后续研究促使裁决执行的具体措施有很大的帮助。

一、WTO 裁决的正当性

一项法律制度之实效的首要保证必须是它能被社会所接受,而强制力的保障只能起到次要和辅助作用。如果人民不得不依赖政府强制力来保证法律的实施,那么这只能说明该法律制度具有实效性,并不是对其有效性和实效性的充分肯定[77]。据此,法律实效的首要保证是法律的社会接受性,突出了法律必须被社会接受这一首要特征。

国际法体系中的正当性(legitimacy)主要由确定性(determinacy)、一致性(coherence)、象征性的确认(symbolic validation)和坚持(adherence)四要素构成[78]。确定性是其中最重要的要素,直接影响着正当性。确定性是指一项规则能够明确许可和禁止事项而使得该规则的含义被清晰透明的理解的一种特征。规则具有确定性是指通过规则可以明确何为可作为,何为不可作为,如果出现关于确定性的争议时,规则应提供能够引导出确定结果的程序予以澄清。

法律的强制性与正当性密切相关,强制性应以正当性为基础,而正当性应优先于强制性。原因在于,法律的强制性来源于正当性,在国际法层面上,国际法上的主权国家是具有选择权的法律主体,其遵守和执行法律的动力源于其对法律正当性的评价,不具备正当性而强制推行的意志是对国家主权的不当干预。一般认为,法律的正当性应满足以下要求:首先,立法权的来源是正当的;其次,立法权的行使是正当的,即立法的目的、内容和程序能够被普遍接受或认可;最后,强制力的运用是正当的,即强制力应源于法定上级权力或上位阶法律,且强制力的运用应遵循法定程序。

由此可见,法律具有正当性才能被社会所接受,其才具有实效性和强制性。同时,正当性往往体现为一种拉力,而这种拉力能够促使法律主体自愿自觉的遵守和执行规则,这一点在国际法中非常重要,尤其是经贸类国际公约,如 WTO。

与《国际法院规约》不同,DSU 并没有直接规定 DSB 裁决对争端双方具有法律约束力。因此,在实践中,一些重大案件的裁决不能得到有效执行的一个重要原因是部分败诉方质疑 WTO 裁决具有充分的正当性,使得裁决不能在国内获得直接法律效力,间接影响执行过程,导致执行期被延长,甚至根本无法执行。目前,大多成员均不承认 DSB 建议和裁决的直接国内法律效力[79]。为了促使专家组和上诉机构的裁决能够得到快速有效的执行,DSU 没有强制规定成员的"裁决执行义务",这样严重地影响了 WTO 裁决在成员国(地区)内法上的直接效力,从而影响了 WTO 裁决的执行。这其中以美国和欧盟最为典型。

美国《乌拉圭回合协定法》第 102 节直接明确地拒绝承认与美国目前立法不一致的任何 DSB 的建议和裁决[80]。主要原因在于,WTO 成员,尤其是发达国家成员,没有对 WTO 作出充分的政治承诺。虽然大部分成员都公开表示愿意加强 WTO 争端解决机制,但成员们依然对向 WTO 让渡部分权力保持着高度警惕[81]。它们对 WTO 法制和司法的"正当性赤字(legitimacy deficit)"还深表担忧[82]。

欧盟的司法判例—"欧盟围绕香蕉案 WTO 裁决的国内执行之诉"明确表明欧盟法院并不承认 WTO 裁决在欧盟具有直接的法律效力。针对欧盟的 WTO 裁决的国内执行问题,欧盟的一些私人利益集团提起了三个重要的国内诉讼,即 Cordis v. Commission、Bocchi Food Trade International v. Commission 和 T Port v. Commission 案(三案统称为"配额赔偿金案")[83]。国内利益集团在起诉状中提出,为了执行"欧共体——香蕉案"的裁决,欧共体颁布的 2362/98 条例所规定的香蕉进口关税调整系数直接影响了行政相对人实际可获得的临时参考进口数量的减让,因此提出非合同约定的赔偿,用来补偿行政相对人由此所遭受的经济损失。但在诉讼过程中,欧洲法院在 Portugal v. Council 案中已经判决:"就其性质和结构来说,在原则上 WTO 协定不属于本法院据以审议欧共体通过的措施的合法性的规则。"因此,通过对上述案件的审理,欧洲初审法院认为,由于 WTO 裁决没有明确提出任何具体义务,也没有提到 WTO 协定中的任何具体规定,所以欧洲法院对相对人的诉讼请求不予支持。"配额赔偿金案"的关键是 WTO 裁决能否在欧盟产生直接的法律效力[84],使得欧洲法院能够获得审查欧盟相关的执行措施是否与 WTO 裁决相一致的审查权。分析欧洲法院做出这样判决的一个重要原因是基于政治经济学上的考虑,因为从现实的角度来看,如果欧洲法院承认了 WTO 协定和裁决的直接法律效力，那么欧盟内部的私人利益集团就获得了依据 WTO 协定和裁决挑战欧盟法律和政策的权利，这将迫使欧盟在一些案件中不得不执行一些欧盟立法或行政机关不想执行或希望暂缓执行的 WTO 协定或裁决。

但杰克逊教授认为："已通过的争端解决报告构成了对有关成员修正其违规措施以使其与 WTO 协定和附录规定相一致的国际法义务。"同时也承认："DSU 的语言并没有严格规定到底 DSU 报告的法律效力是什么。"[85]因此，他提出："WTO 争端解决机构（DSB）作出的裁决从国际法的角度来看是具有法律约束力的。"[86]

根据 DSU 相关条款的规定，WTO 裁决是由全体成员事先同意并授权的专家组和上诉机构作出的，依据"反向一致"原则经全体成员组成的 DSB 一致通过的，这就足以说明成员在接受 WTO 协定的时候，就同意 WTO 争端解决机制具有强制性和司法管辖权，也就毫无保留地承认 WTO 裁决对其具有法律约束力，并有义务按照"善意原则"执行 WTO 裁决[87]。在实践中，上诉机构也提出："执行 DSB 建议和裁决是 WTO 成员所承担的一项国际条约义务。"[88] 这是 WTO 法律体系第一次宣布执行 WTO 裁决是国际条约义务。

在实践中，WTO 裁决的正当性确实会影响美国和欧盟执行 WTO 裁决的决策。国际裁决违背了国家承担国际法义务的基本前提"国家同意"，这不仅会影响政府的执行意愿，而且也会影响国内民众的情绪，成为导致政府不愿意执行国际裁决的负面因素之一。程序合法、说理充分、逻辑严密、结果公正的国际裁决不仅可以"说服"政府，也会"说服"民众支持国际裁决的执行。如在"归零系列案件"中，美国以《反倾销协定》没有明确规定为由，长期拒绝取消或修改已被 DSB 多次裁定违法的反倾销归零做法，致使美国政府始终认为反倾销归零做法并非违法。在"美国—赌博案"中，尽管专家组和上诉机构都认为美国做出了博彩服务承诺，但美国坚持认为自己没有在其服务贸易承诺表中开放博彩服务市场，因此，美国最终还是选择了与胜诉方补偿谈判的方案，并未修改其服务贸易承诺表。

二、国际执行法律制度

各成员执行 WTO 裁决必须在 WTO 争端解决裁决执行机制的框架内进行。DSB 通过专家组和上诉机构报告之后，败诉方就必须立即执行 WTO 裁决。根据 DSU 的规定，争端双方可以通过协商或者仲裁机制确定被诉方执行裁决的合理期限。败诉方必须在合理执行期限内（一般最长不超过 15 个月）执行 WTO 裁决。合理执行期限届满后，如败诉方没有采取执行措施，则可与胜诉方进行补偿谈判；或者，如果争端双方对败诉方是否执行了 WTO 裁决存在争议，则胜诉方可以提起执行之诉，如果执行专家组或上诉机构裁定败诉方没有执行 WTO 裁决，则争端双方可以进行补偿谈判。在上述两种情况下，如争端双方无法达成补偿协议，则胜诉方可以申请授权报复。如果败诉方认为胜诉方申请的报复数额太大或者报复对象不符合 DSU 的相关规定，可以申请进行报复仲裁。报复仲裁结果出来后，胜诉方可再次申请并自动获得报复授权。胜诉方获得报复授权后，便可合法地实施报复措施。WTO 设立的这套较为完整的裁决执行机制构成了争端双方在执行阶段"互动"的国际制度，对败诉方执行 WTO 裁决的行为具有较为重要的指导作用。

从实践情况来看，WTO 成员执行裁决基本都遵守了这套裁决执行机制。唯一例外的情况是，由于 DSU 关于执行审查程序与报复授权程序之间关系的规定不清晰，美国在"欧共体—香蕉案"中未经 DSB 授权就采取了单边报复措施。

三、成员国（地区）内法律体制

各国都有制定、修改和废除国内法律法规等规范的程序，并因国家法律制度的不同而有较大的差异，由此导致如果 WTO 裁决中涉及国家法律法规的修改或撤销时，会在国内因法律制度的阻碍而影响裁决的执行。如美国，根据国内立法程序规定，如果需要通过修改或废止法律法规来执行 WTO 裁决，必须经国会的审议通过，因此美国因不执行裁决而承受报复的几个案件大多涉及此类问题；中国作为发展中国家仍面临法制不健全、政出多门、部门间不协调等问题，尤其是中国宪法对包括 WTO 协定在内的国际法与国内法的效力层级问题没有明确的规定[89]，这在一定程度上影响了中国高效地执行 WTO 裁决[90]。

这一影响因素在实践中表现得更为突出，如在"欧共体——香蕉案"中，欧共体屡次制定"新"的香蕉进口制度，然后根据"多哈豁免条款"提起仲裁，而仲裁裁决依然裁定欧共体的执行措施与 WTO 协定不符。欧共体又再次修改并声称将执行新的措施，但其他国家仍然认为新的措施还是违反了 WTO 协定，又再次针对欧共体的香蕉进口制度提出磋商请求。除此之外，法律体系之间的冲突和国际法规范本土化进程缓慢也是本案不能有效执行的原因之一。

成员方（地区）内法律体制并非完全有利于 WTO 裁决的执行。在有些案件中，国内法律体制有利于 WTO 裁决的执行。例如遭受贸易报复，受到损害的国内利益集团就会展开游说，对政府施如压力，从而迫使政府遵守相关 WTO 裁决。在另外一些案件中，国内法律体制和国内传统观念则会阻碍美欧执行相关 WTO 裁决，例如涉及美国国会立法的案件、欧共体荷尔蒙案和生物技术产品案等。

四、成员国（地区）内的政治经济因素

促使成员执行裁决的主要动力之一是国内政治经济等因素共同作用的结果：因采取违规措施而受损的部门、胜诉方拟实施报复措施所针对的部门以及其他利益受损的团体（如消费者）的压力。

一方面是国内政治因素。国内政治因素是影响国家做出 WTO 裁决执行决策的重要因素之一。裁决执行是要比单纯的报复更为复杂的一个过程，其中包含了为获得所追求的执行决策而（在执行国国内）制造政治推动力的过程[91]。其中美国国会的游说和内部政治关系对美国最终决定是否执行裁决发挥了巨大的作用。另一方面是国内经济因素。美国国内倾向于公平贸易的强大利益集团发挥着重要作用。2000 年 6 月 20 日，美国审计总署（GAO）的报告指出，在美国败诉的案件中，"美国——FSC 案"对美国商业利益的影响很大，其他案件对其商业利益的影响则是有限的。这一结论导致美国政

府对本案 WTO 裁决的拒绝执行，最终招致 40 亿美元的报复授权。一成员政府为了政治原因而不执行 WTO 裁决，与仅为经济利益而不执行裁决之间存在很大的不同。前者在政治压力下，即使承受加倍的贸易报复，该成员政府也不会执行裁决；而后者成员政府执行裁决的可能性要高很多，因为在某些特定情况下，政府为追求特定的政治目标，可能完全置报复于不顾。

"欧共体——荷尔蒙案"（美国）是体现这一影响因素的典型案件。本案中，无论是美国政府要求欧共体执行 WTO 裁决，还是欧共体内部要求禁止进口荷尔蒙牛肉，都受到政治、社会和经济各方面的压力，尤其是来自美国的政治和经济压力。一方面，美国国内经添加荷尔蒙而生产牛肉和牛肉制品的生产商和出口商势力非常强大，在国内具有超强的政治游说力；另一方面，根据资料显示，2001 年 1 月 1 日—2001 年 11 月 30 日，美国牛肉和牛肉制品的出口量已经达到了 1 171 吨，总价值约合 31.44 亿美元[92]，涉及的经济利益也相当巨大。因此，美国一直强烈要求欧共体开放欧洲市场并向欧共体提起"欧共体——荷尔蒙案"，完全是出于保护国内相关利益集团的需要和受到了国内相关产业力量的推动。

五、国家实力

仅从表面上看，WTO 体制似乎抛弃了 GATT 时期"实力导向"的规定和做法，但在执行实践中，WTO 主要依靠成员自身的经济实力来确保执行。

所谓实力是指在散播价值观和某些思想后，往往通过其在国家间、非国家组织、思想界和公民社会的动力学之间的往来中发挥着作用，达成共识[93]。经济大国往往在贸易、投资和知识产权等领域处于领先和优势地位，相应的其政治观点和处理国际关系的态度也在国际上产生较大的影响，它们的法律观点和立场普遍受到关注和尊重，常被引入国际条约转化为国际规则后直接影响着司法实践。因此，多数的国际法规则均来源于经济大国，而那些被认为公平、合理、符合分配正义原则和达成完全共识的国际法规则将得到更广泛的执行，达到更优的执行效果。

实力不仅对国际条约的谈判和达成共识有重要影响，还存在于国际法规则内化的过程中，即一个国家经济实力越强，政府和国民在国际交往中的地位就越高。实力在国际法规则和国际法裁决执行方面也发挥着与规则制定和内化同等重要的作用。实力的实际运用和发挥的威慑作用在某种程度上对国际裁决的执行有很大的帮助。根据司法实践,实力的威慑作用在相当程度上促进了国际法规则和裁决的有效执行。WTO 争端解决机制中的裁决执行机制就证明了实力驱动的力量。

但实力也不是在任何情况下都发挥了促进执行的作用,因为影响执行决策的因素之一国家实力是指国家的相对实力,并非绝对实力。因为通过对 WTO 裁决的执行现状进行分析,可以发现:胜诉方和败诉方的经济实力差距对执行效果有较大的影响,并有一定的规律,即实力差距越大的成员之间的执行效果越好,而实力相当的成员之间的执行效果反而较差。如国际上典型的"不执行 WTO 裁决案件"大多发生在世界上最大的两个经济体——美国和欧盟之间,反而,美国和欧盟面对一些经济较弱的发展中国家成员时,可以完全或部分的执行 WTO 裁决。为此,美国审计总署(United States general accounting office,GAO)在其报告的结论部分就曾指出,争端解决机制对美国的影响不能单纯以美国胜诉或败诉来评价,因为,即使胜诉也未必带来期望的结果[94]。如欧盟就没有执行 DSB 在"欧共体——香蕉案"和"欧共体——荷尔蒙案"中作出的裁决,尽管面临着美国对其实施报复的威胁。

六、国家主权

国家主权的概念源于近代欧洲,法国的自然法学家让·布丹在 1576 年发表的《论共和国六书》中,第一次提出了国家主权的概念,他认为:"主权是在一国中进行指挥的绝对的和永久的权力(power)。"[95] 1648 年签署的《威斯特伐利亚和约》第一次从国际法的角度确认了国家主权原则,提出国家主权的核心是最高权力机关享有垄断权力,承诺不干涉统治者们在其领土范围内所制定的各项规章制度。

WTO 协定与国内法律制度不同,WTO 是由各成员方让渡部分主权而建立的一个国际经济组织,WTO 不存在一个凌驾于各成员方之上的超国家的国际组织机构来提供强制执行力[96]。因此，WTO作为一个主权国家的集合体，是否执行以及如何执行WTO裁决完全取决于主权国家的意愿，败诉方对于是否执行裁决具有完全的选择权。面对WTO裁决，如果执行裁决利大于弊，那么败诉方执行的可能性就大；如果执行裁决弊大于利，那么败诉方执行裁决的意愿将会降低；如果执行裁决在国内面临较大的政治压力，败诉方就有可能利用国家主权为借口，拖延甚至拒绝执行WTO裁决。

美国在WTO成员中是最关注国家主权的国家之一。美国国会曾经非常担心自动通过裁决的WTO争端解决机制会侵蚀美国国家主权，特别是对国会的立法权构成挑战。在乌拉圭回合谈判的结果送交美国国会批准时，国会对此就产生了激烈的争论，最担心的问题就是WTO体制和争端解决机制的加强将限制美国运用国内立法的自主性[97]。2000年6月20日，美国审计总署和美国贸易代表（United States trade representative，USTR）分别向美国参议院金融委员会国际贸易分会提交了两份作证报告。审计总署（GAO）的报告明确指出："WTO案件引起了其他国家相当数量的贸易行为的变化，但对美国法律和条例所造成的影响是微乎其微的。"美国贸易代表（USTR）的报告指出："WTO争端解决机制充分地尊重了美国的国家主权。专家组没有命令美国或其他国家修改法律和实施对WTO成员报复的权力。"[98]

从总体上来看，美国政府认为美国在争端解决案件中胜多负少，败诉案件大多影响不大，所以绝大多数美国败诉的案件，美国都执行了DSB的建议和裁决。但仍有几起案件，美国遭遇被要求修改国内法律以执行WTO裁决。在遇到需要修改美国国内法来执行裁决的情况，拥有立法权的美国国会通常故意拖延，导致要求美国撤销或者修改相关国内法的DSB建议和裁决"久拖不执"。最典型的案件是"美国——FSC案"，该案的涉诉措施是修改美国的国内税法，对这一立法的任何修改都将直接影响国会所代表的各种不同利益和美国社会的方方面面，因此，触及了在WTO体制中饱受争议的国家主权问题。

WTO争端解决机制在面临国家行使主权时具有灵活性，是其规则制定的高明之处，能够通过一定的变通做法来促使裁决的执行。

七、国家声誉

国家遵守国际协议主要是因为出于对国家声誉（state reputation）的考虑。国家声誉包括"国际信誉"（goodwill）和"国际威望"（prestige）。"国际信誉"是理性主义国际法遵守理论的一个构成要素，是指遵守或不遵守行为对相关国家未来博弈的正面或负面影响。"国际威望"强调国家在国际舞台上的主观感受。由于政府想被认为是国际社会的守法成员，政府就努力避免因为违反国际法律义务而受到谴责。

把对国家声誉的考虑作为遵守WTO义务的因素并不是WTO争端解决机制所特有的。事实上，在GATT时期，广泛流行着把对国家声誉的考虑作为遵守WTO义务因素的情况，成员方遵守了它们所做出的绝大多数承诺。这样的流行趋势一直沿袭到WTO时期。

国家做出国际承诺后，通常将国家声誉作为其履行国际协议的保证，在缺乏直接制裁的国际法体系中，声誉显得更为重要[99]。杰克逊教授曾指出："（在保证执行WTO裁决的过程中）存在着一种非正式的力量，一个施加耻辱感的过程，一个相互指指点点的过程，也是一个感化教育的过程。"[100] 从败诉方在DSB会议上通报其是否执行裁决，到就是否执行裁决进行复审的过程中，执行监督机制设立了一道道"门槛"，有效地减少或阻止拖延或拒不执行裁决的情况。对一个成员执行条约义务情况的审议会对该成员产生一种压力[101]。

国内政治决策往往是败诉方决定是否执行WTO裁决的最终影响因素。国家声誉对败诉方的执行决策具有一定的内在驱动力，关键取决于一国政府的政治考量。国家声誉只是一个国家执行决策的影响因素，并非国家执行的根本原因，国家声誉不会导致政府制定相反的决策[102]。国家声誉同时对败诉方的执行决策具有一定的外在驱动力。一个国家如果拥有良好的声誉将获得更多的机会建立国际关系并签署国际协议。这一点对于发展中国家，尤其是新兴发展中国家非常重要。但对某些强势国家，发挥的作用并不明显，如美国和欧盟，因为他们是WTO规则的主要制定者，并不在意执行声誉所造成的不利影响，因此他们在执行WTO裁决方面存在一些问题。

事实上，在当前国际经济全球化的大背景下，国家声誉对任何一个国家都非常重要。根据 DSU 第 21.6 条的规定，DSB 应监督已通过的建议和裁决的执行情况，败诉方应定期向 DSB 提交一份执行建议和裁决进展情况的书面报告。这一制度有利于公开各成员的执行声誉，若不执行 WTO 裁决，将面临其他成员诸多的舆论和谴责压力，处于被动的局面，其国家声誉也必然受损。因此，有部分政策制定者认为，美国在执行国际贸易体系规则时应以身作则、树立榜样，这对自己的长远利益有好处。虽然国家声誉对执行 WTO 裁决具有内外双重驱动力，但不能就此高估了国家声誉对裁决执行的促进作用。

从实践情况来看，WTO 虽然设置了每月向 DSB 通报执行进展情况、将合理执行期届满尚未执行的案件列入 DSB 例会议程并接受 WTO 全体成员的审议等监督机制，但是，在一些案件中，这些机制对美国和欧盟的 WTO 裁决执行行为影响并不明显。鉴于美国和欧盟在多边贸易体制中事实上的"霸权"地位，美国和欧盟似乎并不重视其在国际舞台上的声誉。例如，欧盟在"生物技术产品案"中提交的多份执行进展情况报告中反复重复一句话："欧盟愿意与美国继续进行讨论，以解决本争端及相关问题"；又如美国按惯例向 DSB 提交了"美国-版权法第 11（5）节案""美国——《1998 年综合拨款法》第 211 节案"和"美日热轧钢反倾销案（涉及《1930 年关税法》条款）"的执行状况报告。这些 WTO 裁决的执行虽历经多年之久，但在没有报复威胁压力的情况下，仅凭声誉压力仍无法改变美国和欧盟的执行行为。

八、授权报复措施

报复作为促使执行 WTO 裁决的一个因素，经常会遇到胜诉方获得 DSB 授权报复而没有对未执行 WTO 裁决的败诉方实施报复的情况。报复不仅是 WTO 现行最为可行的救济措施之一，而且对报复措施所产生的经济性影响的惧怕也成为一个促使败诉方执行 WTO 裁决的主要因素。然而，尽管在一些案件中授权报复的实施能够促使 WTO 裁决的执行，但在另外的情形下，对授权报复的惧怕甚至是报复措施的威胁并不必然促使败诉方执行 WTO 裁决。授权报复在一些特定案件中可能产生相反的效果，尤其是涉及发展中成员的时候。在这样的案件中，欠发达的成员方并不会因授权报复而获益，反而可能会进一步蒙受更大的利益损失。

授权报复可能会影响美国和欧盟的WTO裁决执行决策。授权报复往往会伤害败诉方特定国内集团的利益，这些利益集团就会施加压力给政府，要求政府执行WTO裁决。授权报复的效果很大程度上取决于它们对败诉方国内相关利益集团的影响程度以及这些利益集团在国内的政治影响力，这反过来又主要取决于授权报复措施实施成员的实力以及报复措施的具体设计。从实践情况来看，在美国和欧盟这样经济实力相当的成员之间，授权报复或报复威胁较为有效；在经济实力相差悬殊的成员之间，授权报复或报复威胁的效果并不那么明显。

如在"欧共体——香蕉案"中，美国威胁实施报复措施迫使欧共体与美国达成同意修改其香蕉进口、分销体制的谅解。在"欧共体——荷尔蒙案"中，虽然欧共体由于内部原因无法执行相关WTO裁决，但是，美国和加拿大采取报复措施之后，欧共体在进行风险评估后发布了第2003/74号新指令。虽然新指令被裁定仍旧违反WTO规则，面对美国和加拿大的持续报复措施，欧共体最终与美国和加拿大达成了有关欧共体增加非荷尔蒙牛肉进口量而美国和加拿大中止报复措施的协议[103]。

欧共体对美国实施的报复措施也在一定程度上起到了促使美国执行WTO裁决的作用。在"美国——外国销售公司案"中，面对欧共体的持续报复措施，美国三次修改涉案国会立法，最终完全执行了WTO裁决。在"美国——伯德修正案"中，面对欧共体和日本的持续报复措施，美国两次修改涉案国会立法。在"美国——1916年法案"中，欧共体和日本均采取了制定对抗性立法的措施，WTO报复仲裁小组裁定欧共体和日本均有权对美国实施报复，但报复数额限于美国法院判决欧共体或日本企业需要赔偿的金额。由于尚无先例，欧共体和日本实际上无法具体实施报复措施。欧共体和日本于是采取了制定对抗性立法的施压方式。依据美国《1916年反倾销法》的规定，被美国法院判决赔偿美国企业三倍损害赔偿金的欧共体或日本企业可以通过向欧共体或日本国内法院起诉，要求获得三倍损害赔偿金的美国企业返还这些赔偿金的方式,最终迫使美国国会撤销了《1916年反倾销法》。在"美国——棉花案"中,面对巴西包括知识产权在内的报复威胁,美国最终选择与巴西达成补偿协议,同意每年向巴西支付1.473亿美元的技术援助基金。由于美国政府采取"自动减支"政策,美国农业部从2013年10月起不再根据补偿协议每月向巴西支付1225万美元的补偿金,巴西则重启了包括知识产权在内的国内贸易报复程序。

弱小成员的报复威胁对美国和欧盟WTO裁决执行行为决策的影响不大。例如,在"美国——赌博案"中,虽然胜诉方安提瓜和巴布达多次威胁要采取知识产权报复措施,但美国根本无动于衷,至今尚未采取任何执行措施。目前,安提瓜和巴布达正在研究如何对美国实施知识产权报复,这是否会迫使美国执行WTO裁决或者提供补偿仍有待观察。

九、角色反转

作为执行WTO裁决的一个影响因素,"角色反转"经常被视为是一个补充因素[104]。因为,尽管事实上一个成员方可能会为了避免被认定为"无视法律者"而选择执行WTO裁决,同时也会考虑在将来的某个案件中自己可能作为胜诉方时的角色反转的情况。需要特别指出的是,当争端发生在两个具有相对一致性的经济实力和贸易额的成员之间时,如美国和欧盟,角色反转作为一个对执行WTO裁决的考虑经常是一项强而有力的对价。然而,当两个成员之间存在较大经济实力或贸易额上的差距时,情况则会有所不同。在这样的情况下,经济实力较弱的成员方即使胜诉也会损失更多[105]。

综上所述,WTO裁决及其执行机制与整个争端解决机制甚至WTO多边贸易体制的各个环节有着千丝万缕的关系,"牵一发而动全身",共同构成一个动态的系统工程。

WTO裁决事实上为败诉方政府提供了实施国内政策改革时说服民众的一种工具和证据,这一点在客观上促使成员执行WTO裁决,有助于推动成员国(地区)内改革,保持与WTO承诺和义务的一致性。通过考察可以看出一个趋势,即专家组或上诉机构作出的裁决越明确,执行起来就越容易,也就是说,模棱两可的裁决往往会使裁决执行较难操作,甚至会引起更多的争议。

WTO裁决执行必然是困难和复杂的。一是所有WTO争端案件都会在不同程度上有"争议",如果没有争议,WTO成员就没有必要诉诸WTO争端解决机制。二是执行裁决不可避免地涉及国内有关产业的"结构调整"。因此,执行措施在国内有争议,或必须进行"结构调整",都不是要求获得更长的合理期限的理由。

因此,WTO为其裁决执行制定了一系列规则和程序。该机制集政治、法律与经济手段为一体,由三个方面构成:(1)司法体系。由专家组或上诉机构对执行裁决的合理期限、执行过程中发生的异议,以及报复水平进行仲裁。(2)行政体系。对执行WTO裁决的全过程进行多边监督。(3)救济体系。允许自愿补偿,即通过经济手段纠正由于违法措施导致的争端方之间权利与义务的失衡,以及允许在不执行WTO裁决的情况下作为最后手段,授权胜诉方对败诉方实施报复措施。执行体制中的司法程序是WTO中的新生事物。专家组和上诉机构在裁决执行阶段依法对诸如执行最后期限、执行异议,以及报复水平等一系列争议作出独立、公正、具有约束力的裁定,反映了WTO司法管辖权延伸到执行裁决阶段,再次凸显了WTO的"法治观念",而这种带有司法性质的执行程序在其他国际组织中并不多见。

注释:

[1] 在WTO争端案件中,采取的措施被认为违反WTO协定而被起诉至DSB,最终裁定措施违规而应执行裁决的成员方在整个案件中的不同阶段可以被称为"被申请方""被诉方""被申诉方""被报复方"等,为了不因同一当事方的不同名称导致混淆,本书统一称之为"败诉方",同理,对方当事方统一称之为"胜诉方",特此说明。

[2] 胡建国. WTO争端解决裁决执行机制研究. 北京:人民出版社,2011:78.

[3] Won-Mog Choi. To Comply or Not to Comply? -Non-implementation Problems in the WTO Dispute Settlement System. Journal of World Trade,2007,41(5):1043.

[4] John Jackson. Dispute Settlement and the WTO:Background Note for Conference on Developing Countries and the New Round Multilateral of Trade Negotiations. New York:Harvard University Press,1999:58.

[5] 傅星国. WTO争端裁决的执行机制. 上海:上海人民出版社,2011:27.

[6] Jide Nzelibe. The Credibility Imperative: The Political Dynamics of Retaliation in the World Trade Organization's Dispute Resolution Mechanism. Theoretical Inquiries in Law, 2005, 6 (1): 215.

[7] Joel P. Trachtman. Building the WTO Cathedral. Stanford Journal of International Law, 2007, 43 (2): 14.

[8] John Jackson. The WTO Dispute Settlement Understanding: Misunderstandings on the Nature of Legal Obligation. American Journal of International of Law, 1997, 91 (4): 62.

[9] John Jackson. The WTO Dispute Settlement Understanding: Misunderstanding on the Nature of Legal Obligation. 91 American Journal of International Law, 1997, 65 (7): 60.

[10] Frieder Roessler. Performance of The System IV: Implementation, Comments, The International Lawyer. New York: Int'l Law Press, 1998: 789.

[11] Petros C. Mavroidis. Remedies in the WTO Legal System: Between a Rock and Hard Place. European JIL, 2000, 11 (5): 534.

[12] Geert A. Zonnekeyn. The Legal Status of WTO Panel Reports in the EC Legal Order, Some Reflections on the Opinion of Advocate General Mishicho in the Atlanta Case. Journal of International Economic Law, 1999, 71 (3): 721.

[13] See International Law Association London Conference (2000), Fourth Report of the Committee, Committee On International Trade Law, para. 30.

[14] The Appellate Body Report on Japan-Alcoholic Beverages, WT/DS 8, 10, 11/AB/R, adopted on 1 November 1996, p. 14.

[15] 本书中，对不执行裁决应做广义的解释，即包括执行措施不符合裁决、拖延执行和拒不执行裁决等情况。

[16] See Article 21. 1 of the DSU.

[17] Beth A. Simmons. Compliance with International Agreements. Review of Political Science, 1998, 75 (8): 798.

[18] See Cambridge Advanced Learner's Dictionary.

[19] See Shorter Oxford English Dictionary (5th ed), Oxford University Press.

[20] 《法律词典》，北京：法律出版社 2003：1895.

[21] 顾婷. 国际公法视域下的 WTO 法. 北京：北京大学出版社，2010：37.

[22] 参见联合国文件：A/CN4/448,《各国政府提出的关于国家责任的评论和意见》（爱尔兰

政府的评论)。

[23] [美] 约翰·H. 杰克逊. GATT/WTO 法理与实践. 张玉卿等译,北京:新华出版社,2002:202.

[24] John H. Jackson. The WTO Dispute Settlement-Misunderstanding on the Nature of Legal Obligation. American Journal of International Law,1997,91:60-63.

[25] John H. Jackson. International Law Status of WTO Dispute Settlement Reports:Obligation to Comply or Option to "Buy Out"?. The American Journal of International Law,2004,98(1):123-125.

[26] Petros C. Mavroidis. Remedies in the WTO Legal System:Between a Rock and a Hard Place. European Journal of International Law,2000,11:782.

[27] John H. Jackson. The WTO Dispute Settlement-Misunderstanding on the Nature of Legal Obligation. American Journal of International Law,1997,91:62.

[28] Carlos M. Vazquez, John H. Jackson. Some Reflections on Compliance with WTO Dispute Settlement Decisions, Law and Policy in International Business. Law & Pol'y Int'l Bus,2002,67:565.

[29] WT/DS46/ARB, para. 3. 42.

[30] WT/DS60/R, para. 8. 2.

[31] 本书只讨论狭义的执行。

[32] WT/DS136/R, para. 6. 292.

[33] DSU 共分为 3 部分规定了 WTO 争端解决裁决执行机制的主要内容。

[34] WT/DS60/R, para. 8. 2.

[35] WT/DS136/R, para. 6. 292.

[36] Fatoumata Jawara, Aileen Kwa. Behind the Scenes at the WTO:the real world of international trade negotiation. London:Zed Books,2005:5.

[37] 何志鹏. 国际法哲学导论. 北京:社会科学文献出版社,2014:282.

[38] John Austin. The Province of Jurisprudence Determined. NY:Prometheus Books,2000:141-142.

[39] Nathaniel Berman. The Paradoxes of Legitimacy:Case Studies in International Legal Modernism. 32 Harvard International Law Journal,1991,29:583.

[40] Louis Henkin. How Nation Behave:Law and Foreign Policy. New York:Columbia University Press,1979:47.

[41] Petros C. Mavroidis. Remedies in the WTO Legal System:Between a Rock and Hard

[42] Shabtai Rosenne. The World Court: What It Is and How It Works. Marinus Nijhoff Pbulishers, 1995: 42-43.

[43] Award of the Arbitrator under Article 21.3 (c), US-Offset Act (Byrd Amendment), para. 69.

[44] Boutros-Ghali. A Grotian Moment. 18 Fordham International Law Journal, 1995, 17: 1609.

[45] 何志鹏. 国际法的遵从机制探究. 东方法学, 2009 (9): 48.

[46] 张玉卿. WTO 案例精选：WTO 热点问题荟萃. 北京：中国商务出版社, 2015: 9.

[47] 徐昕, 张磊. WTO 争端解决机制的法理. 上海：上海三联书店出版社, 2011: 45-46.

[48] 本书会交替使用欧共体或欧盟, 特此说明。

[49] 胡建国. 美欧执行 WTO 裁决的比较分析——以国际法遵守为视角. 欧洲研究. 2014 (1): 102.

[50] 谭观福. WTO 争端解决中国败诉案执行法律问题探析. 上海对外经贸大学学报. 2016 (4): 68.

[51] Hudec, Robert E. International Economic Law: The Political Theatre Dimension, 17 University of Pennsylvania J. of International Economic Law, 1996: 9 - 15. Hudec, Robert E. The New WTO Dispute Settlement Procedure: An Overview of the First Three Years, 8 Minnesota J. of Global Trade, 1999: 26.

[52] Petersmann, Ernst-Ulrich. Reforming the World Trading System: Rule-Making, Trade Negotiations, and Dispute Settlement, Oxford: Oxford Univ. Press, 2005: 178. 这种策略就显得特别有效。在棉花案件中以及 EC-Sugar [European Communities—Export Subsidies on Sugar, complaint by Brazil (DS266)]. See http://www.wto.org/english/tratop_e/dispu_e/dispu_e.htm (2019-4-30).

[53] Petersmann, Ernst-Ulrich. WTO Negotiators Meet Academics: The Negotiations on Improvements of the WTO Dispute Settlement System, 6 J. of International Economic Law, 2003: 237. Odell, John S. Negotiating the World Economy, Ithaca, NY: Cornell Univ. Press, 2000: 125. Weekes, John M. The External Dynamics of the Dispute Settlement Understanding: An Initial Analysis of Its Impact on Trade Relations and Trade Negotiations, Presented at Conference on International Trade and Dispute Settlement, Montevideo, Uruguay, 15 April, 2004. Davis, Christina L. Food Fights Over Free Trade: How International Institutions Promote Agricultural Trade Liberalization,

第一章 WTO争端解决机制的裁决执行概述

[54] Princeton, NJ: Princeton Univ. Press, 2003: 96.

[54] Galanter, Marc. Why the 'Haves' Come Out Ahead: Speculations on the Limits of Legal Change, 9 Law & Society Rev, 1974: 95.

[55] Joseph A. Conti. The Good Case: Decisions to Litigate at the World Trade Organization, Law & Society Review, 2008, 42 (1): 175.

[56] 因此本书主要以美国、欧盟和中国三个主要WTO成员的执行实践为研究对象。

[57] 指在特定时间周期内WTO受理的争端案件总数。

[58] 入世以来,中国作为申诉方的案件数占争端总数(2002—2018年间)的比例。

[59] 入世以来,中国作为被申诉方的案件数占争端总数(2002—2018年间)的比例。

[60] 指在特定时间周期内WTO受理的争端案件总数。

[61] Louis Henkin. How Nation Behave: Law and Foreign Policy (2nd. ed). New York: Columbia University Press, 1979: 47.

[62] Louis Henkin's famous phrase, "almost all nations observe almost all principles of international law and almost all their obligations almost all of the time." Louis Henkin. How Nations Behave. F. A. Praeger, 1968: 42.

[63] WT/DS/OV/34, 3 June 2010.

[64] 韩立余. 入世对中国法治的影响. 中国青年政治学院学报, 2011 (5): 117.

[65] Yang Guohua, "China in the WTO Dispute Settlement: A Memoir", Journal of World Trade, 2015, 49 (1): 11.

[66] Joost Pauwelyn. Enforcement and Countermeasures in the WTO: Rules are Rules — Toward a More Collective Approach. The American Journal of International Law, 2000, 94 (2): 335.

[67] 于洋,张辉. WTO争端解决执行异议诉讼的趋势. WTO经济导刊, 2015 (7): 90.

[68] 本书介绍美国和欧盟WTO裁决执行情况一方面是因为它们是WTO中最大的两个成员方,另一方面是目前WTO实践中几起不执行的典型案件大多涉及这两个成员方,具有代表性。关于两个成员的裁决执行制度分析详见第二章介绍,关于中国执行WTO裁决的情况,将在第五章予以介绍。

[69] Louis Henkin. How Nations Behave (2nd ed). Columbia University Press, 1979: 48.

[70] Robert Hudec. The GATT Legal System and World Trade Diplomacy. Butterworth Legal Publisher, 1990: 468.

[71] 有关中国的WTO裁决执行案件具体情况详见第四章。

[72] 本案应于2011年3月19日到期,事实上2012年4月15日签订《中美电影协议》而

63

结案。

[73] The Jean Monnet Center for International and Regional Economic Law & Justice, WTO Obligations are bilateral obligations. http://centers.law.nyu.edu/jeanmonnet/archive/papers/02/020101-01.html（2019-4-30）.

[74] 包括现实主义、制度主义、规范主义和自由主义等流派。

[75] 有关国际法遵守理论的系统阐述，详见 Markus Burgstaller. Theories of Compliance with International Law，Martinus Nijhoff Publishers，2005.

[76] John Magnus. Compliance with WTO Dispute Settlement Decisions: Is There a Crisis? . http://www.tradewinsllc.net/publi/DS%20Book%20Chapter%2010-05.pdf（2019-4-28）.

[77] ［美］博登海默.法理学：法律哲学与法律方法.邓正来译.北京：中国政法大学出版社，2004：177.

[78] Thomas M. Franck. Legitimacy in the International System. American Journal of International Law，2002（82）：706.

[79] James McCall Smith. The Politics of Dispute Settlement Design: Explaining Legalism in Regional Trade Pacts . International Law，2000，54（1）：142.

[80] 19 U.S.C. 3512（a）（2）（2000）.

[81] Robert E. Hudec. Enforcing International Trade Law. Salem: Butterworth，1991：172.

[82] Julian G. Ku. The Delegation of Federal Power to International Organizations: New Problems With Old Solutions. MINN. Law Review，2000：77.

[83] 卢建祥. WTO 裁决的强制执行机制.上海：华东政法大学，2008：103.

[84] 国际法规则能否在欧盟产生直接的法律效力，欧洲法院确定的一般标准是：1. 该规则的内容是否足够清楚、准确；2. 根据国际法的上下文和目的，判定该规则是否符合国际法的目的，详见 Case 270/80，Polydor Ltd. V. Harlequin Record Shops Ltd. ，1982 E. C. R. 329；Case C-149/96，The Queen v. Minister of Agric，Fisheries and Food，1994 E. C. R. I-3087 等。

[85] John H. Jackson. The WTO Dispute Settlement Understanding-Misunderstanding on the Nature of Legal Obligation. The American Journal of International Law，2001，91（1）：60.

[86] John H. Jackson. The Jurisprudence of GATT and the WTO: Insights on Treaty Law and Economic Relations (2nd ed). New York: High Education Press，2002：163.

[87] Shabtai Rosenne. The World Court, What It Is and How It Words (5th ed). Martinus

Nijhoff Publishers,1995:42.

[88] Award of the Arbitrator under Article 21.3（c）, US-Offset Act（Byrd Amendment）, para. 69.

[89] 张乃根. WTO争端解决的履行. 武汉：武汉大学出版社, 2008：180.

[90] "中国-影响部分出版物和音像娱乐产品的贸易权利和销售服务措施案"（简称"中美出版物案"）由于国内法律体制问题, 比DSB裁定的合理期限晚了14个月执行裁决, 而本案也成为中国到目前为止唯一一起没有在合理期限内全部完成WTO裁决的案件。

[91] Robert E. Hudec. The Adequacy of WTO Dispute Settlement Remedies: A Developing Country Perspective. In Bernard Hoekman, Aaditya Mattoo, Philip English eds. Development, Trade, and the WTO: A Handbook. Washington DC: The World Bank, 2002：84.

[92] Darrell Chichester. Battle of the Beef. International Law Review, 2007（221）, note 3.

[93] Naboth van den Broek. Power Paradoxes in Enforcement and Implementation of World Trade Organization Dispute Settlement Reports: Interdisciplinary Approaches and New Proposals. Journal of World Trade, 2003, 37：152.

[94] GAO's Report Page 5. See US Experience in Dispute Settlement System: the First Five Years, Available in the website www.gao.gov/new.items/n700202t.pdf（2019-4-30）.

[95] 转引自刘金质等编. 国际政治大词典. 北京：中国社会科学出版社, 1994：31.

[96] Judith H. Bello. The WTO Dispute Settlement Understanding: Less is More. American Journal of International Law, 1996（90）：416.

[97] Congressional Digest, 1994：270, 转引自金灿荣. 国会与美国贸易政策的制定. 美国研究, 2000（2）：43.

[98] USTR's Report Page 10. See US Interests and Experience in the WTO Dispute Settlement System, Available in the website www.ustr.gov/speech_test/barshefsky/barshefsky-t40.pdf（2019-4-30）.

[99] Andrew T. Guzman. A Compliance-Based Theory of International Law. Cal. Law Review, 2002：1848-1849.

[100] John H. Jackson. An Interview with John H. Jackson: Shaping International Economic Law. Journal of the International Institute, 1997, 54：60.

[101] John H. Jackson. Dispute Settlement and the WTO Emerging Problems. Journal of International Economic Law, 1998, 37：329.

[102] Rachel Brewster. Unpacking the State's Reputation. Harvard International Law Journal,

2009，71：255.

[103] 胡建国. 美欧执行 WTO 裁决的比较分析——以国际法遵守为视角. 欧洲研究，2014（1）：74.

[104] Horn, Henrik and Petros C. Mavroidis. Remedies in the WTO Dispute Settlement System and Developing Country Interests. http：//www1.worldbank.org/wbiep/trade/papers_2000/BPdisput.PDF（2019-4-28）.

第二章
美国和欧盟 WTO 裁决执行制度

执行 WTO 裁决的本质就是遵守国际法。事实上，有些被诉案件在磋商阶段就与申诉方解决了争端，其他大部分案件则进入了专家组或上诉机构的审理阶段。一旦 WTO 争端解决机构通过了专家组和上诉机构报告，败诉方就需要执行相关 WTO 裁决。执行 WTO 裁决意味着使其违法措施与 WTO 裁决和涵盖协定相一致。因此，WTO 裁决执行的本质是一种国际法遵守行为。

WTO 争端解决机制作为以规则为导向的国际争端解决机制具有"准司法"性质，最基本的制度保障就是 WTO 裁决得到及时有效地执行。执行复审程序和授权报复制度压缩了拒绝执行 WTO 裁决的法律空间，极大维护了多边贸易体制和全球贸易自由化[1]。

本章选取美国和欧盟作为研究对象有其特定的原因，其一是美国和欧盟是 WTO 最大的两个成员方，所涉案件数量也是位居前二，而且它们国内具有相对完善的 WTO 裁决执行制度；其二是目前 WTO 裁决执行实践中的拖延执行和执行争议案件，甚至最终诉诸报复制度解决争端的案件主要集中在美国和欧盟。美国和欧盟国内的 WTO 裁决执行制度以及实践中的典型执行案例都有非常重大的参考和借鉴意义，值得研究。

美国和欧盟都是 WTO 的主要成员方，也是 WTO 争端解决机制的重要参与者。美国和欧盟不仅是主要的申诉方，更是主要的被诉方。截至 2019 年 3 月 31 日，WTO 争端解决机构共受理成员方提起的争端案件 580 件。美国申诉 123 次，被诉 153 次；欧盟申诉 100 次，被诉 85 次（不包括欧盟成员国被诉的案件）[2]。其中就申诉、被诉及以第三方身份参与的案件数量统计，美国和欧盟以绝对的优势领先于其他成员。因此，美国和欧盟执行 WTO 裁决的行为为观察其遵守国际法的表现提供了一个很好的视角。具体情况及数字如表 2-1 所示。

表 2-1 美国及欧盟参与 WTO 争端解决机制案件数量/比例一览表

	美 国	欧 盟
申诉案件数量（件）及其所占比例（%）	123（21.2%）	100（17.2%）
被诉案件数量（件）及其所占比例（%）	153（26.4%）	85（14.7%）

(续表)

	美 国	欧 盟
第三方参与案件数量（件）	148	197
申诉及被诉总计数量（件）及其所占比例（％）	276（47.6%）	185（31.9%）

据统计，美国和欧盟是 WTO 争端解决机制中应诉次数最多的两个成员方，分别是 153 起和 85 起，占 DSB 争端案件总数的 26.4% 和 14.7%。值得一提的是，欧盟是最积极起诉美国的成员（35 起，占欧盟起诉案件总数的 35%），而美国也是 WTO 中最积极起诉欧盟的成员（20 起，占美国起诉案件总数的 16.3%），统计信息可见表 2-2。但是这并未从根本上影响美国和欧盟之间的经贸关系。因此可以说，通过建立一套完善的 WTO 争端解决机制，美国和欧盟之间即便存在大量的贸易摩擦，它们之间的贸易关系仍然可

表 2-2 美国、欧盟和中国参与 WTO 争端解决机制国别统计表

国家	申诉数量及对象	被申诉数量及来源
美国	中国（23）、欧盟（20）、加拿大（8）、印度（7）、墨西哥（7）、韩国（6）、日本（6）、阿根廷（5）、巴西（4）、法国（4）、菲律宾（4）、澳大利亚（4）、印尼（4）、英国（3）、比利时（3）、土耳其（3）、爱尔兰（3）、德国（2）、西班牙（2）、希腊（2）、俄罗斯（1）、智利（1）、巴基斯坦（1）、丹麦（1）、埃及（1）、匈牙利（1）、荷兰（1）、葡萄牙（1）、罗马（1）、瑞典（1）、委内瑞拉（1）	欧盟（35）、加拿大（20）、中国（15）、韩国（14）、巴西（11）、印度（11）、墨西哥（10）、日本（8）、阿根廷（5）、泰国（5）、越南（4）、印尼（3）、挪威（2）、新西兰（2）、巴基斯坦（2）、瑞士（2）、土耳其（2）、委内瑞拉（2）、俄罗斯（1）、中国台北（1）、安提瓜（1）、哥斯达黎加（1）、马来西亚（1）、菲律宾（1）
欧盟	美国（35）、印度（10）、中国（9）、阿根廷（8）、加拿大（6）、日本（6）、巴西（5）、韩国（4）、俄罗斯（4）、墨西哥（3）、智利（3）、印尼（2）、泰国（1）、澳大利亚（1）、巴基斯坦（1）、哥伦比亚（1）、菲律宾（1）	美国（20）、加拿大（9）、巴西（7）、印度（7）、阿根廷（6）、中国（5）、俄罗斯（4）、泰国（4）、墨西哥（3）、韩国（3）、挪威（3）、危地马拉（3）、洪都拉斯（3）、巴拿马（3）、澳大利亚（2）、印尼（2）、秘鲁（2）、智利（2）、日本（1）、新西兰（1）、乌拉圭（1）、中国台北（1）、巴基斯坦（1）、厄瓜多尔（1）、丹麦（1）、哥伦比亚（1）
中国	美国（15）、欧共体（5）、希腊（1）、意大利（1）	美国（23）、欧共体（9）、墨西哥（4）、加拿大（3）、日本（2）、巴西（1）、危地马拉（1）

以在摩擦中继续前行,并互为最重要的贸易合作伙伴。另外,中国已经成为美国最积极起诉的对象(23 起,占美国起诉案件总数的 18.7%),这充分说明了中美贸易摩擦确实达到了一定的程度,必须引起各方的重视。

第一节 美国 WTO 裁决执行制度

美国作为 GATT/WTO 的原始缔约国参与并指导了 GATT/WTO 规则的制定,并在实践中积极参与 WTO 争端解决机制的运用,既是规则的制定者也是践行者,在 WTO 体系中具有重要的地位。美国对 WTO 裁决的执行表现也是其遵守国际法的一部分,必将成为其他成员的关注和效仿对象,其 WTO 裁决执行制度的设立和实践做法对包括中国在内的其他成员具有一定的借鉴和指导意义。

一、美国参与 GATT/WTO 争端解决情况概述

美国在 GATT 时期作为申诉方的案件共有 81 起,占所有诉讼案件的 34%。作为被诉方的案件共有 65 起,占案件总数的 27.3%。Broek(2002)的统计表明,美国在 GATT 时期遵守裁决的基本情况是:64% 全部执行,7% 部分执行,29% 根本不执行[3]。自 WTO 成立至 2019 年 3 月 31 日,根据 WTO 官方统计数据,美国作为被诉方的争端解决的案件共有 153 件,占争端解决案件总数的 26.4%。美国作为申诉方的争端解决的案件共 123 件,占争端解决案件总数的 21.2%。

由此可见,美国是使用 WTO 争端解决机制最频繁的成员,同时也是被诉次数最多的国家。美国是 WTO 争端解决机制使用最多的国家,这主要与美国在国际经贸关系中一直处于领导地位和其自身的法律文化有很大关系。同时,也说明美国积极倡导使用 WTO 争端解决机制来处理国际贸易争端问题,WTO 争端解决机制的适用符合美国的长远和整体利益。WTO 争端解决机制作为一种公共工具,同样也被其他成员积极使用,因此使得美国成为

拥有被诉案件数量最多的国家。

（一）从成员角度分析美国参与 WTO 争端解决案件基本情况

从美国作为被诉方和申诉方的基本情况来分析（见表 2-3），可以发现：第一，无论作为申诉方还是被诉方，欧盟均排在前列。这不仅反映了美国与欧盟之间紧密的双边贸易关系，同时，也反映了美国与欧盟作为 WTO 的超级成员，相互之间对贸易体系及规则都极为了解、参与 WTO 诉讼的能力也非常强。第二，无论是作为申诉方还是被诉方，加拿大、中国、巴西、日本、印度、韩国均排在案件数量的前几位，这反映了这些成员与美国的双边贸易关系的紧密程度。第三，中国在美国作为申诉方时的案件数量排在第 1 位，这也反映了中国在加入 WTO 后，与其他成员间的双边贸易关系更为密切、同时贸易摩擦也随之增多，尤其是美国。

表 2-3 美国被诉和申诉案件国别/数量统计表

数量排名	美国作为被诉方	案件数量	美国作为申诉方	案件数量
第 1 位	欧盟	35	中国	23
第 2 位	加拿大	20	欧盟	20
第 3 位	中国	15	加拿大	8
第 4 位	韩国	14	印度/墨西哥	7
第 5 位	巴西/印度	11	韩国/日本	6

（二）美国作为申诉方和被诉方的争端案件情况

美国贸易代表办公室（United States trade representative，USTR）由美国国会根据 1962 年的《贸易扩张法案》创建，卡特总统 1980 年 1 月 4 日签署的 12188 号总统行政令授权 USTR 制定并管理美国全部贸易政策，因此，USTR 是制定贸易政策的美国政府机构，是直属于总统的办公厅。贸易代表的职位最先被称为"特别贸易代表"或"STR"。在随后的几十年里，该办公室对于美国贸易政策所发挥的作用日益重要。作为《1974 年贸易法案》的一部分，美国国会将该办公室确定为总统办公厅的内阁级机构，并赋予其权力和责任以协调贸易政策。办公室的首脑为美国贸易代表，他是大使级内阁官员，直接对总统和国会负责。他们是极少数没有部长级头衔而具有相同地位的政府官员，该官职相当于大使级。美国贸易代表办公室通常负责一些拟定贸易政策与美国政府谈判立场的跨机构委员会，包括部长级贸易政策委员会（TRC）和关税税则委员会（TSC）等。USTR 还被指定为国家的首席谈判官员，并作为美国在主要国际贸易组织的代表。因此，USTR 对于 WTO 案件是否败诉的判断基本上可以认为是代表美国政府的标准。

截至 2019 年 3 月 31 日，美国作为申诉方共提出 123 个申诉案件（111 件独立提出，12 件共同提出），78 件已完成（包括 2 件部分完成）；4 件与其他案件合并；6 件处于专家组阶段，6 件处于上诉阶段；29 件处于上诉前磋商阶段或近期沉寂阶段。作为被诉方，共有 153 件案件（133 件独立提出，20 件共同提出），100 件已经结束；14 件与其他案件合并；8 件处于上诉阶段；31 件处于上诉前期或近期沉寂阶段（见表 2-4）。

表 2-4 美国作为申诉方和被诉方的争端案件的现状

案 件 类 别[4]	案件数量（申诉方）	案件数量（被诉方）
解决结果令美方满意但尚未完全结束诉讼的争端	33	29
在核心问题上胜诉的争端	37	26
在核心问题上不占优势的争端	8	45
在上诉审查阶段的争端	6	8
在专家组审查阶段的争端	10	14
在磋商阶段的争端	12	11
正在进行监督，也可能不采取行动的潜在性争端	17	20

根据上述统计，美国作为被诉方在核心问题上被 USTR 认定不占优势的案件有 45 个，占所有被诉案件比例约为 29%；而美国作为申诉方被 USTR 认定在核心问题上胜诉的争端有 37 个，占所有申诉争端的比例约为 31%，比例不相上下。这一统计数据说明，一方面，WTO 争端解决机制十分有效地维护了美国的贸易利益，但另一方面，WTO 争端解决机制作为一种公共工具，其他成员方也可以使用，利用 WTO 争端解决机制来对美国违

反 WTO 协定的国际贸易措施提出质疑的意见和声音。

（三）美国政府对参与 WTO 争端解决情况的评价

对于参与 WTO 争端解决机制，美国国会一直是比较关注的。主要是担心 WTO 争端解决机制将束缚美国国内立法的灵活性[5]。主要涉及两个问题：一是自动通过裁决的 WTO 争端解决机制是否侵害美国的国家主权，尤其是国会的立法权？二是美国参与 WTO 争端解决机制的得与失，是否对美国有利？对此美国审计总署（GAO）提出："WTO 争端解决机制对美国的影响不能单纯以美国胜诉或败诉来评价，胜诉未必带来期待的结果。如欧共体虽然面临美国的报复威胁仍没有执行'香蕉案'和'荷尔蒙牛肉案'的 WTO 裁决。相反，一些败诉案件仅仅是部分败诉，如在'韩国 DRAM 半导体案'中，尽管 WTO 裁定美国败诉，但美国仍然可以对该产品征收反倾销税。另外，一些败诉的案件实际上支持了对美国来说非常重要的 WTO 原则，如在'海龟案'中，WTO 裁决很清楚地支持了保护包括海龟在内的自然资源的条款。因此，即便确实在一些案件中败诉，美国已经从运转良好的 WTO 争端解决机制中获益。"[6]

USTR 报告也提出："WTO 争端解决机制充分地尊重美国的主权。专家组没有权力命令美国或者其他成员修改法律；专家组也没有权力实施对败认方的报复。"[7] 美国政府甚至在国会中讨论过，建立一个由 5 名联邦巡回法院法官组成的专门委员会，对 WTO 的争端解决裁决报告加以评审，以维护美国的利益[8]。但是这一提案未获通过，美国国会于 1994 年年底制订了《乌拉圭回合协议法》来规范 WTO 裁决的执行问题。

二、美国被裁决为败诉案件的执行情况分析

针对 USTR 认定的美国被诉且在核心问题上被裁定为不占优势的 45 个案件进行仔细分析，从时间跨度、申诉成员、涉案措施及执行情况等方面进行研究，试图通过结合实际案例进行比较分析，并对美国 WTO 裁决执行案件的进展情况进行进一步的深入研究。

（一）以时间阶段为标准

从申诉方提出磋商开始计算，直到 WTO 裁决被完全或被部分执行或争端方达成谅解协议或被授权报复等截止，通常持续时间均在 1 年以上。最短的时间阶段为"印度诉美国关于针织羊毛衬衫进口的过渡期保障措施案"（DS33），持续约为 8 个月。时间阶段最长的是"欧盟诉美国关于'外国销售公司'税收待遇纠纷案"（DS108），该案从 GATT 时代就已经开始了。对于"美国税收法案第 921-927 节案"，欧盟自 1997 年 11 月 18 日提出磋商请求开始计算，到 2004 年 3 月 1 日开始对美国实施大规模的报复性制裁截止，时间阶段为 6 年零 4 个月。欧盟对美国的《2004 美国工作创造法案》（"The American JOBS Creation Act of 2004"，以下简称"JOBS 法案"）于 2004 年 11 月 5 日提出磋商请求开始，欧盟提出，"JOBS 法案"虽针对 WTO 裁决的执行，但其效果未能令人满意。欧盟提出"JOBS 法案"的 101 节包含着过渡性条款，该条款允许美国出口商继续从"外国销售公司法案"中获利，因此，美国政府已经通过修改违规法律执行了 WTO 裁决的说法并不成立。

因此，以时间阶段为标准分析上述美国败诉的 45 个案件，我们发现，通常情况下：（1）WTO 裁决需要通过美国政府修改立法才能执行的败诉案件往往时间阶段比较长且执行过程非常困难。几个典型案例从申诉方提起磋商请求开始计算到案件结束的时间阶段均在 5 年左右，例如，"欧盟诉美国版权法 110 节案"（DS160）、"日本、欧盟诉美国 1916 年反倾销协议案"（DS162、DS163 合并）、"欧盟、日本等 11 国诉美国'伯德修正案'"（DS217、DS234 合并）。更有甚者时间阶段长达数十年，如欧盟、日本对"美国的归零法及日落复审制度"（DS294、DS322、DS350）反复提起磋商和诉讼。（2）WTO 裁决需要通过美国政府修改行政措施进行执行的案件，一般时间阶段相对较短。几个典型案例从申诉方提起磋商请求开始计算到案件结束的时间阶段均在 2 年左右，例如，"欧盟诉美国热轧铅铋碳钢产品的反补贴措施案"（DS138）、"欧盟诉美国对部分产品采取进口关税措施案"（DS165）、"欧盟诉美国麦麸保障措施案"（DS166）的时间跨度为 2 年、"韩国诉美国关于不锈钢板的反倾销措施案"（DS179）、"澳大利亚、新西兰诉美国羊肉保障措施案"（DS177、DS178 合并）；但也有特例，时间阶段长达 5 年之久，如"日本诉美国关于热轧钢板反倾销案"（DS184）。

（二）以申诉成员为标准

将上述美国被诉且在核心问题上被裁定为不占优势的 45 个案件进行分类整理，可以得到：发达国家成员针对美国提出申诉案件的数量比发展中国家成员要多，尤其是欧盟多达 18 起，占所有案件总数的比例高达 40%。究其原因，一方面，欧盟对 WTO 争端解决机制非常熟悉，运用熟练、善于使用；另一方面，欧盟与美国的贸易往来十分频繁，这将产生更多的贸易摩擦，而欧盟对美国的法律体系也比较熟悉。其他发达国家成员如加拿大、韩国和日本的比例也相当高。而发展中国家成员提起申诉的比率要小很多，中国是提起申诉案件数量最多的成员也只有 15 起，占全部案件总数的比例为 9.8%。

（三）以涉案措施为标准

上述美国被诉且在核心问题上被裁定为不占优势的 45 个案件中，有 15 个违规措施涉及美国相关法律。其中，通过修改美国法律来执行 WTO 裁决的仅占 4 个，而争端方通过达成谅解协议而部分执行的有 4 个，最终没有执行 WTO 裁决的案件有 6 个，除此之外，有 1 个案件正处于审理阶段；有 29 个违规措施涉及修改美国行政措施来执行裁决，其中已经执行完成的案件多达 23 个，有 5 个通过达成谅解协议部分执行了裁决，没有出现不执行裁决而申请授权报复的情况，正处于审理阶段的案件有 1 个。通过上述统计分析我们可以发现：违规措施为美国法律的案件数量比行政措施的案件数量要少很多，但该类案件裁决的结果为不执行的情况要高于后者，执行效果并不理想。

（四）以执行情况为标准

事实上，对于 WTO 裁决的执行，往往需要通过撤销、修改或者调整不同等级的法律、行政措施或者政策。大致可以细分为贸易政策的调整、行政法规和法律的修改或撤销。首先，涉及贸易政策的调整是最为容易执行的，由于这类执行过程比较简单，所以裁决的执行都会比较方便易行，不会产生较大的影响。其次是修改或撤销行政法规，对于涉及反倾销措施的案件执行，是由美国商务部和国际贸易委员会根据其职权分工就是否存在倾销幅度和损害后果来做出最终裁决的。因此，对行政法规的修改或撤销以及这类WTO裁决的执行也较为容易操作。例如"韩国诉美国不锈钢板反倾销案"（DS179）、"厄瓜多尔诉美国虾产品反倾销案"（DS335）、"墨西哥诉美国产油国管状产品反倾销案"（DS282）等。对于涉及保障措施的案件执行，一般由美国总统根据USTR的建议而裁定是否最终采取救济措施，这也属于政府行为，相对比较容易执行，例如"欧盟诉美国麦麸保障措施案"（DS166）、"韩国诉美国循环焊接碳质线管保障措施案"（DS202）、"澳大利亚和新西兰起诉美国羊肉保障措施案"（DS177，DS178）、"美国钢铁保障措施案"（DS259，DS252，DS248，DS249，DS251，DS258，DS254，DS253）等。最后，如果WTO裁决的执行需要美国法律的修改或撤销，除由国会委托政府所行使的立法权外，通常须由国会批准，导致执行的困难。美国政府和利益集团虽然可以开展游说工作，但最终能否修改或撤销立法，决定权始终掌握在国会的手中。而从美国这类案件的实际执行情况来看，大部分案件的执行都非常困难，最主要的原因就是美国国会的阻挠而导致WTO裁决很难得到执行。例如"欧共体诉美国外国公司销售待遇案"（DS108）、"欧盟诉美国归零法案"（DS294）、"日本诉美国归零法与反倾销日落复审案"（DS322）、"欧盟诉美国归零法案（Ⅱ）"（DS350）、"欧盟诉美国版权法第110节案"（DS160）、"欧盟等11国成员诉美国综合拨款法第211节案"（DS176）等。

通过以上对美国执行WTO裁决的案件情况进行统计和分析，可以得出美国执行WTO裁决的特点：首先，美国是GATT/WTO多边贸易体制的倡导者和建立者，更是支持者和维护者。从执行率上来看，可以发现美国对WTO裁决是尊重的，所以美国执行了大多数对其不利的败诉裁决。其次，当执行WTO裁决需要撤销或修改美国国内法时，由于国会的强硬立场和修法权力，结果往往都是迟迟不予执行。对于与 WTO 涵盖协定相违背的国内法律条款的修改或撤销往往都十分困难、时间阶段旷日持久。导致在只有通过修改美国法律才能执行 WTO 裁决时，美国一般会认为国内法律的效力高于 WTO 协定。

三、美国执行 WTO 裁决的国内法律体制

美国作为 WTO 成员中被诉次数最多的成员方（合计 153 起）在 WTO 裁决执行规则和实践方面都比较成熟，其不仅建立了一套较为完整的 WTO 裁决执行法律体系，而且具有丰富的实践经验。美国国会制定了《乌拉圭回合协定法》（Uruguay Round Agreements Act，URAA）专门用来处理 WTO 协定以及争端解决结果在美国国内法的效力问题。根据 URAA 的规定，当 WTO 协定与美国国内法出现冲突时，美国国内法效力优先；如果出现与州立法相冲突的情况，主要由各州政府自己处理，一般不得宣布州立法无效，在极个别的情况下，也可能由美国政府宣布州立法无效。因为美国是一个联邦体制国家，联邦法律和州立法同时存在且各自运行，所以，除非美国国会或者行政机构移除或者修改联邦法律法规中与 WTO 协议相冲突的规则，否则 WTO 协议的条款以及专家组和上诉机构的裁决对其不具有法律效力。另外规定，除美国之外的任何人都不得基于《乌拉圭回合协定法》或国会对该协议的批准而提起诉讼或抗辩，也不得在依法提起的诉讼中以与协议不符为由而对美国国家、州或州的任何政治区划的任何部门或机构的任何作为可不作为提出质疑，即不允许任何基于 WTO 协议及其附属协议的私人救济请求。URAA 创设了在确保美国遵守现有法律法规和执行 WTO 裁决的同时，能够撤销和修改相关法律法规以及在贸易救济措施中作出新决定的制度。

（一）WTO 裁决的美国国内执行机构

美国贸易代表办公室（USTR）是一个以"促进自由、公平和互惠贸易"为宗旨的联邦行政机构，主管对外贸易政策与事务；美国贸易代表办公室属于总统办事机构的一部分，并不属于内阁 15 个部之一。美国贸易代表

办公室最高官员是"美国贸易代表",该职位被视为与联邦部长同级,负责推行美国的贸易政策。

美国贸易代表办公室的前身是特别贸易代表办公室(office of the special trade representative,STR)。20世纪60年代以前,美国的对外贸易事务以及投资外交一直由国务院主管,1962年,国会通过了"贸易扩展法案"(Trade Expansion Act of 1962),要求总统任命特别贸易代表(special trade representative)主管贸易谈判,该法规定特别贸易代表是新成立的特别贸易代表办公室的主管,该机构的宗旨是向总统提交关于贸易协定计划的建议。"贸易扩展法案"反映了国会对制定和实施美国贸易政策时平衡国内国际利益的重视。此后国会在1974年及1979年通过法案,加强及扩充了特别贸易代表的权限,并将其名称修改为"美国贸易代表",机构也改称为"美国贸易代表办公室"。美国贸易代表办公室现有200多名工作人员,大部分是贸易领域的专才,总部在首都华盛顿,并在日内瓦和布鲁塞尔设有办事机构。

美国贸易代表负责制定和协调美国贸易政策的实施。美国贸易代表办公室通过贸易政策审议工作组(TPRG)和贸易政策委员会(TPSC)来达到政策的制定及协调目的。贸易政策审议工作组和贸易政策委员会牵涉联邦政府的20多个机构,美国贸易代表办公室负责召集各机构人员审查贸易政策和谈判文件,并向美国贸易代表提出解决各联邦机构之间政策差异的建议,因为所有决定都需要达成共识。美国贸易代表办公室平均每年就285份政策和谈判文件达成协议,并主持54次贸易政策审议工作组和贸易政策委员会会议。美国贸易代表办公室还负责通过公开听证会和联邦纪事公告,在政策决定和谈判过程中征求公众意见。

美国贸易代表办公室下设23个办事处负责处理具体事务,包括创新及知识产权、环境与自然资源、世贸组织和多边事务、国会事务、贸易政策及经济事务、中国事务、非洲事务、农业、纺织品等。从1986年开始,美国贸易代表办公室开始每年公布"各国贸易壁垒评估报告"(National Trade Estimate Report);从1989年开始每年公布"特别301报告"(Special 301 Report),这两个年度报告主要关注各国对外贸易中的不公平政策以及侵害知识产权现象，并由此采取相应的反制措施与贸易应对措施，以期纠正不公平贸易及盗版行为。

(二) WTO 裁决在美国国内的法律效力

1. WTO 裁决在美国国内不具有直接法律效力

《WTO 协议》第 16.4 条规定："每一成员方应保证法律法规和行政规定与所附各协定对其规定的义务相一致"，WTO 协议只要求各成员方的国内规则应与 WTO 规则保持一致，事实上并没有明确规定各成员方在国内法履行 WTO 义务的具体方式，因此，WTO 各成员方的普遍做法是通过国内立法的方式将 WTO 义务纳入本国法律体系中；关于 WTO 协议的国内法效力问题，大多数 WTO 成员方采取比较消极的态度，并不支持国内法院在审理国际贸易案件时直接适用 WTO 规则。

美国在 WTO 协议下的国际贸易权利和义务是其行使国家经济主权的表现，但是创设国际贸易权利和义务后，行使权利和承担义务就需要美国采取具体的措施和手段，这些具体做法则取决于美国的宪政体制和 WTO 协定与美国国内法的关系。

2. 美国国内法的效力优先于 WTO 裁决

（1）当执行 WTO 裁决与联邦法律冲突时。

"美国国会已经预见到了潜在的冲突"，因此，美国国会处理与 WTO 协议冲突的做法和之前处理与 GATT 协定冲突时的做法完全一致，即"只有美国国会能够撤销或者修改联邦法律，任何国际条约不能自动撤销或者修改联邦法律"。URAA 第 102 节（a）(1) 规定："任何乌拉圭回合产生的协议和条款以及援引此类条款的私人诉讼，一旦与美国国内法相冲突，不能产生法律效力。" URAA 第 102 节（a）(2) 进一步规定："除非经过国会或者行政机构的专门行为，否则上述协议和条款不能修改美国国内法或者限制依据美国国内法授予的权力。" URAA 第 102 节的规定表明，虽然是因为遵守 WTO 协议中"必要或者合适的"条款而制定的法律法规，一旦与美国国内法发生冲突，也必须尊重美国国会的权力，按照其立法来操作。

"乌拉圭回合产生的协议以及之后对于这些协议的修正案，虽然得到美国政府的批准,但是都属于非自动执行协议。因此,认为美国法令不符合WTO协议的裁决因为没有直接法律效力而无法执行,除非美国国会进行专门立法或者相关的WTO裁决得到美国现有法令的允许"[9]。所以,美国政府在执行WTO裁决方面也保持一致的做法。只有当美国国会立法或现有法令允许执行WTO裁决时,美国国会将为行政机构执行裁决设计专门的规则和程序。

(2)当执行WTO裁决与州立法冲突时。

美国是联邦制国家,根据宪法规定除了只能由国会行使的立法权之外,各州政府均享有独立的立法权。如果WTO裁决认为美国某个州立法违反了WTO协议,且该州立法属于州政府的管辖范围,美国执行WTO裁决的措施就需要州政府的配合。对此以USTR为核心的协调机制起到了至关重要的作用。如果WTO裁决提出美国某项州立法违反了WTO协议,美国政府不能直接宣布该项州立法无效或者对其进行修改。具体的做法是:首先由USTR代表美国政府与州政府常驻在白宫的代表进行磋商或者通过书面方式与该州代表取得联系,尽量做到既不损害该州利益又能使该州立法符合WTO协议。其次,如果磋商失败,美国政府将有可能在联邦最高法院起诉该州政府,通过司法途径撤销或者修改该州违反WTO协议的法律。鉴于这种做法可能带来的不利政治、经济和社会影响,美国政府只有在极端的情况下才会使用。

3. URAA禁止依据WTO协议或者WTO裁决的私人诉讼

URAA第102节(c)(1)规定:"除了美国政府,私人不能援引乌拉圭回合通过的协议或者因为美国政府通过此类协议的事实进行起诉或者抗辩"或"基于美国政府、州政府以及各机关行为不符合此类协议而指控任何国内的法律法规。"这一规定意味着URAA禁止了私人诉讼这一救济措施。

美国国会在解释URAA第102节(c)(2)时,对禁止私人诉讼救济措施进行了说明:"不能因为乌拉圭回合通过的协议或者因为与之相关的国内法,包括援引美国宪法的商业条款,私人就可以起诉州政府。""众议院筹款委员会"提出禁止的行为或措施包括"私人申请、阻止或者修改政府行为"。目的是为了"保证联邦法或者州立法与国际条约下美国政府义务一致是政府的责任,而非私人责任。"

(三) URAA 是美国执行 WTO 裁决的最主要根据

美国国会始终认为乌拉圭回合产生的 WTO 协议并不属于"自动执行"的协议,这类协议在美国国内法的效力主要依赖于国会的相关立法,如 WTO 协议就是通过 URAA 在美国国内产生法律效力的。1994 年,当伴随 WTO 协议而产生的《行政行为说明》(SAA)由美国总统提交到国会的时候,URAA 第 102 节(a)(2)批准了 SAA,SAA 特别注明:"当美国国内法和乌拉圭回合产生的协议相冲突时,URAA 第 102 节的态度很明确,即美国国内法具有优先效力。"

为了使美国的立法、行政和司法体系与 WTO 协议相衔接,URAA 根据执行 WTO 裁决可能涉及的不同措施,分别制定了具体相应的执行程序,特别是建立了以 USTR 为中心的协调机制:执行 WTO 裁决时,USTR 对外代表美国政府;对内一方面要负责通知,即及时向政府通知与美国相关的 WTO 争端事项,另一方面要在联邦政府和州政府之间进行协调,除此之外,USTR 还享有启动 WTO 裁决执行程序的权利。

(四) 涉及贸易救济的 WTO 裁决的行政执行措施

URAA 关于行政措施的裁决执行程序比法律层面的裁决执行程序更明确具体,并且更具有透明度。URAA 中违反 WTO 协议的行政措施包括"行政法规与行政实践"和贸易救济程序中行政机关的行为两种。针对这两种行政措施,URAA 的第 123 节(g)款和第 129 节分别规定了两套裁决执行程序。

美国政府中处理反倾销和反补贴程序的行政机关主要包括"国际贸易委员会"(international trade commission,ITC)和"商务部"(department of commerce,DOC),URAA 第 129 节根据两个行政机关的不同职能分别制定了相应的裁决执行程序。在执行 WTO 裁决过程中,必须由 USTR 牵头启动执行程序,ITC 和 DOC 均不能自主启动执行程序。根据 URAA 第 129 节的授权,且在现行美国国内法允许的情况下,USTR 才能够要求 ITC 和

DOC 执行 WTO 裁决，如果美国国内法禁止此类执行，则必须先申请美国国会通过立法程序来处理美国国内法与 WTO 协议冲突的问题。在具体执行 WTO 裁决的过程中，USTR 在各个阶段都应该与国会相关委员会进行磋商，国会相关委员会对是否执行以及如何执行 WTO 裁决等问题享有监督权。

1. 针对行政法规与行政实践的执行程序

当 WTO 做出美国政府某项行政法规或者行政实践违反 WTO 协议的裁决时，USTR 应当根据 WTO 裁决所涉及的事项，首先向对应的"国会委员会"[10] 汇报，内容一般包括是否执行以及如何执行 WTO 裁决等方面。国会委员会负责国会的大部分立法工作，委员会的成员大多为相关领域的专家。美国国会的立法程序一般是由专业委员会研究审核立法草案，然后提交参众两院进行表决，因此，美国国会立法的效率相当程度上取决于国会委员会和立法委员们的工作效率。"众议院筹款委员会"和"参议院财政委员会"是参与贸易救济措施中的反倾销措施和反补贴措施事项磋商的核心，因为美国政府税收方面的立法工作是由这两个委员会负责的。与此同时，USTR 也会征求"私营部门顾问委员会"[11] 的意见。该顾问委员会是由来自不同行业的私营部门代表组成，主要工作是针对外贸谈判、签署协议和制定贸易政策等问题向总统和 USTR 提供意见和建议。

URAA 在第 123 节（g）款详细规定了美国行政机关执行有关行政法规与行政实践的 WTO 裁决的具体程序。经过上述工作决定执行 WTO 裁决后，相关行政机构的负责人将提出修改方案，应当按照一般的立法程序，将修改方案及其解释公布在《联邦公报》上，并征求公众意见。公示期限届满之后，USTR 将修改方案及其解释与汇总的公众意见提交给相关的国会委员会。在最终修改方案及其解释对外公布之前，行政机构负责人与 USTR 再与国会相关委员会进行一次磋商，讨论修改方案及其解释最终生效的时间和方式，一般最终修改方案的生效日期不得早于此次磋商之后的 60 天。在这 60 天内，众议院筹款委员会和参议院财政委员会可以对该修改方案进行表决，但该表决结果对行政机关没有约束力。上述 WTO 裁决执行程序的本质意义在于美国政府拥有"修改美国国内法使其与 WTO 协议相一致"的权力。

2. 针对贸易救济措施的执行程序

URAA 第 129 节详细规定了 USTR、ITC 以及 DOC 在执行有关贸易救济措施（包括保障措施、反倾销措施和反补贴措施）WTO 裁决时的权限与程序。

在有关保障措施的 WTO 裁决执行程序中，根据《1974 年美国贸易法》第 2 章的授权，无论是根据国内受损害企业的申诉，还是立法和行政机构的要求，ITC 有权实施调查，并做出某项进口产品的增加是否对生产与此种进口产品相类似或者相竞争产品的美国产业造成严重损害或者构成严重威胁的决定。一旦上述严重损害被确认，美国总统有权暂时限制此种产品的进口或者采取其他贸易救济措施以保护美国相关产业。

根据《1930 年美国关税法》第 7 章的授权，私人或者 DOC 都有权启动反倾销和反补贴调查，一般由 ITC 和 DOC 两个部门负责调查。DOC 主要负责裁定被调查的产品是否构成了倾销行为，即在美国境内以不公平的价格进行销售或者由一个境外政府实施补贴措施，与此同时，ITC 主要负责裁定倾销或者被补贴的产品是否导致对美国境内相关产业造成严重损害或者构成严重威胁。如果确认倾销行为和损害程度，则根据倾销幅度对进口产品征收反倾销税。如果发现补贴措施和造成损害，则根据补贴幅度对进口产品征收反补贴税。

如果 WTO 裁决认为 DOC 或者 ITC 的上述裁定与 WTO 协议相冲突时，根据 URAA 第 129 节的规定，USTR 应当首先要求有关行政机构决定能否执行 WTO 裁决。如果能够执行，USTR 则要求该机构在 120 日内做出执行 WTO 裁决的决定并纠正其违法行为，使之符合 WTO 协议。

四、美国执行 WTO 裁决的典型案例分析

美国作为 WTO 最主要的成员方之一，是在 WTO 被诉案件最多的一个成员，有大量的败诉案件需要执行。从目前的执行现状来看，美国的执行 WTO 裁决的比较还是比较高的，但也存在因为各方面的原因而导致拖延执行或拒不执行的案件，而成为 WTO 裁决表现中的"坏榜样"，而承受报复威胁或授权报复的不利后果。

（一）美国——FSC 案（DS108）

1. 基本案情

欧共体针对美国对在海外设立分支机构的美国公司提供避税的优惠待遇措施提起诉讼，专家组和上诉机构均裁定美国的补贴措施违反 WTO 协定，但美国并未在合理期限内执行裁决，2000 年 11 月，欧共体向 DSB 申请报复授权。

欧共体向 DSB 申请的报复水平为 40.43 亿美元，并认为这一数额是完全合理的，美国实际补贴的数额所造成的影响远远超过这一水平[12]。美国则认为，从美国补贴总额对全球贸易的实际影响中除去欧共体以外其他成员的影响后，余下的数额就是美国补贴对欧共体贸易的影响数额[13]。按照美国提议的计算方法，美国实际补贴总额为 40.43 亿美元，而欧共体在全球贸易中所占的比例是 26.8%，据此，欧共体对美国可实施的报复水平仅为 10.84 亿美元[14]。但仲裁员认为，本案在确定报复水平时，应将美国补贴措施的严重程度考虑在内，不能将报复水平仅仅局限于消除贸易的影响，还应考虑违规措施的严重性和对权利义务平衡的破坏程度[15]。因此，2002 年 8 月 30 日，第 22.6 条报复水平仲裁庭最终裁定报复的水平为 40.43 亿美元，等于美国实际补贴的总额[16]。本案中，DSB 授权报复的数额是 WTO 历史上金额最大的一次。

仲裁员对这一裁决解释如下：首先，报复水平必须有助于实现报复促使执行的目的，即实现无延迟地取消禁止性补贴的目的[17]；其次，美国在 WTO 协定项下所承担的义务是"对整个国际社会承担的义务"，这项义务不能分割，因此，只能按照实际补贴总额而不是实际贸易效果来确定报复的水平[18]；最后，美国每年提供了超 40 亿美元的非法补贴，不能因为受美国补贴的部分产品出口到欧共体以外的其他成员就否定其补贴的不利影响[19]。

而美国认为，仲裁员的解释"令人不安"，仲裁报告存在"严重缺陷"。美国提出下列观点予以反驳[20]：首先，报复水平的计算应该基于贸易效果，不应与贸易效果不成比例；其次，在任何案件中，要实现报复促使执行的目的，报复水平的确定完全掌握在仲裁员的手中，将极大地扩大仲裁员的自由裁量权；最后，仲裁员提出的美国在 WTO 协定项下所承担的义务是"对整个国际社会承担的义务"的主张是没有法律依据的。

2003年4月24日,欧共体向DSB申请报复授权;2003年5月7日,DSB授权欧共体对美国实施报复措施。2003年12月8日,欧共体通过了欧洲理事会第2193/2003号条例,针对来自美国的某些产品征收额外关税。2004年5月1日,欧共体对自美国进口产品征收了5%的进口关税,并且税率每月增加1%,直至17%的既定上限。欧共体实施报复的方式被称为"随时间流逝增加报复水平"[21]。

随后,美国对原FSC法进行了修改并快速通过了2004年《美国就业机会创造法》,即"FSC-ETI"法,作为对DSB建议和裁决的执行。虽然欧共体认为,该法未能使得违规措施与WTO协定相一致,但欧洲理事会还是相应的通过了第171/2005号条例,欧共体据此条例中止了其报复措施。

2006年3月4日,该案原专家组和上诉机构经过审理裁定美国的新法仍然没有执行DSB的建议和裁决,因此,2006年5月3日,欧盟委员会宣布,自2006年5月16日开始,将对自美国进口的部分产品征收14%的额外关税,迫于欧盟报复措施的压力,美国国会只好再一次通过立法,决定将在下一个财政年度撤销"FSC-ETI"法,欧盟认为,只要美国总统签署了该法,欧盟就已经达到了其实施报复措施促使执行的目的,因此,将不再继续实施报复措施。

2. 案件评析

本案中,欧盟申请对美国的报复授权就是针对"欧共体——香蕉案"和"欧共体——荷尔蒙案"的。如果欧盟真的实施了这40多亿美元的报复措施,就相当于美国从乌拉圭回合以来从欧盟市场获得的所有利益,而且,这个报复措施除了经济影响外,还有巨大的社会影响,尤其是在关税高峰时更加明显[22]。因此,本案证明,欧盟获得巨大数额的报复授权和坚持实施长期的报复措施是促使美国执行裁决的主要动力。

(二)美国——《1916年反倾销法》案(DS136)

1. 基本案情

从1997年起,日本、欧盟、俄罗斯、中国等国家或地区向美国出口钢铁制品的量迅速增长，导致美国的钢铁产业受到严重冲击，引起钢铁产业利益集团的担忧，他们提出上述国家或地区正在以非法的低价销售手段损害美国钢铁产业，因此他们通过国会向美国政府施压，要求政府采取救济措施的同时，对外国钢铁制造商提起诉讼。在著名的"Geneva Steel Corp. V. Ranger Steel Supply Corp."和"Wheeling – Pittsburgh V. Mitsui&co."两起案件中，美国均依据《1916年反倾销法》规定的私人诉讼权以原告身份起诉外国钢铁制造商构成倾销。在此之前《1916年反倾销法》极少被适用，作为被告的外国钢铁制造商仓促应诉，同时由于诉讼成本昂贵，举证责任繁重，绝大多数被告疲于应诉，结果导致被告在商业利益上受到很大损失。于是，欧盟和日本在1998年11月申请WTO成立专家组裁决美国《1916年反倾销法》的规定违反了WTO协议。美国《1916年反倾销法》中明确规定了对裁定为倾销的行为可以提起刑事诉讼，并可以要求三倍的罚款，这一规定被WTO裁决为违反了WTO协议，美国未在合理期限内执行WTO裁决。

2002年1月，欧共体和日本向DSB提出报复授权的申请，报复的方式是制定与美国《1916年反倾销法》在实体和程序上相似的专门针对美国进口而实施的法律规范来抵消因美国违规措施而造成的利益丧失或者减损[23]。由于美国《1916年反倾销法》还没有正式实施，暂时无法计算具体的利益丧失或减损的水平，因此，欧共体和日本没有申请实施传统的中止关税减让的报复方式，而是申请采用一种新型的"镜像立法"的方式实施报复措施。但这一做法被DSB所否定，因为单边的"以暴制暴"式的报复为WTO争端解决机制所严格禁止[24]。

2003年9月19日，鉴于美国一直没有执行DSB的建议和裁决，欧共体申请第22.6条仲裁，仲裁员表示，由于该法还没有实施，无法作出具体数额的报复授权，因此，仲裁员决定设置一些参数由欧共体实施报复时予以参考。具体参数包括：（1）根据《1916年反倾销法》的判决而由欧共体公司所支付的罚款数额；（2）欧共体公司和美国原告根据《1916年反倾销法》所达成的和解数额[25]。由于本案情况极其特殊，仲裁员没有按照传统的做法作出具体数额报复水平的裁定，而是仅仅提供了计算报复水平参数的方法，使得欧共体获得了确定具体报复水平的更大的自由裁量权。

2004年11月26日,美国通知DSB,美国国会已经撤销《1916年反倾销法》而执行了DSB的建议和裁决。同年12月17日,美国进一步表示,12月3日,美国总统已经签署通过了《综合贸易和技术修正法》,该法中包含了撤销《1916年反倾销法》的相关条款[26]。该法的通过成为美国在执行WTO要求美国修改立法的建议和裁决方面最积极的行动。

2. 案例评析

本案中,获得胜诉裁决的欧盟和日本在执行该裁决过程中遇到了困难,甚至出现了罕见的胜诉方对抗立法的情况。本案中,WTO裁决认定美国《1916年反倾销法》的规定违反了WTO协议,在2000年9月对美国提出建议其撤销该法或根据WTO协议修改该法有关规定,但是美国国会拒绝撤销该法。导致该法一直处于违反WTO协议的未执行状态,并在美国国内持续具有法律效力。为了保护日本企业利益,日本出台了非常罕见的对抗立法,即《有关1916年法的损害恢复法》。该法规定:(1)即使美国法院裁决日本企业承担损害赔偿责任,日本法院也可以拒绝承认美国法院的裁决并不支持其裁决在日本国内的执行;(2)因在美国国内执行裁决而导致日本企业遭受损失时,对提起诉讼的美国企业或者其全资子公司和总公司,日本企业可以要求利益返还甚至损害赔偿[27]。最后,美国议会通过了包括《1916年反倾销法》废除案的《综合贸易和技术修正法》,并于2004年12月3日由总统签署后正式实施[28]。但是,在2004年11月,日本又有五家企业在《1916年反倾销法》被撤销前不幸"赶上末班车",被基于美国1916年法案起诉。

(三)美国——版权法案(DS160)

1. 基本案情

根据《美国版权法》第110(5)节的规定,在不超过一定规模(2 000—3 750平方英尺)或者限制一定设备的营业场所内可以播放电台或电视音乐而不必向著作权者或表演者支付任何费用,这项规定免除了美国某些小型酒吧、餐馆和其他公共场所播放音乐所产生的版权责任。爱尔兰音乐权利组织在欧盟作家和作曲家协会的支持下,根据欧共体贸易壁垒法规针对美国这一立法措施向 DSB 提起诉讼。欧共体决定对《美国版权法》第 110（5）节之"商业例外"和"家庭例外"规定向 DSB 提起申诉，指控美国允许在特定条件下未支付版税而可以在公共场所（如商店、饭店和酒吧）播放广播和电视音乐，违反了 WTO 协定。WTO 专家组裁定《美国版权法》第 110（5）节之"家庭例外"符合 WTO 协定的要求，而"商业例外"规定违反了 TRIPS 协定第 9.1 条和《伯尔尼公约》第 11 条的有关规定。DSB 支持了欧共体的主张，建议美国撤销其《版权法》第 110（5）节的规定，使其与 TRIPS 协定相一致[29]。但美国一直未能执行 DSB 的建议与裁决。

2002 年 1 月，由于美国未能在合理期限内执行 DSB 建议和裁决，即美国未能撤销违规的《美国版权法》第 110（5）节的规定，欧共体向 DSB 申请授权其对美国实施贸易报复。为确定适当的报复水平，美国申请了 DSU 第 22.6 条报复仲裁程序，但仲裁程序随后被中止。随着争端的不断升温，双方在积极磋商的努力下，美国同意在《美国版权法》修改前寻求其他途径来补偿欧共体的著作权者和表演者的经济损失。

该案的一个特殊之处在于，在合理执行期限届满前，美国已预知其将不能执行裁决，而事先申请 DSB 依据 DSU 第 25 条规定的特别仲裁程序对报复水平进行了预先裁定，确定《美国版权法》第 110（5）节之"商业例外"规定对欧共体造成的利益损害为每年 1 219 900 欧元[30]。这样为双方达成临时性货币补偿协议提供了便利。本案是正式援引 DSU 第 25 条仲裁案的唯一一例。

2003 年 6 月，美国和欧共体达成了一项货币补偿协议。根据该协议，美国同意在 2004 年年底修改其《版权法》以执行 DSB 建议和裁决，并于 2001 年 12 月 21 日起，在随后的三年内向欧共体表演协会设立的基金支付总额为 330 万美元的货币补偿，此数额基本等于欧共体著作权者和表演者由于《美国版权法》第 110（5）节的规定而遭受的损失数额，作为对该协会成员和著作权者、表演者提供的经济支持[31]。协议还规定，如果美国不能完成支付或三年的临时期限届满而双方未能达成满意的解决方案，欧共体将保留进一步申请报复授权的权利。欧共体表示，它这样做的目的是"允许其向美国国民针对与版权产品有关的广泛措施征收特别费用"[32]。而这笔特别费用可以向在欧共体范围内寻求版权保护的美国公司征收，哪怕这些美国公司并没有侵犯欧共体的版权。

该临时货币补偿协议已于2004年年底终止，但到目前为止，美国也没有采取任何措施执行DSB的建议和裁决，欧共体也没有针对美国的不执行裁决行为再次申请报复授权。

2. 案件评析

本案中，美国使用支付货币补偿的方式代替执行WTO裁决和承受授权报复。而案件中适用的货币补偿与DSU第22条规定的补偿不一样，因为货币补偿是采用支付货币而非关税减让的方式；直接支付给欧共体境内的相关协会而非欧共体本身；货币补偿只提供给了胜诉方欧共体，而未遵循最惠国待遇原则补偿其他WTO成员方。

案件中，在欧共体的报复威胁之下，美国为了满足国内特定利益集团的需要，选择了用支付货币补偿的方式长期"购买"违规使用欧共体音乐产品的权利。美国的做法，一方面反映了其对WTO裁决的漠视，另一方面，也可以视为对受《美国版权法》侵害的欧共体著作权者和表演者的一种经济补偿，与完全的不执行裁决相比，这种货币补偿是一种比较积极的执行措施。欧共体选择三年作为货币补偿期限，意味着欧共体不愿意让美国长期实施违规措施而不执行DSB建议与裁决，欧共体认为，货币补偿只是临时性的，美国需要一些时间来完成国会中的权利平衡[33]。

自发展中国家集团最先提出设立货币补偿制度以来，不断有成员方提出在GATT/WTO中引入货币补偿机制，但到目前为止，还未被普遍接受。虽然DSU规则中没有任何关于货币补偿的规定，但本案开创了适用货币补偿的先例。本案中，美国和欧共体达成了货币补偿协议，并通过美国支付货币补偿的方式而解决了双方之间的贸易争端，表明WTO的两个重要成员已经接受了货币补偿制度。虽然缺乏DSU的明文规定，WTO成员对此还未达成共识，但DSB已经接受了货币补偿通报并"默许"货币补偿可以作为WTO裁决的一种执行方式。

本案是在WTO体制下适用货币补偿的先例，为解决货币补偿的法律问题提供了良好的机会。一方面，美国和欧共体作为全球贸易领域最大的两个WTO成员的实践对多边贸易体制和其他WTO成员的实践必将产生重要的影响；另一方面，美国和欧共体通过达成货币补偿协议的方式解决贸易争端具有一定的合理性，符合国际社会对WTO争端解决机制提供更方便、更有效的救济需求。在WTO多哈回合谈判中，众多成员呼吁将货币补偿制度纳入WTO争端解决机制中来并提出了诸多提案和建议，但谈判进程的缓慢和疲软，极有可能刺激WTO成员效仿美欧在本案中的做法，在个案中以实际行动寻求适用自身的货币补偿方式[34]。如在"美国——棉花案"中，美国和巴西也达成了临时协议，暂时避免了巴西对美国实施报复措施。根据协议，在美国通过2012年农业法案或双方达成均可接受的解决方案前，美国每年向巴西支付1.473亿美元的货币补偿，用来对当地棉花生产者提供技术援助和能力建设[35]。本案中的货币补偿仅是临时协议的部分内容，且货币补偿金额远远低于巴西获得的授权报复水平（8.2亿美元），但本案是继"美国——版权法第110（5）节案"之后又一货币补偿的典型案件。

虽然在WTO报复制度中设立货币补偿制度面临着一些问题和困难，但其优势也是非常明显的，而且实践中已经出现了货币补偿案例，并得到了DSB的确认，货币补偿措施已经实施而且取得了很好的示范效果，可以推广使用。

（四）美国——伯德修正案（DS217、DS234）

1. 基本案情

"美国——伯德修正案"被称为是美国对世界的博弈[36]。美国《2000年持续倾销与补贴抵消法》（The Continued Dumping and Subsidy Offset Act）是由参议员罗伯特·伯德作为2001年农业拨款法中的一个议案提出的，故被称为"伯德修正案"（Byrd Amendment），经美国总统克林顿签署通过并生效，该法的主要内容是授权美国海关和边界保护局将上一年度在反倾销和反补贴案件中征收的税款按比例分配给因倾销和补贴而受到损害的国内生产商。因此该法的实施将对美国国内生产商构成"双重保护"，即一方面，与美国国内生产商竞争的外国企业遭受了罚款;另一方面,美国政府又将这些罚款用于补贴美国国内生产商[37]。

2000年12月21日,欧共体、澳大利亚、日本、韩国、巴西、智利、印度、印度尼西亚和泰国共9个国家联合起诉美国的"伯德修正案"违反WTO协定,2001年5月21日,加拿大和墨西哥也加入了该案。2003年1月27日,通过专家组和上诉机构报告。专家组和上诉机构裁定,美国的"伯德修正案"违反了GATT1994、《反倾销协定》和SCM协定的有关规定。2004年8月31日,鉴于美国未在合理期限内执行裁决,DSB授权了8个胜诉方(欧盟、加拿大、日本、韩国、巴西、智利、印度和墨西哥)实施报复,最终裁定的报复水平相当于美国政府每年根据"伯德修正案"对外国公司征收的反倾销税和反补贴税总额的72%[38]。但最终只有欧共体、加拿大、日本和墨西哥对美国实际实施了报复措施。

(1)欧共体。

2005年4月29日,欧共体向DSB发出将于2005年5月1日开始实施授权报复措施的通知,第一年将会对原产于美国的农产品、纺织品、设备以及纸张等产品征收15%的从价关税,覆盖的贸易总价值不超过2 781万美元[39]。2006年4月28日、2007年4月19日、2008年4月3日和2009年4月23日,欧共体分别通知DSB,报复税率不变,附加关税将会适用于新的报复产品清单,报复措施覆盖的贸易总价值分别为3 691万美元、8 119万美元、3 338万美元、1 631万美元,自每年5月1日起开始实施[40]。2010年4月20日,欧共体宣布将调整报复水平至9 538万美元,自2010年5月1日开始实施。

(2)日本。

2005年9月1日,日本开始实施授权报复措施。第一年将会对原产于美国的15种产品征收15%的从价关税,覆盖的贸易总价值不超过5 210万美元[41]。2006年8月22日和2007年8月23日,日本分别通知DSB,报复税率不变,附加关税将会继续适用于原报复产品清单,报复措施覆盖的贸易总价值分别为5 493万美元和4 818万美元,自每年9月1日开始实施[42]。2008年8月29日,日本通知DSB,下一年附加关税将会适用于新的报复产品清单，覆盖的贸易总价值为1 649万美元，报复税率下调至10.6%，自2008年9月1日开始实施[43]。自2009年9月1日开始实施的第五年报复措施适用的报复产品清单没有变更，但附加税率下调至9.6%，覆盖的贸易总价值为1 654万美元[44]。因此，在本案中，欧共体和日本在实施报复措施时，都采取了变更报复产品清单的方式实施轮候报复。

（3）加拿大。

2005年5月1日，加拿大宣布对产自美国的农产品、烟草，尤其是鱼类加征15%的报复性关税，报复水平为1 160万美元[45]。

（4）墨西哥。

2005年8月18日，墨西哥宣布对产自美国的10种商品征收9%—30%不等的报复性关税，报复水平为2 090万美元[46]。

2006年2月17日，美国通知DSB，美国国会已经于2006年2月1日批准了《削减赤字法》，并由美国总统签署并生效，因此，美国已经执行了DSB的建议和裁决。但是，许多WTO成员方并不认为美国已经完全执行了DSB的建议和裁决。

2006年4月30日，加拿大终止了报复措施。墨西哥变更了报复方式，于2006年9月14日—10月31日，对产自美国的部分奶制品征收110%的报复性关税[47]。此后，加拿大和墨西哥未再对美国出口的产品征收报复性关税。

欧共体和日本仍然继续实施报复措施。2012年5月10日，欧共体通知DSB，自2012年5月1日起，报复产品清单没有变更，但报复的贸易总金额调整至324.1万美元，为此，欧共体将报复性关税税率从15%降低至6%[48]。2012年8月23日，日本通知DSB，自2012年9月1日起，对圆锥滚子轴承产品征收4%的附加税，报复的贸易总金额不超过141万美元[49]。

从目前的实践来看，仲裁员普遍认为，选择报复产品的范围是WTO成员方的权利，因为根据DSU第22.7条的规定，仲裁员不得审查拟予中止的减让或其他义务的性质，而应确定此类中止的程度是否等于利益丧失或减损的程度。一旦成员方向DSB提交了报复产品清单，那么该成员方只能在报复产品清单范围内实施报复，并确保报复水平与仲裁裁决的利益丧失或减损水平相一致。

2. 案件评析

DSU 并未明确规定是否允许轮候报复。由于胜诉方在提交授权报复申请时，往往会同时提交一份报复产品清单，有时部分成员在提交申请时还声明提交一份不会变更的"最终报复产品清单"[50]，因此，成员方是否可以修改报复产品清单，即实施"轮候报复"，成了一个有争议的话题。

轮候报复（carouse retaliation），又称轮番报复，是指胜诉方在获得报复授权后，提供的报复清单中的产品价值远远高于其遭受的利益丧失或减损的水平，由胜诉方定期从该报复清单中选择一些产品实施报复，只要对选择的产品实施报复的水平不超过其利益丧失或减损的水平即可。

一般情况下，实施报复的时间越长，方式越复杂，累计产生的压力就越大，往往实施报复的效果是"通过几个连续的阶段产生的"[51]。首先，胜诉方会公布一个长长的可能实施报复的产品清单，该清单会随着裁决程序的进展而不断地缩短和集中；其次，那些被列入报复产品清单而没有被实施报复的部门将会积极地采取应对准备工作，试图在公布确定的报复清单前游说政府修正其违规措施。为了能够调动更多的不同利益集团参与并加大对国内政治的影响，美国的"轮候报复"制度被推向了前台[52]。

轮候报复的目的很明显，就是通过"周而复始"（on-and-off）地定期以报复清单上的一种产品替代之前被中止减让的另一种产品的实施方式来制造混乱与不确定性[53]，由国内出口利益集团对败诉方政府施加更大、更有效的压力，使败诉方更难以实施与 WTO 协定不符的措施，最终迫使败诉方"无奈"的执行 WTO 裁决。

（五）美国——棉花案（DS267）

本案是目前最新的一起涉及"交叉报复"授权的案件，受到了广泛关注，案件有四个方面的特点：（1）案件主体具有特殊性。获得报复授权的是新兴工业国家之一的巴西，败诉方是全球经济实力最强的美国。（2）申请授权报复的内容比较特殊。胜诉方申请报复授权主要依据的是 SCM 第 4 条和第 7 条的规定，内容针对禁止性补贴和可诉性补贴。（3）仲裁报告本身特殊。本案的仲裁报告是到目前为止第一份有关 SCM 第 7.10 条项下的仲裁报告。(4) 授权的"交叉报复"特殊。本案也是第一例 SCM 项下被授权的交叉报复。

1. 基本案情

2002 年 9 月 27 日,巴西针对美国提出的对本国高地棉花生产者、使用者和出口商的一系列补贴计划向美国提出磋商请求,认为其补贴措施违反了《农业协定》和 SCM 协定关于禁止性补贴、可诉性补贴的相关规定。2004 年 9 月 8 日,专家组报告公布,2004 年 10 月 18 日,美国和巴西均对专家组的报告提出上诉。2005 年 3 月 3 日,上诉机构发布最终报告,裁定如下:(1) 美国出口信贷担保项目(ECG)和使用者销售支付(Step2)均属于 SCM 规定的禁止性补贴,美国应于 2005 年 7 月 1 日前撤销两项措施。(2) 美国的销售贷款项目(MLP)、市场损失资助支付(MLA)、反周期支付(CCP)等措施属于 SCM 规定的可诉性补贴,均给巴西经济造成了严重的损害,美国应于 2005 年 9 月 21 日前撤销或消除这些可诉性补贴造成的不利影响[54]。但美国并没有在上述期限内实际执行 DSB 的建议和裁决。2005 年 7 月 4 日,巴西针对禁止性补贴申请 DSB 根据 SCM 第 4.10 条和 DSU 第 22.2 条的规定授权其实施报复。2005 年 10 月 6 日,巴西针对可诉性补贴,申请 DSB 根据 SCM 第 7.9 条和 DSU 第 22.2 条的规定授权其实施报复,美国对这两项报复申请均表示反对,根据 SCM 第 4.10 条和第 7.11 条的规定,对这两项报复争议申请 DSU 第 22.6 条项下的仲裁。

随后,美国对其涉案棉花补贴项目及措施进行了部分修改或撤销[55],由于巴西与美国在执行裁决方面存在争议,且考虑到 DSU 第 21.5 条和 DSU 第 22.6 条程序间的"顺序问题",美国和巴西共同申请中止仲裁程序。2008 年 6 月,上诉机构对"相符性"审查作出了最终报告,裁定美国没有完全执行 DSB 的建议和裁决。2008 年 8 月 25 日,巴西重启了申请授权报复的仲裁程序。2009 年 8 月 31 日,仲裁庭作出了仲裁报告:关于禁止性补贴[56],在巴西提出的计算方法的基础上修订了计算方法[57] 来计算每年的贸易报复金额,以 2006 年为例,巴西的报复水平确定为 1.474 亿美元;关于可诉性补贴[58]，以巴西提出的计算公式为基础，以补贴对全球棉花市场价格造成的影响来认定美国、巴西及全球市场供需受影响的程度，由此计算补贴造成的不利后果，最终裁定报复的水平为1.473亿美元，综合上述两项裁定，本案仲裁庭最终授权巴西实施报复的水平接近3亿美元[59]。

2010年3月8日，巴西致函DSB主席，巴西决定自2010年4月7日起根据DSB授权，对自美国进口的产品实施GATT1994项下的报复，具体的报复形式为额外征收14%—100%不等的从价关税。根据2008年最新贸易数据，按照仲裁员所认可的报复水平计算公式，巴西有权实施的报复水平为8.293亿美元，其中，由于禁止性补贴而获得的报复水平为6.82亿美元，由于可诉性补贴而获得的报复水平为1.473亿美元。根据仲裁裁决的计算方法，巴西计算的跨协定报复的门槛金额为5.61亿美元。由于巴西有权实施的报复水平高于跨协定报复的门槛金额，因此，巴西有权在GATS协定和/或者TRIPS协定项下实施报复，交叉报复的水平不得超过2.38亿美元[60]。

巴西为了实施报复措施，早于2009年11月就提出了货物贸易领域报复清单，包括汽车、药品、医疗器械、电子产品、纺织品、小麦、水果、干果以及棉花等102种商品，于2010年3月又提出了一份涉及部分美国知识产权的报复清单，并制定了关于DSB授权后国内实施知识产权报复的法律程序，这一做法促使美国于2010年4月21日与巴西开始紧急磋商并达成了一项临时的《谅解备忘录》[61]。在该《备忘录》中，美国提出的补偿方案包括：一是对巴西棉花产业设立一个技术援助基金，为巴西棉花生产者提供技术培训，提高其生产能力，美国承诺每年向该基金拨款1.473亿美元，数额等于营销贷款计划和反周期贷款计划给予美国棉花生产商的补贴，期限直到美国《农业法案》的通过或双方针对棉花纠纷达成相互满意的解决方案，以较早者为准；二是美国开始准备修改棉花出口贷款补贴计划；三是评估巴西新鲜牛肉能否进口，双方将在以猪肉和牛肉为主的畜牧业产品方面展开合作，积极考虑扩大从巴西进口牛肉[62]。美国贸易代表对此《备忘录》表示，对双方通过谈判而非实施报复的方式达成和解方案很满意，表明了双方通过合作解决争端的意愿和能力[63]。

2010年4月30日，巴西致函DSB主席，指出鉴于巴西和美国正在试图通过磋商解决争议，巴西根据《谅解备忘录》的约定，决定延期实施授权的报复措施，在2010年6月21日前暂时不实施任何报复措施[64]。2010年8月25日，巴西再一次致函DSB主席，指出双方已于6月达成了旨在最终解决争端的《关于棉花争议共同接受办法的框架协定》（简称《框架协定》）[65]）。虽然该《框架协定》本身并不是双方共同接受的争议解决办法，但为双方制定美国陆地棉花项目国内支持的解决办法，并为有关GSM-102项目下出口信贷担保的共同审查程序提供了重要的参考依据。为此，巴西和美国同意每年至少磋商4次，旨在获得争端解决的一致意见。

根据《框架协定》的规定，巴西和美国将于《2012年美国农业法案》[66]通过之时，共同磋商以促成关于棉花争议的共同接受的解决办法。巴西同时承诺，在《框架协定》有效期内，巴西将不会实施DSB授权的报复措施。2012年10月23日，巴西进一步指出，虽然《2012年美国农业法案》未能通过，但巴西决定继续维持《谅解备忘录》和《框架协议》的有效性，暂时不实施报复措施。由于美国的《2012年美国农业法案》尚未通过，美国国内棉花补贴政策还不能最终确定，巴西和美国也无法判断美国的新措施是否符合DSB的建议和裁决，但双方均认为，在《2012年美国农业法案》通过之前，双方难以达成相互满意的解决方案[67]。

2. 案件评析

美国贸易代表对这一交叉报复授权表示失望，但因为仲裁庭没有授权巴西在GATS和TRIPS协定项下进行无限制的贸易报复，对授权巴西只能在报复数额超过门槛数额时才能实施交叉报复的做法表示欣慰[68]。由于本案当事双方主体和授权报复内容等方面的特殊性，仲裁员对于授权交叉报复进行了认真仔细的分析，采取了谨慎的态度，并对最终裁定采取了灵活处理的方法，即使用了浮动的交叉报复授权，这也是本案仲裁的一大创新点。

本案中，巴西在获得交叉报复授权后，迅速提出了货物贸易领域和涉及部分美国知识产权的报复清单，为了使知识产权报复具备国内合法性和可操作性，为了增强知识产权报复威胁的可信度，巴西专门制定了关于DSB授权后国内实施知识产权报复的法律程序，巴西的上述做法和为实施交叉报复而开展的一系列工作促使美国立即与巴西开展了磋商,并最终通过签订《关于棉花争议共同接受办法的框架协定》的方式,达成了双方可接受的解决争端的方法。巴西的上述做法对促使败诉方执行裁决,尽快解决争端的效果是立竿见影的,值得其他成员方借鉴和学习。

(六)美国——博彩案(DS285)

"美国——博彩案"是 WTO 历史上由成员方申请针对服务贸易领域实施交叉报复的第一起案件,是美国遭受交叉报复的第一案,也是世界上最发达国家与实力弱小的发展中国家之间的较量[69]。本案中,由于胜诉方安提瓜的弱小和败诉方美国的强大形成了巨大的反差,使得本案意义重大且备受关注。当时,获得授权对美国实施交叉报复的加勒比小国-安提瓜被誉为加勒比海上"咆哮的小老鼠"[70]。

1. 基本案情

2003 年 3 月,美国通过了《非法网络博彩执行法》(UIGEA),该法提高了利用资金转移、支票或信用卡方式支付博彩费用的刑事处罚力度,从事实上加强了对跨国网络博彩的限制。安提瓜就此向 WTO 起诉美国,认为其通过法律禁止跨境网上赌博违反了 WTO 协定。本案专家组和上诉机构均裁定美国违反了《服务贸易分类清单》中规定的"10.D"的子部门,即"娱乐、文化和体育服务"内的"体育和其他娱乐服务",建议美国撤销其违规措施或使其措施与 WTO 协定相符。2007 年 6 月 21 日,鉴于美国未能在合理执行期限内执行 DSB 的建议和裁决,安提瓜和巴布达向 DSB 申请对美国实施报复的授权,报复水平为总额 34.43 亿美元,包含 GATS 和 TRIPS 协定项下的交叉报复。2007 年 7 月 23 日,美国对报复水平提出异议并申请仲裁,同年 12 月 21 日,仲裁庭做出裁决,安提瓜和巴布达可以针对美国实施 TRIPS 协定项下对美国版权、商标权、工业设计、专利和监管数据保护等方面的交叉报复,报复水平为每年 2 100 万美元[71]。

美国最终也没有执行 DSB 的建议和裁决,而是通过修改 WTO 服务承诺表,即取消了网络博彩业的市场准入承诺的方式处理本案[72],为此美国需要对受此决定影响的其他成员方提供补偿。2007 年 12 月 17 日,欧盟宣布其与美国达成了一项协议,为了补偿因美国修改 WTO 服务承诺表而取消了网络博彩业的市场准入承诺而给欧盟造成的损失,美国决定扩大欧盟服务供应商在本国市场准入。随后,美国分别与加拿大和日本签订了类似的补偿协议,但与发展中国家和地区,如安提瓜、巴布达、印度、哥斯达黎加共和国和澳门等的谈判仍在进行,未达成协议。

安提瓜虽然获得了 TRIPS 协定项下交叉报复的授权,但到目前为止,安提瓜也没有正式实施过报复,美国也从未对安提瓜提供过任何的补偿。安提瓜正在积极寻找实施该项报复授权的方法,本案报复措施的实施仍需要进一步观察。

2. 案件评析

安提瓜是目前申请授权报复最小的 WTO 成员方,而其对方当事方是最大的发达国家——美国,因此,本案是经济实力差距最大的两个国家的较量。实力不对称在本案中表现得最为突出,但从表现来看,双方的对立和冲突的激烈程度并不是很强。如果单纯从实力对比上来看,强大的美国可以对弱小的安提瓜置之不理,尽管到目前为止,美国并未纠正其违规措施,但美国一直在积极修改原减让承诺表,采取一种灵活处理的方法使其措施与 WTO 协定相符。如果美国能够就修改原减让承诺表并依照协议给予安提瓜足够的补偿,也可以视为美国积极执行了 WTO 裁决,WTO 报复制度也同样发挥了重要的作用。

安提瓜申请授权交叉报复是因为美国长期未能就解决此争议提供任何方案。虽然美国贸易谈判代表办公室新闻发言人表示,美国希望与安提瓜通过友好磋商来达成解决办法,比如通过给安提瓜政府提供技术支持、促进安提瓜企业出口以及培训安提瓜国民等方式,但安提瓜政府认为这些解决办法只是解决方案的一部分,并且美国政府从未具体化上述解决办法[73]。

通过本案,可以清晰地看出,安提瓜作为 WTO 最小的成员方对世界最大的发达国家在实施报复过程中所面临的巨大困难。由于安提瓜与美国在经济上所存在的巨大差距[74],安提瓜无法通过对美国产品提高关税或限制美国服务的方式实施报复,因为这样将提高产品和服务的价格,对安提瓜造成更加不利的影响,且这种不利影响将远远超过对美国的影响,因为美国很容易为这一小部分贸易额找到新的出口渠道。因此，安提瓜只能通过申请 TRIPS 协定项下的交叉报复。

报复授权裁决报告一经发布，一家名为 Zookz 的安提瓜公司便主张，依据 WTO 报复授权，其被允许侵犯美国的知识产权，该公司设立了一个提供音乐和电影下载服务的网站，以非常低的价格提供上述服务，该公司在其网站主页上声称，Zookz 公司是根据安提瓜与美国之间的报复授权进行经营，并且是唯一的一家能够合法向其会员提供数字娱乐的网站[75]。

第二节　欧盟 WTO 裁决执行制度

欧盟 WTO 裁决执行的具体法律制度和实践行为非常重要，急需国际法考察。纵观欧盟参与 WTO 争端解决机制的活跃度，研究欧盟败诉案件执行情况，可以发现欧盟执行 WTO 裁决的表现主要包括执行裁决、拖延执行和不执行裁决三种类型以及欧盟执行 WTO 裁决的基本立场和态度。尤其是欧盟对"中国诉欧盟紧固件反倾销措施案"（DS397）的裁决执行表现也充分反映了欧盟执行 WTO 裁决的虚实并存的策略，通过研究，中国可以学习借鉴欧盟执行 WTO 裁决的法律方法和技巧。

一、欧盟参与 GATT/WTO 争端解决情况概述

自 WTO 成立至 2018 年 3 月 31 日，根据 WTO 官方统计数据，欧盟作为被诉方的争端解决的案件共有 85 件，占争端解决案件总数的 14.7%。欧盟作为申诉方的争端解决的案件共 100 件，占争端解决案件总数的 17.2%。

欧盟是仅次于美国的 WTO 争端解决机制的活跃参与方，85 件被诉案件使得欧盟如何具体执行 WTO 裁决的问题有了充分的实践基础和理论研究的必要性。欧盟极具特殊性的成员方地位也使得争端解决和裁决执行更具复杂性，需要深入探讨。

就欧盟提起的 100 件申诉案件和 85 件被诉案件而言，相应具体的被诉

方和申诉方如表 2-5 所示。

表 2-5 欧盟申诉、被诉主要成员方及中国数量/比例一览表

被欧盟申诉案件数量前五名成员方及中国		案件数量（件）及其所占比例（%）	向欧盟提起申诉案件数量前五名成员名及中国		案件数量（件）及其所占比（%）
前五名	美国	35（35%）	前五名	美国	20（23.5%）
	印度	10（10%）		加拿大	9（10.6%）
	中国	9（9%）		印度	7（8.2%）
	阿根廷	8（8%）		巴西	7（8.2%）
	加拿大	6（6%）		阿根廷	6（7.1%）
前五名共计		68（68%）	前五名共计		49（57.6%）
中国		9（9%）	中国[76]		5（5.9%）

从欧盟申诉、被诉案件数量来看，美国、加拿大、印度、阿根廷是主要的国家，前五名成员方涉及的案件数量占绝大部分。上述数据充分显示出 WTO 争端解决机制依然是大国成员贸易较量和法律战争的舞台。

（一）以案件现有状态为标准，欧盟执行 WTO 裁决情况分析

以案件现有状态为分类标准，欧盟被诉的 85 件案件所处状态数量、比例以及 WTO 全部案件数量、比例如表 2-6 所示。

表 2-6 欧盟被诉案件及 WTO 全部案件所处状态分类数量/比例一览表[77]

分类序号	案件状态	处于该类状态的欧盟被诉案件数量（件）及其占欧盟被诉案件总数的比例（%）	处于该类状态 WTO 案件数量（件）及其占 WTO 争端案件总数比例（%）
1	完成磋商，尚未成立专家组	31（36.5%）	192（33.1%）
2	DSB 同意成立专家组，但专家组成员未选出	10（11.8%）	28（4.9%）
3	专家组成立，但专家组报告未通过或被上诉	0（0）	7（1.2%）
4	专家组报告分发给各成员方，等待通过或上诉	0（0）	0（0）
5	专家组报告正在上诉审	0（0）	1（0）

(续表)

分类序号	案件状态	处于该类状态的欧盟被诉案件数量（件）及其占欧盟被诉案件总数的比例（%）	处于该类状态 WTO 案件数量（件）及其占 WTO 争端案件总数比例（%）
6	上诉机构裁决分发各成员方，等待通过	0（0）	0（0）
7	报告通过，无须采取进一步行动执行	7（8.2%）	37（6.4%）
8	报告通过，需要采取进一步行动执行	6（8.3%）	46（8%）
9	被申诉方通告执行完毕，无执行一致性异议	11（15.3%）	95（16.3%）
10	双方达成执行协议	4（5.6%）	27（4.7%）
11	对裁决或执行成立执行专家组	1（1.4%）	2（0）
12	执行专家组未发现不一致	0（0）	2（0）
13	执行专家组发现不一致	2（2.8%）	8（1.3%）
14	申请报复	1（1.4%）	6（1.1%）
15	授权报复	0（0）	4（0）
16	申诉方中止专家组工作	1（1.4%）	9（1.6%）
17	在报告产生前申诉撤回、措施终止或双方达成协议	11（15.3%）	113（19.5%）

以上表所见，第 8—16 类的案件是欧盟涉及执行的 WTO 裁决案件，下面对上表中的主要种类进行具体分析。

1. 第 1 类和第 2 类争端案件

第 1 类 "完成磋商，尚未成立专家组" 是指 WTO 争端案件依照 DSB 规定双方已经进入磋商阶段、但专家组还未成立、也未申请撤销案件且没有公告双方同意的解决方案。

该类案件目前共有 192 件，占全部案件的近 1/3 比重；欧盟被诉案件中处于该状态的共计 31 件，占欧盟被诉案件总数的 36.1%。

欧盟被诉案件处于该类状态的原因有：一是自申诉方提起争端后一直处于磋商阶段，争端双方虽然已经就相关问题达成和解方案，已经实质性地解决了该争端但未及时通知 DSB，或者案件效果和争端双方处理方式并不明确。如"印度诉欧盟及其成员国没收运输途中学名药案"（DS408）[78]，争端双方已经就如何防止仿制药被扣押达成了一份临时和解协议[79]。二是争端方刚刚提起申诉，程序已经进入磋商阶段。

第 2 类"DSB 同意成立专家组，但专家组成员未选出"[80] 是指 WTO 争端案件磋商失败，已经进入专家组阶段，DSB 同意成立专家组，但专家组成员还未确定。欧盟处于该类状态的案件有 10 件。

2. 第 7 类和第 8 类争端案件

第 7 类"报告通过，无须采取进一步行动执行"[81] 是指专家组报告或/和上诉机构裁决已经通过，案件结束，败诉方无须采取进一步行动来执行 WTO 裁决。这类案件目前共有 37 件，占据 WTO 争端案件总数的 6.4%；欧盟被诉案件处于该状态的有 7 件，占欧盟被诉案件总数的 8.2%。

第 8 类"报告通过，需要采取进一步行动执行"[82] 是指专家组报告或/和上诉机构裁决发现争议措施与 WTO 协议不符，DSB 建议使其与 WTO 协议保持一致。此类案件共有 46 件，占 WTO 争端案件总数的 8%；欧盟被诉案件处于该状态的有 6 件，占欧盟被诉案件总数的 8.3%。表 2-7 从时间角度对欧盟这 6 件案件的具体处理过程和执行情况进行比较。

表 2-7 欧盟第 8 类"报告通过，需要采取进一步行动执行"案件处理及执行情况一览表

	从开始磋商到最终裁决产生所用时间（月）/是否上诉	合理期限（月）	执行方式	执行效果
DS69（"巴西诉欧盟影响禽类产品进口措施案"）	17（上诉）	8	提高巴西进口份额，双方协议解决。	欧盟声称愿意执行，并最后同巴西就该争端达成执行协议[83]。
DS265/DS266/DS283（"澳大利亚/巴西/泰国诉欧盟糖类出口补贴案"）	32（上诉）	12	修改法规，最后达成谅解备忘录。	欧盟声称愿意执行，仲裁确定合理期后，欧盟修改了部分法规，但申诉方并不认同已完全执行完毕的结论，补贴依然存在，随后同欧盟就一系列执行审查程序问题达成谅解备忘录，以此收场[84]。

102

（续表）

	从开始磋商到最终裁决产生所用时间（月）/是否上诉	合理期限（月）	执行方式	执 行 效 果
DS337（"挪威诉欧盟养殖鲑鱼反倾销措施案"）	22（未上诉）	10	对争议措施复审，缩小其适用范围。	欧盟声称愿意执行，双方延长了协商时间或寻求仲裁的时间[85]，最后欧盟作出反倾销期中复审终裁，反倾销措施征税范围被缩小[86]。
DS397（"中国诉欧盟紧固件反倾销措施案"）	24（上诉）	14.5	修改法律，调整措施及税率。	欧盟声称愿意执行，但实际过程中存在走过场等消极拖延行为[87]；税率略微下调，原有调查中损害性倾销仍得到确认[88]。
平均	24.3	11	—	—

3. 第9类和第10类争端案件

第9类"被申诉方通告执行完毕，无执行一致性异议"[89] 是指败诉方通知 DSB 裁决已经执行完毕，申诉方未提出任何执行异议。其中欧盟被诉案件有 11 件处于此类状态，占欧盟被诉案件总数的 15.3%。相关案件具体信息如表 2-8 所示。

表 2-8　欧盟第 9 类"被申诉方通告执行完毕，无执行一致性异议"案件处理及执行状况一览表

	从开始磋商到最终裁决产生所用时间（月）/是否上诉	合理期限（月）	执行方式	执 行 效 果
DS174/DS290（"美国/澳大利亚诉欧盟农产品及食品商标及地理标志保护案"）	69.5（未上诉）	11.5	制定新条例	美/澳不认为欧盟完全执行了 DSB 裁决，要求欧盟修改新公布的规则。
DS219（"巴西诉欧盟铸铁管或套件反倾销税案"）	32（上诉）	7	修改条例、重新评估了与争议措施有关的调查结果[90]	巴西认为尽管欧盟废弃了"归零法"，但是仍未执行"反倾销协议中的正当程序要求"。

(续表)

	从开始磋商到最终裁决产生所用时间（月）/是否上诉	合理期限（月）	执行方式	执行效果
DS246（"印度诉欧盟发展中国家关税优惠条件案"）	25.5（上诉）	14.5	废除旧安排制定新条例	印度质疑欧盟是否完全执行 DSB 裁决，并保留未来再次申诉之权利。
DS269/DS286/DS269/DS286（"巴西/泰国诉欧盟冷冻无骨鸡块关税案"）	36（上诉）	9	制定新条例	巴西/泰国仍对欧盟的执行一致性存有怀疑，欧盟另同两国达成了关于加快执行一致性争议程序的谅解协议，以更好维护申诉两国之利益[91]。
DS299（"韩国诉欧盟 DRAMS 芯片反补贴案"）	24（上诉）	8	制定新条例	韩国不认为欧盟完全执行了 DSB 裁决。
DS315（"美国诉欧盟特定海关事项案"）	27（上诉）	—	—	—[92]
DS375/DS376/DS377（"美国/日本/中国台湾地区诉欧盟及其成员国对部分信息技术产品的关税待遇案"）	28（未上诉）	9	修改、删除相应旧条例，发布新清单.	美国欢迎欧盟改进但不认为欧盟完全执行了 DSB 裁决，双方就潜在的执行一致性异议程序问题达成顺序协议[93]。
平均	34.5	9.8	—	—

第 10 类"双方达成执行协议"[94]是指争端双方已经通知 DSB 其就执行裁决达成协议或谅解。其中欧盟有 4 件处于此类案件，占欧盟被诉案件总数的 5.6%。相关案件具体信息如表 2-9 所示。

表 2-9 欧盟第 10 类"双方达成执行协议"案件处理及执行状况一览表

	从开始磋商到最终裁决产生所用时间（月）/是否上诉	执行合理期限（月）	执行方式	执行效果
DS26/DS48 ["美国/加拿大诉欧盟影响肉及肉制品措施（荷尔蒙）"案]	24.5（上诉）	15	合理期限内欧盟没有执行，美国申请并实施贸易报复，进行义务减让[95]。	双方就裁决执行、贸易报复义务减让等问题多回合磋商、仲裁，最终达成谅解。

(续表)

	从开始磋商到最终裁决产生所用时间（月）/是否上诉	执行合理期限（月）	执 行 方 式	执 行 效 果
DS231（"秘鲁诉欧盟沙丁鱼贸易标注案"）	19（上诉）	8	延长合理期限一次，最终达成执行方案，修改理事会条例[96]。	双方协商一致。
DS301（"韩国诉欧共体影响商用船舶贸易措施案"）	22.5（未上诉）	—	争议措施到期失效未更新。	措施失效，争端结束。

4. 第11—15类涉及执行情况复审及报复措施的争端案件

第11类"对裁决或执行成立执行专家组"[97]是指申诉方对案件的执行情况存在异议，根据DSU第21.5条设立执行复审专家组。目前正处于该状态的欧盟被诉案件有1件，即DS316（"美国诉欧盟影响民用大飞机贸易措施案"）。

第12和13类"执行专家组未发现不一致"[98]和"执行专家组发现不一致"[99]是指执行复审专家组可能作出的两种裁决结果。在DS27（"美国等诉欧盟香蕉案"）和DS141（"印度诉欧共体床上用品案"）[100]中，欧盟被裁决其执行与WTO协议不符。

第14类"申请报复"[101]是指执行专家组裁定执行结果与WTO协议不一致后，申诉方申请授权报复。该类案件既包括处于申请授权报复阶段的案件，也包括对报复部门及水平正在进行仲裁的争端案件。目前只有DS291（"美国诉欧共体生物产品的批准和销售案"）处于此类状态。

第15类"授权报复"[102]则是DSB授权申诉方实施报复措施的案件。目前没有任何成员方对欧盟正在实施授权报复。

第11—15类争端案件共计4件，占据欧盟被诉案件总数5.6%的比例。相关案件具体信息如表2-10所示。

表 2-10 欧盟第 11—15 类执行情况审查和报复措施
争端案件处理及执行状况一览表

	案 件	从开始磋商到最终裁决产生所用时间（月）/是否上诉	执行合理期限（月）	合理期限后至最终解决方案所用时间（月）	执行方式	执行效果
第11类	DS316（"美国诉欧盟影响民用大飞机贸易措施案"）	80（上诉）	6	未知（预期超过24个月，仍在进行中）	根据 DBS 裁决，终止及返还24个成员融资（MSF）贷款，停止资本投入、地区援助补贴以及各种飞机项目等[103]。	欧盟愿意并声称完全执行了裁决[104]；美国不认为欧盟完全执行了裁决，开始执行一致性审查程序并申请贸易报复[105]；义务减让程度仲裁程序目前中止，执行一致性专家组成立，预计2013年年底之前产生报告[106]。
第13类	DS27（"美国等诉欧盟香蕉案"）	20（上诉）	15	132	修改理事会条例及相关规定；制定新的制度。	欧盟声称完全执行后，执行一致性专家组认定欧盟未完全执行，随后美国、厄瓜多尔申请贸易报复并获得授权；此后针对执行一致性专家组又进行了专家组报告和上诉程序，认定欧盟未完全执行 DSB 裁决。最后，欧盟分别与美国、拉丁美洲国家达成"日内瓦香蕉贸易协议"。
	DS141（"印度诉欧共体床上用品案"）	31（上诉）	5	超过20个月	修改条例	印度认为欧盟并未完全执行裁决，提起执行一致性审查程序并对报告提出上诉，最终认定欧盟未完全执行 DSB 裁决。
第14类	DS291（"美国诉欧共体生物产品的批准和销售案"）	42（未上诉）	13.5	未知（超过70个月，仍在建设性讨论中）	—[107]	美国申请贸易报复；双方就贸易报复程度提交仲裁，目前仲裁中止。

5. 第 16—17 类以其他途径解决的争端案件

第 16 类 "申诉方中止专家组工作"[108] 是指申诉方申请专家组停止工

作，并且因为中止 12 个月以上，专家组授权即告终止。属于此类案件的只有 DS347〔"美国诉欧盟及某些成员影响民用大飞机贸易措施案（第二次申诉）"〕。

第 17 类"在报告产生前申诉撤回、措施终止或双方达成协议"[109] 是指在上诉机构裁决或专家组报告做出之前，争端方撤回申诉、废止争议措施或达成一致协议等，从而结束争端的情况。此类案件不涉及 WTO 裁决执行的相关问题，因此不对此类的 11 个争端案件做出具体分析了。

（二）以执行效果为标准，欧盟执行 WTO 裁决情况分析

DSU 第 21 条第 1 款规定成员方需要"迅速符合"（prompt compliance）DSB 的建议或裁决，具体方式为纠正违反 WTO 规则的措施使其与 WTO 协议相符（bring measures into conformity）[110]。通常情况下，争端方甚至不同专家组成员都会对某一案件的具体执行效果有不同评价，因此对于欧盟是否真正、完全、有效地执行了 WTO 裁决是非常难以确定的事实。根据对欧盟向 DSB 提交的诸多执行 WTO 裁决的资料、申诉方对执行裁决的评价和后续提起的相关执行程序、WTO 裁决执行效果和执行期限等情况进行分析，判定欧盟执行 WTO 裁决的具体情况。

欧盟被诉案件中有 33 件通过了专家组报告，而欧盟败诉需要执行 WTO 裁决的案件有 26 件。欧盟执行 WTO 裁决的主要策略有执行裁决、拖延执行裁决和不执行裁决三类（表 2-11）。

表 2-11 欧盟执行 WTO 裁决情况分类一览表

执行做法和执行态度	案件数量（件）	占全部执行案件数量比例（%）
基本执行或有效执行	17	65.4%
拖延执行或变相拖延执行[111]	9	34.6%
拒绝执行或变相不执行	6	23.1%

1. 基本执行或有效执行 WTO 裁决的案件

第 8 类案件中除了 DS397（中国诉欧盟紧固件反倾销措施案）正在执行之外，其他案件都已经通过达成执行协议或者谅解备忘录等方式执行完毕，

胜诉方后来都没有提起后续的执行复审程序。

第9类案件中，绝大多数案件都通过撤销或修改原条例或制定新条例的方式在合理期限内执行了 WTO 裁决，没有胜诉方提起后续的执行复审或授权报复等程序。

第10类案件中，在 DS231 案中，争端双方在延长的合理期限内达成执行协议并修改了理事会条例，在 DS301 案中，欧盟没有延长到期的争议措施，两起案件均可认为是"基本执行或有效执行"案件。

2. 拖延执行或变相拖延执行 WTO 裁决的案件

第8类案件中，在 DS397 案执行过程中，欧盟一直表示愿意执行 WTO 裁决，但执行复审程序后的信息披露完全是"走过场"，没有修改原有的高额反倾销税。这很明显是在合理执行期限内的拖延执行做法，中国做出大量努力，推翻欧盟关于税率的计算方法，拆穿欧盟变相拖延执行 WTO 裁决的诡计。

事实上，在许多执行案件中，欧盟均存在拖延或变相拖延执行裁决的做法，"明修栈道，暗度陈仓"的策略屡见不鲜。包括在执行时间、方式以及内容等方面都变换各种花样，试图蒙混过关，想办法以表面性和过场性的撤销措施、修改规则或双方协商等手段尽可能的不执行对欧盟经济利益不利的 WTO 裁决。

3. 拒绝执行或变相不执行 WTO 裁决的案件

第10类案件中，DS26/DS48 案〔"美国/加拿大诉欧盟影响肉及肉制品措施（荷尔蒙）案"〕，欧盟在合理期限内未执行 WTO 裁决，美国获得报复授权。双方经过反复磋商和仲裁，最终达成和解协议，但欧盟在此案中的强硬立场和执行表现使其国际声誉蒙上了一片乌云。

第11类案件中，DS316 案（"美国诉欧盟影响民用大飞机贸易措施案"）中，虽然欧盟为了执行 WTO 裁决而对违法措施做出大量修改和整顿[112]，但美国提出并不认为欧盟完全执行了 WTO 裁决，明确列出13项补贴措施中存在的问题。由此可见，欧盟执行美国胜诉的 WTO 裁决也坚持一贯的"不痛不痒、以万变实现本质不变"的策略，这种执行结果远远不能满足美国的预期值。

第13类案件中，DS27（"美国等诉欧盟香蕉案"）案中，欧盟采用拖延战术,在合理期限结束后的第132个月才与美国达成解决方案。在本案的执行过程中,欧盟两次修改"新香蕉进口体制"都没有实现完全执行WTO裁决的目的。

第14类案件中,DS291("美国诉欧共体生物产品的批准和销售案")也是欧盟"拒绝执行或变相不执行"WTO裁决的典型案件之一。欧盟在延长合理执行期限的情况下仍没有完全执行WTO裁决,美国申请报复授权,双方针对报复水平进行仲裁。目前仲裁处于中止状态,争端双方仍就解决案件进行反复磋商。由此可见,欧盟的做法是拖延战术的一部分,是事实上的变相不执行。

二、欧盟执行WTO裁决的立场与态度

通过上述对欧盟执行WTO裁决的实际情况进行分类和分析,可以发现欧盟执行WTO裁决的基本立场和态度,包括其屡试不爽的"拖延"战术以及"变相执行"策略。

(一)"基本执行或有效执行"是欧盟执行WTO裁决的基本立场和态度

欧盟作为WTO的主要创始方和重要参与者,更是WTO争端解决机制的核心参与方和价值引领者,"基本执行或有效执行"了大部分的WTO不利裁决。

在所有WTO争端案件中,欧盟一直明确表示愿意执行WTO裁决,并实施一系列措施尝试"基本执行或有效执行"大部分的WTO裁决。虽然争端各方对现在的某些执行措施和执行结果仍然存在争议,但WTO裁决执行的主要制度效应已经充分显现,极大地限制了贸易保护主义趋势以及单边贸易措施的适用。

(二)执行WTO裁决涉及敏感或核心问题时,欧盟采取"拒绝执行或变相不执行"的强硬立场

欧盟以尊重的态度明确表示愿意执行所有WTO裁决,但是如果执行

WTO裁决涉及欧盟敏感或核心问题时，欧盟事实上往往采取"以不变应万变、以万变求不变"的策略，拖延执行或变相不执行WTO裁决，甚至拒绝撤销或修改欧盟原有的违法贸易政策或措施，这种坚决的立场和强硬的态度在几起典型案例中都有明显表现。如在DS26/DS48（"美国/加拿大诉欧盟影响肉及肉制品措施"——"荷尔蒙案"）案中，欧盟以WTO裁决干涉其为了保护公民身体健康而采取动植物检验检疫措施的权利为由，强烈反对执行WTO裁决，美国用尽各种方法和手段促使欧盟执行裁决，获得授权报复，甚至威胁使用"301条款"，最终也未能迫使欧盟执行裁决；在DS27（"美国等诉欧盟香蕉案"）案中，欧盟在WTO裁决执行过程中使用了拖延执行、变相不执行、"换汤不换药"等多种手段维持其违法的香蕉进口措施，利用DSU第21条和第22条之间的法律漏洞和执行制度缺陷，利用各种"程序烟雾弹"，使得WTO争端解决机制的权威性和可预见性完全落空，为WTO裁决执行机制蒙上了巨大阴影。在DS291（"美国诉欧共体生物产品的批准和销售案"）和DS316（"美国诉欧盟影响民用大飞机贸易措施案"）这两起案件中，由于美国和欧盟在转基因产品管理制度[113]、波音与空客战略产业经济利益冲突[114]等方面的严重矛盾，导致WTO裁决根本无法充分执行。事实上，欧美双方在某些问题上的国内做法都违反了WTO贸易自由化的要求，在WTO争端解决机制内提起诉讼并非是想根本解决问题，而是给予对方一定的压力，利用授权报复手段维护本国经济利益。

由此可见，欧盟在核心利益和敏感问题上一直坚持强硬的立场和坚决的态度，自然影响执行WTO裁决的态度，使其变得消极和对抗。

（三）欧盟普遍采用"拖延"策略执行WTO裁决

凡是要求欧盟撤销或修改违法措施或政策来执行WTO裁决的案件，欧盟都普遍采用"拖延"策略，想方设法地延迟执行时间，维护自身经济利益和最大化，具体表现如下。

第一，在执行时间上，欧盟最大限度地用尽拖延策略，保证欧盟在维持违法措施或政策的情况下，争取最长时间实现平稳过渡或规避执行WTO裁决的目的。拖延策略的有效手段之一就是提出上诉，除了胜诉案件或根本不可能胜诉的案件之外,其他案件一律提出上诉,上诉率高达 70%明显超过 WTO 的平均水平,所需时间平均为 25.7 个月。第 8—15 类案件的执行合理期限的平均时间为 10.6 个月,并且出现多次延长合理期限的情况[115];而且第 11—15 类执行复审和授权报复争端案件中,"合理执行期限至最终解决案件所需时间"至少 2 年,最长的达到 10 年之久[116]。由此可见,欧盟将"拖延"策略在执行时间上运用得淋漓尽致。

第二,在执行内容上,欧盟"渐进式"的、以"换汤不换药"的方式部分象征性地多次修改违法规则和政策,而事实上依然维持原有违法规则和政策,变相延长执行 WTO 裁决的时间。如在"澳大利亚/巴西/泰国诉欧盟糖类出口补贴案(DS265/DS266/DS283)案"中,申诉方并不完全认同欧盟部分修改法规的做法来执行 WTO 裁决,认为修改后补贴措施仍然存在;在"中国诉欧盟紧固件反倾销措施案"(DS397)裁决执行过程中,欧盟表面上明确表示愿意执行裁决,但在实际执行过程中采用"走过场"的消极拖延执行策略,只是略微下调税率,损害性倾销措施依然存在,在执行复审过程中提交的信息披露没有提供任何新的内容;在"美国诉欧盟影响民用大飞机贸易措施案"(DS316)执行过程中,欧盟只是选择性地部分撤销了违反 WTO 协议的争议措施,其他违规措施依然存在。因此,在大部分案件执行过程中,欧盟的普遍做法是:首先明确表示愿意执行 WTO 裁决,释放了"烟雾弹"之后,事实上并无实质性的修改违法措施或政策,而是极尽所能地拖延执行。

(四)欧盟充分利用执行方式自主权,以"变相执行"策略维护自身利益

根据 WTO 的规定,成员方执行 WTO 裁决一般只需要修改违规措施使其与 WTO 涵盖协定一致,成员方有权自行决定执行方式[117],如果胜诉方不对执行结果提出异议,绝大多数情况下,WTO 裁决执行完毕。

因此,欧盟在大部分案件的执行过程中,只是象征性的修改违规措施,并不急于迅速有效地执行 WTO 裁决,与此同时,向胜诉方提出就具体争端问题进行磋商,采取各个击破、息事宁人的策略。这种做法的目的很明显,一方面,争端双方通过谈判解决问题,缓解了欧盟执行裁决的压力;另一方

面,这种"变相执行"可以维持原有规则和政策以维护自身经济利益,防止欧盟贸易法律制度发生剧烈变化,实现了其"变相不执行"WTO 裁决的真实目的。欧盟在实际中通过与争端方最终签署和解协议或谅解备忘录的方式解决争端的现象都能够说明问题。

三、欧盟执行 WTO 裁决典型案例分析

通过上述统计分析,我们不难看出,欧盟作为 WTO 最主要的成员方之一,也并不是所有的 WTO 不利裁决都得到有效的执行,也会出现拖延执行甚至拒不执行 WTO 裁决的案件。

(一)欧共体——香蕉案(厄瓜多尔)DS27

"欧共体——香蕉案"是 WTO 成立以来通过争端解决机制所处理的最为复杂的案件之一,其所涉及的实体法与程序法问题之广之深、所耗时间之长、所涉国家之多、专家小组和上诉机构报告篇幅之长,堪称史无前例,被称为 WTO "判例法"上的里程碑。本案是 DSB 首次通过裁决授权报复的第一案,也是胜诉方提出申请"交叉报复"授权的首起案件。本案创造了 WTO 历史上的四个第一:第一次由发展中国家成员申请对发达国家成员授权实施报复;第一次由 DSB 授权实施报复;第一次获得交叉报复的授权;第一次获得 TRIPS 协定项下的授权报复[118]。本案中,厄瓜多尔作为经济实力较弱的发展中国家成员首次获得授权对欧共体实施交叉报复,被誉为是 WTO 的"第二次革命"[119]。该案由于争端双方经济实力的巨大差距而备受关注,充分显示了"经济实力巨大差距的 WTO 发展中国家成员与世界最大贸易实体之间的较量"(见表 2-12)[120]。因此,"欧共体——香蕉案"(厄瓜多尔)具有非常重要的历史意义。

表 2-12 厄瓜多尔与欧共体经济实力比较一览表[121]

	比 较 内 容	厄瓜多尔	欧共体(15 国)
1	贸易额	1 200 万美元	3.75 亿美元
2	全球货物贸易所占的比例	低于 0.1%	20%

（续表）

	比较内容	厄瓜多尔	欧共体（15国）
3	全球服务贸易所占的比例	无数据可查	25%
4	GDP（1998年）	200亿美元	7 996亿美元
5	人均GDP（1998年）	1 600美元	25 000美元

1. 基本案情

1996年4月11日，美国、墨西哥、厄瓜多尔、危地马拉和洪都拉斯联合起诉欧共体，认为其香蕉进口体制与WTO协定规定不符。1997年5月22日，"欧共体——香蕉案"专家组作出裁决，欧共体的香蕉进口体制违反了GATT第1条最惠国待遇原则和第8条对进出口规费和手续的规定，并违反了欧共体在分销服务部门批发贸易服务中的具体承诺，因此同时违反了GATS协定第2条最惠国待遇原则和第17条的国民待遇原则。

1999年1月14日，鉴于欧共体在合理期限内未修改其与WTO协定不符的违规措施，即欧共体的香蕉进口、销售和分销体制，美国向DSB提出价值约为5.2亿美元的报复授权申请。1999年1月25日，原定的DSB会议由于欧共体想办法阻挠不审议美国的授权申请而被迫暂停。1999年1月29日，DSB会议复会，WTO总干事鲁杰罗促成美国和欧共体达成协议，作为交换条件，DSB推迟考虑美国提出的授权报复申请。1999年3月3日，美国政府在国内强烈要求对欧共体实施报复的政治压力下，直接决定开始对被列入5亿美元报复性关税清单的所有欧共体产品实施报复措施，并开始中止了清单上列明的货物的海关放行。1999年4月19日，DSB授权美国对欧共体及其成员国每年实施1.914亿美元的报复，美国于当日决定对来自欧共体部分成员国进口的8类商品征收100%的禁止性关税。2001年4月，美国和欧共体达成了临时和解协议，根据协议，欧共体将最迟于2006年1月1日修改其香蕉进口体制，将香蕉进口管理体制转化为仅适用关税的体制，而美国承诺根据此协议于2001年7月1日起中止其授权报复，并于欧共体修改的香蕉进口体制与WTO协定相符后"确定性的终止"报复措施。

1999年11月8日，厄瓜多尔向DSB申请价值约为4.5亿美元的报复授权。申请了 GATT 项下和 GATS "批发贸易服务"项下的报复授权。除此之外,厄瓜多尔还申请了 TRIPS 项下的交叉报复授权,包括:(1)第 14 条关于"对表演者、录音制品(唱片)制作者和广播组织的保护"的规定。(2)第三部分关于"地理标志"的规定。(3)第四部分关于"工业设计"的规定。1999 年 11 月 19 日,欧共体对厄瓜多尔提出的交叉报复申请立即作出反应,通知 DSB 其修改香蕉进口体制的方案将分两个阶段至迟于 2006 年 1 月 1 日以唯一的关税体制取代现行的香蕉进口体制[122]。2000 年 5 月 24 日,DSB 授权厄瓜多尔在 GATS 和 TRIPS 协定项下对欧共体及其成员国每年实施 2.106 亿美元的交叉报复[123],交叉报复授权的内容包括:在货物贸易领域,仅可在消费品领域实施报复,不得涉及用于制造业和加工业的生产性产品和初级产品;在服务贸易领域,仅可在批发服务领域实施交叉报复,如果在货物和服务贸易领域的报复水平达不到仲裁裁定的报复水平,可以在知识产权领域继续实施报复;在知识产权领域,仅可涉及版权、对表演者、唱片和广播机构的保护、地理标志和工业设计四个方面实施交叉报复。按报复领域划分,厄瓜多尔可以实施 20% 在货物贸易领域,10% 在服务贸易领域,70% 在知识产权领域的交叉报复[124]。厄瓜多尔获得了 GATT/WTO 历史上的第一次"交叉报复"授权,而且突破性的授权胜诉方基于在货物贸易领域违反义务而允许在知识产权领域实施报复,因此,本案意义深远而重大,但由于种种原因,厄瓜多尔最终也没有实施该授权报复。

2005 年 11 月 29 日,欧共体通过了新的香蕉进口体制,并确定于 2006 年 1 月 1 日起生效,但厄瓜多尔、巴拿马等成员仍然认为新的香蕉进口体制与 WTO 协定不符。2010 年 5 月 31 日,欧共体与拉丁美洲 10 个香蕉供应国签署了具有历史性意义的《有关香蕉贸易的日内瓦协议》(简称《日内瓦协议》)。根据该协议,厄瓜多尔与欧共体达成了双方共同接受的解决办法,争议基本得到了解决。2010 年 6 月 8 日,美国与欧共体也签署了对《日内瓦协议》的补充协议。美国与欧共体的协议明确规定,一旦《日内瓦协议》签约各方达成共同接受的解决办法,并根据规定向 DSB 通报,美国与欧共体也将做出同样的通报。2012 年 11 月 8 日,厄瓜多尔作为拉丁美洲香蕉供应十国之一,与欧共体一起正式向 DSB 通报,厄瓜多尔与欧共体的香蕉争议于 2012 年 10 月 27 日正式妥善解决。至此,长达 20 年之久的香蕉贸易争端正式宣告结束。

2. 案件评析

"欧共体——香蕉案"旷日持久,争端各方几乎穷尽了 DSU 提供的所有程序。本案从 1999 年 4 月 19 日授权报复开始计算,直到 2012 年 10 月 27 日正式妥善解决,历时 12 年之多,由此可见,目前 WTO 争端解决机制中的报复制度的作用仍然有限,急需通过修改 DSU 的规定予以加强。

"欧共体——香蕉案"(厄瓜多尔)是 WTO 历史上第一次授权交叉报复的案件,本案最有意义的是授权了在 TRIPS 协定项下实施交叉报复,因为在 TRIPS 协定项下的交叉报复比一般货物贸易领域的报复更"可行"和更"有效"。而且这种授权将会产生"连锁反应",比一般的货物贸易报复产生更大的政治压力。该案开创了一个授权 TRIPS 协定项下交叉报复的先例,为将来 WTO 争端解决实践所效仿。据此,发展中国家找到了一种对抗发达国家不执行 WTO 裁决的新型有效武器。

厄瓜多尔申请 TRIPS 协定项下的交叉报复,因为其认为单纯的货物贸易报复和服务贸易报复"既不可行,也无效",其根据是:首先,与和发达国家败诉方的伤害相比,货物贸易和服务贸易报复更多地损害了发展中国家的利益;其次,货物贸易和服务贸易报复的影响太小,不能对发达国家产生任何有实质意义的损害。选择对自身利益影响最小而对欧共体利益影响最大的领域实施报复,尽快促使欧共体执行 DSB 建议和裁决是厄瓜多尔申请 TRIPS 协定项下交叉报复的主要策略。

这里提出的"不可行"和"无效"主要是适当性原则的具体表现,因为厄瓜多尔在 GATT 和 GATS 领域的贸易报复对欧共体的影响太小,不会对其造成任何有实质意义的损害,而且不但不能弥补自己利益所遭受的丧失或减损,反而可能给自身造成更大的损害。虽然仲裁员认为"有效性标准"还可以包括报复是否会对败诉方造成足够的政治影响,而不单单是指经济方面,但厄瓜多尔作为一个弱小的发展中国家,很难对欧共体造成大的政治影响[125]。而且,仲裁员承认厄瓜多尔作为一个弱小的发展中国家对欧共体出口的货物贸易实施报复是无效的,对欧共体的影响极小,但由于成本太大对于自身经济影响更大[126]。

"欧共体——香蕉案"（厄瓜多尔）明显的展现出在 WTO 争端解决机制下无法提供真正有效救济的尴尬和无奈。虽然厄瓜多尔获得报复授权，由于厄瓜多尔无法在同一部门或同一协定项下实施有效的报复，DSB 只能授权厄瓜多尔实施 TRIPS 协定项下的交叉报复。

厄瓜多尔在获得交叉报复授权后，终于可以允许其本土葡萄酒商家们出售贴上有"Bordeau"（波尔多）字样的葡萄酒，也可以让本地的音乐盗版商出售欧洲市场流行的唱片和光盘。但是，这些做法可能让法国有影响力的葡萄酒生产商们严重不满，也可能让欧共体范围内的音乐产业利益受损。由于发展中国家试图通过中止知识产权保护的方式实施报复，目的是为了产生重大的政治影响力，来促使败诉方执行裁决[127]。但本案中厄瓜多尔不太可能造成欧共体承受太大的政治压力，因为厄瓜多尔的国内市场太小了，欧共体内的有关产业的损失可以忽略不计[128]。因为尽管厄瓜多尔可能有权在未得到权利人许可的情况下制作录音制品，但权利人仍然可以在除厄瓜多尔以外的其他 WTO 成员的市场上享受知识产权保护，其他成员仍然负有保护这些权利的义务。仲裁员指出："如果厄瓜多尔仅是出于供给国内市场为目的而中止有关知识产权，则可避免对第三国市场的扭曲。"[129]

（二）欧共体——荷尔蒙案（美国）DS26、DS48

1. 基本案情

欧共体自 1980 年开始实行禁令，严格禁止含有促进生长的荷尔蒙的肉类制品进口。1996 年 4 月，欧共体颁布了 96/22/EC 号指令，继续禁止含有荷尔蒙的动物和肉类制品进口。1998 年，美国和加拿大将欧共体的禁令起诉至 WTO，DSB 做出了欧共体的措施违反了《实施卫生与植物卫生措施协定》（SPS）的裁决，但欧共体未在合理期限内执行 DSB 的建议和裁决，美国和加拿大均提出了授权报复的申请。1999 年 7 月 26 日，DSB 授权美国对欧共体及其成员国实施报复，报复水平为每年 1.168 亿美元[130]；授权加拿大对欧共体及其成员国实施报复，报复水平为每年 1 130 万加元[131]；美国和加拿大均实施了报复，报复的实施方式为对从欧共体进口的一些农产品征收

100%的报复性关税。

1999年7月27日,USTR确定了报复产品清单,主要针对包括法国的羊乳奶酪、松露和鹅肝,德国的猪肉、果汁、芥末和汤,意大利的罐头西红柿和果汁,丹麦的猪肉等在内的34种产品征收100%的从价关税,同时提出美国有权根据情况变更报复产品清单;1999年8月开始,加拿大针对欧共体主要成员国的牛肉、猪肉和小黄瓜等产品征收100%的从价关税[132]。

欧共体对美国拟实施报复的产品范围和方式表示强烈反对,欧共体认为,美国这种做法不仅决定了被报复产品的种类,而且还单方面判定了报复水平在事实上是否与仲裁所裁定的利益丧失或减损水平相当。而美国认为,DSU没有禁止变更报复产品清单,美国有权选择轮候报复的方式,报复产品可以随时变化。但同时也表示,其在短期内并没有修改报复产品清单的意图。据此,仲裁员推定,美国将不会以轮候报复的方式实施报复。仲裁员无权要求美国提交一份最终确定的报复产品清单,该清单上的产品由美国自由选择。如果美国提交了报复产品清单,则必须在清单中所列产品范围内实施报复,并保证报复水平的等同性[133]。

2000年5月26日,在美国总统签署《2000年贸易与发展法》后的第8天,USTR公开征求关于修改"欧共体——香蕉案"和"欧共体——荷尔蒙案"的报复产品清单的意见。该征求意见公告中明确表示:USTR对中小企业的意见特别感兴趣,其征求意见的目的是在2000年6月19日,即《2000年贸易与发展法》第407节生效30天后的第一个工作日前,公布对报复产品清单的修改方案[134]。但实际到了那一天,美国并没有真正修改报复产品清单。

分析当时美国最终没有实施轮候报复的原因,其中一个非常重要的原因是,许多美国公司急需即将遭受报复措施的产品作为生产原料或出售这些产品,因为在此期间,美国政府收到了从美国企业和议会成员发来的超过500个请求,要求保护那些依赖欧共体进口产品生产或销售的美国企业的利益不受100%报复性关税的不当侵害[135]。

2003年7月23日,欧洲理事会通过了2003/74/EC号新指令,经过"对现有科学信息的审议"和"寻找新的证据"后,欧共体提出了一个新的

"科学证据"证明了经特定荷尔蒙处理后的牛肉及其制品存在危险,这一科学证据恰巧支持了欧共体的禁令,借此欧共体继续维持甚至加强了对经荷尔蒙处理的牛肉及其制品进口的禁止,提出欧共体已经按照WTO的要求,找到了"科学证据"并制定了新的规则,已经执行了DSB的建议和裁决,要求美国和加拿大终止其报复措施[136]。美国和加拿大均不同意欧共体的说法,拒绝终止报复。

2009年1月15日,美国宣布将变更报复产品清单,实施"轮候报复",新的报复产品清单将从2009年3月23日起生效。2009年3月和4月,美国国际贸易谈判代表办公室(USTR)两次宣布延迟新报复产品清单的生效日期。2009年5月13日,美国和欧共体签署了一份暂时性解决荷尔蒙牛肉争端的谅解协议,根据协议,自2009年8月3日起,欧共体承诺提供额外的高质量牛肉进口配额,前三年每年20 000吨,第四年开始增至45 000吨。在前三年里,美国将维持现有的已经降低报复水平的报复措施,但承诺不会实施轮候报复,并于2012年8月终止其报复措施[137]。一方面,鉴于欧共体正在实施该谅解协议,为了鼓励欧共体和美国根据谅解协议的继续合作;另一方面,由于美国国内部分产业强烈反对美国进一步增加对欧共体产品的关税并对美国政府提起了诉讼,奥巴马政府于2011年5月27日宣布单方面终止了对欧共体的报复性关税,较预计的时间提前了14个月[138]。但美国仍然保留再次针对欧共体产品实施报复措施的权利[139]。

2011年3月17日,欧共体和加拿大也达成了类似的谅解协议,根据协议,问题解决分为三个阶段:第一个阶段,欧共体增加1 500吨加拿大高质量牛肉进口配额,加拿大则中止对欧共体部分产品实施的报复措施;第二个阶段,欧共体进一步增加加拿大高质量牛肉进口配额至3 200吨,加拿大继续中止对欧共体其他产品实施的报复措施;第三个阶段,欧共体维持第二个阶段的3 200吨高质量牛肉进口配额,加拿大同意将于2011年8月17日终止其所有的报复措施[140]。

2012年3月,经欧洲议会批准,欧共体的高质量牛肉进口配额提升至48 200吨,这完全符合了在与美国和加拿大签署的谅解协议中规定的进口配额总数,至此持续了20多年的荷尔蒙牛肉贸易战宣告终结。因此,本案中,美国自始至终也没有真正实施过对报复产品清单的修改，即轮候报复措施没有被实际使用过。但美国的轮候报复威胁在本案中发挥了巨大的作用。

2. 案件评析

"欧共体——荷尔蒙案"（美国）是体现国内的政治经济因素的典型案件。本案中，无论是美国政府要求欧共体执行 WTO 裁决，还是欧共体内部要求禁止进口荷尔蒙牛肉，都受到政治、社会和经济各方面的压力，尤其是来自美国的政治和经济压力。一方面，美国国内经添加荷尔蒙而生产牛肉和牛肉制品的生产商和出口商势力非常强大，在国内具有超强的政治游说力；另一方面，根据资料显示，从 2001 年 1 月 1 日到 2001 年 11 月 30 日之间，美国牛肉和牛肉制品的出口量已经达到了 1 171 吨，总价值约合 31.44 亿美元，涉及的经济利益也相当巨大。因此，美国一直强烈要求欧共体开放欧洲市场并向欧共体提起"欧共体——荷尔蒙案"，完全是出于保护国内相关利益集团的需要和受到了国内相关产业力量的推动。

由于本案未在合理期限内执行 WTO 裁决，美国参议员 Mike DeWine 在"欧共体——荷尔蒙案"中指出："有些 WTO 成员不执行 DSB 的建议和裁决，甚至在经过上诉机构裁决后仍然不执行裁决，这从根本上破坏了整个 WTO 争端解决机制。"他认为欧共体漠视 WTO 裁决，无视美国的报复措施，还准备向遭受美国报复的产品进行补贴。欧共体拒不执行 WTO 裁决的做法引发了美国国内对如何促使欧共体执行裁决的思考。

1999 年 9 月 22 日，在美国贸易代表办公室（U. S. trade representatives, USTR）对"欧共体——荷尔蒙案"确定了报复产品清单的 2 个月后，美国参议员 Mike DeWine 和其他 9 名参议员，联名提出《1999 年贸易和发展法》（Trade and Development Act of 1999），该法要求修订《1974 年贸易法》第 301 节的贸易规则，规定 USTR 有权在败诉方未执行 WTO 裁决时，在报复产品清单中定期轮流选择一些产品实施报复。该法明确规定，第一次公布报复产品清单的 120 天后轮选产品，在此后的每 180 天轮选一次，除非执行将至或 USTR 和申请方都同意不再需要进行轮选，那么 USTR 可终止轮选产品[141]。

根据上述提案，2000 年 5 月 3 日，美国国会在公布的会议报告中，在

《2000年贸易和发展法》（Trade and Development Act of 2000）第407节（P.L.106-200）中包含了《1999年贸易和发展法》中提出的"轮候报复"的规定，并追加了一节关于将对等的货物纳入报复清单中的规定[142]。尽管欧共体对这一会议报告提出强烈反对，美国国会和参议院最终还是批准了会议报告，2000年5月18日，美国总统签署了该法。

（三）欧盟——紧固件案（中国）DS397

1. 基本案情

本案的全称为"中国诉欧盟对中国部分钢铁紧固件的最终反倾销措施案"。《欧盟反倾销基本法》第9.5条规定如下[143]："如对任何产品征收反倾销税，则应对已被认定倾销和造成损害的所有来源的进口产品根据每一案件的情况在非歧视的基础上收取适当金额的反倾销税，来自根据本法条款提出的价格承诺已被接受的来源国的进口产品除外。本法确定反倾销税时应当列出每一供应商的反倾销税，或如果这样做不可行且2（7）（a）条款基本适用时，列出所涉供应国的反倾销税。"上述是关于非市场经济地位确认的问题，对非市场经济国家出口企业能否获得单独税率进行"有罪推定"，举证责任倒置，要求被调查企业反过来证明自己"无罪"。这一规定明显违反了WTO有关调查机关应对每一个企业确定各自单独倾销幅度的基本义务要求[144]。

作为核心诉求，中国起诉欧盟《反倾销基本法》中有关非市场经济主体适用单独税率的规定滥用了WTO在非市场经济问题上的模糊规定，构成歧视性条款[145]。根据欧盟《反倾销基本法》的规定，对于涉及非市场经济主体的反倾销调查，生产商首先要进行市场经济测试，即生产商必须证明自己具备市场经济条件，否则这些生产商的国内价格就不能作为确定正常价值的基础，而必须采用替代国方法来确定。如果市场经济条件没有获得欧委会的认可，只有必须证明符合单独待遇条件来获得单独税率，否则就只能被征收适用于中国所有出口商的统一反倾销税。欧盟《反倾销基本法》对证明符合市场经济条件以及通过单独待遇测试条件都做了明确的规定。WTO裁定欧盟《反倾销基本法》关于单独税率的法律规定违反了 WTO 协议。上诉机构认为，在某些特殊情况下，由多个出口法律实体组成的群体可以被认定为一个单独实体，适用单独倾销幅度。唯一需要考虑的就是出口商与国家的关系。因此，以国家所有权作为标准否定"单独待遇"的适用是绝对不够的，必须证明国家对出口商在定价和出口行为方面均作出了明确指示或构成实质性的影响。上述 WTO 裁决为中国获得"市场经济待遇"地位创造了良好环境，为客观和准确评价国家所有或受国家控制的企业是否按照市场经济规律开展贸易提供了借鉴依据。

为了执行 WTO 裁决，2012 年 9 月 6 日欧盟修改了原违法规定，增加了如下条款[146]："然而，在法律上有别于其他供应商或者在法律上有别于国家的供应商可能会被认为是一个单一的实体以确定反倾销税。适用本节时可以考虑以下因素：供应商与国家之间或供应商之间的经济结构或企业联系的存在，国家对定价和产出方面的控制或重大影响，或者供应国的经济结构。"[147] 事实上，欧盟通过修改相关条款，删除了需要出口商证明自身符合要求的一份实质性标准清单，这是获得单独税率的前提。

2012 年 10 月 4 日，欧盟理事会公布"理事会执行条例"，在合理执行期限结束的前一天（即 2012 年 10 月 11 日）生效，执行了 WTO 裁决。具体修改结果如表 2-13 所示。

表 2-13　中国出口企业反倾销税率变化一览表

中国出口企业	修改后的反倾销税率（%）	原有反倾销税率（%）
上海标五高强度紧固件有限公司 （Biao Wu Tensile Fasteners Co. Ltd. Shanghai）	43.4%	99.9%
江苏昆山市诚和标准件有限公司 （Kunshan Chenghe Standard Components Co. Ltd. Kunshan）	63.7%	79.5%
宁波金鼎紧固件有限公司 （Ningbo Jinding Fastener Co. Ltd. Ningbo）	64.3%	64.4%
宁波永宏紧固件有限公司 （Ningbo Yonghong Fasteners Co. Ltd. Ningbo）	69.7%	78.3%

（续表）

中国出口企业	修改后的反倾销税率（%）	原有反倾销税率（%）
常熟市标准件厂和常熟英沪国际紧固件有限公司（Changshu City Standard Parts Factory and Changshu British Shanghai International Fastener Co. Ltd. Changshu）	38.3%	65.3%
西螺（苏州）精密紧固件有限公司（CELO Suzhou Precision Fasteners Co. Ltd. Suzhou）	0.0%	0.3%
金马（东莞）金属制品厂有限公司〔Golden Horse（Dong Guan）Metal Manufactory Co. Ltd. Dong Guan〕	22.9%	133.2%
烟台安国特紧固件有限公司（Yantai Agrati Fasteners Co. Ltd，Yantai）	0.0%	0.0%
附录1中的未列入抽样的、配合原先调查案96家出口商企业（Cooperating exporting producers not selected to form part of the sample）[148]	54.1%	77.5%
其他所有企业（All other companies）	74.1%	85.0%

欧盟委员会在新条例中确认了原调查中的损害性倾销（injurious dumping determined in the original investigation）[149]，修改了原条例第1（2）条[150]，重新调整了涉案的进口税率幅度，普遍降低了原审调查中对抽样企业认定的倾销税率，将非合作企业的倾销税率从85%降至74.1%，将其他未列入抽样的、配合原先调查案约90家的出口商企业的倾销税率从77.5%降为54.1%，有8家在原先调查案以个案处理的公司同时也会获得税率调整，另有1家欧洲紧固件制造商的子公司预期将豁免此税则[151]。

上述违法规则的修改和调整从表面上来看似乎是在执行WTO裁决，但从实际执行效果上并未减少反倾销措施对中国的出口贸易及相关产业的负面影响，也未对欧盟紧固件产品的进口产生实质性影响。并且长远来看，此最新反倾销税措施将至少维持到2014年，到时欧洲紧固件制造商可提出期满复审，该复审可能会产生另一段为期5年的延长适用，不利影响持续存在。

从这一点来看，欧盟执行本案的WTO裁决再一次印证了之前的论证：

欧盟在执行 WTO 裁决过程中，保持象征性的修改规则的做法，充分利用执行方式自主权，争取机会同胜诉方就具体争端问题进行反复磋商，采取拖延执行的策略。

中国不认同轻微降低税率的执行结果，而寻求本质问题的解决。于 2013 年 10 月向 DSB 提起了 DSU 第 21.5 条的执行复审程序。2016 年 1 月 18 日，WTO 公布了此案执行之诉的上诉机构报告。该报告指出，欧盟针对中国制造的钢铁紧固件反倾销税所进行的修改并未使其违法措施与 WTO 规则相符。

2. 案件评析

本案历时 7 年，其核心问题涉及针对非市场经济体开展反倾销调查和程序。中国在 2001 年 12 月加入 WTO 时，《入世议定书》第 15 条中包括了在确定倾销和补贴时应对价格可比性的问题，其款项（a）(ii) 规定："如果中国生产者在被调查后无法明确证明该产业在制造、生产和销售该产品方面满足市场经济条件，那么 WTO 进口成员可以使用不依据与中国国内价格或成本进行严格比较的方法。"中国在本条款中承认自己非市场经济体的身份和地位，直接导致中国的进口产品在反倾销调查中经常被裁定存在倾销，这是引发本案的法律前提。

根据中国《入世议定书》第 15 条（d）款规定："在任何情况下，子条款（a）(ii) 都应当在入世之日后 15 年终止。"引发本案产生另一个更为重要的问题，即中国入世超过 15 年，第 15 条（d）款是否意味着中国届时将自动被 WTO 授予市场经济主体地位？作为争端方，中国必须清醒地认识到《入世议定书》第 15 条（d）款的规定是非常模糊的。一个成员被授予特定国家市场经济主体地位完全依赖于该成员国内的法律和程序。因此，2016 年 1 月 14 日，欧委会开会讨论是否开始在欧盟内部的贸易救济调查中将中国确认为非市场经济国家，但会议上未对此做出最终决定。本案裁决欧盟关于单独税率的国内法规及其修改后的规定违反 WTO 规则，那么欧盟很难继续对中国实施歧视性的反倾销调查和征税。但是欧盟存在特殊的体制，是否授予中国市场经济地位的法律程序相当复杂且变数较大。因此，国内相关产业协会应适时地游说欧盟的在华商会，对其进行施压。

"中欧紧固件案"执行争端的胜诉是中国在贸易救济领域反对因非市场经济主体地位带来的歧视性措施的一次重大胜利。利用《入世议定书》第15条（d）款的规定全面获得市场经济主体地位的认可才是中国最大利益所在。中国能否获得市场经济主体地位，已不是一个单纯的法律或技术问题，而是一种政治和经济的博弈。对此，中国应积极采取政治、经济、法律等多种手段予以极力争取。

第三节 美国和欧盟执行WTO裁决的比较研究

公平衡量和正确评价成员方是否完全执行了WTO裁决没有一个统一的标准，即便是美国、欧盟，也并非不惜一切代价地完全执行WTO裁决，往往受到政治现实和利弊得失等因素的影响做出是否执行WTO裁决的决策和采取相应的执行策略，享有执行WTO裁决的灵活性。

截至2019年3月31日止，美国总共被诉153次，在71个案件中美国需要执行WTO裁决；欧盟总共被诉85次，在26个案件中欧盟需要执行WTO裁决。从美国和欧盟执行这些裁决的实际情况来看，两者表现出较大的相似性。从美国和欧盟执行WTO裁决的互动情况来看，美国和欧盟在促使对方执行WTO裁决时有时表现较为强硬，有时又展现出一定的灵活性。

一、美国和欧盟执行WTO裁决的特点

（一）国家利益至上是美国执行WTO裁决的出发点

通过对美国参与WTO争端解决机制的案件进行分析，特别是对USTR认定美国被诉且在核心问题上败诉案件的执行情况进行研究，我们发现，作为WTO的主要推动者和最重要的成员方之一，美国不仅是GATT/WTO多边贸易体制的倡导者和创建者，更是推动者和维护者。美国非常尊重WTO裁决，美国执行了大部分WTO裁定就是最好的证明。美国的国家利益决定

了其在多边贸易体制中的角色定位，这也是美国对待 WTO 裁决执行的态度始终以自身的利益和价值判断为出发点的主要原因[152]。以实用主义为先导，国家利益至上的态度执行 WTO 裁决是美国执行实践的主要表现，也同时体现在其立法、行政和司法等方面，以美国国家贸易代表署（USTR）为核心的协调机制更是其 WTO 裁决执行机制的一大特色[153]。当执行 WTO 裁决需要修改美国国内法时，美国国会将采取强硬立场，往往都会延迟甚至不予执行。通过撤销或修改对与 WTO 义务相冲突的国内法律条款的方式执行 WTO 裁决通常都十分困难、时间旷日持久。由此可见，美国在面对只有修改美国国内法才能执行 WTO 裁决时，通常会将国内法放在高于 WTO 的地位。其根本原因分析如下。

首先，美国国会于 WTO 正式成立之前通过《乌拉圭回合协定法》（Uruguay Round Agreements Act，URAA），这一法案专门处理 WTO 及其附属协定在争端裁决上与美国国内法的关系问题。根据 URAA Section 102 的规定，当 WTO 及其附属协定与美国国内法出现冲突时，美国国内法具有优先效力，并且禁止任何基于 WTO 及其附属协议的私人救济请求。比如，根据 URAA Section102（b）的规定，任何 WTO 及其附属协议都不能作为有法律约束力的依据。由于体制和政治原因，这类情况在美国非常少见[154]。美国是联邦制国家，联邦法律和州立法律同时存在、各自运行。如果出现 WTO 协议与州立法律相冲突的情况，一般由各州先行自主处理，在极个别的情况下，也有可能发生联邦政府宣布州立法律无效，要求遵守 WTO 规则和执行 WTO 裁决的情况。美国国会在国内法允许执行 WTO 裁决时为行政机构设计了专门的执行规则和程序。与法律层面的执行规则和程序相比较，URAA 中关于行政措施的执行规则和程序更为明确、具体，且透明度更高。

其次，美国创设了一整套以 USTR 为"枢纽"的 WTO 裁决执行机制。USTR 对外代表美国政府；对内负责及时通知涉及美国的 WTO 争端事项，而且负责联邦政府和州政府之间和磋商和协作工作，USTR 还被授权启动 WTO 裁决的执行。当 WTO 做出美国政府某项行政法规或者行政实践违反 WTO 协议的裁决时，USTR 应根据 WTO 裁决所涉及的事项，首先向对应的"国会委员会"[155]汇报,内容一般包括是否执行以及如何执行WTO裁决等方面,相关行政机构的负责人将提出修改方案,应当按照一般的立法程序,将修改方案及其解释公布在《联邦公报》上,并征求公众意见。公示期限届满之后,USTR将修改方案及其解释与汇总的公众意见提交给相关的国会委员会。在最终修改方案及其解释对外公布之前,行政机构负责人与USTR再与国会相关委员会进行一次磋商,讨论修改方案及其解释最终生效的时间和方式[156]。

最后,联邦法院一般情况下否认WTO裁决的约束力和优先效力,这样的司法做法与立法机关和行政机关的态度保持一致。联邦法院在1984年"Chevron案"中确立了审查行政行为的"两步法"[157],"法律解释"中声明,关于美国国内法律法规的解释应当与国际义务保持一致,不能违反国际法[158]。但美国联邦法院裁决的一系列案件表明是否执行以及执行WTO裁决的水平完全属于行政机关的权力范畴[159]。即使行政机关没有根据国内法程序采取措施,联邦法院依然可以拒绝单纯根据与美国国内法相冲突的WTO裁决去判定行政机构的措施是否合理,虽然有时候联邦法院认为WTO裁决具有一定的说服力[160]。

一般情况下,只要不涉及重大利益,美国政府还是愿意执行WTO不利裁决的;反之,则会利用各种手段拖延执行甚至不执行。比如"外国销售公司税收待遇案"(DS108)[161],从磋商开始到执行结束,经历了整整9年的时间,其中包括执行程序的6年多时间,这种做法在很大程度上延长了执行的时间,降低了执行效率,但弥补了执行WTO裁决带给美国国内产业的经济损失。美国国会、USTR和商务部在执行过程中充分利用了WTO争端解决机制的法律漏洞达到拖延执行的目的[162]。

(二)促进欧盟一体化是欧盟执行WTO裁决的出发点

欧盟执行WTO裁决的实践充分反映了欧盟区内利益第一、贸易自由主义第二的态度。和美国的做法类似,欧盟理事会于1994年12月22日通过了第94/800号决定(关于实施"乌拉圭回合协议"的决定),并在序言中对WTO及其附属协定在欧盟的法律效力做了说明:"由其性质所决定,不能认为可以在欧盟或者成员国法院中直接援用《建立 WTO 协定》（Agreement Establishing the World Trade Organization）及其附件。"欧盟理事会第 1515/2001 号文件也在序言中明确，WTO 裁决仅具有"预期效力"（perspective effect）[163]。在实践操作过程中，欧盟通常采用"转化"的方式来执行 WTO 裁决，即通过欧盟层面的修改立法和调查措施履行 WTO 义务[164]。欧盟针对 WTO 裁决的执行问题主要通过司法审查各成员国的具体做法进行"事后处理"。欧盟内部关于 WTO 规则以及 WTO 裁决是否具有"直接效力"（direct effect）的问题一直存在激烈的争论，直接影响到法院的审判[165]。比如因欧盟"香蕉案"（DS27）和"荷尔蒙案"（DS48）的执行而引发的一系列问题就是最好的证明。"WTO 法之父"的杰克逊（John Jackson）教授很早就发现了这个问题，并指出："较为一致的观点是 WTO 裁决等于创造了需要遵守的国际义务[166]。"

通过对相关司法判例的统计分析[167]，当 WTO 规则有利于欧盟一体化时，欧盟法院（European Court of Justice）则支持成员国法院援引 WTO 及其附属协议来解释国内法。比如荷兰法院在 1998 年的"Hems 案"中，就能否援引 TRIPS 协议解释国内法的问题向欧盟法院提出建议[168]。欧盟法院不仅在本案中支持了这一做法，而且在其他一些案件中反复强调成员国法院应该按照 TRIPS 协议解释国内法[169]。但当遵守 WTO 规则或者执行 WTO 裁决对欧盟一体化不利时，欧盟法院则否认 WTO 规则或者裁决的直接和优先效力。

因此，我们可以将欧盟执行 WTO 裁决的特点归纳为以下几点。

1. 以尊重的态度全面利用 WTO 争端解决机制中的权利和程序执行 WTO 裁决

在绝大多数情况下，欧盟都会根据 WTO 争端解决机制中的规定向 DSB 声明其愿意执行 WTO 裁决，并且在执行程序结束后强调自己已经完全执行了 WTO 裁决，其主要目的是拖延执行的策略。但这种表现也同时说明欧盟始终保持了尊重 WTO 裁决的态度，经过多年参与 WTO 争端解决实践，欧盟已经充分掌握了最大限度地利用 WTO 争端解决机制维护自身利益的方法和技巧。利用在执行程序之前的高上诉率，不断争取延长合理执行期限以及使用政治经济利益诱惑与压力促使争端方达成和解方案等手段，来实现其拖延执行的最终目的。

"欧盟——紧固件案"(DS379)裁决的执行正是如此,欧盟在上诉失败之后,首先对外表示其愿意执行 WTO 裁决,并通过协商争取到了 14.5 个月的合理执行期限,这比一般的仲裁裁定的 12 个月的合理执行期限更长。另外在"欧共体——香蕉案"执行程序中,在合理执行期限过半的时候,欧共体便提出一个新的香蕉进口体制改革建议,但最终该建议被胜诉方拒绝,认为欧共体的改革建议"措辞含混""换汤不换药",试图让违法的歧视性香蕉进口体制永久有效。

2. 用敷衍的实质最大限度地维持欧盟原有制度的稳定

在尊重态度的背后,欧盟采用一切表面化和装饰性手段敷衍地执行 WTO 裁决,以"新瓶装旧酒"的策略最大限度地维持原有制度的稳定。如"欧盟——紧固件案"(DS379)案的裁决执行过程中,欧盟主动表示愿意执行裁决,但只是略微下调税率,损害性倾销仍然存在,在复审信息披露中采用"走过场"的做法,试图迷惑胜诉方中国对实质内容的审查;在"澳大利亚/巴西/泰国诉欧盟糖类出口补贴案"(DS265/DS266/DS283)案裁决执行过程中,欧盟表面上修改了部分规则,但补贴措施仍然存在。在实际执行 WTO 裁决过程中,此类案件不在少数。

3. 表面执行但实际裁决的结果"暗藏玄机"

实际上,欧盟执行 WTO 裁决的根本目的是维护 WTO 争端解决机制的有效性和可预见性,以方便自己利用这一平台维护自身经济利益。因此导致欧盟在不得已执行败诉裁决的情况下,为实现自己的贸易保护主义预留空间,表面上看是在执行裁决,事实上背后"暗藏玄机"。如在"欧盟——紧固件案"(DS379)案裁决执行过程中,看似中国是胜诉方,但欧盟修改相关规则时也把对中国不利的裁决增加到《欧盟反倾销基本法》的第 9(5)条中。修改后的新规定是:"适用本节时可以考虑以下因素:供应商与国家之间或供应商之间的经济结构或企业联系的存在,国家对定价和产出方面的控制或重大影响,或者供应国的经济结构。"因此经过修改后,欧盟对中国企业施加单一税率的风险并没有取消,且这一新规定依然存在许多不确定性和可利用空间。

4. 实虚兼顾以实现国家实用主义与贸易自由主义双重价值

欧盟经常在国际人权、劳工权利以及全球环境保护等方面尝试用"绿色政治""绿色经济"等方法增加自己的国际话语权,以推动国际贸易自由化的美好愿景,增强自身在国际社会中的地位和影响力,维护经济利益和国民利益。采取既要占据民主思想和普世观念的高地,又要获得实质经济利益的实虚兼顾策略。这种国家实用主义与贸易自由主义双重价值同时实现的WTO裁决执行策略值得中国借鉴和学习。

二、美国和欧盟 WTO 裁决执行的比较

(一)美国和欧盟在执行 WTO 裁决方面有很大的相似性

第一,美国和欧盟基本按照 DSU 规定的规则和程序执行 WTO 裁决,其主要原因包括:迫于各方舆论压力,担心受到单边主义的指责;执行裁决应该有章可循,美国和欧盟并不想陷入贸易战;更重要的是,WTO 裁决执行机制是一种成员方抗衡国内贸易保护主义压力的有效手段。

第二,美国和欧盟并不十分重视因不执行 WTO 裁决对其国家声誉可能造成的不利影响。一方面,在多边贸易体制中处于"霸权"地位的事实导致国际声誉对美国和欧盟执行 WTO 裁决的影响并不大。其他 WTO 成员方在美国和欧盟不执行、部分执行或拖延执行 WTO 裁决时仍然选择与它们在 WTO 框架下进行磋商与合作。另一方面,美国和欧盟对多边贸易体制的兴趣正在逐渐减弱,这使得美国和欧盟并不像以前一样愿意成为遵守 WTO 规则的"模范"。在乌拉圭回合谈判中基本建立的有关货物贸易、服务贸易和知识产权保护的多边贸易规则框架的基础上,美国和欧盟目前并无进一步推动多边国际贸易合作的动力,对于多哈回合谈判已经不抱太多期望,而是在 TPP、TTIP[170]、TISA[171]、ACTA 等双边或多边组织中推动国际合作。巴西和中国公民担任 WTO 总干事、副总干事[172] 会加速美国和欧盟偏离多边贸易主义、走向双边或区域贸易主义的态势[173]。由此可见,美国和欧盟在 WTO 多边框架下已很难获得更多期待利益,因此希望参与或推动双边或区域的国际经贸规则制定,利用自身在国际经贸体系中的主导地位促使上述规则多边化。

第三，美国和欧盟执行 WTO 裁决受到国内制度因素的影响巨大，具体表现在：（1）国内机构的权限可能妨碍 WTO 裁决的执行。例如，观察美国执行 WTO 裁决的实践可以发现，如果一项 WTO 不利裁决的执行将涉及美国国会立法时，美国国会可能反对修改立法，除非美国受到了授权报复或面临对抗行为。（2）授权报复或报复威胁可以通过国内政治的互动对裁决执行产生影响。（3）通过国内政治的互动，WTO 裁决本身的合法性与有效性可能影响 WTO 裁决的执行过程。

总之，美国和欧盟在国际经贸体系中拥有相同的霸权地位、它们在国际经贸体系中的利益诉求非常类似以及国内民主制度对于美国和欧盟执行 WTO 裁决的影响重大等因素导致它们在执行 WTO 裁决方面表现出很多的相似性。

（二）美国和欧盟在促使对方执行 WTO 裁决时有时体现出一定的灵活性，有时又表现得非常强硬

如前所述，在欧共体"香蕉案"和"荷尔蒙案"中，美国作为胜诉方采取了强硬态度，为了迫使欧共体执行 WTO 裁决，不惜采取授权报复措施。在美国"外国销售公司案"和"伯德修正案"中，欧共体也同样采取了强硬立场，以贸易报复威胁持续对美施压。在美国"1916 年反倾销法案"裁决执行过程中，欧共体通过"对抗立法"的方式成功迫使美国国会撤销了《1916 年反倾销法》。

在某些特定案件中，欧盟在推动美国执行 WTO 裁决时也会表现出一定的灵活性。如在美国"版权法第 110（5）节案"的裁决执行过程中，欧共体接受美国每年支付的 120 多万美元的补偿作为对方暂时不执行裁决的替代措施。但是美国既没有修改涉案国会立法，也没有如约支付补偿。欧共体只是要求将该案一直列入 DSB 议程，并没有想办法迫使美国执行该裁决。在"欧共体诉美国《1998 年综合拨款法》第 211 节案"的裁决执行过程中，美国始终没有修改相关立法，欧共体也没有申请 DSB 授权报复。究其原因，主要是因为这两部法律的修改实在是涉及太多复杂的政治经济因素，欧盟考虑到美国执行 WTO 裁决确实存在严重困难。

总之，美国和欧盟在维护重大贸易利益时都表现出非常强硬的立场，要求对方执行 WTO 裁决，根本原因在于美国和欧盟国内利益集团的强大诉求和其巨大的国内政治经济利益影响，如果裁决执行只是涉及较小的贸易利益、败诉方执行确有困难时，美国和欧盟也会表现出一定的灵活性。

综上所述，几乎在所有案件的裁决执行过程中，美国和欧盟都明确表示愿意执行 WTO 裁决，并尝试采取各种措施试图执行裁决、解决争端，"基本执行或有效执行"了绝大多数 WTO 裁决，"当事方共同接受执行"和"当事方同意结束争端"是执行 WTO 裁决的三种主要表现形式，在此过程中，美国和欧盟都积极推进贸易自由主义，积极执行 WTO 的不利裁决，但只要是遇到涉及敏感或核心议题的案件裁决执行时，美国和欧盟都会适用拖延执行或者变相不执行的策略，最大限度地维护原有的贸易制度或措施。

注释：

[1] 曹建明，贺小勇. 世界贸易组织法. 北京：法律出版社，2011：85.

[2] 除非另有说明，案件数量以 WTO 争端解决编号计算。

[3] John H. Jackson. Dispute Settlement and the WTO: Background Note for Conference on Developing Countries and the New Round Multilateral of Trade Negotiations，London：Harvard University，1999：56.

[4] USTR 对美国作为申诉方和被诉方的争端案件分为七类进行统计，进行动态监管。

[5] Congressional Digest，Nov.，1994，pp. 270-287.

[6] GAO's Report Page 9.

[7] USTR's Report Page 10.

[8] 张乃根. 论 WTO 争端解决机制的若干国际法问题. 法律适用. 2001（10）：15.

[9] Joost Pauwelyn. Enforcement and Countermeasures in the WTO: Rules are Rules — Toward a More Collective Approach. The American Journal of International Law，2000，24：335.

[10] 国会委员会是国会的分支机构，目前包括参议院的 16 个常设委员会和众议院的 22 个常设委员会以及 5 个联合委员会。

[11] 该委员会是根据美国《1974 年贸易法》建立起来的外部贸易政策顾问机构，经多次扩充后形成了一套完整的贸易政策顾问系统。

[12] Decision by the Arbitrators, US-Tax Treatment for "Foreign Sales" Corporations

（Article 22.6-US），WT/DS108/ARB，30 August 2002，para. 5.61.

[13] Decision by the Arbitrators，US-Tax Treatment for "Foreign Sales" Corporations （Article 22.6-US），WT/DS108/ARB，30 August 2002，para. 6.36.

[14] Decision by the Arbitrators，US-Tax Treatment for "Foreign Sales" Corporations （Article 22.6-US），WT/DS108/ARB，30 August 2002，paras. 5.62.

[15] Decision by the Arbitrators，US-Tax Treatment for "Foreign Sales" Corporations （Article 22.6-US），WT/DS108/ARB，30 August 2002，paras. 5.61.

[16] Decision by the Arbitrators，US-Tax Treatment for "Foreign Sales" Corporations （Article 22.6-US），WT/DS108/ARB，30 August 2002，paras. 8.1.

[17] Decision by the Arbitrators，US-Tax Treatment for "Foreign Sales" Corporations （Article 22.6-US），WT/DS108/ARB，30 August 2002，paras. 5.57.

[18] Decision by the Arbitrators，US-Tax Treatment for "Foreign Sales" Corporations （Article 22.6-US），WT/DS108/ARB，30 August 2002，paras. 5.60.

[19] Decision by the Arbitrators，US-Tax Treatment for "Foreign Sales" Corporations （Article 22.6-US），WT/DS108/ARB，30 August 2002，paras. 5.62.

[20] Minutes of the DSB Meeting，WT/DSB/M/149，8 July，2003.

[21] Chad P. Bown. The WTO Secretariat and the role of economics in Panels and arbitrations. In Chad P. Bown，Joost Pauwelyn （eds.）. The Law，Economics and Politics of Retaliation in WTO Dispute Settlement. New York：Cambridge University Press，2010：465.

[22] Robert Z. Lawrence. Crimes and Punishments？Retaliation under the WTO. Brookings Institution Press，2003：43.

[23] WT/DS/136/15，WT/DS/162/18，Jan. 7，2002.

[24] C. P. Bown. Trade Remedies and World Trade Organization Dispute Settlement：Why Are So Few Challenged？. Journal of Legal Studies，2005，46：521.

[25] Decision by the Arbitrators，US-Anti-Dumping Act of 1916（Article 22.6-US），WT/DS136/ARB，24 February 2004，paras. 8.2.

[26] See http：//www.wto.org/（2019-4-30）.

[27] 广濑孝.关于美国1916年AD法的损害恢复法解释.国际商业法律事务，2017（3）：35.

[28] 小林大和.围绕两国间贸易争端，日本通商政策的去向——由"美国1916年法的损害恢复法"生效所想到的.见经济产业研究所，http：//www.rieti.go.jp/cn/columns/a01_0154.html（2019-3-30）.

[29] WT/DS/160/R, June. 15, 2000.

[30] WT/DS160/ARB25/1, Nov. 9, 2001.

[31] WTO Doc., WT/DS160/23, Notification of a Mutually Satisfactory Temporary Arrangement, 26 June 2003.

[32] WT/DS160/19, Jan. 7, 2002.

[33] 贝尔纳·欧卡纳.世界贸易组织争端解决机制的救济-由欧共体香蕉案和牛肉案引发的思考.蔡敏丽译:.财经法学译丛, 2005（1）: 28.

[34] 李晓玲.WTO补偿机制之案例研究-《美国版权法》第110（5）节案.孙婉钟, 左海聪.WTO法与中国论丛（2012）年卷.北京：知识产权出版社, 2012：189.

[35] 2010 U.S.-Brazil Temporary Agreement on the Cotton Dispute, http://www.brazilcouncil.org/sites/default/files/One-PageronAgreement-June. 21, 2011（Website）pdf（2019-3-30）.

[36] 吕成功.美国对世界的博弈-伯德修正案之争.WTO经济导刊.2004（12）: 98.

[37] 贺小勇.国际贸易争端解决与中国对策研究-以WTO为视角.北京：法律出版社, 2006：177.

[38] Decision by the Arbitrators, US-Continued Dumping and Subsidy Offset Act of 2000（Article 22.6-US）, WT/DS217/ARB/EEC, 31 August 2004, para. 5.2.

[39] Communication from the European Union, United States-Continued Dumping and Subsidy Offset Act of 2000, WT/DS217/47, 29 April 2005.

[40] WT/DS217/49, WT/DS217/51, WT/DS217/53, WT/DS217/55. WT/DS217/49, WT/DS217/51, WT/DS217/53, WT/DS217/55.

[41] Communication from Japan, United States-Continued Dumping and Subsidy Offset Act of 2000, WT/DS217/48, 1 September 2005.

[42] WT/DS217/50, WT/DS217/52.

[43] Communication from Japan, United States-Continued Dumping and Subsidy Offset Act of 2000, WT/DS217/54, 29 August 2008.

[44] Communication from Japan, United States-Continued Dumping and Subsidy Offset Act of 2000, WT/DS217/56, 1 September 2009.

[45] Communication from Canada, United States-Continued Dumping and Subsidy Offset Act of 2000, WT/DS217/58, 1 May 2005.

[46] Communication from Mexico, United States-Continued Dumping and Subsidy Offset Act of 2000, WT/DS217/60, 18 August 2005.

[47] Communication from Mexico, United States-Continued Dumping and Subsidy Offset Act

of 2000, WT/DS217/60, 30 April 2006.

[48] Communication from the European Union, United States-Continued Dumping and Subsidy Offset Act of 2000, WT/DS217/61, 10 May 2012.

[49] Communication from Japan, United States-Continued Dumping and Subsidy Offset Act of 2000, WT/DS217/62, 27 August 2012.

[50] Rosemary A. Ford. The Beef Hormone Dispute and Carousel Sanctions: A Roundabout Way of Forcing Compliance with World Trade Organization Decisions. Brooklyn Journal International Law, 2002, (14) 7: 556.

[51] Robert E. Hudec. Broadening the Scope of Remedies in the WTO Dispute Settlement. In: Friedl Weiss, Jochem Wiers (eds.). Improving WTO Dispute Settlement Procedures: Issues and Lessons from the Practice of Other International Courts and Tribunals, London: Cameron May International Law & Policy, 2000: 390.

[52] Financial Times, August 26, 2000, p. 5.

[53] Rosemary A. Ford. The Beef Hormone Dispute and Carousel Sanctions: A Roundabout Way of Forcing Compliance with World Trade Organization Decisions, Brooklyn Journal International Law, 2002, 19: 569.

[54] Decision by the Arbitrators, US-Subsidies on Upland Cotton (Article 22.6-US), WT/DS267/ARB, 03/03/2005, para. 1.2-1.3.

[55] See US Department of Agriculture, USDA Announces Changes to Export Credit Guarantee Programs to Comply with WTO Findings, 30 June 2005, http://www.fas.usda.gov/scriptsw/PressRelease/pressrel_dout.asp?PrNum=0092-05, visited on 1 March 2015 (2019-3-30).

[56] See WT/DS276/ARB/1.

[57] 参见 WT/DS276/ARB/1, 附件 4.

[58] See WT/DS276/ARB/1.

[59] Decision by the Arbitrators, US-Subsidies on Upland Cotton (Article 22.6-US), WT/DS267/ARB/2, 31/08/2009, para. 1.23.

[60] Communication from Brazil, United States-Subsidies on Upland Cotton, WT/DS267/43, 12/03/2010.

[61] International Centre for Trade and Sustainable Development, "US, Brazil Agree to Negotiate End to Cotton Dispute".

[62] SEWELL CHAN US and Brazil Reach Agreement on Cotton Dispute, The New York

Times, April 6, 2010.

[63] See http://www.ustr.gov/about-us/press-office/press-releases/2010/april/us-brazil-agree-upon-path-toward-negotiated-solution（2019-3-28）.

[64] Communication from Brazil, United States-Subsidies on Upland Cotton, WT/DS267/44, 05/05/2010.

[65] Communication from Brazil, United States-Subsidies on Upland Cotton, WT/DS267/45, 31/08/2010.

[66] 该法案未能在2012年年底前获得通过，美国国会决定延长《2008年农业法》一年的有效期。2008年农业法将于2013年9月30日失效。

[67] Randy Schnepf. "Brazil's WTO Case against the U. S. Cotton Program", CRS Report for Congress, June 30, 2010, p. 28.

[68] USTR Statement on Awards in Brazil Cotton Dispute, United States Trade Representative, 31 August 2009.

[69] 刘瑛. 从"美国赌博和博彩服务案"看WTO框架下的知识产权跨协定报复授权. 法学，2009（11）：105.

[70] 傅星国. WTO争端裁决的执行机制. 上海：人民出版社，2011：368.

[71] Decision by the Arbitrators, US-Subsidies on Upland Cotton（Article 22.6-US），WT/DS285/ARB, 21/12/2007, para. 7.23.

[72] 韩立余."美国博彩案"对中国执行WTO裁决的启示. 张乃根：WTO争端解决的"中国年（2009）".上海：上海人民出版社，2010：77.

[73] 刘瑛. 从"美国赌博和博彩服务案"看WTO框架下的知识产权跨协定报复授权. 法学，2009（11）：108.

[74] 据统计，安提瓜与美国的贸易额每年约1.8亿美元，占美国出口总额不足0.02%。

[75] 薛狄，那力. 在知识产权领域进行跨协定报复：发展中国家可用的武器. 河北法学，2010（28）：77.

[76] 中国对欧盟进行的被诉与申诉案件数量分别并列排名第三位（9件）、第六位（5件），无论同发达国家或发展中国家相比，数量并不突出。

[77] See WTO Website, Current status of disputes. http://www.wto.org/english/tratop_e/dispu_e/dispu_current_status_e.htm（2019-4-30）.

[78] WTO Website, European Union and a Member State-Seizure of Generic Drugs in Transit-Request for Consultations by India, WT/DS408/1（2019-4-30）.

[79] See Government of India Ministry of Commerce and Industry, Indian EU Reach an

[79] Understanding on Issue of Seizure of Indian Generic Drugs in Transit. http：//pib. nic. in / newsite / erelease. aspx？relid = 73554（2019-4-30）.

[80] See WTO Website，Dispute Settlement System Training Module：Chapter 6，The process-Stages in a typical WTO dispute settlement case，6. 3 The panel stage，Page 1（2019-4-30）.

[81] Appellate Body and / or panel reports adopted. Case resolved without need for respondent to take further action.

[82] Appellate Body and / or panel finds the disputed trade measure（s）to be inconsistent with WTO law. Recommendation to bring the measure（s）into conformity with WTO law is adopted by the DSB.

[83] WTO Website，European Communities-Measures Affecting the Importation of Certain Poultry Products-Communication from the European Communities and Brazil，WT / DS69 /9（2019-3-30）.

[84] WTO Website，European Communities-Export Subsidies on Sugar-Understanding between Australia and the European Communities，WT / DS265 /36（2019-3-30）.

[85] WTO Website，European Communities-Anti-Dumping Measure on Farmed Salmon from Norway-Extension of Time Period under Article 21. 3（b）of the DSU，WT / DS337 /7（2019-3-30）.

[86] 中国贸易救济信息网.欧盟对挪威养殖鲑鱼作出反倾销期中复审终裁［EB / OL］http：// www. cacs. gov. cn / jidian /show. aspx？articleId = 53824（2019-3-30）.

[87] 滕飞. 中方凿开紧固件反倾销案突破口. 国际商报. 2012-07-10（A1、A3）；滕飞. 欧盟紧固件执行案漏洞越"凿"越大. 国际商报，2012-07-17（A1、A3）.

[88] WT / DS 397-15A3，Council Implementing Regulation（EU）No 924 /2012 of 4 October 2012 amending Regulation（EC）No 91 /2009 imposing a definitive anti-dumping duty on imports of certain iron or steel fasteners originating in the People's Republic of China，4 October 2012，EN Official Journal of the European Union，L275，10 October 2012，p. 20.

[89] The respondent has notified that it has implemented the DSB recommendation to bring the disputed measure into conformity with WTO law. No compliance proceeding initiated.

[90] WTO Website，European Communities-Anti-Dumping Duties on Malleable Cast Iron Tube or Pipe Fittings from Brazil-Communication from the European Communities，WT / DS219 /13（2019-3-28）.

[91] WTO Website, European Communities-Customs Classification of Frozen Boneless Chicken Cuts Understanding between Brazil and the European Communities regarding Procedures under Articles 21 and 22 of the DSU, WT/DS269/16 (2019-3-27).

[92] 此案件 WTO 官网未有官方执行文件存在。

[93] WTO Website, European Communities and its Member States-Tariff Treatment of Certain Information Technology Products-Understanding between the European Union and the United States regarding Procedures under Articles 21 and 22 of the DSU, WT/DS375/17 (2019-3-30).

[94] Parties have notified an agreement on implementation.

[95] 此后欧盟认为其已经完全执行 DSB 裁决，对报复措施是否应中止提出新争端案件磋商请求，最后双方签署谅解备忘录。

[96] WTO Website, European Communities-Trade Description of Sardines-Notification of Mutually Agreed Solution, WT/DS231/18.

[97] If the parties disagree whether the respondent has implemented the recommendations and rulings, either party can request a "compliance" panel under Article 21.5 of the DSU.

[98] Appellate Body and/or panel report under Article21.5 adopted, no finding of non-compliance or other inconsistency.

[99] Appellate Body and/or panel report under Article21.5 adopted, with findings that the respondent has not complied with the rulings.

[100] 案件名称参见世界贸易组织法律事务部编. WTO 争端解决案件概要：1995—2007. 朱榄叶译. 北京：法律出版社，2009.

[101] If compliance proceedings determine that the disputed measure has not been brought into conformity with WTO law, the complaint may request permission to impose retaliation measures ("suspend concessions or other obligations") against the respondent. Furthermore, if the respondent disagrees on the level (value) or sector of retaliation, arbitration may be requested under article 22.6 or 22.7 of the DSU. This category includes both (1) disputes currently undergoing art. 22.6 arbitration, and (2) disputes where a request to retaliate has been made, but arbitration has not yet started.

[102] Appellate Body/compliance panel find DSB recommendations have not been fully implemented; authorization for complaint to suspend concession or other obligations granted.

[103] See Appellate Body Report, European Communities and Certain Member States-

Measures Affecting Trade in Large Civil Aircraft, WT/DS316/AB/R, para. 709, 1233.

[104] WTO Website, European Communities and Certain Member States-Measures Affecting Trade in Large Civil Aircraft-Communication from the European Union, WT/DS316/17 (2019-3-27).

[105] See WTO Website, European Communities and certain Member States-Measures Affecting Trade in Large Civil Aircraft-Recourse to Article 21.5 of the DSU by the United States-Request for consultations, WT/DS316/19 (2019-4-30).

[106] See WTO Website, European Communities and certain Member States-Measures Affecting Trade in Large Civil Aircraft-Recourse to Article 21.5 of the DSU by the United States-Communication from the panel, WT/DS316/25 (2019-4-30).

[107] WTO官网就该案件的所有材料中仅提及欧盟愿意执行DSB裁决，但关于执行的方式没有任何资料。

[108] Panel proceedings suspended under Article 12.12 of the DSU, and not resumed after 12 months.

[109] Request withdrawn, measure terminated, or mutually agreed solution under Article3.6 of the DSU notified prior to adoption of Appellate Body and/or panel reports.

[110] 曹建明，贺小勇. 世界贸易组织法. 北京：法律出版社，2011：71.

[111] 因本书行文阐述中分类标准之实际厘清难度，本类数据中包括的案例也可能已出现在第一类中，但之后做出的总结角度和总结结论也并无冲突，因此允许这种重叠现象的出现。第二类主要包括欧盟执行过程中出现拖延情况的案件，包括超过合理执行期限、进行执行审查程序的案件。

[112] WTO Website, European Communities and Certain Member States-Measures Affecting Trade in Large Civil Aircraft-Communication from the European Union, WT/DS316/17 (2019-3-30).

[113] 边永民. 欧盟转基因生物安全法评析. 河北法学，2007（5）：163. 张忠民. 转基因食品安全国际规范的冲突与协调———从"欧美转基因食品案"展开的思考. 宁夏大学学报（人文社会科学版），2008（4）：43.

[114] 杨卫东，李寿平. 欧盟及其成员国对民用飞机产业的补贴及其启示. 北京理工大学学报（社会科学版），2011（2）：93.

[115] 例如美国诉欧共体生物产品的批准和销售案（DS291）。

[116] 美国诉欧盟影响民用大飞机贸易措施案、（DS316）美国等诉欧盟香蕉案（DS27）。

[117] 曹建明，贺小勇. 世界贸易组织法. 北京：法律出版社，2011：71.

[118] Sherzod Shadikhodjaev. Retaliation in the WTO Dispute Settlement System. Netherlands：Kluwer Law and Business，2009：120.

[119] Andrew S. Bishop. The Second Legal Revolution in International Trade Law：Ecuador Goes Ape in Banana Trade War With European Union. International Legal Perspectives，2001：167.

[120] 据表可见，欧共体的经济实力是厄瓜多尔的400倍。

[121] See Decision by the Arbitrators，EC-Bananas（Ecuador）（Article 22.6-EC），WT/DS27/ARB/ECU，24/05/2000，para. 126.

[122] Norio Komuro. The EC Banana Regime and Judicial Control，Journal of World Trade，2000，71：54.

[123] Decision by the Arbitrators，EC-Bananas（Ecuador）（Article 22.6-EC），WT/DS27/ARB/ECU，24/05/2000，para. 170.

[124] Decision by the Arbitrators，EC-Bananas（Ecuador）（Article 22.6-EC），WT/DS27/ARB/ECU，24/05/2000，para. 171.

[125] Decision by the Arbitrators，EC-Bananas（Ecuador）（Article 22.6-EC），WT/DS27/ARB/ECU，09/04/1999，para. 74.

[126] Decision by the Arbitrators，EC-Banana（Ecuador）（Article 22.6-EC），WT/DS27/ARB/ECU，24/05/2000，para. 96.

[127] Gregory Shaffer，Daniel Ganin. Extrapolating Purpose from Practice：Rebalancing or Inducing Compliance，In Chad P. Bown，Joost Pauwelyn（eds.）. The Law，Economics and Politics of Retaliation in WTO Dispute Settlement，New York：Cambridge University Press，2010：84.

[128] Marco Bronckers，Naboth van den Broek. Financial Compensation in the WTO Improving the Remedies of WTO Dispute Settlement. Journal of International Economic Law，2005，（65）7：105.

[129] Decision by the Arbitrators，EC-Bananas（Ecuador）（Article 22.6-EC），WT/DS27/ARB/ECU，24/05/2000，para. 126.

[130] Decision by the Arbitrators，EC-Hormones（United States）（Article 22.6-EC），WT/DS26/ARB，12 July 1999，para. 83.

[131] Decision by the Arbitrators，EC-Hormones（United States）（Article 22.6-EC），WT/DS48/ARB，12 July 1999，para. 72.

[132] 官松. 论 WTO 争端解决机制下的报复制度. 北京：法律出版社，2013：199.

[133] Decision by the Arbitrators，EC-Hormones（United States）（Article 22.6-EC），WT/DS26/ARB，12 July 1999，paras. 22-23.

[134] USTR Announces Procedures for Modifying Measures in EC Beef and Banana Cases，Press Release 00-41，May 26，2000.

[135] "Carousel" List Still Held Up，Trade Reports International Group，Washington Trade Daily，August 2，2000.

[136] Lothar Ehring. The European Community's Experience and Practice in Suspending WTO Obligation，In Chad P. Bown，Joost Pauwelyn（eds.）. The Law, Economics and Politics of Retaliation in WTO Dispute Settlement，New York：Cambridge University Press，2010：91.

[137] Renee Johnson. "The U.S.-EU Beef Hormone Dispute"，CRS Report for Congress，November 6，2012，pp. 11-16.

[138] See Federal Register/ Vol. 76，No. 103/ Friday，May 27，2011/ Notices.

[139] Communication from Canada，EC-Hormones，WT/DS48/26，22 March 2011.

[140] Lenore Sek. Trade Retaliation：The "Carousel" Approach，CRS Report for Congress，order code RS20715，22 September 1999.

[141] Trade and Development Act 2000，pub. L. 106-200，114 Stat. 251.

[142] European Communities-Definitive Anti-Dumping Measures on Certain Iron or Steel Fasteners from China -Report of the Panel，WT／DS397／R，3 December 2010，pp. 7.48.

[143] 漆彤，杨琼. 中国诉欧盟紧固件案"单独税率"争议评析. 武大国际法评论，2011，(2)：359.

[144] 徐昕. 中欧紧固件案执行争端获胜助推中国市场经济地位认可进程，WTO 经济导刊. 2016（2）：50.

[145] Regulation（EU）No 765 /2012 of the European Parliament and of the Council of 13 June 2012 amending Council Regulation（EC）No 1225／2009 on protection against dumped imports from countries not members of the European Community，OJ L /2012／237／1，Article 1.

[146] "Suppliers which are legally distinct from other suppliers or which are legally distinct from the State may nevertheless be considered as a single entity for the purpose of specifying the duty. For the application of this sub-paragraph，account may be taken of

factors such as the existence of structural or corporate links between the suppliers and the State or between suppliers, control or material influence by the State in respect of pricing and output, or the economic structure of the supplying country."

［147］ 具体企业名单参见中国贸易救济信息网发布. 欧盟对华钢铁制紧固件作出反倾销终裁［EB / OL］. http：// www. ccpitnb. org / index. php / default / nbfetview / id /67561 / sub /（2019-3-30）.

［148］ "On the basis of the above reassessment, it is concluded that the injurious dumping determined in the original investigation is confirmed. However, one exporting producer was granted IT in accordance with the recommendations concerning Article 9（5）of the basic Regulation in the DSB reports." OJ L 275，4. 10. 2012，p. 20.

［149］ Article 1（2）of Regulation（EC）No 91 /2009.

［150］ OJ L 275，4. 10. 2012，p. 21.

［151］ 刘振环. 美国贸易政策研究. 北京：法律出版社，2010：69.

［152］ 李晓郛. 以贸易救济为视角看美国对 DSB 裁决的执行. 上海海关学院学报，2013，(1)：108.

［153］ 19 U. S. C. 3512（b）（2）（A）.

［154］ 国会委员会是国会的分支机构，目前包括参议院的 16 个常设委员会和众议院的 22 个常设委员会以及 5 个联合委员会。

［155］ Jeanne J. Grimmett：WTO Dispute Settlement：Status of U. S. Compliance in Pending Cases，CRS Report for Congress，April 23，2012.

［156］ 467 U. S. 837（1984）.

［157］ 6 U. S.（2 Cranch）64，118（1804）.

［158］ SNR Roulements v. United States，341 F. Supp. 2d 1334，1341（Ct. Int'l Trade 2004）.

［159］ 454 F. 3d 1361，1366（Fed. Cir. 2006）.

［160］ WTO. Dispute settlement［EB / OL］. http：// www. wto. org / english / tratop _ e / dispu _ e / cases _ e / ds108 _ e. Htm（2019-3-30）.

［161］ 孙立文. WTO 贸易救济争端解决裁决执行问题分析. 国际商务研究，2010，(3)：18.

［162］ Council Regulation（EC）No. 384 /96 of 22 December 1995 on protection against dumped imports from coun-tries not members of the European Community［Repealed by Council Regulation（EC）No. 1225 /2009 of 30 November 2009 on protection against dumped imports from countries not members of the European Community］；Council Regulation（EC）No. 1973 /2002 of 5 November 2002 amending Regulation（EC）No. 2026 /97 on

[163] the protection against subsidised imports from countries not members of the European Community.

[164] The European Commission-PreLex Website，COM（2012）41，2012/0019/COD，Proposal for a REGULATION OF THE EUROPEAN PARLIAMENT AND OF THE COUNCIL amending Council Regulation（EC）No. 1225/2009 of 30 November 2009 on protection against dumped imports from countries not members of the European Community.

[165] EU.[EB/OL]. http：//ec. europa. eu/prelex/detail_dossier_real. cfm? CL=en& DosID=201322（2019-3-30）.

[166] Alberto Alemanno. Recent Development：Judicial Enforcement of the WTO Hormones Ruling Within the European Community：Toward EC Liability for the Non-Implementation of WTO Dispute Settlement Decisions？. Harvard International Law Journal，2004，45（1）：560.

[167] 李晓郢. 私人通过援引DSB裁决在ECJ获得赔偿的可能性分析——以司法判例为视角. 国际经济法学刊，2012，（3）：40.

[168] Case C-53/96，Hemes，1998E. C. R. I-3603.

[169] 吕晓杰. WTO规则在欧盟法律体系中效力的新发展——统一解释原则的确定与适用. 现代法学，2008，（1）：125.

[170] 美国和欧盟近来结束将近20年的香蕉贸易争端和荷尔蒙牛肉贸易争端，为美国和欧盟启动TTIP谈判扫清了一大障碍。

[171] 就服务投资而言，如果中美达成的BIT同意开放某些服务部门的投资，美国就没有再回到多边贸易体制下就商业存在模式谈判这些服务的市场准入和国民待遇问题的动力。

[172] 2013年9月1日，巴西人罗伯托·阿泽维多正式出任WTO总干事。副总干事共有4名，中国、美国、德国和尼日利亚各占1名。

[173] 2013年12月巴厘岛部长级会议达成了包括《贸易便利化协定》在内的"巴厘岛一揽子协议"，虽然一定程度上有利于WTO各成员重回多哈回合谈判桌，但无法阻挡美国和欧盟的双边或区域主义趋势。

[174] WTO. Current status of disputes [EB/OL]. http://www.Wto.org/english/tratop_e/dispu_e/dispu_current_status_e.htm（2019-4-30）.

第三章
WTO 裁决执行机制的法律机理研究

从 1995 年 WTO 成立时起，世界贸易体制的游戏规则就发生了巨大的变化。如果把 GATT1947 描述为权力政治和外交谈判的场所，那么 WTO 就代表着以规则为导向、具有强大基础规则和整套共享利益的国际经济法律体制。因此从理论上来讲，根据国家主权让渡原则，WTO 及其涵盖协定就是 WTO 成员间签订的国际经济条约，执行 WTO 裁决事实上就是遵守国际法[1]。使案件得到良好执行的法律才是真正好的法律，而 WTO 恰恰是这样好的法律。

第一节　WTO 关于裁决执行机制的具体规定

败诉方在执行 WTO 裁决时经常会受到四个方面的压力：一是违反 WTO 协定而承担法律责任所带来的压力；二是其他成员方多边的舆论和道义压力；三是因没有完全、有效地执行 WTO 裁决可能遭受的授权报复；四是其他败诉方不执行裁决而产生的不利影响的压力。

经 WTO 裁决执行实践的分析可以得知：单纯依靠败诉方自主自愿地执行 WTO 裁决是完全不够的。为此，WTO 专门制定了一套裁决执行体系。它由三部分构成：一是司法机制，由专家组或上诉机构对执行裁决的合理期限、执行中产生的争议及授权报复水平做出的裁决；二是行政机制，对执行裁决的全过程全方位进行多边监督；三是救济机制，允许成员进行补偿谈判或申请报复。这三套机制相辅相成，共同作用，促使裁决得以执行。通过政治、外交和司法等一系列手段来确保 WTO 裁决的及时有效执行，WTO 裁决执行体系中的具体制度包括通报执行裁决的意向（informing of intentions）、执行裁决的多边监督（surveillance）、执行裁决合理期限的仲裁（arbitration on reasonable period of time）、执行裁决异议的复审（compliance review）、报复水平的仲裁（arbitration on level of suspension），以及在无法立即执行裁决的情况下，作为临时性措施的补偿（compensation）和报复（retaliation）等。

一、通报执行裁决的意向

通报执行裁决的意向(简称"通报")是 WTO 裁决执行程序中的第一个环节,是败诉方在裁决执行阶段需要承担的第一项义务。根据 DSU 的规定,败诉方必须在 DSB 通过裁决的 30 天内通报其执行 WTO 裁决的意向,即向全体成员公开声明执行裁决的意向,即针对服从并执行裁决"表态"。通报执行裁决的意向涉及成员之间权利义务的平衡以及败诉方国内政治、经济、外交和法律等很多方面,败诉方通报前应该经过慎重的考虑。在法律上通报执行裁决的意向不仅检验了败诉方执行 WTO 裁决的立场和态度,而且在执行裁决程序上起到承上启下的作用,实现了从诉讼裁决阶段向裁决执行阶段的转换,开启了整个 WTO 裁决执行机制。通过对通报执行裁决意向实践的考察,我们发现成员在通报问题上的态度十分重要,一方面受到所有其他成员的普遍关注,另一方面对败诉方自身的政治经济和国家声誉也有重大影响。

(一)通报执行裁决意向的含义和性质

"通报"作为国际组织经常使用的工具之一目的在于督促成员履行义务,保证机制的平稳运行。在 WTO 体制框架中,WTO 各协定均明确规定成员有通报的义务。在 GATT 时期的争端解决机制中并没有通报义务,这是 WTO 争端解决机制规定的一项新内容。1989 年的蒙特利尔部长级会议上通过的《关于改善 GATT 争端解决规则和程序的决定》首次规定:"有关缔约方应就其执行裁决的意向向理事会做出通报。"直到乌拉圭回合谈判结束时,通报义务才被正式纳入 WTO 争端解决机制中。DSU 第 21.3 条规定:"在专家组或上诉机构报告通过 30 天内召开的 DSB 会议上,有关成员应通知 DSB 关于其执行 DSB 建议和裁决的意向。"通报义务的设定是 WTO 行政手段运用到司法领域的一个创举,有利于加强 WTO 裁决执行力度[2]。

DSU 第 21.3 条的规定明确了通报执行裁决意向的法律含义。第一,该条款规定了通报是成员必须履行的义务;第二,要求败诉方对是否执行裁决表示明确的态度;第三,通报执行的意向应尽可能的具体和详尽,内容应包括执行裁决将采取的具体方式；第四，通报的意向应针对"执行裁决"，因为败诉方执行裁决是 WTO 成员的合理期待，更是胜诉方的诉求；第五，对通报裁决执行意向的义务有时间限定，充分体现了 DSU 要求成员迅速执行 WTO 裁决的基本要求。

在程序上，通报执行裁决的意向是裁决执行机制中的第一环，代表着 WTO 裁决执行程序的启动，也为后面的一系列其他裁决执行程序提供基础。"要求成员直接地、正式地宣布他们执行 WTO 裁决的意向"，这在多边贸易体制历史上第一次以法律的形式明确规定的义务，标志着败诉方正式承认接受并愿意执行 WTO 裁决，在第一时间检验败诉方对 WTO 裁决法律约束力的态度，被视为是考验 WTO 裁决有效性的"试金石"。此外，通报也是 WTO 提供给胜诉方的一种"救济"手段，败诉方正式承认执行 WTO 裁决，也意味着胜诉方在 WTO 体系中获得了法律救济。

（二）通报执行裁决意向的方式

通过对通报执行裁决意向实践的考察，几乎所有成员都履行了通报义务，通过口头或书面形式公开表示愿意执行裁决的意向。败诉方一般都对执行 WTO 裁决以积极的态度显示尊重，这是败诉方善意执行裁决的一种表现。在实践中，通报一般有两种方式：一是在 DSB 会议上口头通报，二是书面通报。

1. 在 DSB 会议上口头通报执行裁决的意向

DSU 第 16.4 条允许败诉方在 DSB 会议上对 WTO 裁决发表意见，因此，败诉方在通报执行裁决意向的同时经常"表示他们对专家组或上诉机构裁决某些部分的不满，特别是涉及政治敏感问题的裁决。"[3] 当然，这样做是合法的。一般情况下，各败诉方所通报的内容大同小异，表达的基本意思是"本国政府确实愿意执行 WTO 裁决，但因遇到某些困难无法马上执行，需要一个合理执行期限"。

2. 书面通报执行裁决的意向

实践中，经争端方协商一致，败诉方可以通过书面形式向 DSB 通报其执行裁决的意向。具体操作方法是：由败诉方常驻 WTO 代表团团长致函

DSB 主席，作为 WTO 正式文件向全体成员散发。信函大致内容如下："某年某月某日的 DSB 会议通过了某起争端（争端案编号）的裁决和建议。我国政府现授权我向 DSB 通报我国执行这项裁决的意向，这是我国在 DSU 第 21.3 条项下的义务。经协商，（起诉方）已同意我国进行此项书面通报，而不必专门为此召开一次 DSB 会议。我国政府有意以尊重本国 WTO 义务的方式执行本案的裁决，我们已经开始评估执行裁决的具体方式。鉴于案件涉及复杂的国内法律和行政程序，我国需要一个合理期限来完成相关工作。"[4] 如在"加拿大——飞机案"裁决执行过程中，加拿大经与巴西协商后提出建议：不必为通报义务专门召开一次 DSB 会议，其愿意以书面形式通知 DSB 执行裁决的意向。作为第三方的美国也表示不反对加拿大的建议，但此做法不得妨碍美国对这项义务的理解，更不得妨碍美国在 DSB 会议上的发言。虽然 DSU 对通报义务规定的比较原则，但其依然是败诉方裁决执行的"风向标"，即在某种程度上败诉方通报的态度能够预示其执行 WTO 裁决的主观意愿[5]。

（三）通报执行裁决意向的典型案例

在 WTO 裁决执行机制运行过程中，"欧共体——香蕉案""欧共体——荷尔蒙案"和"加拿大——飞机案"等都是典型案例，值得研究。上述案件出现了拖延执行或不执行的情况，有的案件甚至导致授权报复，凸显了 WTO 争端解决中的"执行难"问题。

案例一：欧共体——香蕉案

本案在通报执行裁决意向上主要是涉及执行意向的具体性问题。1997 年 9 月 25 日，DSB 通过了"欧共体——香蕉案"的 WTO 裁决。在 10 月 16 日的 DSB 会议上，欧共体通报了其执行裁决的意向，表示已启动执行程序并在研究执行的方式。由于内部决策机制的复杂性，欧共体暂时无法预测或判断执行裁决的结果。美国等胜诉方对欧共体的通报表示极为不满，要求欧共体说明具体执行 WTO 裁决的方式，以保证其执行能够实现与 WTO 协定相一致。本案中，欧共体婉拒在通报中具体说明执行方式的态度预示着该案的执行遇到了困难，不会太顺利。事实证明，"欧共体——香蕉案"最终演变成了 WTO 有史以来在执行裁决过程中最复杂、最困难的案件之一。

案例二：欧共体——荷尔蒙案

1998 年 2 月 13 日，DSB 通过了"欧共体——荷尔蒙案"的 WTO 裁决。在 3 月 13 日的 DSB 会议上，欧共体表示愿意执行裁决，但需要合理执行期限，因为正在风险评估以找到一种合适的裁决执行措施。胜诉方美国提出，所有科学证据和风险评估均证明摄取荷尔蒙的牛肉是安全的，对欧共体要求重新进行风险评估表示疑虑，美国认为欧共体这么做是因为其不愿意执行 WTO 裁决。美国要求欧共体撤销限制进口牛肉的禁令，尽快执行 WTO 裁决，作为胜诉方的加拿大也要求欧共体解释不能立即执行 WTO 裁决的主要原因和需要的合理执行期限。

案例三：加拿大——飞机案

到目前为止唯一的一起在 DSB 会议上公开明确表示败诉方无意执行 WTO 裁决的案件——"加拿大——飞机案"一直备受瞩目。1999 年 9 月 30 日，"加拿大——飞机案"的裁决经 DSB 通过后，最初加拿大在 DSB 会议上是明确表示愿意执行 WTO 裁决。但到了 2003 年，在仲裁报复水平程序中仲裁员问到加拿大执行 WTO 裁决的意愿时，其指出将履行商业合同义务，无法终止被裁定违法的补贴措施，将继续发放被裁定非法的补贴。仲裁员以加拿大无意执行 WTO 裁决决定，设定一个比加拿大实际发放补贴金额"高一些的报复水平"，即在设定报复水平时必须在补贴总水平的基础上再加上一定的增量，目的是促使加拿大取消违法补贴，执行 WTO 裁决。最终这一增量确定为 4 130 万美元，是补贴总量（2.06 亿美元）的 20%，报复水平也从 2.06 亿美元提高到了 2.48 亿美元[6]。本案充分说明对于通报执行裁决意向义务，任何负面通报都必须付出相应的"代价"，也是不执行 WTO 裁决的"代价"。

案例四：中国——汽车零部件案

2008 年 7 月 18 日，"欧共体、美国、加拿大诉中国汽车零部件争端案"被专家组裁定中国实施的有关汽车零部件规章违反了 WTO 协定，2008 年 12 月 15 日，上诉机构作出最终裁决，维持了专家组的一审裁决。2009 年 1 月 12 日，中国代表在 DSB 会议上表示，中国将仔细研究专家组和上诉机构报告,将按照 DSU 第 21.3 条的规定向 DSB 通报执行裁决的意向。2009 年 2 月 11 日,中方通报了执行裁决的意向,并表示需要一个合理期限,后经与欧共体、美国和加拿大磋商,合理期限为 7 个月零 20 天,于 2009 年 9 月 1 日终止。2009 年 8 月 31 日,在 DSB 会议上,中方发言表示,中国已完成本案有关裁决的执行,维护了多边贸易体制,希望那些执行 WTO 裁决记录较差的成员也能够采取具体行动,遵守其国际义务。

综上所述,通报裁决执行意向是 WTO 裁决执行机制中的重要组成部分,是加强 WTO 法的约束力和 WTO 裁决的执行力以及促使败诉方及时有效执行 WTO 裁决的工具。经过二十几年的实践,几乎所有败诉方均公开表示其愿意执行 WTO 裁决,只要败诉方有无意执行裁决的通报意向,将付出沉重的代价。

二、WTO 裁决执行的监督机制

WTO 作为国际组织主要依靠三种力量来督促裁决的执行:一是败诉方执行裁决的意愿,因为 WTO 无法"逼迫"败诉方执行裁决,很大程度上裁决的执行依赖成员自主自愿的决策;二是对裁决执行的多边监督机制,是 WTO 唯一可以"有所作为"的领域;三是最后的手段即授权报复,实践证明其是一把"双刃剑",促使执行裁决的同时副作用很大。正如 John Jackson 教授提到的,在确保执行 WTO 裁决的过程中,"存在一种非正式的力量,一个施加耻辱感的过程,一个相互指指点点的过程,而这也是一个感化教育的过程"[7]。这就是 WTO 多边监督机制。

(一) WTO 监督机制的含义和作用

1. 监督的含义

DSU 法律条文中使用了"Surveillance"一词来表示监督。在所有 WTO 协定中,只有三个协定即《补贴和反补贴协定》《保障措施协定》和《民用航空器协定》明确规定了监督制度,一般通过贸易政策审议和通报机制来实现监督职能。与此同时,WTO 制定了一套争端解决裁决执行监督机制,旨在监督败诉方执行"一级义务"(各协定义务)和"二级义务"

（WTO 裁决），重点是对 WTO 裁决执行的监督。

2. 监督的作用

WTO 建立的争端裁决执行体系是一种制度创新，将裁决监督与补偿救济结合起来。根据 DSU 的规定，WTO 建立的裁决执行监督机制实现了 WTO 的三个第一：第一次以法律的形式确立了通报制度，第一次要求败诉方定期提交裁决执行报告，第一次全程监督 WTO 的裁决执行过程。监督机制要求对败诉方裁决执行的全过程进行不间断的全方位多边监督，为有效解决经贸争端、维护多边贸易体制发挥了重要的作用，更为推动败诉方及时有效执行 WTO 裁决提供了制度保障，这一制度创新的价值不容小觑。

每月召开的 DSB 会议的第一项议程就是对相关案件的裁决执行情况进行监督，这是 WTO 裁决执行体系的重要组成部分。监督机制是 WTO 提供给胜诉方的法律救济，尤其是对发展中国家来说，充分体现了 WTO 的程序正义[8]。WTO 成立二十几年来，大部分的 WTO 裁决几乎都得到了成员的良好执行，这一事实与 WTO 裁决执行监督机制的有效运行有很大的关系。

第一，监督机制是 WTO 裁决执行体系的重要内容。该机制通过反复"曝光"，将裁决执行情况置于多边主义的"聚光灯"下，为败诉方施加集体压力，填补了 GATT 时期对裁决执行缺乏有效监督的空白。

第二，监督机制有效督促裁决的执行。从败诉方公开表示愿意执行裁决开始，监督机制相当于设置了一道"门槛"，有效地减少或阻止拖延或不执行 WTO 裁决的情况。因为"对一个成员执行条约义务情况的审议会对该成员产生一种压力"[9]。

第三，监督机制为发展中成员提供了一种救济手段。WTO 争端解决机制提供的第一个救济就是对败诉方施加一系列强制性的义务，设立监督机制要求败诉方定期提交其执行裁决的进展情况，为执行裁决确定最后期限等，这种救济手段释放出非常独特的执行压力，对那些通常无力实施授权报复的发展中成员来说，监督机制实际上是唯一可以获得的救济[10]。

第四，监督机制强调了 WTO 裁决的法律约束力，凸显了每个 WTO 成员都必须承担执行 WTO 裁决的国际义务和国家责任，体现了 WTO "规则导向"的理念。

(二) WTO 裁决执行监督机制的特点

DSU 中有 4 处明确规定监督制度，即第 2.1 条、21 条、21.6 条和 22.8 条。其中，第 21 条"对执行建议和裁决的监督"明确规定了 WTO 裁决执行监督机制的运行过程；第 2.1 条授权 DSB 作为监督 WTO 裁决执行机构和场合；第 21.3 条规定败诉方承担接受监督的法律义务，具体做法是在 WTO 裁决通过后 30 天内通报其执行裁决的意向；DSU 第 21.6 条规定败诉方应向 DSB 提交一份关于执行裁决情况的书面报告；DSU 第 21.6 条规定，任何成员有权在裁决通过后随时在 DSB 提出裁决的执行异议，即集体监督；同时规定，执行裁决问题在合理期限开始后的 6 个月内列入 DSB 会议议程，并应保留在 DSB 的议程上，直到该问题解决，即全程监督；另外，DSB 还负责监督已经授权报复或进行补偿的案件。通过 DSU 的规定，可以看出监督执行是一种通过系统持续的过程分析和传播裁决执行情况的有效工具。败诉方执行裁决的情况必须受到多边的评论、监督和审议，面对 WTO 全体成员对某执行裁决情况所做出的集体评判[11]。

1. 监督的机制性

DSB 被赋予裁决执行的监督职能，全体成员也拥有彼此监督执行裁决情况的权利，通过监督促使裁决得以及时有效地执行，推动实现有效解决争端、保障成员利益，确保 WTO 多边贸易体制的稳定性和可预见性的目标。通过提供执行信息，增强透明度，有效解决了充分了解其他成员执行裁决情况的信息不对称问题。

2. 监督的强制性

鉴于国际公法的"善意履约原则"，强调 WTO 裁决的法律约束力，败诉方接受监督是其必须履行的国际条约义务，更是每个 WTO 成员必须承担执行 WTO 裁决的国际义务和责任，如不执行，必将面临法律、经济和政治上的不利影响。

3. 监督的多边性

DSU 第 21.6 条规定，任何成员，特别是胜诉方在 WTO 裁决通过后可随时在 DSB 提出裁决的执行质疑，要求败诉方全面迅速地执行裁决，因此，败诉方所面临的是全体成员的集体监督，充分体现了 WTO 争端解决机制的多边主义。

4. 监督的持续性

DSU 明确规定败诉方应该"定期"提供裁决执行报告，不是"一次性"的行为，而是"持续"的提供，直到 WTO 裁决得以执行或争端方达成和解协议之后，否则败诉方无法解除接受监督的义务，这说明监督是一个不断重复进行的持续过程。

5. 监督的公开性

在大约每月召开一次的 DSB 会议上，都由全体成员对败诉方的执行情况进行监督，且会议书面记录通过 WTO 官网向全世界公开，这一做法就是要将败诉方执行裁决的过程公之于众，通过反复"曝光"，将裁决执行过程置于多边主义的"聚光灯"下，接受全世界的监督，目的是对败诉方产生一种集体的压力。

（三）WTO 裁决执行监督的典型案例

根据 DSU 的规定，每项裁决的执行都必须向 DSB 做出通报，接受全体成员的多边全程监督。"欧共体——香蕉案"几乎成了 DSB 会议议程上的"永久议题"，截至 2001 年在多哈部长会议上豁免了"香蕉案"之前，欧共体在 28 次 DSB 会议上提交了 25 份裁决执行报告，反复解释其执行裁决所采取的措施。欧共体的裁决执行报告根本就是完全在重复之前提交的内容，拒绝提供裁决执行的具体方式和公布其执行裁决的计划，只是表示愿意执行其"国际义务"，故意回避提及执行 WTO 裁决。与此同时，欧共体继续实施违法措施，虽然在合理执行期限过半的时候，形式上提出一个新的香蕉进口体制改革建议，但该建议很快被胜诉方美国驳回，提出欧共体试图维护已被裁定违反 WTO 的歧视性香蕉进口体制。最后欧共体与美国、厄瓜多尔经过反复磋商就执行裁决达成和解协议。

三、WTO 裁决执行的"合理期限"

"迟到的公正等于没有公正。"WTO 裁决的迅速执行是 WTO 法律体系的核心目标,是实现国际公法"善意履行条约原则"的重要表现[12]。迅速执行WTO裁决是有效解决经贸争端、维护WTO成员经济利益以及成员间权利义务平衡的主要手段。为避免拖延执行WTO裁决,WTO争端解决机制设置了严格的时间界限,其中包括对执行裁决设定合理执行期限(reasonable period of time),以确保成员在合理执行期限内迅速有效地执行裁决。

(一)"合理期限"的含义

DSU规定的所谓"迅速执行"就是立即执行,有关执行裁决的合理期限是指执行裁决的最后期限,也是败诉方国内法律框架下的最短期限,合理期限必须在个案基础上根据实际情况加以判定,并非无条件获得。合理期限是WTO裁决执行机制中的重要组成部分,超过合理期限不执行WTO裁决将会面临严重的法律后果。

合理期限被称为裁决执行机制中的一个重要"分水岭",主要是确定裁决执行的"时间"问题,未如期执行WTO裁决将引发一系列后续措施,如执行裁决复审程序、争议各方谈判补偿甚至授权报复等。合理期限是WTO规定的立即执行裁决问题的某种妥协,反映了规则导向与外交实务之间的微妙平衡。

(二) WTO关于合理期限的规定

DSU第21.3条规定:"如立即遵守建议和裁决不可行,有关成员应有一段合理的执行期限。合理期限应为:有关成员提议的期限,只要该期限获争端解决机构的批准;或如未获批准则争端各方在通过建议和裁决之日起45天内双方同意的期限;或如未同意则在通过建议和裁决之日起90天内通过有约束力的仲裁确定的期限。在该仲裁中,仲裁员的指导方针应为执行专家组或上诉机构建议的合理期限不超过自专家组或上诉机构报告通过之日起15个月。但是,此时间可视具体情况缩短或延长。"根据上述规定,有三种方式确定合理期限。

第一种方式:由败诉方提出合理期限建议并经DSB批准。败诉方首先说明无法立即执行裁决的主要原因，而且该建议已经得到胜诉方的明确同意，最后经 DSB 批准即可。第二种方式：由争端双方协商确定合理期限，即争端各方在 DSB 通过裁决后的 45 天内协商确定一个合理期限。一般在执行裁决无须经过复杂的国内立法程序的案件中可以适用这种方式。1998 年的"欧共体——荷尔蒙案"是确定合理期限由长到短的转折点，此案仲裁机构提出合理期限是"尽可能最短的期限"的观点。直接影响到双方协商的合理期限由原来的 15 个月到后来的从 8 个月到 13 个月不等[13]。第三种方式：在第一和第二种方式无法确定合理期限的情况下可以通过仲裁来确定，以仲裁方式确定合理期限是 WTO 法的一项制度创新。实践中，通常由胜诉方先提出仲裁的申请，由败诉方承担主要的举证责任，提出其需要的合理期限的有效证明，对此胜诉方可以驳回，仲裁员将根据书面陈述和听证会的实际情况做出裁定。

（三）合理期限仲裁

合理期限仲裁制度是 WTO 的一项制度创新，是 WTO 上诉机构首次介入裁决执行阶段，对促使败诉方及时有效执行裁决发挥了重要作用。其具有两个主要法律特征：一是仲裁程序的强制管辖权，二是仲裁结果的有效约束力。DSU 第 23.2（b）条明确规定，不允许任何成员单方面确定合理期限，将 WTO 争端解决机制的强制管辖权延伸到裁决执行阶段，完全符合 WTO 坚持多边主义、反对单边主义的宗旨[14]。DSU 第 22.7 条规定，仲裁结果具有最终法律约束力，"各方应将仲裁员的决定视为最终决定予以接受，有关各方不得寻求第二次仲裁"。这项规定的目的是禁止成员方就仲裁裁决结果提起上诉。仲裁一经做出，即具有法律约束力，当事方必须遵守。

通过仲裁实践，首先，强化了 WTO 规则的效力。仲裁员通过仲裁案例做出了许多重要的解释，如："迅速执行就是立即执行""合理期限不是无条件获得的，必须在个案处理的基础上按照具体情况加以判定""合理期限是尽可能最短的期限"等。其次，明确 WTO 裁决的法律约束力。败诉方有义务在该期限内执行 WTO 裁决，否则将承担不利的法律后果，如授权报复。最后，澄清了获得合理期限权利和执行裁决义务之间的关系。WTO 争端解决机制一方面要求"迅速执行"裁决，另一方面在成员无法立即执行裁决的情况下，允许其获得"合理期限"，通过仲裁实践明确了获得合理期限是一种"有条件的"权利，必须以服从迅速执行裁决为前提。

（四）合理期限仲裁的实践

WTO 成立二十几年来，绝大多数案件都申请了合理期限。迄今已有 38 个案件利用仲裁程序来判定合理期限，所裁定的合理期限平均为 11 个月。纵观这些合理期限仲裁案，所裁定的合理期限在时间长短上有较大差异。以 1998 年的"欧共体——荷尔蒙案"为"分水岭"，之前仲裁员一律裁定合理期限为 15 个月，导致合理期限好像可以"自动"获得 15 个月，之后合理期限的长短也随着个案的具体情况的不同而有所差异。仲裁员提出"合理"是灵活的，不是绝对的，要考虑每个案件中的不同情况来确定合理期限。同时，合理期限也不是无条件获得的，只有在无法立即执行裁决的特殊情况下，才能获得合理期限。合理期限应是"尽可能最短的期限"。仲裁员在"欧共体——荷尔蒙案"中，拒绝了欧盟提出的 39 个月的合理期限申请，其认为 15 个月的指导期限只是"通常情况下最长的期限"，合理期限根据 DSU 的目标和宗旨应该是败诉方国内法律体系所允许的、执行 WTO 裁决的尽可能最短的期限，该期限的长短还要考虑案件的具体情况[15]。

DSU 第 21.3（c）条规定：（合理期限）"……可视具体情况缩短或延长"。"具体情况"是判定合理期限长短的标准或理由，但 DSU 并没有确定"具体情况"的标准和条件。通过仲裁实践基本上可以确定一类是被仲裁员认可的"具体情况"，另一类是不被仲裁员认可的"具体情况"。被仲裁员认可的"具体情况"主要包括国内法律行政程序、发展中国家地位等；不被仲裁员认可的"具体情况"包括国内政治困难和争议、产业结构调整、风险评估、额外的立法程序、暑假等[16]。

尽管关于合理期限的争议很大，但其在裁决执行阶段所发挥的作用不可小觑，从本质上来看，合理期限就是构成一种执行裁决的最后期限，确保裁决在执行上不得无限期拖延，合理期限就好似裁决执行程序中的一个重要的"分水岭"，合理期限一过将引发一系列的后续活动，如裁决执行的复审、补偿谈判和授权报复等。

四、WTO 裁决执行的复审制度

在 WTO 争端解决机制中,争端方往往会对败诉方是否执行了 WTO 裁决产生分歧。为此 WTO 创设了裁决执行异议的复审程序(compliance review),DSU 第 21.5 条明确规定,由原专家组"二次开庭"裁定执行过程中的异议。这是 WTO 第一次在争端解决裁决执行程序中引入准司法制度,DSU 第 21.5 条的规定使得 WTO 争端解决机制成为一个更加法律化的制度。

(一)裁决执行复审制度的法律规定及意义

DSU 第 21.5 条规定:"如在是否存在为遵守建议和裁决所采取的措施或此类措施是否与适用协定相符的问题上存在分歧,则此争端也应通过援用这些争端解决程序加以决定,包括只要可能即求助于原专家组。专家组应在此事项提交后 90 天内发布报告。"根据条款规定,只要争端方对执行裁决存在异议即可提交 WTO 争端解决程序快速裁定。为此 DSU 专门设定了第 21.5 条裁决执行程序的复审专家组。与一般专家组相比较,两者在很多方面有较大的差别:首先,在裁决时间方面,复审专家组须在 90 天内提交报告,时限较短,而一般专家组提交报告可以长达 6 至 9 个月;其次,在磋商方面,为期 60 天的磋商是一般专家组成立的前提,而复审专家组的成立不以磋商为必要条件,可以由争端方协商确定;第三,在中期报告方面,一般专家组需要提供中期报告,复审专家组则没有相关要求;第四,在上诉方面,两者相似,均可以对专家组报告提起上诉;第五,在合理期限方面,一般专家组可以授权败诉方在执行裁决时获得合理期限,但复审专家组则没有此权限。

WTO 执行裁决复审制度是一项独特的制度创新,对加强 WTO 争端解决裁决执行机制具有重要意义[17]:第一,排他性。DSU 规定败诉方是否执行裁决的判断必须由多边司法程序来作出,这表明 WTO 争端解决机制的排他性司法管辖权已经延伸到复审阶段;第二,多边性。复审制度是裁决执行阶段的一个"分水岭",意味着只有被专家组或上诉机构认定执行了裁决,争端才能结案,也只有被认定没有执行裁决,才会引发后面的法律救济途径,如授权报复;第三,法律性。复审制度负责审查原裁决是否得到执行,强调裁决必须无条件被执行,这重申了裁决具有法律效力,尤其是对经济实力弱小的发展中国家来说,特别重要;第四,时效性。复审制度强化了迅速执行原则,类似于"快轨"程序,复审专家组需要在 90 天内作出裁定,大大短于一般专家组的 6—9 个月的时限;第五,公正性。裁决复审制度实际上是允许案件"重返公堂",加强了安全性和可预见性,强调了法治理念;第六,集体性。裁决复审制度通过全体成员参与监督裁决的执行,体现了 WTO 全体成员的集体利益。

(二) 关于 DSU 第 21.5 条执行复审程序的解释

在迄今 WTO 做出裁决的案件中,有 47 个案件适用于执行复审程序,其中 15 个专家组报告被上诉,占复审专家组报告总数的 60%左右。但从裁定结果来看,多数情况下败诉方都没有执行或没有完全执行 WTO 裁决。

DSU 关于复审程序的规定过于笼统,在司法实践中,复审专家组和上诉机构对 DSU 第 21.5 条所涉及的诸多问题做出了司法解释。第一,执行复审程序属于"快捷程序",在复审程序中不需要将 WTO 争端解决机制的所有程序再重新经历一遍;第二,争端方都有权适用执行复审程序,无论胜诉方还是败诉方均可以对裁决执行提出异议,适用 DSU 第 21.5 条提出复审;第三,成立复审专家组之前不必磋商,磋商是成立一般专家组的必经程序,对于复审专家组的成立程序,DSU 没有明确规定,实践的操作办法是不经过磋商就成立复审专家组或者缩短磋商时限;第四,关于复审程序中的举证责任,可以适用"谁主张,谁举证"原则,也可以因案件涉及 WTO 例外条款时,举证责任倒置;第五,DSU 第 21.5 条项下专家组的职责包括查明败诉方执行裁决的具体措施和判定执行裁决的措施是否与 WTO 协定相符[18]。

综上所述,WTO 执行复审制度体现了"法治观念"和"时间观念"。适用复审程序的实践表现出对规则导向的偏好,强调了 WTO 准司法功能,也体现了 WTO 要求迅速执行裁决的原则。

（三）裁决执行复审制度的法律意义

无论对胜诉方还是败诉方，DSU 第 21.5 条设定的裁决执行复审制度已经成为 WTO 裁决执行体系中不可或缺的支柱之一。

第一，复审制度加强了规则导向原则。复审程序允许争端方就执行异议"重返公堂"，标志着 WTO 争端解决机制中的准司法功能已经延伸至 WTO 裁决执行阶段，为 WTO 裁决执行机制增添了一把有力的法律武器。第二，复审程序具有排他性管辖权。由复审专家组而不是争端方最后判断败诉方是否执行了 WTO 裁决，由此强化了 WTO 争端解决机制的排他性管辖权。第三，强化了 WTO 裁决的法律约束力。复审程序明确了 WTO 裁决必须无条件接受和执行，在事实上又一次强调了 WTO 裁决的法律约束力。第四，复审程序重申了 WTO 裁决的迅速执行原则。复审制度类似"快轨"程序，要求复审专家组在 90 天内做出裁定，大大加快了执行速度。第五，复审程序增强了 WTO 的救济效力。对胜诉方来说，尤其是对经济实力较弱的发展中成员来说，复审制度是比授权报复更有效和实用的救济措施。

五、报复水平的仲裁

报复水平的高低直接关系到 WTO 救济措施的效力和 WTO 法的公平与正义，WTO 争端解决机制专门创设了报复仲裁制度来确定报复的水平。自 WTO 成立以来，报复水平的仲裁实践积累了大量的案例，特别是在仲裁案件中仲裁员关于报复水平确定的司法解释，澄清了一些概念、规则和程序，解决了许多问题。

（一）WTO 关于确定报复水平的规定

报复水平的确定是 WTO 报复仲裁的主要任务之一，DSU 第 22.4 条规定了报复水平确定的一般原则和标准。

1. 确定报复水平的规定和标准

DSU 第 22.4 条规定："DSB 授权的中止减让或其他义务的程度应等于（equivalent）利益丧失或减损的程度。"该条款明确规定了确定报复水平的一般原则，即要正确计算报复水平，必须对"利益丧失或减损"的水平进行正确的评估,使得确定的报复水平与利益受损的水平相等。该条所规定的利益丧失或减损的程度与 2001 年《国家责任法(草案)》第 51 条中所提到的受害国所遭受损害的程度意思相近。2001 年《国家责任法(草案)》第 51 条规定:"反措施必须和所遭受的损害相称,并应考虑到国际不法行为的严重程度和相关权利。"[19] 由此可见,实施报复是胜诉方在获得授权后可以行使的合法权利,但不能超过必要的限度。

根据 DSU 第 22.4 条和 22.7 条的规定,仲裁员确定的报复水平应等于胜诉方利益丧失或减损的水平,即报复水平"等同"标准。规定"等同"标准的目的是确保成员不滥用这项授权对另一当事方的贸易进行不适当的限制[20]。

2. "等同"标准的内涵

根据 DSU 第 22.7 条的规定,仲裁庭主要是确定胜诉方提出的报复水平是否与其利益丧失或减损的水平相当,即是否符合"等同"标准。所谓"等同"标准是指授权报复的水平应与胜诉方利益丧失或减损的水平大体平衡,并非要求两者完全相等或一致。

"等同"标准是一个"量化评估"而不是"质化评估"。因此,DSU 第 22.7 条同时规定仲裁庭"不得审查拟予报复的性质"。因为 DSU 第 22.6 条规定的报复仲裁的主要目的是看胜诉方提出的报复水平是否恰当和申请授权的交叉报复是否符合第 22.3 条规定的原则和程序,对于胜诉方选择哪一个具体的项目或产品实施报复,这是胜诉方的权利,仲裁员不得干涉。如在"欧共体-荷尔蒙案"仲裁案中,欧共体提出,仲裁员应当要求美国提供明确、详细的报复清单,但仲裁员认为,我们注意到与报复有关的成员可以反对"中止减让的水平",而仲裁员只需裁定报复的水平是否与利益丧失或减损的水平相当。虽然报复申请应当明确报复所针对的协定和领域,但仲裁员无权要求美国明确报复的性质。很显然,仲裁庭禁止"审查拟予报复的性质"。因此,我们不能要求美国进一步具体化其申请报复的性质。正如争端各方所同意的,如果拟报复的申请试图仅对奶酪产品征收 100%的从价税,则仲裁庭就不能裁定应当对饼干产品而不是奶酪产品征收关税,应当征收 150%而不是 100%的关税,或者应当以产品的重量计征关税而非依据价格计征。所有这些涉及报复"性质"方面的内容,都不属于仲裁庭的管辖范围[21]。本案仲裁员进一步指出,美国已经提供了可能实施报复的产品清单,仲裁员可以据此计算出每年可以实施的报复水平。待仲裁员确定了最终的报复水平后,美国就可以从这些产品清单中任意选择实施报复的具体产品,只要报复实施的水平与利益丧失或减损的水平相当即可[22]。

WTO 确定报复水平的"等同"标准是基于 Hudec 教授提出的"基于重商主义观念的最优压力理论"。该理论主张,抽象的"恢复平衡"是没有意义的,WTO 报复的目的在于促使执行。一般而言,越高水平的报复越有可能导致违规方执行裁决。但是,由于大多成员依然受到"重商主义"观念的影响,因此他们只能接受"等同"水平的报复,如果一旦报复水平超过"等同"标准,他们就会认为自己受到了惩罚或制裁,而产生抵触情绪,拒绝执行 DSB 的建议和裁决,从而不利于裁决的执行。从这个意义上讲,"等同"标准提供了一种保障,有效防止了可能产生抵触情绪的过量报复,这是保证产生最优压力的报复水平[23]。

(二) WTO 报复"促使执行"的目的是确定报复水平应考虑的主要因素

在确定报复水平时,"促使执行"的目的发挥着非常重要的作用,指引着确定报复水平的方向。在 WTO 报复仲裁实践中,仲裁庭一致认为其要确定的报复水平与报复"促使执行"的目的密切相关。在多起报复仲裁案中,仲裁庭在确定报复水平时明确指出,WTO 报复的目的就是为了促使败诉方执行 DSB 的建议和裁决。如在"巴西-飞机案"中,仲裁员明确指出,只要报复水平能够有效地促使执行,它就是"适当的",明确表示报复的目的对于确定报复水平的重要意义[24]。如在"欧共体-香蕉案"中,美国就曾试图超出"等同"标准计算报复水平,美国认为,根据 GATT1947 第 23 条的规定,报复水平应当与具体案情相适当,因此,报复水平应当考虑报复的目的是要促使裁决执行,应该考虑直接和间接的贸易损失[25]。仲裁庭明确提出:"授权报复是相关成员方未能完全执行裁决时所采取的一种临时措施,我们同意美国的主张,即临时的性质意味着报复的目的是促使执行。但这一目的并不代表DSB可以授权超越与利益丧失或减损水平相等标准的报复。我们认为，就算不考虑DSU第22.4条和第22.7条的规定，DSU第22.1条也不能证明报复具有惩罚的性质。"[26] 这一观点被之后的多个WTO报复仲裁庭所支持并使用，如"美国-FSC案"和"加拿大-飞机案"，同时也得到了众多学者的肯定与认同。除此之外，确定的报复水平能否实现促使违规方执行裁决的目的也是判定WTO报复水平计算方法有效性的一个标准。

但在实践中，败诉方在某些特殊案件中拒不执行裁决的事实说明"等同"标准在促使执行方面实际发挥的作用不大。事实上，"等同"标准要求报复的水平必须与违规措施所造成的利益丧失或减损的水平相等，这点更像是在"补偿"胜诉方[27]或保持贸易的平衡。如在"美国-伯德修正案"中，DSU第22.6条报复水平仲裁程序的仲裁员指出："DSU并没有明确规定授权报复的目的，一方面，执行DSB建议和裁决的义务好像暗示着报复的目的是为了促使执行，以前的仲裁员也承认这一点，但是，到底什么在促使执行，则因案而异，涉及的因素包括，但不限于，被授权报复的水平；另一方面，对于报复水平必须与胜诉方遭受的利益丧失或减让水平相当的规定又好像暗示着报复只是为了获得部分临时性补偿而采取的一种手段而已，哪怕补偿的谈判已经结束。"[28]

（三）WTO报复水平的计算方法

根据WTO关于确定报复水平的相关规定，报复水平应与利益丧失或减损的水平在数额上具有一致性，因此，在确定报复水平之前必须首先将胜诉方所遭受的利益丧失或减损的水平进行量化。

DSU缺乏对报复水平计算方法的具体规定，这就导致在实践中，仲裁员可以通过量化和质化来确定报复水平，对报复水平的计算采用了不同的方法。考察WTO成立以来的实践，仲裁员通常采用下列几种方法计算报复的水平。

第一，反事实分析法。根据DSU第22.4条的规定，要计算报复水平必须首先计算利益丧失或减损的水平，即损害水平。在"欧共体-香蕉案"中，仲裁员首次采用了"反事实分析法"（counterfactual analysis），通过计算由于违规措施而导致的本应发生的而实际没有发生的贸易金额来确定损害的水平。据此，仲裁员首先计算欧共体在现行香蕉进口体制下从美国进口香蕉的金额，再计算在符合WTO协定的香蕉进口体制下的进口金额，然后将现实情况下的金额与假定情况下的金额进行比较，计算出差额，再根据实际情况对差额进行调整，计算出损害水平，由此推定出报复水平[29]。

第二，等同法。在"巴西-飞机案"中，仲裁员认为，在禁止性补贴情况下，与补贴总量相当的报复水平是适当的，补贴的水平就是报复的水平，也就是说，补贴多少就报复多少[30]。

第三，推算法。"美国-版权法第110（5）节案"是WTO历史上首次出现了引用DSU第25条仲裁程序来计算损害水平的案件。本案中，仲裁员计算报复水平的方法是，首先计算美国在遵守TRIPS协定的情况下应该向欧共体缴纳的版税金额，然后再推定该金额等于欧共体受到美国违规措施影响所蒙受的损失[31]。

第四，对等法。在"美国-《1916年反倾销法》案"中，作为胜诉方的欧共体和日本均提议采取"镜像立法"的方式报复美国，以"质量上等同"标准确定报复水平。按照这个提议，欧共体和日本将各自制定国内法，在实体上和程序上完全照搬美国的《1916年反倾销法》，而且专门针对美国进口的产品实施。但这一提议最终没有被仲裁员所采纳。本案仲裁员认为："'利益丧失或减损的水平'是一个定量的概念，应该对'贸易效果或经济效果'进行定量的计算，也只有这样做才能满足'等同'标准，因为尽管采取与原违规措施完全相同或类似的报复措施，也可能会产生与原违规措施不相同的贸易效果或经济效果，因此不能简单的照搬或套用。'比照立法'从表面上看似乎是合理的，但与DSU第22.4条的规定是冲突的，如果想用定性的方法来确定，也必须首先审查有关措施的'性质'（nature）。"[32]

从目前关于报复水平计算的实践来看，仲裁员在报告中一般只宣布报复水平的计算方法和裁定的报复金额，从不详细解释计算的过程，从政治角度来看，仲裁员计算出来的报复水平从表面上能够让成员们信服，但从科学计算的角度来看，计算结果不够精确，令人遗憾[33]。

(四) 报复水平确定的个案分析

DSU 第 22.4 条只有关于报复水平确定的原则性规定，并没有明确、具体的规定报复水平确定的规则和程序，因此，对报复水平确定的实证研究显得特别重要。

1. 美国-FSC 案

欧共体针对美国对在海外设立分支机构的美国公司提供避税的优惠待遇措施提起诉讼，专家组和上诉机构均裁定美国的补贴措施违反 WTO 协定，但美国并未在合理期限内执行裁决，2000 年 11 月，欧共体向 DSB 申请报复授权。

欧共体向 DSB 申请的报复水平为 40.43 亿美元，并认为这一数额是完全合理的，美国实际补贴的数额所造成的影响远远超过这一水平[34]。美国则认为，从美国补贴总额对全球贸易的实际影响中除去欧共体以外其他成员的影响后，余下的数额就是美国补贴对欧共体贸易的影响数额[35]。按照美国提议的计算方法，美国实际补贴总额为 40.43 亿美元，而欧共体在全球贸易中所占的比例是 26.8%，据此，欧共体对美国可实施的报复水平仅为 10.84 亿美元[36]。但仲裁员认为，本案在确定报复水平时，应将美国补贴措施的严重程度考虑在内，不能将报复水平仅局限于消除贸易的影响，还应考虑违规措施的严重性和对权利义务平衡的破坏程度[37]。因此，2002 年 8 月 30 日，根据第 22.6 条报复水平仲裁庭最终裁定报复的水平为 40.43 亿美元，等于美国实际补贴的总额[38]。本案中，DSB 授权报复的数额是 WTO 历史上金额最大的一次。

仲裁员对这一裁决解释如下：首先，报复水平必须有助于实现报复促使执行的目的，即实现无延迟地取消禁止性补贴的目的[39]；其次，美国在 WTO 协定项下所承担的义务是"对整个国际社会承担的义务"，这项义务不能分割，因此，只能按照实际补贴总额而不是实际贸易效果来确定报复的水平[40]；最后，美国每年提供了超 40 亿美元的非法补贴，不能因为受美国补贴的部分产品出口到欧共体以外的其他成员就否定其补贴的不利影响[41]。

而美国认为，仲裁员的解释"令人不安"，仲裁报告存在"严重缺陷"。

美国提出下列观点予以反驳[42]：首先，报复水平的计算应该基于贸易效果，不应与贸易效果不成比例；其次，在任何案件中，要实现报复促使执行的目的，报复水平的确定完全掌握在仲裁员的手中，将极大地扩大仲裁员的自由裁量权；最后，仲裁员提出的美国在 WTO 协定项下所承担的义务是"对整个国际社会承担的义务"的主张是没有法律依据的。

2003 年 4 月 24 日，欧共体向 DSB 申请报复授权；2003 年 5 月 7 日，DSB 授权欧共体对美国实施报复措施。2003 年 12 月 8 日，欧共体通过了欧洲理事会第 2193/2003 号条例，针对来自美国的某些产品征收额外关税。2004 年 5 月 1 日，欧共体对自美国进口产品征收了 5% 的进口关税，并且税率每月增加 1%，直至到达 17% 的既定上限。欧共体实施报复的方式被称为"随时间流逝增加报复水平"[43]。

随后，美国对原 FSC 法进行了修改并快速通过了 2004 年《美国就业机会创造法》，即"FSC-ETI"法，作为对 DSB 建议和裁决的执行。虽然欧共体认为，该法未能使得违规措施与 WTO 协定相一致，但欧洲理事会还是相应地通过了第 171/2005 号条例，欧共体据此条例中止了其报复措施。

2006 年 3 月 4 日，该案原专家组和上诉机构经过审理裁定美国的新法仍然没有执行 DSB 的建议和裁决，因此，2006 年 5 月 3 日，欧盟委员会宣布，自 2006 年 5 月 16 日开始，将对自美国进口的部分产品征收 14% 的额外关税，迫于欧盟报复措施的压力，美国国会只好再一次通过立法，决定将在下一个财政年度撤销"FSC-ETI"法，欧盟认为，只要美国总统签署了该法，欧盟就已经达到了其实施报复措施促使执行的目的，因此，将不再继续实施报复措施。

本案中，欧盟申请对美国的报复授权就是针对"欧共体——香蕉案"和"欧共体——荷尔蒙案"的。如果欧盟真的实施了这 40 多亿美元的报复措施，就相当于要回了美国从乌拉圭回合以来从欧盟市场获得的所有利益，而且，这个报复措施除了经济影响外，还有巨大的社会影响，尤其是在关税高峰时更加明显[44]。因此，本案证明，欧盟获得巨大数额的报复授权和坚持实施长期的报复措施是促使美国执行裁决的主要动力。

2. 加拿大-飞机案

本案是关于确定报复水平的一个特殊案例,仲裁员最终裁定巴西的报复水平比实际利益丧失或减损的水平高出 20%。

本案中,巴西针对加拿大对其国内飞机制造商提供补贴的措施提起诉讼,经专家组和上诉机构裁决,加拿大的补贴措施违反了 WTO 协定。在执行裁决时,加拿大提出,由于飞机合同已经签署,加拿大将信守承诺,在裁决执行合理期限届满后继续向国内飞机制造商提供补贴,直到按照合同约定将补贴发放完毕为止,因此,加拿大将不执行 WTO 的裁决[45]。

在 DSU 第 22.6 条报复仲裁案中,仲裁员提出以下几个观点:第一,1969 年《维也纳条约法公约》第 26 条规定的"条约必须信守"(pacta sunt servanda)是国际法的一项基本原则,根据这一原则,一国不仅应善意履行其国际条约义务,而且也有义务履行国际条约义务[46]。第二,根据 DSU 第 22.1 条的规定,无论是补偿还是报复,均是临时性措施,均不如执行 WTO 裁决[47]。第三,由于报复措施的临时性质,确定了报复的目的是促使裁决的执行。《补贴与反补贴协定》第 4.10 条规定的目的也是确保裁决的执行,第 4.7 条明确规定无延迟的取消禁止性补贴[48]。第四,加拿大关于裁决执行的声明意味着它拒绝执行 WTO 裁决,这一决定与 WTO 协定的规定不符[49]。第五,仲裁确定的报复水平应该有助于报复目的的实现,即促使败诉方执行 WTO 裁决[50]。

基于上述观点,仲裁员认为,鉴于本案中,加拿大明确表示将不执行 DSB 的建议和裁决,为了"促使执行",报复的水平应该比补贴数量高,即在补贴数量的基础上增加适当的数额,使之能够改变加拿大的决定,促使其执行 WTO 裁决[51]。仲裁员最终裁决,报复的水平比损害的水平高出 20%[52],相当于 4 130 万美元,即从补贴的水平——2.06 亿美元提高到报复的水平——2.48 亿美元。仲裁员同时表示,这一裁决的数额只是象征性的,因为他们缺乏科学的计算方法,因此报复水平的数额不能精确的计算。而这一做法只是个案处理,目的是为了实现报复促使执行的目的[53]。

对于仲裁员关于报复水平的仲裁裁决,败诉方加拿大表示"严重的不满",认为这一裁决具有"全局性的影响",其理由如下[54]:第一,关于报复的目的。加拿大承认,报复促使执行的目的已经被 WTO 实践广泛承认并确立下来,但 WTO 协定并没有规定仲裁员可以在败诉方不执行裁决的情况下授权惩罚性或制裁性的报复水平;第二,加拿大指出,仲裁员的裁决"过于草率",毫无根据,因为仲裁员也承认,由于缺乏科学的计算方法,报复水平的具体金额很难精准计算,其裁决的金额只是象征性的;第三,加拿大认为,本案中的仲裁员表现的"司法能动主义"关系到每一个 WTO 成员,其裁决将具有"全局性的影响"。

该案仲裁裁决虽然经过加拿大的强烈反对,依然通过并生效了。该仲裁裁决是 WTO 历史上首次对"促使裁决执行"这一报复目的进行量化,提高了 WTO 成员违法的成本,对 WTO 体制和成员的影响重大。

通过对报复水平确定的典型案件进行实证研究,可以发现,目前仲裁庭在确定报复水平时,没有统一的计算方法和标准,使得计算出来的报复水平千差万别,争端双方对报复水平的确定产生较大的分歧,引发在报复水平确定仲裁案件中的各种问题。因此,确定明确具体的报复水平计算方法和标准是目前 WTO 报复制度急需解决的现实问题。

六、补偿制度

DSU 明确要求成员应该迅速执行裁决,如无法立即执行裁决,允许败诉方向胜诉方进行补偿,补偿属于经济手段,是一种临时性措施,不能替代执行裁决。因此,补偿是一种替代性的、临时性的救济措施,它只在停止不法行为暂时不可行的情况下或作为停止不法行为前的一段时间内的替代临时措施。在 WTO 争端解决机制中,补偿制度似乎是一个"被遗忘的角落",既不像报复那样火药味十足且具有轰动效应,也不像执行阶段的复审制度和仲裁制度那样司法色彩浓厚。

(一) DSU 关于补偿的规定

DSU 第 22.1 条和第 22.2 条是关于补偿制度的规定。DSU 第 22.1 条规定:"补偿和中止减让或其他义务属于在建议和裁决未在合理期限内执行时可获得的临时措施。但是，无论补偿还是中止减让或其他义务均不如完全执行建议以使一措施符合有关适用协定。补偿是自愿的，且如果给予，应与有关适用协定相一致。"DSU 第 22.2 条规定："如有关成员未能使被认定与一适用协定不一致的措施符合该协定，或未能在按照第 21.3 条确定的合理期限内符合建议和裁决，则该成员如收到请求应在不迟于合理期限期满前，与援引争端解决程序的任何一方进行谈判，以期形成双方均可接受的补偿。如在合理期限结束期满之日起 20 天内未能议定令人满意的补偿，则援引争端解决程序的任何一方可向 DSB 请求授权中止对有关成员实施适用协定项下的减让或其他义务。"

根据上述规定，补偿的适用必须满足两个条件：第一，只能在不可能立即撤销违规措施之时或不能在合理期限到期时执行 DSB 建议和裁决时适用；第二，必须是在双方自愿的情况下才能适用。

（二）补偿的法律特征

第一，补偿是非货币化的救济措施。DSU 所规定的"补偿"与一般国际法上规定的赔偿（reparation）不同。DSU 所规定的"补偿"不是指由于某成员采取的措施给其他成员造成了贸易损失而提供赔偿，而是在执行裁决的合理期限过后，这些措施仍不能撤销或修改的情况下，由于该违规方继续实施这些违规措施给其他成员造成损失而提供补偿。因此，WTO 体制中的补偿并非一般国际法上的金钱或货币补偿，一般不采用直接提供货币的方式，而是违规方给受害方提供某种利益，通常采取的做法是有关成员方在最惠国待遇的基础上削减关税或其他约束性关税壁垒[55]。由于这种补偿要在最惠国待遇的基础上提供，将在实质上惠及所有 WTO 成员方。

第二，补偿是自愿性质的救济措施。败诉方可以选择提供补偿，也可以选择承受报复，但补偿必须事先征得违规方的同意，在自愿的情况下才能使用的一种救济措施。因此，是否提供补偿完全掌握在败诉方手中，由败诉方控制，提供补偿的方式和数额一般都由败诉方决定。因此，补偿的自愿性质导致到目前为止没有一起案件真正适用过 WTO 的补偿制度。

第三，补偿是一种非追溯性的救济措施。违规方提供补偿不是弥补过去造成的损失,只针对因裁决未被执行或未被全面执行而违规措施继续存续期间所可能产生的未来的利益损害进行弥补,损害的起算点是专家组或上诉机构做出的建议和裁决中所确定的合理期限或根据 DSU 第 21.3 条由仲裁程序裁定的合理期限届满之日。因此,WTO 体系下的补偿不具有可追溯性,只是一种针对将来的、预期性(prospective)的救济措施。

第四,补偿是一种临时性的救济措施。DSU 所规定的补偿实质上是贸易利益的临时平衡。在合理执行期过后,如果被裁定的违规措施仍未撤销或修改,胜诉方的贸易利益会因此而继续受损,在这种情况下,可由败诉方自愿地给予胜诉方相应的贸易利益,以补偿其因此而受到的损失。一旦败诉方执行了 WTO 裁决,补偿将立即终止。

(三) 实践中较少适用补偿的主要原因

由于 WTO 贸易体制的宗旨是促进贸易自由化,而补偿的方式一般是提供更多的贸易开放机会,有利于促进贸易自由化,因此,在 WTO 体制下,提供补偿显然优于实施报复[56]。但到目前为止,在实践中,补偿这种救济措施极少被采用。主要原因有:第一,从经济学的角度看,由于补偿措施通常采取降低关税、减少贸易壁垒的方式进行,对胜诉方不是最佳选择。对于胜诉方,败诉方在其他领域降低贸易壁垒与其提交贸易争端解决机制的违规措施领域完全没有关系,败诉方的违规措施依然存在。第二,由于补偿要遵守最惠国待遇,一旦提供,必须对所有的 WTO 成员在无歧视的基础上提供,这就意味着对胜诉方的补偿,第三方也可享受市场准入利益,难免出现"搭便车"的现象,对胜诉方而言,在一定程度上等于为他人作嫁衣裳,对于败诉方而言,加重了补偿成本,在客观上使得这种补偿不可行。第三,由于补偿是自愿性质的,败诉方能更有效地控制补偿谈判的进程,而补偿与报复之间的关系是或此或彼,不能并用,一旦补偿谈判进展不顺,胜诉方担心影响其诉诸报复的程序权利[57]。第四,补偿是一种预期性质的救济措施,不能提供追溯性救济,所以只能提供不完全的救济,限制了当事方的选择。正是由于上述原因,直接导致到目前为止,WTO 败诉方还没有一例使用过这种补偿。

(四) DSU 中补偿与报复的关系

补偿和报复是国际关系和处理外交关系中比较常见的两种救济措施，由败诉方给予利益补偿或由胜诉方实施报复都是由 WTO 提供的救济措施，都具有临时性，都是在不得已的情况下的临时性安排，都不如完全执行裁决可取，且它们的共同目标都是促使裁决迅速执行以恢复争端双方之间相互权利义务的平衡来维护多边贸易体制的不可侵犯性[58]。但这两者在具体规定和实践应用中仍有较大的不同[59]。

第一，补偿的方式一般是提供更多的贸易开放机会，如降低某些产品的关税、提供更多服务准入机会等，这种方式有利于促进贸易自由化，增加社会整体福利；报复的方式主要是中止减让或其他义务，这样会减少贸易额，降低社会整体福利，违背了 WTO 追求贸易自由化的基本精神。

第二，补偿具有自愿性，败诉方可以选择提供补偿，也可以选择不提供补偿而承受报复，补偿完全掌握在败诉方手中，由败诉方控制，是否提供补偿以及是否继续提供补偿都由败诉方决定；报复具有强制性，一旦败诉方在合理期限届满后既不执行 DSB 建议和裁决又不提供补偿，胜诉方就有权申请报复授权，而且报复由胜诉方实施和控制，是否报复、如何报复以及是否终止报复等都由胜诉方决定。

第三，补偿通常要求败诉方在最惠国待遇的基础上给受害方提供某种利益，其他所有的 WTO 成员可以在同等条件下享受这些利益，所以补偿具有非歧视性；而报复只针对败诉方实施中止减让或其他义务，具有明显的歧视性特征。

提供补偿和实施报复相比较，明显提供补偿优于实施报复，因为补偿通常是以败诉方在最惠国待遇基础上向所有成员方降低贸易壁垒的形式提供的，从长远来看，对所有成员都有好处，与 WTO 促进贸易自由化的宗旨完全吻合；但胜诉方实施的报复措施与败诉方的违规措施两者是针锋相对的，均不在 WTO 协定的轨道上，往往会造成两败俱伤，对其他成员也没有任何好处，不利于促进贸易自由化。从适用顺序上来看，提出补偿谈判是申请授权报复的前提。根据 DSU 第 22.2 条的规定，要求争端双方先进行补偿谈判，在补偿谈判未果时，胜诉方才可申请报复授权。

七、报复制度

WTO多边贸易体制的最重要成就之一就是"驯服"了报复，将其置于多边控制之下，没有授权成员不得实施报复措施。WTO争端解决机制中的报复制度是WTO司法机制的重要组成部分[60]，是在GATT总协定基础上建立起来的现代国际法急需规范的非武力性对抗措施，是一项WTO争端解决强制执行措施。该制度既是对一般国际法中报复制度的传承和运用，更是一种创新和发展。报复制度作为WTO争端解决机制的"最后保障"（last resort），直接触及WTO法律体系的"中枢神经"，对整个WTO争端解决的顺利完成具有重要意义[61]。

（一）WTO报复制度的内涵

法谚有云：无救济，即无权利[62]。根据DSU第3.7条的规定，为了"维持各成员间权利和义务的适当平衡"，DSU为胜诉方提供了两种救济措施：一种是自愿性的补偿；另一种是胜诉方经DSB批准，针对败诉方歧视性地（on a discriminatory basis）中止实施WTO协定规定的减让或其他义务。第二种救济措施，即"中止实施WTO协定规定的减让或其他义务"（suspension of concessions or other obligations）就是WTO体制下的报复制度。

1. WTO争端解决机制中报复的含义

WTO争端解决机制中的报复制度一直是各成员方广泛关注的焦点。"报复"（retaliation）一词似乎成了约定俗成的概念，但实际上，DSU文本中并没有关于"报复"的直接表述，"报复"一词一直用来指代WTO协定中的"中止减让和其他义务"，并得到学术界和司法界的一致认可[63]。但应注意的是，WTO协定中的"报复"与其字面含义不完全相同，其不包含惩罚的意思，不是带有惩罚性的"制裁"措施[64]。

报复是一个通用术语，主要包括GATT1947第28条"减让表修改"、DSU第22条"补偿和中止减让"、《保障措施协定》中规定的"中止减让或其他义务"和《补贴与反补贴措施协定》(SCM)中第 4.10 条规定的"适当的反措施"(appropriate countermeasures)。但 DSU 第 22 条"补偿和中止减让"是 WTO 体制下关于报复制度最核心的规定[65]。

如 DSU 第 22.2 条规定:"如有关成员未能使被认定与适用协定不一致的措施符合该协定,或未能在按照第 21.3 条确定的合理期限内符合建议和裁决,则该成员如收到请求应在不迟于合理期限期满前,与援引争端解决程序的任何一方进行谈判,以期形成双方均可接受的补偿。如在合理期限结束期满之日起 20 日内未能议定令人满意的补偿,则援引争端解决程序的任何一方可向 DSB 请求授权中止对有关成员实施适用协定项下的减让或其他义务。"SCM 第 4 条和第 7 条明确规定,针对禁止性补贴和对其他成员利益造成不利影响的可诉性补贴,胜诉方通过特殊的争端解决程序经 DSB 授权可以采取"反措施",如果对"反措施"的适当性或相称性有争议,争端方可将该事项提交 DSU 第 22.6 条仲裁机构解决。

在 WTO 争端解决机制中,"报复"和"反措施"可以作为同义词来使用[66]。但 WTO 规定的报复制度是一般国际法中"反措施"的特别规定,不得在获得 WTO 授权报复的同时再寻求一般国际法中的反措施,也不得任意超越 WTO 的报复授权[67]。因此,为了避免混淆,统一概念,本书选择"报复"一词来指代 WTO 争端解决机制中规定的"中止减让或其他义务"。

2. WTO 争端解决机制中报复制度的特征

第一,WTO 报复措施是一种临时措施。DSU 第 22.1 条规定:"补偿和中止减让或其他义务属于在建议和裁决未在合理期限内执行时可获得的临时措施。但是,无论补偿还是中止减让或其他义务均不如完全执行建议以使一措施符合有关适用协定。"据此,报复只能作为一种临时性的救济措施,不能代替 DSB 建议和裁决的执行。如果报复能够替代 DSB 建议和裁决的执行,这将严重损害 WTO 争端解决机制"为多边贸易体制提供可靠性和可预见性"的宗旨。主要原因是:一方面,DSB 通过的建议和裁决具有国际法上的约束力,败诉方有执行 WTO 裁决的义务。如果允许报复来代替裁决的执行,那么经济实力较强的成员方就可以通过承受报复来"赎买"(buy out)其违规贸易措施,而经济实力较弱的成员和广大的发展中国家成员则无力"赎买",这将造成明显的法律适用的不公平,而且严重地损害了多边贸易体制的公信力。另一方面,报复措施本身与 WTO 体制所追求的贸易自由化宗旨并不相符。报复的假定前提是"胜诉方国内市场将会受益,来抵消败诉方采取的违规措施所造成的利益损害。"但是实际上,胜诉方实施的报复措施是一种限制贸易的措施,从本质上造成了国际贸易的一种退步,通常会造成两败俱伤,客观上无助于促进贸易自由化[68]。因此,执行裁决比实施报复对双方更有利,更易实现贸易自由化的宗旨。在"欧共体——香蕉案"第 22.6 条仲裁程序中,仲裁员强调报复措施只是一项临时措施,其临时性取决于有关成员方对裁决的全面执行。之后的"加拿大——飞机案"和"美国——FSC 案"等仲裁案的仲裁员均支持了这一观点。

第二,报复属于一种自力救济。报复是经 DSB 授权由胜诉方自力实施的一项救济措施。虽然从表面上看,它与单纯的自力救济不完全相同,但在具体实施过程中,主要是通过自力救济,而且是一种被限制的自力救济,或者说是被削弱的自力救济来实现的[69]。权利保障机制通常被分为私力救济、公力救济和自力救济三种[70]。私力救济是由争端中的一方制定规则,单方裁判,单方执行;公力救济是由争端双方以外的第三方制定规则,第三方裁判,第三方执行;自力救济是由争端双方共同制定规则,双方共同裁判,自主执行[71]。报复这种救济手段,从裁决规则上看,体现的是公力救济;从实现方式上看,体现的是公力救济和私力救济的综合运用;从实际运用上看,体现更多的是自力救济。国际法的执行大多表现为国家对其承诺的国际义务的一种自我遵守和约束,但在缺乏外在强制执行力的情况下,对于一国违反其国际义务或不执行国际裁决,并给他方权益造成损害的不法行为,国际法的执行往往通过他方采取自力救济措施——报复来实现,即国家以本国或组织的力量,通过实施报复措施来实现自我救济。WTO 报复制度就属于这种自力救济的典型代表。

第三,报复作用的发挥往往依靠经济实力。报复措施是要靠经济实力才能发挥作用的,本质是一种实力政策的反映[72],经济实力越强,报复能力越大。这对经济实力薄弱的发展中国家成员相当不利,因为它们手中可利用作报复的筹码是非常有限的。WTO 争端解决机制中报复制度所表现出来的实力驱动效力非常明显。如在"欧共体——香蕉案中",美国和厄瓜多尔都获得了报复授权,而且厄瓜多尔获得了交叉报复的授权,美国实施了授权报复并最终与欧共体达成了双方可接受的解决香蕉问题的协议,但厄瓜多尔由于一些原因没有实施报复措施。2000年5月5日,厄瓜多尔外交部部长在与欧共体贸易专员的会谈中曾经提到,欧共体和厄瓜多尔在寻求一项针对香蕉贸易的永久解决方案方面是天然的盟友。这明显表示厄瓜多尔不仅要维护国际法的正当权益,更要维系与欧共体的友好外交关系,从一个侧面反映出经济实力对利用报复措施以及报复措施发挥作用的重大影响。

第四,报复制度不具有惩罚性。根据DSU第22.4条的规定,DSB授权报复的水平应等同于利益丧失或减损的水平。报复的水平不得超过胜诉方所遭受的利益丧失和减损的水平,仅是恢复权利和义务的平衡而已,这说明败诉方无须为自己拒不执行裁决、拒不纠正违规措施而承担额外的责任。而且WTO报复制度不具有追溯性,不得溯及既往地追究过往造成的损失,即对于在争端解决期间,包括合理期限到期前由违规措施所造成的损失,WTO均不提供救济,因此,WTO报复制度是仅面向合理期限后的未来,而不溯及既往的救济制度。报复水平的等同性标准和预期性救济性质决定了报复措施的实施最多只是对现有损失的一种不完全补救,不会对败诉方的违规行为构成惩罚。

第五,WTO报复措施是WTO争端解决机制的最后一个手段。根据DSU第22.1条和第22.2条的规定,无论补偿还是中止减让或其他义务均不如完全执行建议以使一措施符合有关适用协定;如在合理期限结束期满之日起20天内未能议定令人满意的补偿,则援引争端解决程序的任何一方可向DSB请求授权中止对有关成员实施适用协定项下的减让或其他义务。据此,如果一成员的措施被裁定与WTO协定不符,败诉方首先应执行WTO裁决使其措施符合有关协定,只有未能在合理期限内执行WTO裁决,才可以进行补偿谈判,如果补偿谈判未果,最后才可以申请报复授权。因此,只有当其他救济措施均不能促使败诉方执行DSB建议和裁决,且争端双方未能针对有关争议达成均可接受的解决办法时,作为WTO争端解决救济措施的最后一环,DSB才能授权报复。

(二) WTO 报复制度的目的

目前，DSU 对于 WTO 报复制度的目的并没有明确的规定，而使得理论界和实务界对此问题产生了很多的争论。而从 GATT-WTO 报复制度的发展历程进行考察，可以发现，报复制度有三个主要的目的。

1. 限制单边报复

DSU 第 22 条规定的"补偿和中止减让"是基于 GATT1947 第 23 条关于报复制度的规定，GATT1947 的起草者们设计报复制度的一个重要原因是限制国际法上单边报复的滥用，并通过多边授权的报复取而代之[73]。20 世纪 30 年代，正是由于缺乏多边管制，主权国家滥用单边报复措施，给国际经贸关系带来了重大的灾难，甚至在一定程度上引爆了第二次世界大战[74]。因此，GATT 设计报复制度最初的目的是限制单边报复，加强多边纪律。但是根据 GATT1947 第 23.2 条的规定，如果在向对方提交书面交涉和建议后的一段合理期限内双方未能达成满意的和解，或遇到其他情况，则该事项应被提交至缔约方全体。由于 GATT1947 协定采取的是"正向一致"的决策机制，而且规定了"足够严重"的报复制度适用前提条件，所以，GATT 时期只有一起案件适用了报复制度。

WTO 协定继承和加强了报复制度对单边报复的限制，WTO 多边贸易体制的最大贡献之一，就是有效地遏制了单边报复，使得成员方的报复措施受到多边体制的约束。DSU 对报复权的授予、行使和适用范围规定了详细而严格的条件和程序，设立了明确的监督机制，有效控制了报复权的滥用。如 DSU 第 23.2 条（c）项规定："在中止适用协定项下的减让或其他义务前，必须依照程序获得 DSB 的授权。"即在获得 DSB 授权之前，任何成员方不得实施单边的报复措施，这是对"多边贸易体制的加强"。如在"美国——影响欧共体产品的进口措施案"中，专家组指出，由于美国在 DSB 授权之前实施了报复措施，等于对欧共体修改后的香蕉进口、销售和分销体制做出了单方面的认定，违反了 DSU 第 23.2 条（a）项、第 21.5 条和第 23.1 条的规定。

另外，在 WTO 体制下，报复权的授予和实施才真正得以实现。因为

WTO争端解决机制规定了"反向一致"的决策机制,专家组和上诉机构的建议和裁决几乎可以自动通过并产生法律约束力,因此,在WTO时期,使用报复制度的次数远远超过了GATT时期的记录。

2. 恢复减让的平衡

GATT时期,加入GATT都必须首先交"入门费",所谓"入门费"就是指关税减让承诺,其数额的多少由双方协商确定。申请方与缔约方的谈判主要涉及货物关税减让承诺,较少制定法律规则,由于GATT具有临时适用的性质,因此当时的争端解决多是关于"恢复"减让的平衡(balance of concessions)。所谓减让的平衡是指,通常情况下,一方作出减让关税承诺,其他缔约方作为回报也作出相应的关税减让,这样各方就形成了减让的平衡。如果一缔约方违反了GATT协定中关于关税减让的承诺,则之前建立的减让平衡将被打破,因此会出现利益的丧失或减损。

GATT设置的报复制度主要是为了保护各缔约方的关税减让这一成果,恢复被破坏的减让平衡,因此,GATT时期的报复制度的目的主要是为了恢复被违规措施破坏的"减让平衡"。报复是公平的,因为报复重建了双方之间因一方违反GATT协定而被破坏的减让平衡[75]。

3. 促使裁决的执行

《国家责任条款(草案)》将"促使执行"作为国际法上报复制度的唯一目的。报复制度的目的经历了从GATT时期"恢复减让平衡"向WTO时期"促使执行"的转化。因此,WTO争端解决机制中设置的报复制度的目的并非"恢复"减让的平衡,而是"促使裁决的执行"。

根据DSU第22.1条的规定,补偿和中止减让或其他义务属于在建议和裁决未在合理期限内执行时可获得的临时措施。但是,无论补偿还是中止减让或其他义务均不如完全执行建议使一措施符合有关适用协定。据此,执行DSB建议和裁决是最优的争端解决结果,也是WTO报复制度的最终目的。

报复制度的目的是"促使执行",即促使败诉方尽快地执行DSB的建议和裁决,一旦败诉方纠正其违规措施,报复措施应当终止。但如果争议措施没有按照DSB建议和裁决得到有效的撤销或修正,即使双方达成了补偿或已经实施了报复措施,那么可以认为争议并没有得到切实有效的解决。"促使执行"的目的是对 DSU 谈判者们设计报复制度意图的最准确描述,也是在考虑到执行规则或裁决所带来的可预见性和稳定性的情况下,最理想的目的。

"促使执行"不仅是 WTO 报复制度,也必然是整个 WTO 争端解决机制的目的[76]。因为"促使执行"的目的是由 WTO 争端解决机制的目的所决定的。任何争端解决机制的首要目的都是停止违法行为,只要存在共同协商的规则,对于这个规则的执行就是争端解决的首要目标[77]。根据上述观点,从 GATT 到 WTO,争端解决机制的目标都是促使裁决执行,作为 WTO 争端解决机制的最后手段——报复更是为了实现这一目的,即促使败诉方执行 DSB 建议和裁决,使其措施与 WTO 协定相符。

从实践上来看,胜诉方申请报复授权的主要目的就是"促使执行"。据统计,胜诉方获得授权实施报复措施的比例并不高。从 WTO 成立至今,只有 27 起争端中的胜诉方申请了 37 项报复授权,而 DSB 仅对 11 起争端中的 17 项报复申请给予了授权,最终只有 5 个国家实施了 8 项授权的报复措施[78]。

从参与报复实践成员的态度上来看,许多成员利用报复制度的目的就是为了"促使执行"。如欧盟负责 WTO 诉讼的官员公开表示,欧盟使用报复的目的就是为了"促使执行"[79]。巴西学者也认为,报复或者报复威胁对促使 WTO 裁决的执行有很大的帮助[80]。

从决定报复方式的重要因素方面来看,胜诉方往往针对败诉方比较敏感的和影响最大的行业和产品实施报复,报复措施将尽可能地对败诉方国内产业造成重大的不利影响,特别是针对具有强大经济实力集团的行业和部门,以迫使他们游说政府相关部门,促使政府早日执行 DSB 建议和裁决。如在"美国——伯德修正案"中,加拿大确定的报复产品清单中包括猪肉、生蚝和香烟,原因是美国这项违规措施的最主要的支持者来自弗吉尼亚和缅因州,而报复产品清单中选择的产品的主要生产地就在这两个州[81]。

从 WTO 争端解决的最终目的上来看,对败诉方实施报复措施不是 WTO 争端解决的最终目的,其最终目的是撤销或修正违规措施使其与 WTO 协定相符。根据 DSU 第 22.8 条的规定,即使在 DSB 授权报复的情况下,败诉方仍承担着修正其违规措施的义务。因此,胜诉方获得了报复授权,甚至实际实施了报复措施,其依然不能放弃促使败诉方执行裁决的努力,常常通过对国外出口商施加压力的方式"促使执行"。如尽管美国已经在案件中实施了报复措施,但依然通过要实施"轮候报复"威胁的方式继续施加压力给败诉方以促使其执行WTO裁决[82]。

通过对争端解决的实践进行考察,专家组和上诉机构针对案件事实进行不断的解释,并在实践中基本上达成了共识,即报复制度的目的主要是"促使执行",这也是目前仲裁员在WTO报复仲裁案件中的主流观点。

1999年的"欧共体——香蕉案(美国)"是首起涉及报复措施的仲裁案件。该案中,仲裁员根据DSU第22.1条的规定,认为:"报复是一种临时措施,取决于有关成员方的完全执行……我们认同美国的观点,这种临时性表明了反措施的目的就是促使执行。"[83] 在2000年"欧共体——香蕉案(厄瓜多尔)"中,仲裁员进一步明确:"报复希望达到的效果是'促使执行',为了达到此目的,申诉方可以寻求'强大'而'有效'的报复救济措施。报复的'可行性'和'有效性'的标准与第22条促使执行的目的和宗旨是完全一致的。"[84] 在1999年"欧共体——荷尔蒙案"和2007年"美国——博彩案"中,仲裁员都不约而同地支持"报复的目的是促使执行"的观点。

在2000年的"巴西——飞机案"中,仲裁员在解释《补贴和反补贴协定》第4.10条规定的"适当的反措施"时指出:"在考虑'反措施'的含义时,我们注意到反措施是用来'促使'(作出国际不法行为的国家)遵守其义务的。在'欧共体——香蕉案'中,仲裁员也作出了类似的说明,因此,我们认为,反措施如能有效地促使执行,那么它就是'适当的'。"[85] 同时仲裁裁决确认,在补贴领域实施报复的目的也是"促使执行",而"促使执行"在禁止性补贴领域就是指撤销该禁止性补贴。在2002年"美国——FSC案"中,仲裁员进一步确认:"禁止性补贴领域实施反措施的最终目的是促使立即撤销禁止性补贴。"[86]

不仅如此,在"加拿大——飞机案"中,由于加拿大明确表示将不执行DSB的建议和裁决,仲裁员表示,为了"促使执行",应该考虑在计算报复水平一般标准的基础上适当增加数额来"促使执行",因此,仲裁裁决的报复水平比加拿大计算的报复水平高是恰当和必要的[87]。本案最终裁决的报复水平在计算"补贴数量"的基础上增加了 20%[88]。

虽然使用报复措施在短时间内可能给败诉方甚至胜诉方带来经济、政治和外交上的不利影响,但从最终实现"促使执行"目的这个角度来说,报复确实能够发挥一定的积极作用,在实践中也确实发挥了重要作用。实施报复所带来的威慑效力,从某种程度上确实降低了 WTO 成员不执行 WTO 裁决的数量,如果没有实施报复措施的威慑,经济实力较强的发达国家成员将会更加肆无忌惮地设置贸易壁垒,修改贸易条件,侵害贸易自由化。报复制度的设计和报复措施发挥的威慑力都反映了成员方愿意通过报复制度"促使执行"的美好意愿。有些特殊案件,出于政治或经济等原因,败诉方最终选择了不执行 DSB 建议和裁决而承受报复,但其仍然受到 WTO 的约束,承担继续执行 DSB 建议和裁决的义务。

 第二节　WTO 裁决执行机制的基本问题

遵守是国际法最基本的理论问题。遵守国际法可塑造良好的国家形象。美国当代法学家埃德加·博登海默(Edgar Bodenheimer)曾深刻地阐述了遵守法律的重要意义,他指出:"如果包含在法律规则中的'应然'内容仍停留在纸上,而不对人的行为产生影响,那么法律只是一种神话,而非现实。"[89] 因此,通过对 WTO 裁决的及时有效的执行,可以发挥 WTO 争端解决机制的功能和实现其价值。

一、WTO 裁决执行机制的价值

任何法律机制存在特定的法律价值,根据不同的标准可以进行分类,结合法律价值体系内部各种不同价值之间的主次关系,以目的与手段的相对性为基础,根据法律价值的性质和内容标准,可以把法律价值分为目的性法律

价值（法律满足那种作为主体活动目的本身的需要所形成的法律价值）和工具性法律价值（法律满足那种以更高目标为理由的需要所形成的法律价值，也就是以实现和完善其他法律价值为依托或归宿的法律价值）[90]。两种价值具有相对性，没有绝对的界线。因此，可以将WTO裁决执行机制的法律价值分为目的性价值和工具性价值。一般反映WTO裁决执行机制所追求的终极目标的目的性价值居于主导地位；WTO裁决执行机制为实现其目的性价值而具备的共性价值就是工具性价值。前者是统率，反映WTO裁决执行机制的本质特征；后者是支持，目的性价值和工具性价值的统一为WTO裁决执行机制的有效运行提供保障。

（一）WTO裁决执行机制的目的性价值

WTO裁决执行机制的目的性价值确保多边贸易法律的权威性，即"任何个人或团体都必须无条件服务法律的支配，法律的尊严神圣不可侵犯"[91]。法的核心就是权威，对WTO全体成员来说，多边贸易法律的权威是一项重要的价值，其作为目的性价值有利于WTO裁决执行机制走向良法善治之路。

多边贸易法律的权威性体现在：一方面，要求WTO全体成员对多边贸易法律形成信仰，"法律必须被信仰，否则它形同虚设"[92]。有效的WTO裁决执行机制可以使WTO全体成员对多边贸易法律产生信仰；另一方面，要求WTO全体成员遵守多边贸易法律，有效的WTO裁决执行机制将使违法成员在经济和政治上的违法成本大于收益，为此付出代价，促使WTO成员遵守多边贸易法律。

从应然的角度看，必须承认WTO裁决具有法律效力，以确保多边贸易体制的权威性和有效性，这有利于实现多边贸易法律的公平、自由、正义、效率和秩序等价值。

（二）WTO裁决执行机制的工具性价值

1. 执行公正

执行公正是指WTO裁决的执行规则、行为和效果对争端方要在实质上和形式上达到利益的平等保护和公平对待,是 WTO 裁决执行机制的工具性价值之一。具体表现为:首先,WTO 裁决的执行规则、行为和效果等在范围上都要公正。为此而设定的合理执行期间的确定程序、执行复审专家组和上诉机构制度、报复的授权和水平的仲裁等制度目的就在于确保争端方的公正待遇;败诉方及时有效地执行 WTO 裁决,补偿胜诉方遭受的损失,就是对胜诉方最大的公正。其次,不仅要实现形式上的公正,还要达到实质上的公正,在程度上平等对待各争端方。实质上的公正是指针对经济地位不同和发展水平严重不同的争端方,应该给予发展中成员以特殊和差别待遇,坚持"承担义务的非互惠模式"[93]。再次,WTO 裁决执行机制的执行公正在内容上应涵盖执行程序的各个阶段,包括公正启动执行程序,即在通报 DSB 执行意向时做到公正;裁决公正,即在合理执行期限仲裁、执行复审专家组和上诉机构裁决程序以及报复水平仲裁等方面都实现公正。最后,争端方的利益在效果上都要受到平等保护和公平对待。区别对待败诉方的执行,尤其是发展中成员,允许他们在执行过程中享有一定的程序性权利。

2. 执行效率

效率(efficiency)是指以价值较大化的方式利用资源和实现满足。根据预期目的对资源的配置和利用的最终结果作出社会评价是效率的高级或者深层衡量标准,社会资源的配置使越来越多的人改善环境而同时没有人因此而情况变差,就意味着提高了效率[94]。使败诉方的执行与有关适用协定及其承担的 WTO 义务相符变得更加容易就意味着执行效率的提高,其结果是违反多边贸易法律的成本的提高或收益的降低,从而维护和提高多边贸易法律的权威和稳定。

为了实现执行效率,WTO 裁决执行机制应该满足下列要求:(1)缩短执行周期。即缩短从 WTO 裁决经 DSB 通过之日起到 WTO 裁决执行程序结束为止的一段时间区间。执行周期越长导致执行成本越高,那么提高执行效率的方式之一就是缩短执行周期就,这就要求 WTO 裁决执行机制合理地设定各种执行期限,与此同时,要求各执行阶段中的所有主体必须严格遵守 WTO 裁决执行机制设定的各种执行期限。(2)适用瑕疵执行损失救济措施。即为了执行 WTO 裁决有关成员采取特定措施,但结果并没有使败诉方的规则与 WTO 协定相一致。瑕疵执行将使胜诉方遭受损失，为此应使败诉方对其延迟执行和瑕疵执行给胜诉方造成的经济损失负责，通过增加败诉方的违法成本，促使其尽快执行 WTO 裁决，缩短执行周期，减少执行程序，降低执行成本，提高执行效率。(3) 有力的强制执行措施。作为一种不可替代的 WTO 裁决执行是为一定行为的执行方式，中止义务即授权报复就成为一种 WTO 的间接执行措施，也是强制执行措施。有效的授权报复手段可以对败诉方造成执行上的威慑力，降低延迟执行和不执行的概率。

3. 执行及时

常言道："迟到的正义不是真正的正义。"充分反映了不能迅速及时享有、行使和承担法律上的权利、义务和责任将产生的严重不良后果。WTO 裁决的及时执行对于实现 WTO 争端解决机制和 WTO 裁决执行机制的正义具有重要意义。

由于不立即执行 WTO 裁决并不直接承担法律责任，但"应在一段合理期间内执行 WTO 裁决"，意味着败诉方需要承担的法律责任只是应该在延迟的合理期间内执行 WTO 裁决，否则需要承担轻微的法律后果。首先，败诉方需要承担与胜诉方协商补偿的程序义务，因为补偿不是强制性的，而是自愿的，导致这一法律责任只是程序性的，而非实体上的责任；其次，败诉方承担的补偿谈判义务和授权报复后果都只是一种可能性，并非必然性法律后果。

4. 执行安定

WTO 裁决执行机制中的执行安定是指 WTO 裁决执行的各环节和阶段要实现程序法定、完整、步骤协调、措施有效，以实现执行方对执行后果具有合理的期待和取得执行的法律效果。WTO 裁决执行机制的执行安定会保证执行方对执行制度和效果的信赖，因而有利于各方的执行，增强法律的权威性，实现 WTO 裁决执行机制的目的性价值。

执行安定要求 WTO 裁决执行机制做到以下几个方面：第一，程序法定，WTO 裁决执行行为应依法进行，避免进入无序状态而使执行各方对 WTO 裁决执行机制产生怀疑，最终影响对 WTO 裁决执行机制的信赖；第二，程序守法，执行各方在执行 WTO 裁决的过程中，尽量做到时间上的及时，要求上的相符；第三，程序完整，既包括启动程序也包括终结程序，从执行实践来看，有的案件执行处于一种不明状态，长期没有执行活动，不利于 WTO 裁决执行机制权威性和稳定性的维护；第四，步骤协调，确保执行步骤相互协调，避免执行各方单方面采取行动，造成程序的不稳定性；第五，措施有效，有效的执行措施和救济措施将会促使败诉方及时有效地执行 WTO 裁决，维护 WTO 体制的稳定和发展。

二、WTO 裁决执行机制的目标

关于 WTO 裁决执行机制的目标，学界是有争议的。一种观点认为，WTO 裁决执行机制的目标是确保败诉方执行 WTO 裁决；另一种观点认为，WTO 裁决执行机制的目标是为"有效违反"提供便利的机制，最终是为了确保效率。执行的目标决定了执行的力度，因此 WTO 裁决执行机制目标的定性具有重要法律意义。

（一）强制执行理论

以杰克逊教授为代表的支持者主张，WTO 法是一种强制法，强制执行理论是以假设 WTO 条约具有完备性为前提的。因为，人们普遍接受了福利经济学假设，即贸易壁垒的降低增加了社会福利，而 WTO 规则是促进贸易自由化的，那么，遵守 WTO 规则将使得社会福利最大化。因此，遵守 WTO 规则、使有关措施与有关 WTO 协议相符就成了 WTO 协议的首要目标。

强制执行理论倡导者主张 WTO 执行的目标是促使执行 WTO 裁决，并阻止未来对该协定的违反。执行 WTO 裁决的目的在于促进专家组或上诉机构裁决的执行，以维护国际贸易法律体制的可预见性和稳定性。

强制执行理论的支持者认为，根据《马拉喀什建立世界贸易组织协定》第 16 条和 DSU 第 3.2 条规定确定的 WTO 体制的根本价值和最终目的不是狭隘的国家利益，而是整个国际贸易体制的稳定性和可预见性。DSU 通过提供合理期限制度，提供补偿谈判和授权报复措施来规避完全执行 WTO 裁决的部分压力，好似一个"安全阀"，帮助败诉方的政府有能力去改善其在国内法律体系中的艰难困境。但希望最终实现的理念是，为 WTO 各成员提供安全性和可预见性，在以规则为导向的体制中，完全执行 WTO 裁决是一项很重要的国际法义务[95]。一方面，声誉成本是所有成员遵守 WTO 规则的平方根原因之一。WTO 规则对于某些成员来说与它们的正义理念紧密相连，因此它们愿意遵守且与法律强制无关[96]。另一方面，WTO 体制是国际法的重要组成部分，即使没有救济或惩罚机制，大家也会像遵守一般国际法那样习惯性地遵守 WTO 规则或执行 WTO 裁决[97]。

因此，强制执行理论认为 WTO 法具有强制性，补偿谈判或授权报复只是临时性措施。根据传统的国际法理论，严格遵循"条约必须信守"原则，在任何情况下，国家都要兑现其承诺。在 WTO 争端解决机制中，强制执行为其成员在法律安全性和灵活性之间提供了一种平衡[98]。

（二）再平衡理论

"再平衡"理论发现了 WTO 裁决执行过程中固有的"补偿或履行"关系。通过借鉴私人契约中的经济学理论，将 WTO 协定看作成员交换互惠的市场准入减让或关税自由化承诺的单一权利契约。

"再平衡"理论的支持者认为，WTO 法并不主张不惜一切代价地遵守。WTO 协定作为世界贸易体制中最为核心的贸易协定是不完全契约[99]。由于 WTO 协定没有办法明确考虑到成员之间关系复杂性以及不能预测所有未来紧急情况的不完全契约，在情况发生改变时，完全依据条约文字严格执行并不是一直都能共同获益[100]。

世界贸易体制从根本上说是由产生"平衡减让"的贸易自由化互惠承诺所驱动的。根植于这样的信念，WTO 裁决执行机制通过平衡相互的减让，确保胜诉方得到有效赔偿和为败诉方提供有效的退出可能性。WTO 成员可以选择提供赔偿或承受报复而不遵守 WTO 义务。这就把 WTO 争端解决机制视为违约并补偿的体制，或认为 WTO 应当允许成员"买断"违约。

"再平衡"理论的核心是如果某成员的行为违反了 WTO 规则而导致其他成员在 WTO 体系中享有的利益丧失或受到损害，该败诉方应向胜诉方提供包括金钱补偿或提供新的关税减让承诺或市场准入条件作为补偿，以保护彼此贸易利益在总体上的平衡。这事实上反映了被诉方不仅有权选择补偿的方式,而且有权选择是否执行 WTO 裁决。

"再平衡"理论从根本上说是 WTO 争端解决机制提供的"安全阀"。WTO 裁决执行机制通过确保相互减让的平衡,实现了对胜诉方进行赔偿和为败诉方提供有效退出可能性的双重目标[101]。根据"再平衡"理论,执行的根本目的是"促使当事人在承诺人产生的利益超过要约人成本时遵守其义务,而认可要约人在自身遵守成本超过承诺人所获得利益时选择违反其义务"[102]。

(三)有效违反理论

有效违反理论需要具备两个前提条件:一是私人合同,因为不涉及公共利益和第三方利益,根据合同自由原则,私人合同可以进行调整;二是合同不完备性,许多合同是在相当程度的复杂性和不确定性条件下达成的,可能产生某种情势,使得一方偏离承诺或"违反"合同来符合双方的共同利益[103]。

WTO 具有双边性质,理论上满足了适用有效违反理论的第一个前提条件,从政治经济学角度来分析,WTO 协定很难被界定是完备的。从福利经济学角度来看,强制执行所有的 WTO 规则并不一定会导致政府福利最大化。WTO 裁决执行机制的某些规定似乎允许"有效违反"。DSU 允许败诉方通过提供补偿暂时性偏离 WTO 义务,暂时性补偿可以被视为允许政治经济学意义上的有效违反。

从现有 WTO 裁决执行机制来看,它主要采用了福利经济学假设,但必要时不得不屈从于现实政治,采取公共选择理论。前者认为 WTO 协定以贸易自由化和经济福利最大化为假设条件,因此被认定为是完备的,那么停止违规行为,执行 WTO 裁决就是无条件的救济措施。但是从现实政治的角度来看,政府仍然面临国内政治问题,有时候无条件停止违规行为不太可能,因此,DSU 第 22 条允许暂时性的"购买"不履行,那么暂时性的"补偿"选择正好反映了政治经济学角度的有效违反理论。但由于有效违反理论的前提条件是将 WTO 视为私人合同,只考虑了争端双方的利益如何协调和解决,没有顾及 WTO 协定具有一定的多边性,更没有考虑到违规行为可能给多边贸易体制带来的不利影响。

WTO 议题的复杂性导致各种争论的持续，关于 WTO 裁决执行机制的目标还没有统一的观点，WTO 义务具有双边性为有效违反理论的适用提供了前提条件，WTO 协定不具有完备性导致强制执行所有 WTO 义务并不符合效率要求，可以允许暂时性的偏离，如提供补偿。但是，对于一些具有完备性的 WTO 义务，强制执行的要求应该予以坚持。所以一刀切式的强制执行要求并不符合效率要求，特殊情况下允许有效违反是比较可取的选择，因此 WTO 裁决执行机制的最终目标原则上应是确保执行、促进执行，但可以存在例外。"欧共体——荷尔蒙案"就提供了一个很好的例子，欧共体通过承受报复继续维持着与 WTO 不符的措施，缓解了国内政治压力。

三、WTO 裁决执行机制的基本原则

WTO 裁决执行机制的基本原则是指贯穿于 WTO 整个执行过程中，普遍适用于 WTO 各执行制度的主旨和精神。具体内容如下。

（一）及时有效解决争端原则

（1）败诉方应尽可能迅速地执行 WTO 裁决。DSU 第 21 条第 1 款明确规定："为了确保有益于所有成员的有效争端解决，迅速执行 DSB 建议或裁决是必要的。"因为一旦作出 WTO 裁决并得以通过，争议措施的违法性即被正式确认，败诉方应当立即停止违规行为，并使其措施与 WTO 协定相符。违规措施的持续存在不仅继续侵害着胜诉方在 WTO 体制下的利益，侵害着多边贸易体制的完整性，更意味着败诉方公然违抗集体意志，将会损害整个 WTO 法律体制。

（2）WTO 争端解决裁决各程序的运作应当及时高效，有助于促进败诉方迅速执行。为了促使败诉方执行 WTO 裁决，DSU 设置了各种执行程序，如合理期限仲裁程序、执行复审程序、补偿谈判程序和报复授权程序等，这些执行程序不能过于冗长，运行必须及时高效，才能更有利于促使败诉方迅速执行 WTO 裁决。

（3）及时有效解决争端原则蕴含着灵活性因素和现实主义考虑。WTO

裁决执行机制的适用尽量避免僵化,也可以灵活适用贸易争端的外交手段解决。WTO 裁决执行程序的运作应当避免导致败诉方无法及时执行 WTO 裁决,如完全不考虑败诉方的拖延而确定的合理期限可能会导致败诉方无法在规定的时间内执行 WTO 裁决。

(二) 持续监督原则

DSU 第 21.6 条规定,DSB 应该监督已通过的建议或裁决的执行。持续的多边监督可以施加持续的多边压力。持续监督主要表现为 DSB 会议上的监督。具体的监督方式有:

(1) 赋予所有 WTO 成员监督败诉方执行 WTO 裁决的权利。

(2) 将 WTO 裁决执行问题列入 DSB 议程,直到问题得以解决。

(3) 要求未能执行 WTO 裁决的败诉方在每一次 DSB 会议召开前至少 10 天向 DSB 提交一份关于裁决执行进展的书面报告。

DSB 的持续监督贯穿于 WTO 裁决的整个实施过程中,直到败诉方使其措施与相关涵盖协定相符或与胜诉方达成相互满意的解决方案。对于各成员来讲,上述监督过程通常产生了执行已通过的 WTO 裁决的激励[104]。

DSB 会议上的监督尽管具有持续性,但实践中流于形式,未能起到对败诉方施加压力促使其迅速执行 WTO 裁决的作用。实践表明,第 21.6 条项下提交执行报告的机制在许多案件中变成一种纯粹的例行手续。因为关于这类执行报告的细节,DSU 没有规定任何要求,其他成员也很少提出质疑,导致败诉方的执行报告更像是没有任何意义的例行文件的提交。另外,DSB 监督仅限于败诉方的执行行为,没有要求监督补偿安排或相互满意的解决方案,更不包括胜诉方实施授权的报复,监督对象过于狭隘,也阻碍了监督的效果。但是不可否认现行的 DSU 监督机制是有效果的,应当加强 DSB 对败诉方实施状况的多边监督。

(三) 特殊和差别待遇原则

特殊和差别待遇原则贯穿 WTO 裁决的执行和监督全过程,主要表现为以下几个方面。

(1) 第 21.2 条作出了原则性的规定:"就争议措施而言,应该特别关注影响发展中国家成员利益的事项。"从条文结构来看,这一条款只适用于合理执行期限、执行复审程序和监督执行程序。从实践情况来看,争端各方主要在合理执行期限仲裁程序中援引此条款。

(2) 第 21 条第 7 款和第 8 款要求 DSB 对发展中国家成员提出的有关事项考虑采取进一步行动。第 7 款规定:"如果有关事项由发展中国家成员提出,则 DSB 应该考虑它可能采取的符合情势的进一步行动。"第 8 款进一步明确规定:"如果案件由发展中国家成员提出,那么在考虑可能采取何种适当行动时,DSB 不仅要考虑被诉措施所涉及的贸易范围,而且要考虑该措施对相关发展中国家成员经济的影响。"但到目前为止,DSB 从未适用过这两个条款。

(3) 第 24 条要求对涉及最不发达国家成员的案件适用特殊程序,该要求也可适用于 WTO 裁决的执行和监督阶段,但就执行程序来说,还没有任何国家要求援引过该条。

(四) 禁止单边主义原则

DSU 第 23.1 条一般性禁止 WTO 各成员的单边主义行为,WTO 成员某些单边主义立法或行为,如"美国 301 条款"等均被认定违反了 WTO 义务。DSU 第 23.2 条明确了禁止 WTO 成员的三种具体单边行为,包括:违反义务已发生、利益已丧失或减损或者协定任何目标的实现已受阻碍的单边确定、合理期限的单边确定以及单边中止减让或其他义务。事实上,DSU 禁止 WTO 裁决执行中的任何单边主义行为。一方面,它要求所有成员在寻求矫正 WTO 不符措施时"诉诸"DSU 设置的多边程序,以此排除任何其他体制,特别是单边执行 WTO 权利义务的体制;另一方面,当各成员诉诸 DSU 中的争端解决机制时,它们必须"遵守"DSU 规定的规则和程序。

四、WTO 裁决执行机制的运行要素

WTO 裁决执行机制的运行要素是指 WTO 争端解决机制中与裁决执行机制有关的各个构成要素及其运行模式,主要包括以下内容。

(一) 实体要素

WTO 裁决执行机制的实体要素是指败诉方执行 WTO 裁决的义务、合理期限、补偿和报复。败诉方承担的执行 WTO 裁决的义务是 WTO 裁决执行机制运行的基础,从 WTO 裁决通过之日起,败诉方就承担了执行 WTO 裁决的义务,而且持续存在,直到败诉方完全执行了 WTO 裁决。虽然在合理期限内,败诉方可以维持违反 WTO 规则的状态且无须付出任何代价,但是一旦合理期限结束,败诉方将为其继续违规行为承担提供补偿或者遭受报复的严重后果。虽然这两项临时救济措施暂时性的偏离了 WTO 义务,但败诉方承担执行 WTO 裁决的义务并没有消失,依然持续存在,直至完全执行 WTO 裁决为止。"无义务、无补偿或报复",补偿和报复始终不能替代败诉方执行 WTO 裁决的义务。

(二) 程序要素

WTO 裁决执行机制的程序要素是指 DSB 持续监督程序、合理期限仲裁程序、执行复审程序、补偿谈判程序和报复授权与仲裁等程序。DSB 持续监督程序贯穿于整个 WTO 裁决执行机制过程中,旨在对败诉方执行 WTO 裁决的情况保持持续关注和监督,施加各种压力,促使败诉方尽快执行 WTO 裁决。根据 DSU 的规定,如果败诉方立即执行裁决不可行,可以申请合理期限,败诉方可在合理期限内执行 WTO 裁决,如果合理期限过后争端双方对败诉方的执行措施存在异议,则可通过执行复审程序加以解决。如果争端双方对败诉方在合理期限后的不执行或不充分执行没有分歧,或者经由执行复审程序确定败诉方没有执行或者没有充分执行裁决,那么争端双方可以进行补偿谈判,如果谈判不成功,则胜诉方可以请求 DSB 授权报复。由此可见,在 DSB 的持续监督下,合理期限程序、执行复审程序、补偿谈判程序和报复授权程序环环相扣,依次衔接,共同构成了有机联系且有效运行的 WTO 裁决执行机制。

(三) 动力要素

WTO 裁决执行机制的实体要素和程序要素都不可能自动自觉的运行起

来，需要一些动力促使败诉方执行 WTO 裁决，这些称之为动力要素。根据现行国际法执行理论，许多诱因影响着国际法的执行，如国际法规则的合法性、国内政治法律制度、国际法规则与国内社会的互动方式、国家声誉、利益驱动、报复或制裁等[105]。对于 WTO 裁决的执行诱因一般包括 WTO 裁决的合法性、国家声誉压力、报复以及报复威胁等。因此，更为具体的 WTO 裁决报告、更具合理性和说服力的仲裁裁决等都将有利于促进 WTO 裁决的执行。另外，胜诉方是推动 WTO 裁决执行各程序的原动力，胜诉方可以获得关于执行 WTO 裁决方式的提议、在 DSU 会议上不断指责败诉方的不执行行为、要求执行复审、补偿谈判和授权报复等促使败诉方执行裁决。胜诉方甚至可以在 WTO 争端解决程序之外施加各种压力促进败诉方执行，所以，WTO 裁决的执行效果主要取决于争端各方之间的互动以及权力对比关系。

WTO 裁决执行机制的运行机理就蕴含在 WTO 争端解决裁决执行机制的各种程序和争端各方依据程序所形成的互动过程中。如果争端各方合法有效地运用 WTO 裁决执行机制各程序，在执行过程中进行了良性互动，对于促使败诉方尽快执行 WTO 裁决和提升执行效果是非常有益的。

第三节　WTO 裁决执行机制的法律机理

WTO 裁决执行阶段汇集了各成员、争端方、国内法与国际法、对外开放与利益保护、规则导向与权力导向、违法与救济等诸多因素之间的各种矛盾，建立了各种联系，产生了多种冲突，形成了不断的互动关系，也成为 WTO 争端解决机制中斗争最为激烈的领域之一。为此，经过乌拉圭回合谈判，WTO 创设了一整套 WTO 裁决执行机制，该机制包括以下三个方面：（1）司法体系：由专家组或上诉机构对裁决执行的期限、执行争议和报复水平等问题进行裁决；（2）行政体系：对执行 WTO 裁决的全过程进行多边监督；（3）救济机制：在不执行 WTO 裁决的情况下允许自愿补偿或报复授权。

国际法上的执行问题很复杂，其涉及国际权力结构、国家利益、国内政治因素和观念格局等多个层面。WTO 法和规范性压力在执行 WTO 不利裁决方面起到某些作用，但国内政策偏好和优先性似乎在影响 WTO 成员的执行行为方面扮演着更为重要的角色。美国和欧盟对 WTO 不利裁决表现出不同的执行水平，这取决于特定案件的复杂和敏感程度。数十年来，美国经常扮演着贸易自由化坚定捍卫者的角色，而中国在守法问题上似乎总是后进生，但统计数据表明事实并非如此。

如何判断一项 WTO 规则或裁决已得到遵守？毋庸置疑，一项行为的合法性应该由公认的坐标系或标准来判定。这就是国际法。在实践中，WTO 争端解决机构需要审查大量坚实的事实证据和经过严密的法律推理过程，才能断定某成员的措施是否与 WTO 协定不一致。因此，一项措施是否合法，并不是由某个国家说了算。然而，在某成员的措施被裁决违反 WTO 规则之后，如何检验败诉方事实上已执行了该裁决？执行裁决是指败诉方修改与 WTO 不一致的法律，还是指废除被指控的措施？如果败诉方拒绝作出任何改变，那么在 DSB 授权申诉方进行报复之后，是否即可认为败诉方已执行裁决？如果败诉方修改法律，但并未符合 DSB 或胜诉方的要求，该认定为执行还是未执行 WTO 裁决？在"美国外国销售公司"案中，美国修改法律以遵守一项 WTO 裁决，但欧共体认为该修改的法律仍违反 WTO，即该修改的法律仍与裁决不一致。此外，WTO 法意义上的"执行"，能否包括在裁决作出后由争端当事方通过磋商解决这种情况？这些都是在实践中未达成普遍共识的问题。

通常来说，国际贸易法学者是以"合理期间"和"执行质量"这两个要素作为一项 WTO 裁决是否已得到执行的判断标准，即时间要素和质量要素。但这也并非不存在问题。首先，根据 DSU 第 21 条第 3 款，除非当事方同意，合理期间不应当超过 15 个月。实际上，大多数成员都及时执行裁决，发展中国家在这方面通常比发达国家做得更好。因此，时间线本身不足以成为执行裁决的唯一标准。其次，何为"执行质量"？这里也有很大的解释空间。比如，如何评价败诉方及时修改绝大多数但不是所有与 WTO 协定不一致的法律？根据 DSU 第 21 条第 6 款规定，在 DSB 每次会议召开前至少 10

天，败诉方应向 DSB 提交一份关于执行 WTO 裁决情况的书面报告。如果败诉方未及时提交状态报告，这种情形是否会影响对其执行裁决的认定？

WTO 救济制度具有非溯及既往性、时限性补救和损害的非对等性等特点，这与传统法律上的赔偿理论大相径庭。在三种救济方式中，如果败诉方及时纠正与 WTO 协定不一致的措施，这对于维护国家声誉而言当然是最好的选择。但仍有两个问题：第一，当违反 WTO 规则并向胜诉方作出补偿后，败诉方是否得以免除其责任状态？如果答案是肯定的，就意味着在提供补偿后，败诉方就能以此替代执行裁决，国家在是否以及如何执行 WTO 裁决的问题上也就有较大的选择空间。第二，如果败诉方不愿纠正违法措施，也拒绝提供补偿，胜诉方只能请求 DSB 授权报复，这种情况是否可视为败诉方不执行不利裁决？如果答案是肯定的，就意味着即便接受报复，也要继续执行 WTO 裁决。

针对上述问题寻找答案，应该熟悉 WTO 裁决执行的过程和内部运作规律，并从中找出 WTO 裁决执行的固有规律，即法律机理。

一、WTO 裁决执行机制法律机理的理论基础

在结构特征方面，国内社会与国际社会明显不同。国内社会是一个以统治阶级为基础的纵向的宝塔式社会，在国内法律体系中，法律是由特定的国家机关制订的，个人不能创设法律，仅仅有权决定是否遵行法律；而国际社会是一个高度分权的横向的平行式社会。在国际社会体系中，理论上所有的主权国家法律地位一律平等，迄今为止没有一个普遍权威的国际立法机关，更没有一个普遍胜任的国际司法机构和具有强制力的共同执法机构。因此，国际法是主权平等者之间的法律，国际社会主体自己为自己制定法律，依靠法律主体自觉遵守法律和执行裁决。那么国际法主体自觉遵守法律和执行裁决的法律机理是什么呢？

WTO 裁决执行机制法律机理的理论基础是国际法的遵从机制，其代表学说是由哈佛大学法学院柯恩教授提出的"跨国法律进程说"（transnational legal process）。他提出："跨国法律进程指的是，公法主体和私法主体——国家、国际组织、跨国公司、非政府组织、私人——在各种公众和私人、国

内和国际场合如何解释、执行和从根本上内化国际法律规则的理论与实践。"[106] 这一学说主要用来解释国家执行或遵守国际法的原因。他认为传统国际法理论研究的视野太窄，在当今全球化理念广泛影响的情况下，国际法研究不应局限于单纯的国际社会和当代社会的国际法，也应该结合国内法律体制和国内法的研究。传统的国际法理论存在一个不合理的二分矩阵，将国内法和国际法、公法和私法完全区分且相互独立，这种人为的学科二分法已经不能满足当代国际社会的变化和国际法理论研究的需要，传统国内法与国际法的分界线已经变得越来越模糊。因此，他主张混合法（hybrid law）的研究方式，提出"跨国法律进程说"，明确国际法理论研究既不是纯粹的国内法研究方式也不是单纯的传统国际法研究方式，应是两者兼而有之[107]。

从国际关系理论层面考察，柯恩教授提出的"跨国法律进程说"来源于美国"构建主义学说"和英国"国际社会学说"。

美国的"构建主义学说"提出行为体的权力和地位取决于共同体对它的承认和接受，不是依赖于权力强制下的被迫服从。世界政治体系本质上不是纯物质的，而是一个社会结构，社会关系构建认同和利益[108]。其是由"构成社会主流特征的、占支配地位的哲学观念、信仰、原则等组成"，通过社会化的方式构建国家的身份与利益。因此，规范和制度在国际关系领域是文化的表现形式，是由国家之间的互动实践产生的，因而国家制度和国际社会的秩序不是不可改变的。国际制度和国际秩序必须以规范为基础，国际制度的重要性通过实现促进行为体利益的功能和建构行为体身份和利益予以体现[109]。因此，国家之间的互动实践创造了国际规则，再逐步引导国家认同国际规则的合法性和权威性，将国际规则所体现的价值观和文化理念植入国家的价值体系，促使其基于自身的需求而遵守国际规则，遵守国际规则在国家身份形成的过程中发挥着重要作用[110]。

"构建主义学说"认为国家就像具有观念、态度和信条（多表述为意识形态）的个体。因此，国际法主要是"国家感觉其受到约束、需要遵守并且在彼此之间关系中经常遵守的行为规范"[111]。其关键是"国家是否感到自身应当受到国际法的约束"[112]。国家在没有强力压服、迫使其遵从某些规则，或者没有明确的利益方向促使其遵守某些规则的情况下，仍然有可能遵守国际法，而非置之不顾或者违反[113]。

英国的"国际社会学说"认为，行为体身份的形成受到国际社会的规范、价值和社会架构的影响。国家不只是基于对影响它们利益的复杂计算而遵守国际规则的，而是重复的执行习惯促使它们重视遵守国际规则，重塑它们的利益[114]。"大量国际规则的执行，来自个别规则与更广泛的国际关系模式之间的互动；国家在不便利的情况下仍执行特定规则，是因为它们对维持一个法律支配的国际共同体具有长远的利益。"[115] "国际社会学说"主张，通过制裁来强迫国际法实施成本巨大，而在全球合作和相互依存构成复杂网络的情况下，通过积极诱导改变国家行为形成一种惯式的遵守模式，从而激励国家拥有自愿的国际法遵守意愿更为可取[116]。这种理念明确体现在欧盟的形成过程中。欧盟各成员在民主、人权、宪政和经济等问题上能够达成统一认识是因为它们有着长期且逐渐深入的合作基础。国家与国际规范在遵守国际法的过程中形成了一种互构互建："国家……希望以自身的遵守规则的行为向国际社会传递一种愿意合作的信息，从而期待其他国家也像自己一样遵守国际规则，进而共同营造一个和平共处、共同发展的国际环境。"[117]

其实，无论是"跨国法律进程说""构建主义学说"还是"国际社会学说"，都与自然法学派有着一种深层次的理论关联。自然法是对国际法有着深刻影响的一个古老的概念。自然法创造了很多涉及国际法约束力的观点。格劳秀斯将最初的具有神学特点的自然法世俗化，将自然法与人类作为理性的存在紧密结合起来。

"国际法之父"格劳秀斯作为自然法学派的代表提出，自然法的存在是人类社会中生活在一起的人们为了维护一种秩序的必然产物，国际法就是国际社会参与者应该遵守的规则[118]。国家要遵从更高层次的法律的约束，所以国家要遵守国际法，它们认为这种更高层次的法律就是自然法。国家绝对受约束去遵从这些必要的国际规范，自然法要求国家去遵守这些规范与命令个人遵守规则没有差别[119]。当代的自然法学派在界定自然法时基于分析法学的方法摆脱了宗教色彩，而从人类的实践理性与共同的善（common good）

入手。这种方法与个人的社会化以及国家的社会化具有内在的关联性。即个人和国家一样都在社会化的过程中探索并接受共同善,这种共同善最终演化为社会的上位行为标准,并贯穿于实体法中。国际社会存在一些共同善,国际法承载着这些共同善,因而国家遵守规则意味着共同善的实现。这要求与国际法领域相关的国际规范符合国际社会的共同生存与发展理念和共同行为准则[120]。

大量的国际立法汇集成了提供国际交往的共同语言的现代国际法。虽然关于国际法规则有着不同的解释,但在出现国际争端的时候,至少存在一个共同的沟通平台,争端方之间可以预测对方争辩的观点和主要逻辑。因而,国际法就是国际社会以规范为依据展开论辩的工具。美国和欧共体都曾以国际法为依据证明其行为的合法性和正当性[121]。哈特曾经提出,当有人认为国家没有遵守国际法时,这些国家不是否认这些法律的约束力,而抗辩称事实不像对方认为的那样,或者宣称这些法律不适用于现在的情况[122]。

"跨国法律进程说""构建主义学说"和"国际社会学说"都崇尚国际法规则所体现的共同价值、理念与信仰,都强调遵守国际法的根本力量源泉不是外在的压力,而是国家自身的力量。国家之所以遵守国际法,是因为在不断的互动实践过程中,国际规则已经内化为本国的规则或理念。

建立在这个认识基础上,提高国际法的遵守机制非常有必要。优质的遵守机制应当是一个双向的路径选择:一方面要改良国家的思考方式和行为模式,另一方面要提高法律的道德性、利益性和强制性。在社会化的过程中,国家需要认识到相互依存的事实,国家遵守国际法规则,将会提高国家行为的合法性和正当性,提高国家的形象和声誉,增强国家的软实力和话语权。因此,绝大多数国家都会遵守国际法规则。如果制定的国际法和作出的裁决符合国家利益,从国际法运行的角度分析,国家更容易遵守国际法和执行裁决[123]。

二、WTO 裁决执行机制法律机理的实践考察

"跨国法律进程说"中的两个关键理念是"互动"(interaction)和"内化"(internalization)。互动是指"一个或多个跨国行为体启动与另一个或

多个跨国行为体的交流和沟通,这种交流和沟通旨在解释国际法的含义"。内化是指"启动交流和沟通的一方的目的不是简单地强迫另一方服从国际法,而是将国际法规则的新解释转化成为另一方的内部法律规范,试图'强化'另一方将国际法规则的新解释作为它内在价值体系的一部分予以遵守"。因此,"跨国法律进程具有规范性、灵活性和构建性。这种互动创造法律规范,指导互动各方将来的跨国行为;将来的互动再将这些规则内化;最终,通过反复参与该过程来重构参与者的利益和身份。"[124] "互动"与"内化"的结果就是通过国家间的互动实践,使其行为与既定国际规则相符而实现国家对国际法规则的价值认同,从而实现遵守国际法的身份和利益。

(一) WTO裁决执行过程中的"互动"

WTO成员解决经贸争端并执行WTO裁决的正常程序包括WTO成员申请DSB解决经贸争端,由专家组和上诉机构经过审理作出WTO裁决,裁决由DSB审核并通过后,败诉方应在合理执行期内完成WTO裁决的执行;或者在争端方对执行提出异议时诉诸执行复审程序。在正常执行WTO裁决的过程中,申诉方、被诉方、第三方、专家组、上诉机构等展开了多层次全方位的"互动"实践,为WTO裁决的"内化"打下了良好基础。整个裁决和执行过程是由申诉方发起诉讼,在申诉方、被诉方和第三方的共同参与下进行"互动"实践,由专家组、上诉机构对WTO涵盖协定相关条款的含义、成员在涵盖协定中的权利义务进行司法解释。"互动"过程涉及多方主体,多个环节和多项内容。

"互动"考察实例一:专家组和上诉机构对WTO涵盖协定含义的解释

任何法律适用机构都必须对适用的法律规范进行解释,因为任何法律规范都是对社会现实的高度抽象,只有经过法律适用机关的解释,才可能对具体的社会关系予以适用,另外,在某些情况下,法律规范不得不作出笼统、模糊的表述,这时法律的适用更需要法律适用机关的解释,因此,司法解释是法律适用的必经环节。国际法的适用也不例外,在WTO已受理的案件中,凡经专家组或上诉机构解决者,几乎都涉及WTO有关协定的解释[125]。

专家组和上诉机构对WTO涵盖协定含义的解释,尤其是对那些表述不很清晰的法律条文的解释显得格外重要。例如，在"海龟案"中，上诉机构依据《WTO 协定》"序言"中"依照可持续发展的目标……寻求环境的保护和维护"这一立法宗旨，对 GATT1994 第（20）条作出大力向环境保护倾斜的司法解释，从而作出了肯定美国相关立法符合 GATT1994 第 20（g）条规定的裁决，为协调贸易与环境保护的关系开辟出一条道路[126]。

通过这个"互动"实践过程，经过包括第三方在内的争端各方对 WTO 涵盖协定含义的辩论，最终通过专家组和上诉机构的仔细认真的司法解释，各争端方事实上应该已经理解了应承担的法律义务和享有权利的界限。

"互动"考察实例二：合理执行期限的确定

从 WTO 争端解决实践情况来分析，确定合理执行期限的主要方式有协商和仲裁。据统计，通过争端方协商确定裁决执行合理期限的共有 143 起[127]。如果协商不成，则争端各方应在 DSB 通过 WTO 裁决报告后的 90 天内提交仲裁，以仲裁确定的时间为准。

DSU 第 3.3 条规定，迅速解决争端对 WTO 的有效运转和保持各成员权利义务的适当平衡是必要的。相对迅速地解决争端也包括 WTO 裁决必须得到迅速执行或实施。在执行阶段，如果争端各方还有问题需要解决，如执行 WTO 裁决的合理期限的确定，而继续寻求专家组程序，则重复前述程序，费时费力，因此，DSU 特别规定，执行 WTO 裁决的合理期限的确定问题，必须由仲裁方式解决。关于确定合理执行期限的仲裁制度的确立意义很大。首先，这类仲裁属于强制仲裁，只要一方愿意就可以提起仲裁，无须对方同意。其次，仲裁裁决具有约束力，就像给自由贸易体制装上了"牙齿"，以便执行 WTO 裁决。因为专家组或上诉机构裁决都没有对败诉方应该在何时执行 WTO 裁决做出规定，只有关于合理期限的仲裁能作出有约束力的裁决，要求败诉方在一定期限内执行。最后，这类仲裁有很严格的时间规定，而且时间很短，可以加快 WTO 裁决执行的进程。

关于通过仲裁确定的合理执行期限的时间长短问题，DSU 第 21.3（c）条仅规定了一个指导性标准，即从 DSB 通过 WTO 裁决之日起一般不超过 15 个月，但是此时间并非绝对标准，可视具体情况缩短或延长。"合理期限应是败诉方国内法律制度中所允许的最短期限"的判断标准在"欧共体——

荷尔蒙案"中予以确立并得到普遍遵循,甚至被作为确立合理期限的基本原则之一,从此之后在合理期限的仲裁实践中意味着长于或短于 15 个月均可[128]。"败诉方国内法律制度所允许的最短期限"作为确定合理执行期限考虑的重要因素之一,充分表明 WTO 已意识到执行裁决需要尊重各成员内部关于法律、行政法规的修改程序和期限,WTO 裁决在败诉方内部进行"内化"需要合理的时间。据统计,由仲裁裁定确定合理执行期限的案件共有 37 起,除 6 起案件外,其他案件的合理执行期限均少于 15 个月[129]。无论是通过协商确定还是通过仲裁程序裁定合理执行期限,DSB 都要充分考虑胜诉方对执行 WTO 裁决的迫切要求以及败诉方对国内法律制度的修改,通过多次反复的"互动",最终确定执行 WTO 裁决所需的合理时间,也是 WTO 裁决需要"内化"的时间。

"互动"考察实例三:执行复审程序

由于有了 DSU 第 21.5 条——执行复审程序,争端方对执行措施存在争议时就需要通过"法治"(独立程序)而非"人治"(争端方自我认定)手段进行处理。在实践中,针对 DSU 第 21.5 条专家组裁决争端方还可以提起上诉,由上诉机构作出更权威的裁决,这一做法增加了执行复审程序的法治特征。对败诉方是否执行了 WTO 裁决通过专家组程序和上诉程序进行复审,明显加强了执行措施是否合法的权威性和说服力。

复审专家组和上诉机构在案件中的一些解释,明确了 DSU 第 21.5 条——执行复审程序中的很多问题。复审专家组在 Australia‐Salmon (21.5) 案中认定,要确定败诉方是否执行了 WTO 裁决,必须举证证明以下两点:一是执行 WTO 裁决的措施已经包括所有相关要求和标准;二是已经付诸实施这些要求和标准。这些要求和标准的存在意味着只有框架性立法不能证明已经执行了 WTO 裁决。复审专家组和上诉机构认为,"为执行裁决所采取的措施"应该包括三个方面:一是执行措施必须是新的措施;二是除了审查该措施以外,还要审查该措施的具体实施;三是在复审专家组成立之后败诉方采取的措施也应该受到专家组的审查。如在 Canada‐Aircraft (21.5) 案中,上诉机构提出,"为执行裁决所采取的措施"应该是成员为了执行 WTO 裁决而已经采取且应该采取的新措施[130]。通过上述解释明确了何为真正的 WTO 裁决的执行以及判断执行的具体标准，为败诉方执行 WTO 裁决的具体操作指明了方向，同时明确对复审专家组报告仍然可以提起上诉，因此，从原争端解决程序到执行审查程序，甚至复审程序的上诉审查程序，可谓经过多轮的重复"互动"，更加有利于 WTO 涵盖协定的"内化"，最后达到执行 WTO 裁决的目的。

据统计，需要败诉方执行 WTO 裁决的案件共有 343 起，虽采取了执行措施但争端方对执行措施是否符合 WTO 裁决发生争议而经过了 DSU 第 21.5 条的"执行复审程序"的案件有 47 起。除了正在进行执行复审程序的 7 起案件之外[131]，其余 40 起执行复审案件均已结案。在这 40 起案件中只有一起案件即"美国——海龟案"（DS58）经执行复审程序裁定美国的执行措施符合 WTO 裁决，其余 39 起案件都裁定败诉方采取的执行措施不完全符合 WTO 裁决。在这 39 起被"执行复审程序"裁决执行不符合要求的案件中，最后有 32 起案件通过不同的方式得以执行，占比为 82%。通常情况下，经过"执行复审程序"的案件都是比较复杂的案件，如"欧共体——香蕉案"（DS27）、"欧共体——荷尔蒙牛肉案"（DS26 和 DS48）、"美国——境外公司销售法案"（DS108）、"美国——归零案"（DS294 和 D5322）等。通过多轮反复的"互动"实践，这些复杂案件的裁决最终得以执行，为后面顺利地"内化"奠定了基础。

"互动"考察实例四：授权报复

授权报复（retaliation）是指败诉方没有在执行合理期限内执行 WTO 裁决，也没有与对方达成补偿协议的情况下，胜诉方可以向 DSB 申请授权中止对败诉方承担的减让或其他义务。授权报复是胜诉方通过强制性手段迫使败诉方失去某些贸易利益以维持双方之间的利益平衡，促使败诉方执行 WTO 裁决的最后措施。"保护国内市场将会得益，以抵消败诉方采取的违规措施所造成的利益损害"是授权报复的假定前提。但从授权报复措施的实践应用效果来看，无论是中止减让还是其他义务，胜诉方实施的授权报复措施均是在扩大国际贸易上的一个倒退，犹如针尖对麦芒，与败诉方的违规措施一样，两者都不在 WTO 涵盖协定的轨道上，最终通常会造成两败俱伤，客观上不利于促进国际贸易的发展[132]。因此，授权报复作为一种临时性的特殊状态下的措施与WTO贸易自由化的目标是相抵触的，所以DSU第22.8条已明确指出："减让或其他义务的中止只能是临时性的……DSU应继续监督已通过的裁决的执行。"

在GATT1947时代，授权报复的主要目标是为了恢复争端方之间的"减让平衡"，而在WTO时代，胜诉方获得授权报复的主要目的是为了促使败诉方执行WTO裁决。"欧共体——香蕉案"的仲裁员认为，"授权报复是相关成员完全执行WTO裁决之前的临时措施，我们同意美方的观点：这种临时性意味着贸易报复的目的在于诱导（induce）败诉方执行WTO裁决。"[133] 在"欧共体——荷尔蒙案"和"巴西——飞机出口融资案"中仲裁员都有类似的表述。但WTO贸易报复机制与国际法院的制裁机制不同。在国际法院作出的裁决得不到执行时，由联合国安理会通过集体的力量采取行动，具有外部的强制性；而WTO的贸易报复机制依靠的胜诉方自身的力量，不具有外部强制力。

授权报复机制发挥"诱导"作用的过程是一种极有意思的现象，通过对授权报复实施的实践情况的观察，我们发现胜诉方得到授权对败诉方采取报复措施的领域通常是遵守国际法规则的生产者，即实施授权报复的结果是在败诉方内部，受益方是违反WTO规则的生产者，受损方反而是遵守WTO规则的生产者。受损方就会向政府提出质疑，为什么采取违反WTO规则的措施牺牲了他们的经济利益反而保护了另一些生产者的利益？在"欧共体——香蕉案"和"欧共体——荷尔蒙案"中，欧共体采取的违反WTO规则的措施使欧共体的香蕉商和牛肉生产者因而获益，但美国没有采取措施对这些货物实施授权贸易，而是对来自欧共体的纸、洗浴用品、亚麻布、床单或电池等商品实施报复措施，使这些产品的生产商受到损失[134]。因此，败诉方内部受损方、受益方与政府之间的"互动"构成了授权报复措施的"互动"，这种"互动"就是"诱导"败诉方执行WTO裁决的有效推动力。

授权报复是一种特殊形态下的"互动"，在实践中确实发挥了促使败诉方执行WTO裁决的作用。在需要执行的343个WTO裁决中，胜诉方根据DSU第22.2条规定向DSB提出贸易报复授权的申请有27起案件，其中在胜诉方提起贸易报复授权申请后得到有效执行的案件有 16 起。在其余的 11 起案件中，中止贸易报复申请程序而等待 DSU 第 21.5 条执行复审程序结果的案件有 2 起。在另外 9 起案件中，也能明显看出授权报复措施在促使败诉方执行裁次过程中的发挥了一定的作用。例如在美国"持续反倾销反补贴抵消法案"（DS217 和 DS234）中，美国先后于 2005 年 4 月和 8 月在欧共体和日本分别通知 DSB，其将根据授权报复向美国实施中止减让措施，在 2006 年 2 月 17 日的 DSB 会议上，美国提出国会已于 2006 年 2 月 1 日通过了《赤字削减法案》（the Deficit Reduction Act），并于 2 月 8 日由总统签署生效，据此美国认为其已执行了 WTO 裁决。欧共体和日本表示欢迎美国执行裁决的努力，但对美国已经完全执行了 WTO 裁决的说法表示怀疑。由此可见，在一定程度上"授权报复"确实能够起到促使败诉方执行 WTO 裁决的作用。

（二）执行 WTO 裁决过程中的"内化"

WTO 作为一个以规则为导向的国际组织，由于既定规则中大量存在着成员方达成重大政治妥协的痕迹，WTO 裁决的合理性问题经常受到一些质疑。欧盟对 WTO 作出的影响消费者保护标准的裁决所表示的担忧，美国对 WTO 作出的影响本国反倾销法的裁决所进行的批评，都对 WTO 裁决的执行产生了一定程度的影响。

1. "内化"的基础：WTO 裁决的公正性

如同世界上绝大多数国际裁判机构一样，WTO 争端解决机构并不具备立法权限，它的裁决也不具有"先例"的性质，只是对现有规则的解释。

DSB 能否公正地处理成员提交的案件直接决定了 WTO 裁决能否得到成员的有效执行。因为"如果国家内心相信规则是公正的，该国就更可能自愿遵守规则"。[135] "当一种问题满足了某些公正的标准而被认为是公平的，它更趋向于产生被各方都视为合法的结果。这些结果持续得更加久远，因为当被视为公正程序的产物时，它们往往不易煽动不满的人起来颠覆它们。"[136] 作为东道主的摩洛哥国王哈桑（Hassan）二世在马拉喀什会议结束正式签署 WTO 协定时，就激情宣示："今天，WTO 的诞生，我们铭记这一国际经贸关系的法律规则，从此单边主义和弱肉强食的诱惑将让位于我们所确立的普遍的国际规则的纪律。"[137] 他看到了 WTO 协定的公正，但这种公正需要由 WTO 裁决来验证是否能从纸面上落到实处。

考察 WTO 裁决能否摆脱弱肉强食的丛林法则的前提条件有：（1）如果 WTO 裁决是不公正的，属于权力导向型的，那么作为世界最强大的经济体——美国和欧盟的败诉率应该较低；（2）如果 WTO 争端解决程序受权力引导而不是规则引导，那么权力越大的被诉方将更加倾向于在磋商阶段解决争端，以发挥其在经贸谈判中的影响力；（3）如果 WTO 裁决是不公正的，那么作为世界上最强大的经济体——美国和欧盟，应该是消极执行或者干脆不执行 WTO 的不利裁决；（4）如果 WTO 成员普遍认为 WTO 裁决是不公正的，并非建立在中立和公平的程序基础上，也不是以规则为导向作出的，那么整体执行率应该很低。

表 3-1 WTO 争端解决机制运作情况统计表

	WTO 成员平均值	美 国	欧 盟	备 注
败诉案件占比	294/343 = 85.7%	95/106 = 90%	73/78 = 93.6%	以上数据通过 WTO 网站截至 2019 年 3 月 31 日数据整理计算得出[138]。
磋商解决争端	284/580 = 49%	52/153 = 34%	41/85 = 48.2%	
执行 WTO 裁决	210/294 = 71.4%	64/95 = 67.4%	49/73 = 67.1%	

通过表 3-1 我们可以看出，一方面，作为被诉方的美国和欧盟的败诉率高于平均败诉率，这说明在处理美国和欧盟作为被诉方的争端中，DSB 的专家组和上诉机构依然坚持了客观的评价标准。另一方面，在美国和欧盟作为被诉方的争端中，申诉方更倾向于将争端提交给 DSB 专家组或上诉机构进行裁决，而不愿意通过磋商的方式解决争端，这说明绝大多数的 WTO 成员方相信 WTO 裁决的公正性。美国和欧盟执行 WTO 的不利裁决的比例与 WTO 成员执行的比例非常接近，超过 70% 的执行比率更加反映了 WTO 裁决的公正性得到了普遍认可。

2."内化"过程中的互动：以美国国内利益集团互动为例

在执行 WTO 裁决过程中，有多个主体参与互动，形成了多角度，全方位的互动关系。DSB 与争端各方、胜诉方与败诉方之间的互动属于国际层面的互动。而在 WTO 裁决的执行过程中，还有国内利益集团之间的互动，这一互动正是将 WTO 裁决内化从而顺利执行 WTO 裁决的过程。

以安妮·马利·斯洛特（Anne-Marie Slaughter）为代表的自由主义学派认为，国家遵守国际法的决定因素主要取决于国内体制，而不是国际力量。遵守国际法主要依赖于有代议制的政府、公民权利的保护、致力于法治的司法系统，即国家以"自由"为特征的身份确认上。"自由民主者更可能与另一自由民主者讲法律"和"民主政体不会与另一民主政体发生战争"[139]是自由主义学派的主张，但 WTO 裁决执行的实践并不支持自由主义学派的观点。以美国为研究对象，截至 2019 年 3 月 31 日，美国执行 WTO 裁决的比率为 67.4%，稍低于世界 71.4% 的平均水平；有 58 起案件的 WTO 裁决未执行完毕，美国自己就占了 23 起，占比达 40%；胜诉方提起"执行复审程序"的 47 起案件中，美国就有 22 起，占比达 46.8%；在申请授权报复和已经授权贸易报复的 9 起案件中，美国作为败诉方的有 7 起[140]，占比高达 78%。自由主义学派的观点无法圆满解释上述数据，美国也不可能承认它不是一个自由民主的国家。

为了履行"乌拉圭回合一揽子协定"，1994 年 9 月时任美国总统的克林顿向国会提交了《乌拉圭回合协定法案》（Uruguay Round Agreement Act，URAA）。URAA 首先明确了乌拉圭回合协定与 WTO 裁决在美国国内不具有直接效力。以此为基础，为了建立美国立法、行政和司法制度与 WTO 协定的有效衔接，URAA 根据 WTO 裁决所涉措施种类的不同，分别制定了具体的执行程序：对于针对美国法律的 WTO 裁决，URAA 将是否执行的自由裁量权交给了国会，并建立了联邦立法与州立法之间的协调程序；而对于涉及政府行政措施的 WTO 裁决，URAA 则建立了一套以美国贸易代表（USTR）为中心的执行机制[141]。在实际操作过程中，除了重大立法事项，在普通的行政执行程序中，国会很少直接干预行政机构的执行措施。而在 URAA 行政执行裁决程序中，相关国会委员会通过 USTR 积极地参与到了 WTO 裁决的执行程序中，并发挥了非常重要的作用。根据 URAA 的规定，USTR 应当将 WTO 裁决的执行方案向国会委员会进行通报并征求其意见，从而形成最终的执行方案[142]。这一沟通协调机制有效地保证了立法机构和相关行业的意见充分体现在了执行方案中，从而确保最终的执行结果符合国会认为的国家整体利益。美国执行 DS294 案的 WTO 裁决过程就是一个明显的例证。欧盟针对美国在计算倾销幅度过程中使用的"归零"算法于 2004 年 2 月将美国诉至 DSB，要求 DSB 做出对美国商务部在 15 起初始反倾销调查以及 16 起行政复审和日落复审等复审程序中使用的"归零"算法违反 WTO《反倾销协定》的裁定。上诉机构于 2006 年 4 月作出裁决支持了欧盟的主张。在 2006 年 3 月 6 日即上诉机构发布报告前，美国商务部率先在《联邦公报》上发出拟停止在反倾销调查中使用"归零"做法的通知，并征求公众意见[143]。11 位参议员于 2006 年 12 月中旬联名致信商务部和 USTR，提出拒绝对现有的倾销幅度计算方法进行修改的建议。众议院筹款委员会和参议院财政委员会的两位主席于 2007 年 1 月再次致信商务部和 USTR，主张推迟执行 WTO 裁决，应该给予国会更多的时间考虑对策[144]。经过与相关国会委员会的反复磋商，USTR 于 2007 年 2 月 13 日要求商务部对 DS294 案中涉及的 12 起反倾销调查（另外 3 起的反倾销调查裁定由于其他原因已被撤销）开展 URAA 第 129 条程序来执行 DS294 案的裁决。经过美国内部的不断协调，再经 DSU 执行复审程序审核，商务部于 2012 年 4 月 6 日才正式明确并颁布了《反倾销复审的最后修订程序》（Final Modification for Reviews），其中对美国商务部在反倾销的初始调查、行政复审和日落复审中使用归零法计算倾销幅度的做法予以修改。本案的裁决执行拉锯战长达 6 年时间，究其主要原因是国会的相关委员会在协调各利益集团诉求中消耗了大量时间。

3. "内化"过程中充分尊重败诉方选择执行 WTO 裁决方式的自主权

DSU 第 19.1 条的规定："如专家组或上诉机构认定某措施与 WTO 涵盖协定不符，则应建议（recommend）有关成员使该措施符合 WTO 涵盖协定。除此建议外，专家组或上诉机构还可以就执行 DSB 建议的方式提出意见。"据此规定，败诉方在执行 WTO 裁决的方式上享有充分的自主权。因为 DSU 只要求败诉方执行 WTO 裁决应使违反 WTO 规则的措施纠正为与 WTO 涵盖协定相符（bring measures into conformity），在执行过程中，由败诉方自主决定使违反措施变成相符措施的具体方式，执行结果并不一定意味着撤销违反措施[145]。例如,某 WTO 成员对来自本国的产品征收 7% 的营业税,而对来自其他国家销售进口相同产品征收 12% 的营业税,这一做法很明显违反了 WTO 国民待遇原则。WTO 裁决建议该成员将违反措施纠正为相符措施。对于执行该 WTO 裁决败诉方可采取多种方式,如对来自所有国家的产品征收相同的 12% 的营业税,取消对来自本国产品营业税的优惠;或者对本国产品继续征收 7% 的营业税,而将来自其他国家的进口产品的营业税也降至 7%。具体采取哪种方式执行 WTO 裁决,完全属于败诉方的自主决定权,并不一定采取撤销 7% 营业税的措施,如果将进口产品的营业税降低至相同水平,那么营业税优惠措施依然可以保留。

败诉方拥有自主选择裁决执行方式的权利有其特定的意义,因为柯恩教授指出,"互动"与"内化"的最终目标在于通过国家间的互动实践将国家行为与既定国际规则保持一致而实现国家对国际规则的价值认同,不是简单地将国际规则复制嵌入到国内政治法律结构中去。败诉方冒着与其他 WTO 成员产生经贸争端的风险也要实施违反 WTO 涵盖协定的措施,主要的根本原因是其背后总是有国内利益集团的驱动,如果只有撤销该违法措施才能执行 WTO 裁决,必然遭到国内有关利益集团的抵制。那么当败诉方政府对裁决执行方式有一定的选择权时,它们就会尽可能地选择一种最不容易遭到抵制的方式来执行 WTO 裁决,这在客观上对于 WTO 裁决及时有效的执行是非常有利的。

"跨国法律进程说"提出的"互动"和"内化"两个过程较好地解释了败诉方执行 WTO 裁决的法律机理。实践证明,执行 WTO 裁决的过程描绘了一幅单边与多边全方位多角度的互动关系图。自然法学派、实证法学派、自由主义学派和建构主义学派的理论从国际法学和国际关系学中的角度都无法解释 WTO 裁决执行的实际情况。"跨国法律进程说"中的"互动"和"内化"理论较好地解释了 WTO 成员执行 WTO 裁决的法律机理,提供了全新的解释理论路径,比较符合实践。通过观察经过"互动"后能否"内化"即可预测 WTO 裁决能否最终被执行。该学说进一步表明,执行 WTO 裁决不是一个非此即彼的问题,即评判 WTO 裁决执行与否的标准不是单纯的"好"与"坏""快"与"慢""对"与"错"的简单价值判断,更与败诉方的政体无关，而取决于 WTO 裁决被"内化"时间的"长"与"短"问题。因此，包括中国在内的 WTO 成员执行 WTO 裁决应具有灵活性，具体执行过程应视"互动"与"内化"的实际情况而定，这一结论为妥善运用包括执行机制在内的 WTO 争端解决机制来维护国家经济利益提供了理论依据。

注释：

[1] John H. Jackson. The World Trading System: Law and Policy of International Economic Relations (2nd ed.). The MIT Press, 1997: 55.

[2] John H. Jackson. World Trade and the Law of GATT. Indianapolis Bobbs-Merill Press, 1969: 181.

[3] J. C. Thomas. Emerging Institutional Issues in WTO Dispute Settlement. Paper presented at the WTO Dispute Settlement Symposium, March 27, 2000, Ottawa.

[4] See Mexico-Definitive Anti-Dumping Measures on Beef and Rice, WT/DS295/10.

[5] John H. Jackson. Emerging Problems of the WTO Constitution: Dispute Settlement and Decision Making in the Jurisprudence of the WTO. in Liberalisation and Protectionism in the World Trading System. Philip Ruttley et al. eds, 1999: 278.

[6] WT/DS46/ARB, para. 3. 42.

[7] John H. Jackson (eds). Legal Problems of International Economic Relations: Cases, Materials and Text (5th ed.), StPaul, MN: Thompson/West, 2008: 371.

[8] Ernst-Ulrich Petersmann. The GATT/WTO Dispute Settlement System: International Law. International Organizations and Dispute Settlement. Kluwer Law International, 1997: 82.

[9] Robert E. Hudec. Broadening the Scope of Remedies in the WTO Dispute Settlement, In: Friedl Weiss, Jochem Wiers (eds.). Improving WTO Dispute Settlement Procedures: Issues and Lessons from the Practice of Other International Courts and Tribunals, London: Cameron May International Law & Policy, 2000: 390.

[10] William J. Davey. Dispute Settlement in GATT, In John H. Jackson, William J. Davey, Alan O. Sykes Jr. Legal Problems of International Economic Relations (3rd ed.), West Publishing Co., ST. Paul MINN., 1995: 369.

[11] Steve Charnovitz. Rethinking WTO Trade Sanctions. The American Journal of International

Law, 2001.95 (4): 832.

[12] Ernst-Ulrich Petersmann. From the Hobbesian International Law of Coexistence to Modern International Law: the WTO Dispute Settlement System. Editorial JIEL 1, 1998: 190.

[13] John H. Jackson. Dispute Settlement and the WTO: Background Note for Conference on Developing Countries and the New Round Multilateral of Trade Negotiations. London: Harvard University, 1999: 56.

[14] 傅星国. WTO 争端裁决的执行机制. 上海: 人民出版社, 2011: 98.

[15] Robert Hudec. Broadening The Scope of Remedies in WTO Dispute Settlement, Improving WTO Dispute Settlement Procedures: Issues and Lessons From the Practice of Other International Courts and Tribunals. Friedl Weiss, 2000: 459.

[16] 傅星国. WTO 争端裁决的执行机制. 上海: 人民出版社, 2011: 220.

[17] 顾婷. 国际公法视域下的 WTO 法. 北京: 北京大学出版社, 2010: 37.

[18] Petros C. Mavroidis. Remedies in the WTO Legal System: Between a Rock and a Hard Place. European Journal of International Law, 2000: 78.

[19] 联合国国际法委员会. 国家对国际不法的责任条款草案. 北京大学法学院国际法研究中心: 北大国际法与比较法评, 2002 (1).

[20] Edwini Kessie, Dispute Settlement, WTO: Implementation and Enforcement, the Course on Dispute Settlement in International Trade, Investment and Intellectual Property, United Nations Conference on Trade and Development, United Nations, New York and Geneva, 2003: 34.

[21] Decision by the Arbitrators, European Communities-Measures concerning Meat and Meat Products (Hormones) -Recourse to Arbitration by the European Communities under Article 22.6 of the DSU, WT/DS26/ARB, 12 July 1999, para. 18.

[22] Decision by the Arbitrators, European Communities-Measures concerning Meat and Meat Products (Hormones) -Recourse to Arbitration by the European Communities under Article 22.6 of the DSU, WT/DS26/ARB, 12 July 1999, para. 20.

[23] Robert E. Hudec, Broadening the Scope of Remedies in WTO Dispute Settlement, In Friedl Weiss, Jochem Wiers (eds.), Improving WTO Dispute Settlement Procedures: Issues and Lessons from the Practice of Other International Courts and Tribunals, London: Cameron May International Law & Policy, 2000: 389-390.

[24] Decision by the Arbitrators, Brazil-Aircraft (Article 22.6-Brazil), WT/DS46/ARB, 28

August 2000, para. 3. 18.

[25] Decision by the Arbitrators, European Communities-Regime for the Importation, Sale and Distribution of Bananas-Recourse to Arbitration by the European Communities under Article 22. 6 of the DSU, WT/DS27/ARB, 9 April 1999, para. 6. 1.

[26] Decision by the Arbitrators, European Communities-Regime for the Importation, Sale and Distribution of Bananas-Recourse to Arbitration by the European Communities under Article 22. 6 of the DSU, WT/DS27/ARB, 9 April 1999, para. 6. 3.

[27] Joost Pauwelyn, Enforcement and Countermeasures in the WTO: Rules are Rules — Toward a More Collective Approach, The American Journal of International Law, 2000: 343.

[28] Decision by the Arbitrators, US-Continued Dumping and Subsidy Offset Act of 2000 (Article 22. 6-US), WT/DS217/ARB/EEC, paras. 6. 2-6. 3.

[29] Decision by the Arbitrators, EC-Bananas (Article 22. 6-EC), WT/DS27/ARB, 9 April 1999, para. 7. 1.

[30] Decision by the Arbitrators, Brazil-Aircraft (Article 22. 6-Brazil), WT/DS46/ARB, 28 August 2000, para. 3. 60.

[31] Decision by the Arbitrators, US-Section 110 (5) of the US Copyright Act (Article 25-US), WT/DS160/ARB25/1, 9 November 2001, para. 4. 24.

[32] Decision by the Arbitrators, US-Anti-Dumping Act of 1916 (Article 22. 6-US), WT/DS136/ARB, 24 February 2004, paras. 5. 32 and 5. 40.

[33] Robert E. Hudec, Broadening the Scope of Remedies in WTO Dispute Settlement, In Friedl Weiss, Jochem Wiers (eds.), Improving WTO Dispute Settlement Procedures: Issues and Lessons from the Practice of Other International Courts and Tribunals, London: Cameron May International Law & Policy, 2000: 390.

[34] Decision by the Arbitrators, US-Tax Treatment for "Foreign Sales" Corporations (Article 22. 6-US), WT/DS108/ARB, 30 August 2002, para. 5. 61.

[35] Decision by the Arbitrators, US-Tax Treatment for "Foreign Sales" Corporations (Article 22. 6-US), WT/DS108/ARB, 30 August 2002, para. 6. 36.

[36] Decision by the Arbitrators, US-Tax Treatment for "Foreign Sales" Corporations (Article 22. 6-US), WT/DS108/ARB, 30 August 2002, paras. 5. 62.

[37] Decision by the Arbitrators, US-Tax Treatment for "Foreign Sales" Corporations (Article 22. 6-US), WT/DS108/ARB, 30 August 2002, paras. 5. 61.

[38] Decision by the Arbitrators, US-Tax Treatment for "Foreign Sales" Corporations (Article 22. 6-US), WT/DS108/ARB, 30 August 2002, paras. 8. 1.

[39] Decision by the Arbitrators, US-Tax Treatment for "Foreign Sales" Corporations (Article 22. 6-US), WT/DS108/ARB, 30 August 2002, paras. 5. 57.

[40] Decision by the Arbitrators, US-Tax Treatment for "Foreign Sales" Corporations (Article 22. 6-US), WT/DS108/ARB, 30 August 2002, paras. 5. 60.

[41] Decision by the Arbitrators, US-Tax Treatment for "Foreign Sales" Corporations (Article 22. 6-US), WT/DS108/ARB, 30 August 2002, paras. 5. 62.

[42] Minutes of the DSB Meeting, WT/DSB/M/149, 8 July, 2003.

[43] Chad P. Bown, The WTO Secretariat and the role of economics in Panels and arbitrations, In Chad P. Bown, Joost Pauwelyn (eds.), The Law, Economics and Politics of Retaliation in WTO Dispute Settlement, New York: Cambridge University Press, 2010: 465.

[44] Robert Z. Lawrence, Crimes and Punishments? Retaliation under the WTO, Brookings Institution Press, 2003: 43.

[45] Decision by the Arbitrators, Canada-Aircraft (Article 22. 6 - Canada), WT/DS222/ARB, 17 February 2003, para. 3. 29.

[46] Decision by the Arbitrators, Canada-Aircraft (Article 22. 6 - Canada), WT/DS222/ARB, 17 February 2003, para. 3. 104.

[47] Decision by the Arbitrators, Canada-Aircraft (Article 22. 6 - Canada), WT/DS222/ARB, 17 February 2003, para. 3. 105.

[48] Decision by the Arbitrators, Canada-Aircraft (Article 22. 6 - Canada), WT/DS222/ARB, 17 February 2003, para. 3. 105.

[49] Decision by the Arbitrators, Canada-Aircraft (Article 22. 6 - Canada), WT/DS222/ARB, 17 February 2003, para. 3. 106.

[50] Decision by the Arbitrators, Canada-Aircraft (Article 22. 6 - Canada), WT/DS222/ARB, 17 February 2003, para. 3. 107.

[51] Decision by the Arbitrators, Canada-Aircraft (Article 22. 6 - Canada), WT/DS222/ARB, 17 February 2003, para. 3. 107.

[52] Decision by the Arbitrators, Canada-Aircraft (Article 22. 6 - Canada), WT/DS222/ARB, 17 February 2003, para. 3. 121.

[53] Decision by the Arbitrators, Canada-Aircraft (Article 22. 6 - Canada), WT/DS222/

ARB,17 February 2003,para. 3. 122.

[54] Minutes of the DSB Meeting,WT/DSB/M/145,18 March,2003.

[55] David Palmeter,Petros C. Mavroidis. Dispute Settlement in the World Trade Organization: Practice and Procedure (2nd ed.). New York: Cambridge University Press,2004: 264.

[56] 李耀芳. WTO争端解决机制. 北京:中国对外经济贸易出版社,2003:217.

[57] 贺小勇. 国际贸易争端解决与中国对策研究-以WTO为视角. 北京:法律出版社,2006:224.

[58] Bernard O'Connor. Remedies in the World Trade Organization Dispute Settlement System-The Bananas and Hormones Cases. Journal of World Trade,2004:257.

[59] 胡建国. WTO争端解决裁决执行机制研究. 北京:人民出版社,2011:215.

[60] 赵维田. WTO的司法机制. 上海:上海人民出版社,2004:230.

[61] 葛壮志. WTO争端解决机制法律和实践问题研究. 北京:法律出版社,2013:188.

[62] 赵维田. 世贸组织(WTO)的法律制度. 长春:吉林人民出版社,2000:307.

[63] 本书中出现的"报复"和"中止减让和其他义务"含义相同,可替代使用。

[64] Robert Z. Lawrence. Crimes and Punishments? Retaliation under the WTO. Washington: Brookings Institution Press,2003:2.

[65] Sherzod Shadikhodjaev. Retaliation in the WTO Dispute Settlement System. Netherlands: Kluwer Law and Business,2009:2.

[66] Joost Pauwelyn. Enforcement and Countermeasures in the WTO: Rules are Rules — Toward a More Collective Approach. The American Journal of International Law,2000:338 and footnote 14.

[67] Bruno Simma,Dirk Pulkowski. Of Planet and the Universe: Self-contained Regimes in International Law. European Journal of International Law,2006:519.

[68] 贺小勇. 国际贸易争端解决与中国对策研究-以WTO为视角. 北京:法律出版社,2006:89.

[69] 王新奎,刘光溪. WTO争端解决机制概论. 上海:上海人民出版社,2001:225.

[70] 徐昕. 论私力救济. 北京:中国政法大学出版社,2005:101.

[71] 罗伯特·C. 埃里克森. 无需法律的秩序-邻人如何解决纠纷. 苏力译,北京:中国政法大学出版社,2003:153.

[72] 王传丽. 析世界贸易组织争端解决机制——兼评贸易报复. 政法论坛. 1996(4):104.

[73] Ernst-Ulrich Petersmann. The GATT/WTO Dispute Settlement System: International

Law, International Organizations and Dispute Settlement. Kluwer Law International, 1997: 82.

[74] 李双元, 蒋新苗. 世贸组织（WTO）的法律制度: 兼论中国"入世"后的应对措施. 北京: 中国方正, 2001: 509.

[75] William J. Davey. Dispute Settlement in GATT, In John H. Jackson, William J. Davey, Alan O. Sykes Jr. Legal Problems of International Economic Relations (3rd ed.). West Publishing Co., ST. Paul MINN, 1995: 51.

[76] Joost Pauwelyn. The Calculation and Design of Trade Retaliation in Context: What is the Goal of Suspending WTO Obligations?, In Chad P. Bown, Joost Pauwelyn (eds.). The Law, Economics and Politics of Retaliation in WTO Dispute Settlement, Cambridge: Cambridge University Press, 2010: 60.

[77] William. J. Davey. Dispute Settlement in GATT, Fordham International Law Journal, 1987: 68.

[78] See http://www.wto.org/ (2019-3-25).

[79] Lothar Ehring. The European Community's Experience and Practice in Suspending WTO Obligation, In Chad P. Bown, Joost Pauwelyn (eds.). The Law, Economics and Politics of Retaliation in WTO Dispute Settlement. New York: Cambridge University Press, 2010: 245.

[80] Luiz Eduardo Salles. Procedures for the Design and Implementation of Trade Retaliation in Brazil, In Chad P. Bown, Joost Pauwelyn (eds.). The Law, Economics and Politics of Retaliation in WTO Dispute Settlement. New York: Cambridge University Press, 2010: 298.

[81] Vasken Khabayan. Canada's Experience and Practice in Suspending WTO Obligations, In Chad P. Bown, Joost Pauwelyn (eds.). The Law, Economics and Politics of Retaliation in WTO Dispute Settlement. New York: Cambridge University Press, 2010: 278.

[82] Gregory Shaffer, Daniel Ganin. Extrapolating Purpose from Practice: Rebalancing or Inducing Compliance, In Chad P. Bown, Joost Pauwelyn (eds.). The Law, Economics and Politics of Retaliation in WTO Dispute Settlement. New York: Cambridge University Press, 2010: 83.

[83] Decision by the Arbitrators, EC-Bananas 3 (US) (Article 22.6-EC), para. 6.3.

[84] Decision by the Arbitrators, EC-Bananas 3 (Ecuador) (Article 22.6-EC), para. 6.3.

[85] Decision by the Arbitrators, Brazil-Aircraft (Article 22.6-Brazil), para. 3.44.

[86] Decision by the Arbitrators, US-FSC (Article 22.6-US), para. 5.60.

[87] WT/DS222/ARB, para. 3.107.

[88] WT/DS222/ARB, para. 3.121.

[89] [美] 埃德加·博登海默. 法理学——法律哲学与法律方法. 邓正来译, 中国政法大学出版社, 1999: 255.

[90] 谢鹏程. 基本法律价值. 山东: 山东人民出版社, 2000: 22.

[91] 姚建宗. 法理学——一般法律科学. 北京: 中国政法大学出版社, 2006: 234.

[92] [美] 哈罗行德·J. 伯尔曼著. 法律与宗教. 梁治平译, 北京: 中国政法大学出版社, 2003: 38.

[93] 曾华群. 论"特殊与差别待遇"条款的发展及其法理基础. 厦门大学学报(哲学社会科学版), 2003 (6): 78.

[94] 张文显. 二十世纪西方法哲学思潮研究. 北京: 法律出版社, 2006: 199.

[95] John H. Jackson. International Law Status of WTO Dispute Settlement Reports: Obligation to Comply or Option to "Buy Out"?. The American Journal of International Law, 2004, 98 (1): 122.

[96] PC Mavroidis. Remedies in the WTO Legal System: Between a Rock and a Hard Place. European Journal of International Law, 2000, 11 (4): 811.

[97] Stanley Milgram. Obedience to Authority: An Experimental View. New York: Taylor&Francis, 1974: 278.

[98] Amrita Narlikar, Martin Daunton, Robert M. Stern. The Oxford Handbook on the World Trade Organization. Oxford: Oxford University Press, 2012: 568.

[99] Henrik Horn, Giovanni Maggi, Robert W. Staiger. Trade Agreements as Endogenously Incomplete Contracts. The American Economic Review, 2010, 100 (1): 419.

[100] Simon A. B. Scropp. Revisiting the "Compliance vs. Rebalancing" Debate in WTO Scholarship: Towards a Unified Research Agenda. HEI Working Paper No.29, 2007: 249.

[101] Simon A. B. Scropp. Trade Policy Flexibility and Enforcement in the WTO-Reform Agenda towards an Efficient "Breach" Contract. University of St. Gallen, 2008: 246.

[102] Warren F. Schwartz, Alan O. Sykes. The Economic Structure of Renegotiation and Dispute Resolution in the World Trade Organization. The Journal of Legal Studies, 2002, 31 (1): 181.

[103] Warren F. Schwartz and Alan O. Sykes. The Economic Structure of Renegotiation and Dispute

Resolution in the WTO/GATT System. Journal of Legal Studies, 2002, 31 (1): 79.

[104] David Palmeter, Petros C. Mavroidis. Dispute Settlement in the World Trade Organization: Practice and Procedure, Second edition, Cambridge University Press, 2004: 247.

[105] Markus Burgstaller. Theories of Compliance with International Law. Marinus Nijhoff Publishers, 2005: 148.

[106] Harold Hongju Koh. Transnational Legal Process. Nebraska Law Review, 1996, 75: 102.

[107] 吴燕妮. 从纽黑文到新纽黑文：政策定向国际法理论的演变. 江西社会科学, 2015 (5): 179.

[108] 郭树勇. 建构主义与国际政治. 长征出版社, 2001: 457.

[109] 朱杰进. 国际制度缘何重要——三大流派比较研究. 外交评论（外交学院学报）. 2007 (2): 89.

[110] Martha Finnemore. National Interests in International Society, Cornell University Press, 1996: 15.

[111] I. A. Shearer. Starke's International Law. (11th ed.) Butterworth&Co., 1994: 3.

[112] MalcolmShaw. International Law, (6th ed.) Cambridge UniversityPress, 2008: 5.

[113] [加] 江忆恩. 简论国际机制对国家行为的影响. 李韬译. 世界经济与政治, 2002: 215.

[114] Alexander Wendt. Constructing International Politics, 20 International Security, 1995, 71: 42.

[115] Andrew Hurrell. International Society and the Study of Regimes: A Reflective Approach, in Volker Rittberger and Peter Mayer, eds., Regime Theory and International Relations. Oxford: Clarendon Press, 1993: 59.

[116] AbramChayes, Antonia Handler Chayes. The New Sovereignty: Compliance with International Regulatory Agreements. Harvard University Press, 1998: 457.

[117] 车丕照. 国际秩序的国际法支撑. 清华法学. 2009 (1): 66.

[118] Boutros-Ghali. A Grotian Moment. 18 Fordham International Law Journal, 1995: 1609.

[119] Vattel, Droit des Gens, 1758, Préliminaties, para. 7 (The Law of Nations, or, Principles of the Law of Nature Applied to the Con-duct and Affairs of Nations and Sovereigns, Joseph Chitty trans., T. &J. W. Johnson&Co., 1883).

[120] Robert P. George, In Defense of Natural Law, Oxford University Press, 1999: 228. 转引自何志鹏. 国际法的遵从机制探究. 东方法学. 2009 (9): 75.

[121] John Norton Moore. Law and the Indo-China War. Princeton University Press，2015.

[122] H. L. A. Hart. The Concept of Law. Oxford UniversityPress，1961：322.

[123] 李杰豪.论"无政府状态"下国际法之遵守——以利益分析为基点.当代世界与社会主义.2007（6）：105.

[124] Harold Hongju Koh. Why Do Nations Obey International Law?，106 Yale Law Journal，1997（7）：2599.

[125] 张乃根.论 WTO 争端解决的条约解释.复旦学报（社会科学版）.2006（1）：122.

[126] 赵维田.垂范与指导作用——WTO 体制中"事实上"的先例作用.国际贸易.2003（9）：37.

[127] 参见 http：//www. worldtradelaw. net/databases/implemontationperiod. php，（2019-3-25）.

[128] See Award of the arbitrator，United States - sunset Reviews of Anti-dumping Measures on Oil Country Tubular Goods from Argentina-Arbitration Under Article 21. 3（c）of the DSU．WT/DS268/12para. 25.

[129] 参见 http：//www. worldtradelaw. net/databases/rptawards. php，（2019-3-25）.

[130] 丁国军.论 WTO 争端解决机制中的报复机制.苏州：苏州大学出版社，2003：79.

[131] 参见 http：//www. worldtradelaw. net/news. php，（2019-3-25）.

[132] See Brendan P. McGiven. Seeking Compliance with WTO Rulings：Theory，Practice and Alternatives，36 The International Lawyer 141（2002）.

[133] Decision by Arbitrators，European Communities — Regime for the Importation，Sale and Distribution of Bananas — Recourse to Arbitration by the EC Under Article 22. 6 of the DSU，WT/DS27/ARB，para. 6. 3.

[134] See Decision by Arbitrators，European Communities — Regime for the Importation，Sale and Distribution of Bananas — Recourse by US to Article 22. 2 of DSU，WT/DS27/43，p. 3.

[135] Harold Hongju Koh. Why Do Nations Obey International Law? Yale Law Journal，1997：2599.

[136] ［美］詹姆斯·巴克斯.贸易与自由.黄鹏等译，上海：上海人民出版社，2014：8.

[137] 同上书：101.

[138] 参见 http：//www. wto. org/english/tratop_e/dispu_by_country_e. htm，（2019-3-25）.

[139] Anne-Marie Burley. Law Among LiberalStates：Liberal Internationalism and the Act of

[140] 这 7 起案件分别是：DS217、DS234、DS267、DS285、DS160、DS268、DS406。

[141] See URAA Section 123（g）.

[142] See URAA Section 123（g）(1)（A）；also see URAA Section 123（f）.

[143] See Antidumping Proceedings：Calculation of the Weighted Average Dumping Margin During an Antidumping Duty Investigation，71 Federal Register 11189－01，2006 WL519289（F. R.）.

[144] See Jeanne J. Grimmett . WTO Dispute Settlement：Status of U. S. Compliance in Pending Cases，Congressional Research Services，RL32014，p. 41.

[145] 参见曹建明、贺小勇. 世界贸易组织. 北京：法律出版社，2011：267.

第四章

WTO 中国案件裁决执行情况报告

截至 2019 年 3 月 31 日，共有 63 起 WTO 案件涉及中国（起诉 20 起，被诉 43 起）。本报告涉及已经完成或部分完成执行的中国案件。从总体上来看，尽管并非完美无缺，但中国被诉所做出裁决的案件都得到了良好的执行。只有一个案件经过第 21.5 条执行异议程序终被裁定中国并未完全执行 WTO 裁决，即美国诉中国白羽肉鸡"双反"案（DS427），其他磋商解决案件的和解协议也得到了良好执行。由此可见，中国已经可以非常熟练地运用 WTO 争端解决裁决执行机制。

第一节　中国执行 WTO 裁决案件情况报告

一、美国诉中国集成电路增值税案（China — Value-Added Tax on Integrated Circuits，DS309）（简称"集成电路案"）

（一）基本案情

2000 年 6 月 24 日，国务院发布了第 18 号文件《国务院关于印发鼓励软件产业和集成电路产业发展若干政策的通知》，规定在 2010 年前国内集成电路企业销售其自产的集成电路产品对实际增值税税负超过 6% 的部分即征即退。财政部、国家税务总局、海关总署、信息产业部结合此《通知》分别发布了相关鼓励措施。如：《财政部、国家税务局总局关于部分国内设计国外流片加工的集成电路产品进口税收政策的通知》（财税〔2002〕140 号）、《财政部、国家税务总局关于进一步鼓励软件产业和集成电路产业发展税收征收政策的通知》等 6 个关于集成电路产业政策的文件。这些鼓励政策出台后，美国政府和相关行业机构提出这些政策违反了 WTO 规则。中美两国也就集成电路增值税问题展开了多次磋商。

本案主要涉及国内集成电路产品增值税退税政策和国内设计国外加工复进口产品增值税退税政策。美国主张，中国企业生产的集成电路产品获得部分增值税退税，却对进口集成电路产品提供了不同的待遇，违反了《1994 年关税与贸易总协定》第 3 条；在中国国内设计在境外生产的集成电路产品获得部分增值税退税，对从一成员进口的产品提供了比从其他成员进口的产品更优惠的待遇，给中国的集成电路设计服务提供了更优惠待遇，违反了《1994年关税与贸易总协定》第1条和《服务贸易总协定》第17条。

2004年3月18日，美国就中国集成电路增值税退税政策提出WTO争端解决机制下的磋商请求[3]。3月26日，欧盟提出加入磋商请求。3月31日，日本提出加入磋商请求。4月2日，墨西哥提出加入磋商请求。4月2日，中国台湾提出加入磋商请求。

2004年4月7日，在日内瓦中美两国举行了WTO争端解决机制下的磋商，欧盟、日本、墨西哥作为本案第三方加入了磋商。于5月27日、6月15日和7月1日至2日，中美两国又分别在北京和华盛顿举行了三轮磋商，并于7月2日就"谅解备忘录"的主要内容达成共识。

2004年7月14日，中国常驻WTO代表团大使和美国常驻WTO代表团大使在墨西哥正式签署了《中美关于中国集成电路增值税问题的谅解备忘录》。

2004年8月31日，财政部和国家税务总局联合发布《关于停止执行国内设计国外流片加工集成电路产品进口环节增值税退税政策的通知》。9月30日，财政部和国家税务总局联合发布《关于停止集成电路增值税退税政策的通知》。

2005年10月5日，中美两国向WTO履行了通报义务。美方同意撤回起诉。至此，中美两国在WTO争端解决机制下的集成电路增值税争端得到妥善解决。

（二）案件结论

本案涉及两项措施：国内产品增值税退税政策和国内设计国外加工复进口产品增值税退税政策。美国指控中国以第18号文件为代表的一系列支持鼓励集成电路产业发展的政策规定违反了GATT1994第1条、第3条、第17条以及《中国入世议定书》中的义务。

谅解备忘录的主要内容为：（1）中方将于2004年11月1日前修改有关

政策和规定，调整国产集成电路产品增值税退税政策，取消"即征即退"的规定，并于2005年4月1日起正式实施；(2) 直至2005年4月1日，谅解备忘录签署前享受上述政策的企业及产品可继续执行"即征即退"政策；(3) 中方将于2004年9月1日前宣布撤销国内设计国外加工复进口的集成电路产品增值税退税政策，并于2004年10月1日起正式实施；(4) 谅解备忘录的签署不影响中国和美国在WTO协定下的其他权利和义务。

2004年8月31日，财政部和国家税务总局宣布，从2004年10月1日起停止执行国内设计国外加工复进口的集成电路产品增值税退税政策，对有关集成电路产品，其进口环节增值税一律按照17%的法定税率计征[4]。

（三）简要评论

本案是自2001年底中国加入WTO以来美国第一次在WTO争端解决机制下起诉中国，也是中国入世以来遇到的第一起WTO诉讼案件。尽管本案最终以磋商达成和解备忘录的方式结案，但涉及的法律问题并没有得到WTO争端解决机制的检验，因此仍然留下许多不确定之处。中国政府选择在磋商阶段即决定撤销该政策而不进入专家组阶段，是在权衡利弊得失之后而作出的一个现实的选择，因为，在实践中增值税即征即退政策使得企业受益的幅度并不大，执行情况也不佳，撤销该政策，对企业的影响并不大[5]。

根据WTO争端解决程序的要求，在WTO中进行诉讼期间并不中止被诉措施的执行，意思就是即使一个被诉措施最终被裁定违反WTO规则，在WTO裁决最后通过后，败诉方仍然还可以有一段合理期间来执行该裁决。本案中，中国政府完全可以利用整个诉讼期间和执行期间来继续维持增值税退税政策。另外，中国政府也完全可以使用补贴政策来代替区别进口产品和国内产品的税费政策，直接向国内企业而非国内产品提供支持和优惠政策。当然这并不表示补贴政策就符合WTO规则，而是因为补贴政策违反了WTO规则的举证责任更困难，起诉方未必能够胜诉。从这个角度上来说，中国政府在今后的WTO贸易争端解决中应当更加注意灵活运用WTO规则的问题。尽管中国政府明确表示将继续支持集成电路的产业发展，但在出台有关政策和法规时一定要注意与 WTO 规则及中国入世承诺的一致性问题，尤其需要注意的是可能引起的违反《反补贴协定》的相关规定的问题。

二、欧盟、美国、加拿大诉中国"影响汽车零部件进口的措施案"（China-Measures Affecting Imports of Automobile Parts, DS339/340/342）（简称"汽车零部件案"）

（一）基本案情

为了适应加入 WTO 后汽车产业发展的新形势，中国颁布的影响进口汽车零部件的三项政策措施具体为：1. 国家发改委于 2004 年 6 月 1 日颁布实施新的《汽车产业发展政策》（国家发改委第 8 号政令），以下简称《政策》。2. 据其中第 60 条，海关总署、发改委、财政部和商务部于 2005 年 2 月 28 日联合颁布了《构成整车特征的汽车零部件进口管理办法》（2005 年第 125 号令，以下简称《办法》），对构成整车特征的进口零部件按照汽车整车的税率计征关税。3. 为具体实施这一政策，规范进口零部件构成整车特征的核定工作，海关总署又于 3 月 28 日颁布了《进口汽车零部件构成整车特征核定规则》（2005 年第 4 号公告，以下简称《规则》）。

2005 年 4 月 1 日，《办法》开始实施，根据《办法》规定，对等于或超过整车价值 60% 的零部件征收与整车相同的关税（28%），而不是《中国入世议定书》中规定的 10%—14% 的税率。根据《中国入世关税减让表》（以下简称《减让表》）的规定，在 2006 年 7 月 1 日之前，进口客车和进口小汽车的关税税率应当不超过 25%，货车不超过 15%—25%，车盘和车身不超过 10%，零部件平均不超过 10%，其结果是中国进口整车与零部件之间的关税税率差高达 15%。这些措施规定，如果进口汽车零部件在整车中的比例超过门槛标准，则按照整车征收关税。

本案涉及中国对于汽车零部件进口采取的有关措施，主要从政策方面规定的内容：（1）"用进口零部件生产汽车构成整车特征的，应如实向商务部、海关总署、国家发展改革委报告，其所涉及车型的进口零部件必须全部在属地海关报关纳税，以便有关部门实施有效管理。"（2）"严格按照进口整车和零部件税率征收关税，防止关税流失。国家有关职能部门要在申领配额、进口报关、产品准入等环节进行核查。"(3)"中国政府对进口汽车零部件构成汽车总成（系统）〔包括进口整套散件组装总成（系统）的；进口关键零部件或分总成组装总成（系统），其进口关键零部件或分总成达到及超过规定数量标准的；进口零部件的价格总和达到该总成（系统）总价格的及以上的情况〕，海关经核定按照整车归类，并按照整车税率计征关税和进口环节增值税，而不再按照税率较低的零部件的进口征收关税。"

欧盟、美国和加拿大均认为，中国对外国进口汽车零部件的税收政策有歧视嫌疑，目的在于鼓励中国汽车企业使用国内汽车零配件。综合欧美加三个成员针对上述规则和措施提出的诉讼主张，其中涉及的主要 WTO 规则包括：(1) TRIMs 第 2.1 条和第 2.2 条及相关附件清单第 1 段（a）项所构成的关于违反 GATT1994 国民待遇规则和一般消除数量限制的与贸易有关的投资措施规则；(2) GATT1994 第三条第 2 项、第 4 项和第 5 项关于国内税费征收、允许的数量限制和法律、法规以及影响国内销售、购买、销售、运输分销和使用要求的国民待遇规则；(3) GATT 1994 第 2 条第 1 项（a）和（b）所构成的按照关税减让表的产品待遇和产品类别规定履行关税义务的要求；(4) SCM 协议第 3.1 条和第 3.2 条所构成的法律或事实上的禁止性补贴规则；以及 (5)《中国加入世界贸易组织议定书》(《议定书》) 第一部分第 1.2 条及相关的《中国加入世界贸易组织工作组报告》(《报告》) 第 342 段、第 7.2 条和第 7.3 条中国执行 WTO 规则的承诺，特别是执行 GATT1994 关于国民待遇和数量限制规则的承诺。美国和加拿大还特别提出了中国违反了在《报告》第 93 段中针对以全散件形式作为进口整车（CKD）和半散装件（SKD）关税分类所作的解释，并违反"如果中国创造相关的关税分类，相关税率将不超过 10%"的承诺。

在谈判未果的情况下，2006 年 3 月 30 日，欧盟和美国分别向 WTO 请求与中国进行磋商。2006 年 4 月 13 日，加拿大请求与中国进行磋商。

2006 年 10 月 26 日，DSB 决定就该争端设立单一专家组，2007 年 1 月 29 日，专家组成立，2008 年 2 月 13 日，专家组发布中期报告，7 月 18 日，专家组发布最终报告，裁定中国相关措施违反了 WTO 有关规则。9 月 15 日，中国提起上诉。12 月 15 日，上诉机构发布裁决报告，维持了 WTO 专家组的裁决结果,认为中国涉案措施违反了国民待遇,但是上诉机构报告推翻了专家组的部分裁决。2009年1月12日,DSB通过了本案专家组和上诉机构报告。

（二）裁决结论

专家组和上诉机构均认为,中国涉案措施违反了GATT1994第3.2条和第3.4条,且不能根据第20（d）条获得正当性。

2009年2月11日,中国表示将执行上诉机构的裁决报告,但需要一个合理的期限。2009年3月3日,欧盟、美国以及加拿大和中国分别通知DSB,它们就本案合理实施期限达成了协议：自DSB通过专家组和上诉机构报告之日起,执行合理期限为7个月零20天,于2009年9月1日到期。

（三）裁决执行

2009年8月15日,工业和信息化部、发改委共同发布第10号令,决定自2009年9月1日起停止实施《汽车产业发展政策》中涉及汽车零部件进口的相关条款。8月28日,海关总署、发改委、财政部和商务部共同发布第185号令,决定自2009年9月1日起废止《构成整车特征的汽车零部件进口管理办法》。8月31日,海关总署发布2009年第58号令,决定自2009年9月1日起废止《进口汽车零部件构成整车特征核定规则》。由于这些新法令于2009年9月1日生效,中国对外宣布已经执行了DSB建议和裁决。

（四）简要评论

本案是中国加入WTO后第一个经历完整WTO争端解决程序的被诉案件,即包括磋商、专家组、上诉机构审理和执行裁决程序。本案给我们的启示是,今后出台相关政策,需要在WTO规则范围内进行,特别要注意行文措辞。

鉴于中方在本案中败诉,中国政府应当做好WTO裁决的执行工作。由于本案的被诉措施属于行政法规和规章，中方政府需要调整措施的内容并不需要经过全国人民代表大会的立法程序，根据 WTO 争端解决裁决执行的一般情况，如果 WTO 裁决的执行不涉及立法机构立法程序的行政措施或规则的修改由于所需程序相对简单，通常不受立法机构立法程序的时间限制，需要获得一个较短的合理执行期限。因此，针对本案裁决的执行，中国政府应当修改与被诉措施和实施被诉措施相关的《进口货物原产地条例》等规则，因此，申请了一个较短的执行裁决的合理期间——7 个月零 20 天。根据上诉机构报告中所适用的法律推理，中国政府可以通过修改《进口货物原产地条例》和执行汽车零部件入关的行政程序规则的办法来使被诉措施与 WTO 规则保持一致，而不必撤销相关措施。

本案是中国加入 WTO 之后作为被诉方参与 WTO 争端解决完整程序的第一个案件，本案的裁决和执行告诉我们，面对当前 WTO 发达成员加紧对中国适用 WTO 争端解决机制的残酷现实，中国政府一方面应当在宏观上调整中国的贸易和产业发展政策，使之符合多边贸易体制的宗旨和规则；另一方面也应当在具体案件的审理过程中据理力争，力求准确与公正地适用 WTO 规则。

三、美国、墨西哥诉中国对税收和其他费用的返还和减免措施案（China —Certain Measures Granting Refunds, Reductions or Exemptions from Taxes and Other Payments，DS358/359）（简称"税收优惠政策案"）

（一）基本案情

2007 年 2 月 2 日，美国贸易代表苏珊·施瓦布宣布，美国政府已经在 WTO 提出就中国实施违反 WTO 规则的贸易补贴政策与中国磋商。同一天，美国常驻 WTO 代表团大使致函中国常驻 WTO 代表孙振宇大使，就美国认为的中国补贴措施提起 WTO 争端解决机制下的磋商请求。2 月 7 日，WTO 散发了美国的磋商全文。2 月 26 日，墨西哥就中国非法出口补贴政策也提出 WTO 磋商，其要求和依据与美国先前提出的一样，加入了美国对中国的 WTO 诉讼。

美国和墨西哥最初磋商请求涉及 9 项措施：（1）《中华人民共和国外商投资企业和外国企业所得税法》第 6 条、第 7 条、第 8 条、第 10 条（该法已废）；（2）《中华人民共和国外商投资企业和外国企业所得税法实施细则》第 73 条第 6 款、第 75 条第 7 款和第 8 款、第 81 条（该法已废）；（3）《国务院关于鼓励外商投资的规定》第 3 条、第 8 条、第 9 条、第 10 条（相关条款不再有效）；（4）《2004 年外商投资产业指导目录》第十三部分；（5）《国务院关于调整进口设备税收政策的通知》（有效）；（6）《中国人民银行、国家外汇管理局、对外经济贸易合作部、国家税务总局关于印发〈出口收汇考核试行办法奖惩细则〉的通知》第 3 条和第 6 条（文件已废）；（7）《财政部、国家税务总局关于印发〈技术改造国产设备投资抵免企业所得税暂行办法〉的通知》（文件已废）；（8）《国家税务总局关于印发〈外商投资企业采购国产设备退税管理试行办法〉的通知》（文件已废）；（9）《财政部、国家税务总局关于外商投资企业和外国企业购买国产设备投资抵免企业所得税有关问题的通知》（文件已废）。美国和墨西哥补充磋商请求撤出一项已经废止的措施，即《中国人民银行、国家外汇管理局、对外经济贸易合作部、国家税务总局关于印发〈出口收汇考核试行办法奖惩细则〉的通知》，但将新通过的《中华人民共和国企业所得税法》纳入磋商范围。

上述争议措施可分为两类：一是对国内企业和外商投资企业购买国产设备的税收返还和抵扣政策，起诉方认为这些措施以中国境内企业购买国产货物而非进口货物为条件向这些企业给予税收退还、减少或免除等优惠；二是对产品出口型、先进技术型外商投资企业的税收减免政策，起诉方认为这些措施以受益企业满足某些出口实绩标准为条件给予税收退还、减少或免除等优惠。美国和墨西哥主张这些措施涉嫌违反《补贴协定》第 3 条、GATT1994 第 3.4 条、TRIMs 协定第 2 条、《中国加入议定书》第 7.2—7.3 段和第 10.3 段及其并入的《中国加入工作组报告书》第 167 段和第 203 段。

2007 年 3 月 20 日，中美、中墨在日内瓦进行了第一轮磋商。2007 年 4 月 27 日和 5 月 4 日，在中国取消了一项补贴并通过修改后的所得税法后，美国和墨西哥分别请求补充磋商，以考虑中国最近通过的《企业所得税法》。

2007年6月22—23日，中美、中墨在日内瓦进行了第二轮磋商。2007年7月12日，美国贸易代表办公室要求WTO就中国的贸易补贴成立专家组。7月24日，中国驻WTO代表团反对设立专家组，认为中国新通过的所得税法已经解决了美国指控的相关问题；另外一些美国的指控，在中国已经不存在了。7月24日，美国和墨西哥第一次提出成立WTO专家组，中国对此表示反对。2007年8月31日，美国和墨西哥第二次提出成立专家组，根据程序，DSB设立了单一专家组，审理美国和墨西哥的起诉。澳大利亚、加拿大、智利、欧盟、日本、中国台北、土耳其、阿根廷、哥伦比亚和埃及保留各自的第三方权利。

(二) 案件结论

2007年12月19日，中国和美国通知世贸组织争端解决机构，它们已就本争端达成了谅解备忘录形式的协议。2008年2月7日，中国和墨西哥通知世贸组织争端解决机构，它们已就本争端达成了谅解备忘录形式的协议。

在磋商中，美国针对中国有关文件中规定的税收优惠措施是否与WTO规定相符表示了深深的担忧。中国有针对性地进行了解释并做了承诺。中国政府强调，2008年1月1日生效的《中华人民共和国企业所得税法》将代替《外国投资企业所得税法》。

涉案措施废止或修改情况：《2007年企业所得税法》实现"两税合一"，将废止《外商投资企业和外国企业所得税法》，同时《国务院关于鼓励外商投资的规定》第8条、第9条、第10条相应的所得税优惠条款也不再有效；《2007年外商投资产业指导目录》，不再保留《2004年外商投资产业指导目录》鼓励外商投资产业指导目录的"十三、产品全部直接出口的允许类外商投资项目"，新版目录于2007年12月1日实施；2008年12月25日，财政部、国家税务总局发布《关于停止外商投资企业购买国产设备退税政策的通知》（财税〔2008〕176号），决定自2009年1月1日起，对外商投资企业在投资总额内采购国产设备可全额退还国产设备增值税的政策停止执行，同时废止《国家税务总局关于印发〈外商投资企业采购国产设备退税管理试行办法〉的通知》等文件；2011年2月21日，财政部颁布《关于公布废止和失效的财政规章和规范性文件目录(第十一批)的决定》(财政部令 2011 年第 62 号令),废止《财政部、国家税务总局关于印发〈技术改造国产设备投资抵免企业所得税暂行办法〉的通知》和《财政部、国家税务总局关于外商投资企业和外国企业购买国产设备投资抵免企业所得税有关问题的通知》。

(三) 简要评论

本案是中国入世以来作为被诉方第一起在专家组阶段妥协案。本案中起诉方挑战的措施大部分是中国入世之前采取的措施,因此,本案磋商解决具有客观基础。统一内外资企业的所得税是中国政府致力于解决的问题,因此,本案有加快中国政府解决该问题的推动作用。

四、美国诉中国影响知识产权保护和实施的措施案(China — Intellectual Property Rights,DS362)(简称"知识产权案")

(一) 案件背景

本案是由美国国际知识产权联盟(international intellectual property alliance,IIPA)首先提出中国知识产权执法措施不符合 WTO《与贸易有关的知识产权协定》(TRIPs)。2002 年年初,IIPA 提交给美国贸易代表办公室(office of the United States trade representative,USTR)一份材料[6],IIPA 认为,盗版率高达 90%的中国市场给美国和中国的创造者及公司造成了惊人的损失,中国作为 WTO 成员应当公开承认它没有对商业规模的盗版采取有威慑力的执法措施(yet to provide deterrent enforcement against commercial scale piracy),并没有遵守 WTO 义务,因为 90%的盗版率就是一个不可否认的事实[7]。

在这份材料中,IIPA 进一步指出,中国的执法制度不符合 TRIPs 第 41 条、第 50 条和第 61 条。第 41 条规定,WTO 成员的执法措施应当能够保证对知识产权侵权行为采取有效行动,包括迅速的救济以防止侵权,以及救济措施能够对进一步的侵权构成威慑(remedies which constitutes a deterrent to further infringements)。中国的执法措施常常是版权局等行政部门采取行动,事实证明不足以威慑进一步的盗版行为。而《中华人民共和国刑法》

(以下简称《刑法》)第217条和第218条关于盗版的规定,又由于最高人民法院的司法解释而导致"门槛"(thresholds)过高,很少被援用。

根据《刑法》第217条规定:以营利为目的,有下列侵犯著作权情形之一,违法所得数额较大或者有其他严重情节的,处三年以下有期徒刑或者拘役,并处或者单处罚金;违法所得数额巨大或者有其他特别严重情节的,处三年以上七年以下有期徒刑,并处罚金:(一)未经著作权人许可,复制发行其文字作品、音乐、电影、电视、录像作品、计算机软件及其他作品的;(二)出版他人享有专有出版权的图书的;(三)未经录音录像制作者许可,复制发行其制作的录音录像的;(四)制作、出售假冒他人署名的美术作品的。《刑法》第218条规定:以营利为目的,销售明知是本法第二百一十七条规定的侵权复制品,违法所得数额巨大的,处三年以下有期徒刑或者拘役,并处或者单处罚金。

1998年12月17日,最高人民法院发布了《关于审理非法出版物刑事案件具体应用法律若干问题的解释》。其中,对"违法所得数额较大"的解释是:个人违法所得数额在5万元以上;单位违法所得数额在20万元以上。2004年12月8日,最高人民法院和最高人民检察院发布了《关于办理侵犯知识产权刑事案件具体应用法律若干问题的解释》,降低了"门槛",不论企业或个人,凡"违法所得数额在3万元以上的",都属于"违法所得数额较大"。此外,两个司法解释还对"有其他严重情节""违法所得数额巨大""有其他特别严重情节"等定罪标准进行了解释。

实践中,要求个人违法所得数额达到6 000美元这个"门槛",使得刑事救济措施形同虚设,更何况执法者计算违法所得数额依据的是盗版产品的价格,并且是按照实际销售的数量,而不包括库存。这远远不符合国际社会的主流思想,实际上根本不可能降低盗版率。

IIPA成立于1984年,是美国版权产业的一个民间组织,其宗旨是促进版权的国际保护。该联盟非常活跃,经常就全球及各国版权问题发表意见。每年年初,USTR发布通知,就"特殊301"调查征求公众意见,该联盟都会提交大量资料,并提出很多建议。例如,2006年,它提供了46个国家保护版权不力的情况,同时建议将这些国家分门别类列入"重点国家""重点观察名单"和"观察名单"。如此引人注目的组织,其位于华盛顿的秘书处却只有 6 个人,包括主席 Eric Smith 和几个工作人员。Eric 是该联盟的创始人之一,同时也是 Smith & Metalitz 律师事务所的管理合作人(managing partner)。事实上,这些工作人员也同时在该律师事务所工作,所以,联盟与律师事务所几乎是一套人马、两块牌子。当然,该联盟后面有强大的支持力量。联盟由 7 个协会组成,而这些协会的会员有 1900 家,其中很多是赫赫有名的大公司。联盟的 7 个协会包括:美国出版商协会(association of American publishers,AAP),商用软件联盟(business software alliance,BSA),娱乐软件协会(entertainment software association,ESA),独立电影电视联盟(independent film & television alliance,IFTA),美国电影协会(motion picture association of America,MPAA),全国音乐出版商协会(national music publishers' association,NMPA),美国录音产业协会(recording industry association of America,RIAA)。

Eric 在这个领域工作了 20 多年,见证了很多国家知识产权保护的发展情况,而其身后是一个蓬勃发展的版权产业。因此,在中国刚刚加入 WTO 不久的时候,该联盟率先指出中国的知识产权执法措施不符合 TRIPs 协议条款,就不意外了。

相比于该联盟直截了当的"专业",USTR 同年公布的"特殊 301"报告只是概括提到中国的行政处罚没有形成对进一步侵权的遏制,启动刑事案件的"门槛"过高,要求中国修改司法解释,以更加有效地处理案件并实施有威慑力的刑罚[8]。另外一份由 USTR 负责撰写的《中国履行 WTO 报告》,虽然指出了中国执法中存在的一些问题,但同样没有提到中国不符合 TRIPs 的问题。

到了 2004 年,IIPA 进一步提出了修改中国《刑法》的建议。TRIPs 第 61 条规定,WTO 成员应当至少针对具有商业规模的故意侵犯商标权或版权的行为制定刑事程序和处罚,并且救济应当具有威慑力,与对同等严重犯罪的处罚相当。IIPA 认为,中国的《刑法》应当修改,以包括以下内容:处罚最终用户盗版;适用于法律所规定的所有独占权及未经授权的进口;处罚违反反规避条款及权利管理信息的行为;处罚没有"以营利为目的",但

"具有商业规模"且对权利持有人有影响的网络侵权；取消单位与个人犯罪的区分；整体加重处罚。IIPA还认为，其司法解释也应当修改，以大幅度降低或取消"门槛"（对不"以营利为目的"的网络侵权尤应如此），以正版品而不是以盗版品价格计算收入，并且包括库存产品[9]。

2005年年初，IIPA突然提出，美国政府应立即就中国的知识产权问题与中国在WTO进行磋商。按照DSU的规定，提出磋商就意味着启动WTO争端解决程序。IIPA还提出，USTR在当年对中国的知识产权状况的"非常规审议"（out-of-cycle）结束后，应当考虑采取进一步行动，包括请求设立WTO争端解决专家组进行审理。

IIPA没有解释为什么会产生这一"突发奇想"。倒是几乎同时出现的美国商会（U.S. chamber of commerce）的材料，似乎为此做了一个注脚。美国商会称，中国已经成为WTO成员3年了，但中国为公司提供的保护在整体上显然没有达到TRIPs所规定的"有效"和"遏制"的标准，侵犯知识产权对各行各业都产生了严重影响。该商会也建议美国政府立即启动WTO的磋商。

针对美国产业界的强烈"呼吁"，美国政府也作出了一定的反应。2005年USTR公布的"特殊301"报告认为中国的侵权严重到了令人无法接受的程度，因此将中国上升到"重点观察名单"（priority watch list），即中国属于"没有提供充分的知识产权保护和执法"的国家；美国政府将与产业及其他利害关系方一起，考虑援用WTO程序确保中国遵守TRIPs的义务，特别是采用有遏制竞争力的刑事执法制度。该报告还提到，TRIPs第41条和第61条要求具备有效、遏制的知识产权执法制度，而中国的制度过分依赖行政执法，不具有威慑力。同年的《中国履行WTO报告》则称，美国政府准备采取一切必要、适当的措施，以确保中国制定并实施有效的知识产权执法制度。

终于，到了2006年4月28日，USTR公开宣布，将开始考虑援用WTO争端解决机制，原因是中国没有给美国的版权材料、发明、品牌和商业秘密应有的知识产权保护，在解决某些执法缺陷方面进展甚微。随后，USTR官员在对外讲话、作证和接受采访时，不断宣称将在WTO起诉中国。6月14日,美国副贸易代表 Karan Bhatia 在一次讲话中称:"我们一直在与中国谈知识产权问题,但我们的耐心是有限度的。"[10]

8月29日,苏珊·施瓦布(Susan C. Schwab)以美国贸易代表身份第一次访问中国。与中国官员会谈结束后,她在"美国中国商会"(AmCham China)和"美中贸易全国委员会(US China business council)"联合举办的执行会上发表了讲话。她说:"美国正在考虑就中国知识产权执法诉诸 WTO 的问题。我们不喜欢在 WTO 提起诉讼,因为案件要花费大量时间和人力。我们想要的,是在起诉前就解决这些问题。但当友好圣诞不能带来积极结果时,我们不能袖手旁观而容忍承诺得不到履行。我们将使用争端解决机制。法律诉讼不应被视为敌对行动,争端解决机制为贸易伙伴提供了客观的解决争议的途径,以避免整体贸易关系的恶化和污染。它还有助于一些政府部门说服另外一些政府部门遵守 WTO 规则。事实上,整个世界贸易体制都在从公平、理性的解决分歧的途径中受益。"这番"谆谆教导",似乎是在提醒中国人为当被告做好心理准备。

9月18日,位于华盛顿的国际反假冒联盟(international anti-counterfeiting coalition,IACC)(该联盟成立于1978年,目的是打击产品假冒和盗版,其会员有150家,来自汽车、服装、奢侈品、药品、食物、软件、娱乐等各行各业。联盟向美国国内外知识产权执法官员提供培训,就知识产权执法向政府提交意见,参加国际合作以提高知识产权执法水平。)在其提交给 USTR 的一份材料中,较为详细地分析了中国知识产权执法措施"不符合"TRIPs 的地方:(1)不符合 TRIPs 第41条。中国过度依赖行政执法,较少使用刑事救济。大多数商标侵权案件都提交给工商局,然后工商局应当将涉嫌刑事犯罪的案件移交公安局进一步调查。但根据 IACC 会员的经验,如果没有法律上的模糊之处、警察的无效率以及普遍缺乏政治意愿,移交率会非常高。不澄清法律上的模糊之处,包括在确定是否移交刑事调查时所依据的计算货物价值的方法,行政执法不会有大的改观。行政执法不能为有效保护知识产权带来合法期待,也没有像 TRIPs 第41条所要求的那样,对进一步侵权形成遏制。(2)不符合 TRIPs 第61条。《刑法》中的大多数经济犯罪,定罪标准都是在5 000—10 000元人民币之间,而知识产权犯罪的标准高了 10 倍之多，即个人 50 000 元人民币，单位 150 000 元人民币。盗版与其他经济犯罪一样严重，有时候甚至更为严重，中国对假冒盗版的定罪标准设得高，缺乏适当的依据，并且明显违反第 61 条的义务。与 2002 年 IIPA 的指责相比，IACC 的分析更加"法律化"，美国可能针对什么问题提出起诉，会提出怎样的辩点，也渐渐清晰起来。

在这种情况下，10 月 5 日为美国国会提供咨询的机构——"美中经济和安全审查委员会"（U. S.—China economic and security review commission，USCC）也煽风点火，给国会议员写信，认为美国应当使用 WTO 争端解决机制解决中国的知识产权问题，建议国会要求行政当局就中国知识产权侵权和缺乏执法问题诉诸 WTO。美中经济和安全审查委员会于 2000 年成立，其工作内容是监督、调查美中双边经贸关系对美国国家安全的影响，并向国会提交年度报告，以及向国会提出建议，以便采取立法和行政行动。委员会由 12 名委员组成，分别由参众两院多数党和少数党领袖选任，每人任期 2 年。在 2005 年该委员会向国会提交的报告提出，中国盗版情况非常严重，而执法不力更进一步给中国企业带来了竞争优势；中国没有满足 TRIPs 所明确要求的有效执法，包括刑事执法的标准；国会应当支持美国贸易代表利用国内法和国际法立即对中国采取措施。这封信说，该委员会于 6 月 7—8 日举行过一次中国知识产权问题听证会，从证人证词来看，中国政府缺少加强保护知识产权的政治意愿，中国的立法和执法都存在问题，中国出口大量假冒产品。WTO 争端解决机制应当成为全球化时代保护美国企业知识产权的重要手段。然而 USTR 一直不愿使用 WTO 解决贸易争端，其原因包括：这个准司法性质的争端解决机制本身有弱点，USTR 喜欢通过谈判解决问题，看重胜诉的可能性，并且希望与其他国家联合采取行动。此外，美资企业担心中国政府取消其优惠而不敢说话，也是一个原因。该函还明确提出，最可能胜诉的案件，应当是关于有效执法的 TRIPs 第 41 条和第 61 条。

不知是听了 USCC 的"专家意见"，还是出于政党政治或国会中期选举的原因，10 月 11 日，在众议院民主党领袖 Nancy Pelosi 的带领下，美国国会众议院筹款委员会 13 名民主党议员给美国总统写了一封联名信，要求布什政府针对中国"公然违反知识产权国际规则的行为",立即提起 WTO 诉讼。该函耸人听闻地说,世界上没有哪个国家像中国那样侵害美国的知识产权;中国盗版、假冒和侵犯专利非常严重;美国软件受盗版率达 90%,每年给美国造成 20 亿美元的损失;每年美国版权损失超过 25 亿美元;由于冒牌配件美国汽车行业每年造成的损失高达 120 亿美元,而中国就是一个最主要的侵权者。除了中国问题外,该函还称,他们将提出一项法案,要求布什政府成立一支快速反应队伍,每月就全球知识产权问题及解决问题的行动提出报告。经过几年的酝酿,到了 2006 年年底,美国的国会、政府和产业似乎已经就中国知识产权问题起诉到 WTO 达成了"共识",剩下的只是寻找一个合适的"时机"了。

(二)基本案情

本案涉及中国《著作权法》第 4.1 条、《知识产权海关保护条例》及其实施办法相关条款以及中国刑法有关知识产权犯罪刑事门槛的相关规定。

2007 年 4 月 10 日,美国根据 DSU 第 1 条和第 4 条以及 TRIPS 第 64 条就中国影响知识产权保护和执行的措施请求与中国进行磋商。双方于同年 6 月 7 日至 8 日进行了磋商,但争端并没有解决。8 月 13 日,美国根据 DSU 第 6 条向 DSB 提出设立专家组的请求。9 月 25 日,DSB 根据美国的请求设立了专家组。

2008 年 11 月 13 日,专家组向争端双方提交了最终报告。专家组裁决中国《著作权法》第 4.1 条、海关措施违反了 TRIPS 协定有关条款,但裁决中国知识产权犯罪的刑事门槛没有违反 TRIPS 协定。2009 年 3 月 20 日,DSB 采纳了该报告。2009 年 6 月 29 日,中国和美国通知 DSB,它们已经达成协议,中国执行本案 DSB 建议和裁决的合理期限为专家组报告通过后 12 个月,于 2010 年 3 月 20 日到期。[11] 关于本案的合理执行期限的确定有点出乎人们的意料,因为自我国于 4 月 15 日正式表示将尊重和执行该裁决后[12],双方对合理执行期限的确定就存在着严重的分歧,甚至于 5 月 8 日表示可能要求 DSB 通过有约束力的仲裁加以确定[13]。但是双方最终未实际诉诸仲裁,而是通过协商确定了合理执行期限。而且 12 个月的合理执行期限比之前

"汽车零部件案"确定的 7 个月零 20 天的合理执行期限要长。这一方面是我国据理力争的结果,另一方面也体现了美国的某种让步,经过此案,美国也稍微改变了以前一贯的咄咄逼人的做法。

(三)裁决执行

2010 年 2 月 26 日,全国人大常委会通过了关于修改《中华人民共和国著作权法》的决定(2010 年第 26 号令),并由国家主席胡锦涛同日公布,于 2010 年 4 月 1 日生效。新《著作权法》将第 4 条修改为:"著作权人行使著作权,不得违反宪法和法律,不得损害公共利益。国家对作品的出版、传播依法进行监督管理。"

2010 年 3 月 17 日,国务院通过了关于修改《知识产权海关保护条例》的决定(2010 年第 572 号令),于 2010 年 4 月 1 日生效。原条例第 27 条第 3 款被修改为:"被没收的侵犯知识产权货物可以用于社会公益事业的,海关应当转交给有关公益机构用于社会公益事业;知识产权权利人有收购意愿的,海关可以有偿转让给知识产权权利人。被没收的侵犯知识产权货物无法用于社会公益事业且知识产权权利人无收购意愿的,海关可以在消除侵权特征后依法拍卖,但对进口假冒商标货物,除特殊情况外,不能仅清除货物上的商标标识即允许其进入商业渠道(增加);侵权特征无法消除的,海关应当予以销毁。"

2010 年 3 月 3 日,海关总署公布了《中华人民共和国知识产权海关保护条例》的实施办法(2009 年第 138 号)。实施办法第 33 条重复了旧版实施办法第 30 条,仅在第二款开头增加了"海关拍卖侵权货物,应当事先征求有关知识产权权利人的意见"之规定。海关总署 2007 年第 16 号公告仍然有效。

2010 年 3 月 19 日,中国向 DSB 报告称,通过上述修改,中国已经执行了 DSB 建议和裁决。但美国仍然认为中国没有完全执行本案 DSB 建议和裁决。2010 年 4 月 8 日,中国和美国将 DSU 第 21 条和第 22 条程序协议通报了 DSB。

(四) 简要评论

本案是自 2001 年 11 月 WTO 多哈部长会议通过宣言[14]，要求将"灵活"原则适用于 TRIPS 协定实施以来，DSB 首次 TRIPS 协定争端解决案，也是中国加入 WTO 后，美国首次启动针对中国的第一个知识产权 WTO 争端案，令世人瞩目。本案热热闹闹开始，冷冷清清收场，这起案件当时引起了全世界的关注，但 WTO 专家组的裁决没有支持美国的主要观点。中国在刑事"门槛"问题上获得了全胜，而在著作权保护问题上，美国的诉求基本得以满足，总体上，美国未能达成其指控的最主要目的，即要求中国降低刑事惩罚知识产权犯罪的入罪门槛。从 2002 年开始，美国产业界就开始推动政府起诉中国，甚至准备了起诉的法律要点。随后，国会议员也跟着摇旗呐喊，认定中国的假冒盗版非常严重，给美国企业带来了不可估量的经济损失，好像只要起诉中国就可以解决问题。美国行政部门虽然一开始有点不情愿，但最后还是选择了三个看似很有把握的法律观点提起诉讼，而 WTO 专家组最后做出的严谨的法律裁决也给美国好好地上了一课，提醒美国反省自己的思路。

五、美国诉中国影响出版物和音像制品贸易权和分销服务措施案（China—Publications and Audiovisual Products，DS363）（简称"文化产品案"）

(一) 基本案情

2001—2006 年，中国国务院、发改委、文化部、广播电影电视部、商务部、新闻出版总署等机构相继出台了一系列规范文化产品（包括图书、报纸、期刊、供影院放映的电影、音像制品、SD、DVD 等）进口、发行和销售的规定。

美国认为，中国的以下措施：（1）限制院线电影、家用视听娱乐产品（例如，录影带和 DVDs）、录音制品和出版物（例如，书籍、杂志、新闻报纸和电子出版物）等产品贸易权的某些措施；（2）限制外国服务提供者分销出版物、家用视听娱乐产品市场准入或对他们进行歧视的某些措施，违反了中国入世承诺及 GATT、GATS 的相关条款。

2007 年 4 月 10 日，美国要求就影响出版物和娱乐用音像制品（以下简称"AVHE"）贸易权和分销服务的措施与中国进行磋商。由于磋商未果，10 月 10 日，美国请求 WTO 成立专家组。11 月 27 日专家组成立。2009 年 8 月 12 日，专家组报告分发给各成员。专家组裁决中国 14 项措施违反了《中国入世议定书》、GATS 和 GATT 1994 相关条款。2009 年 9 月 22 日，中国对专家组报告提出了上诉。10 月 5 日，美国也做了相应上诉。2009 年 12 月 21 日，上诉机构如期发布了裁决报告。上诉机构支持了专家组裁决。2010 年 1 月 21 日，DSB 审议通过了本案上诉机构报告和经上诉机构报告修改的专家组报告。

2010 年 2 月 18 日，中国向 DSB 通知了其执行 WTO 裁决的意向，并要求一个合理执行期限。2010 年 7 月 12 日，中国和美国通知 DSB，双方就中国实施 DSB 建议和裁决的合理期限达成了协议，自 DSB 通过专家组和上诉机构报告后的 14 个月，于 2011 年 3 月 19 日到期。

（二）裁决执行

早在 2008 年 2 月 21 日，新闻出版总署就公布了新的《电子出版物出版管理规定》，删除了与中国 GATS 承诺（分销权）不符的旧版《电子出版物管理规定》第 62 条。新规定于 2008 年 4 月 15 日开始实施。

2011 年 3 月 19 日，国务院公布了修订后的《出版管理条例》和《音像制品管理条例》，修改了与中国贸易权、分销权承诺不符的旧版对应条例的相关条款。两个新修订的条例从 2012 年 2 月 1 日施行。

2011 年 3 月 21 日，文化部下发《关于实施新修订〈互联网文化管理暂行规定〉的通知》（文市发〔2011〕14 号）。《通知》第三条第（十四）项宣布废止《文化部关于实施〈互联网文化管理暂行规定〉有关问题的通知》（文市发〔2006〕27 号），并规定《文化部关于网络音乐发展与管理的若干意见》（文市发〔2006〕32 号）与本通知不一致的，依照本通知执行。新《通知》第三条第（十二）项规定，"设立从事互联网音乐服务的中外合作经营企业的具体办法由文化部另行制定"，实际上允许外资以中外合作经营企业形式从事互联网音乐服务，废除了旧版通知禁止外资从事互联网音乐服务的规定。上述措施使我国执行了"文化产品案"的裁决。美国要求中国尽快公布外资进入互联网音乐服务的市场准入管理办法。

2011年3月25日,新闻出版总署发布《订户订购进口出版物管理办法》(2011年第51号令),修改了与中国反倾销承诺、GATT 1994第3.4条不符的旧版管理办法第3条和第4条。同日,新闻出版总署和商务部发布《出版物市场管理规定》(2011年第52号令),修改了与中国分销权承诺、GATT 1994第3.4条不符的旧版管理规定第16条,并废止了与中国分销权承诺、GATT 1994第3.4条不一致的《外商投资图书、报纸、期刊分销服务管理办法》。

2011年4月6日,新闻出版总署和商务部共同发布《音像制品进口管理办法》(2011年第53令),修改了与中国贸易权承诺不符的旧版管理办法第7条和第8条。

2011年4月13日,美国和中国将DSB第21条和第22条程序协议通报DSB。

2011年12月24日,发展改革委和商务部共同发布了新版《外商投资产业指导目录》(第12号令),修改了与中国贸易权、分销权承诺不符的相关规定。

目前,中国尚未修改与院线电影贸易权问题的两个文件:《电影管理条例》和《电影企业经营资格准入暂行规定》。中国因此没有执行"文化产品案"与院线电影有关的世贸组织裁决。此外,中国也未修改《关于文化领域引进外资的若干意见》(五部委文件),但违反世贸规则的第1条和第4条大部分内容已在其他文件中被实质性修改。

为了执行上诉机构的裁决,经过多轮谈判,2012年4月15日,中国与美国正式签订了《中美关于用于影院放映之电影的谅解备忘录》(以下简称《中美电影协议》)。《中美电影协议》主要包括4方面内容:(1)中国将在原来每年引进美国电影20部配额的基础上增加14部3D或IMAX电影大片配额;(2)美方票房分账比例从原来的13%升至25%;(3)增加中国民营企业发布进口片的机会;(4)中美合拍片将享受中港合拍同等待遇,在中国大陆放映不受引进片配额限制。

2015年9月25日,习近平访美期间,中国电影集团与美国电影协会签署了《分账影片进口发行合作协议》。作为习近平访美的重要成果之一,《分账影片进口发行合作协议》是自 2012 年《中美电影协议》以来,两国电影领域合作的又一重要协议。这份协议是中美电影企业在 2012 年"备忘录"基础上签署的一份具体商业合同。据悉,为了进一步落实《中美电影协议》的规定,中国电影集团公司与美国电影协会历经超过三年的艰苦谈判,最终基本达成了中美《分账影片进口发行合作协议》以及适用于中影往下所有许可合同的《标准条款》。

(三) 简要评述

本案与"中国——知识产权案"同一天起诉,但不同的是,本案直至 2009 年 4 月 20 日才作出中期裁决,与知识产权案相比整整晚了 7 个月,458 页的裁决报告也比知识产权案的 135 页报告多了许多,说明本案中涉及措施众多,管理体制复杂,甚至中文法律文件的翻译问题,都对本案的裁决产生了影响。本案的执行涉及了 19 个法规和部门规章的调整。考虑到该争端的复杂性和敏感性,中国希望其他成员能够理解中国在执行本案裁决中遇到的困难。在中国看来,该案将通过相关成员的共同努力和相互合作得以妥善解决。本案执行确实有其特殊性,究其根本原因,还是发展中国家和拥有繁复制衡体制的国家在执行 WTO 裁决时存在先天的困难和缺陷。本案触及我国对文化产品进口和批发的传统管理体制。在一定合理执行期限内修改国内有关法规,建立和完善政企分离的文化产品进口制度,并适应音像制品网上传送的新特点等执行做法对中国无疑是一个严峻考验。通过本案裁决与执行,我们可以得到启示,中国需要审视相关规定,有些规定一方面可能与中国入世承诺不符,另一方面在实践中又实现不了管理者的意图。

六、欧盟、美国、加拿大诉中国影响金融信息服务和外国金融信息提供者措施案(China — Measures Affecting Financial Information Services and Foreign Financial Information Suppliers,DS372/373/378)(简称"金融信息案")

(一) 基本案情

中国金融信息服务市场正处于发展阶段,蕴藏着无限的潜力,因此,中国市场一直是世界几大金融信息服务提供商的角逐目标。根据 1997 年 11 月 10 日新华社和欧盟委员会的交换信函，新华社涉外信息管理中心不得干涉欧盟的金融信息提供者和他们的客户之间的交易，并保证对向其提交的所有信息保密；不要求金融信息提供者提供他们与顾客之间金融交易的详细信息；承诺在收到金融信息提供者的中国的业务介绍文件后的 20 个工作日内批准许可申请。2006 年前，外国金融服务提供者一直持以此为依据的年审许可证在中国运营和发展业务。但 2006 年 9 月 10 日，中国颁布了一项针对外国通讯社的严格规定《外国通讯社在中国境内发布新闻信息管理办法》（简称《办法》）。根据《办法》规定，金融信息提供者需由新华社批准运营，外国金融信息提供者需要遵循更多的运营要求，包括任何业务范围、传播信息手段等变更都需得到新华社的批准，并需承担向新华社提交经营活动年度报告的义务。在年度审查过程中外国金融信息提供者需向新华社涉外信息管理中心（FIAC）呈报他们所提供的服务以及客户等具有商业价值的保密信息。同样，他们的客户在签约提供金融信息服务时都需向 FIAC 提交所有合同信息。此外，在 2007 年 6 月 20 日，新华社推出"新华 08"，在商业基础上提供金融信息服务，直接与其他服务提供者竞争。但"新华 08"以及其他国内金融信息提供者都无须通过指定代理机构提供服务，也无须遵守其他规定。同时，根据有关规定，新华社还身兼对外国新闻通讯社和外国金融信息提供者进行监管的职责。紧接着，中国政府又在 2007 年 10 月颁布了《外国投资产业指导目录》，外国金融信息提供者被视为通讯社，其金融信息服务在该《目录》中属于禁止外国投资的服务门类，因此，外国金融信息提供者在中国境内只能设立代表处，而不允许设立正常形式的商业存在。

欧盟、美国和加拿大诉我国金融信息案的涉案措施是《外国通讯社在中国境内发布新闻信息管理办法》等 12 个相关法规规章和政策文件。

2008 年 3 月 3 日，欧盟、美国分别就我金融信息服务管理措施，向中国提出磋商请求，正式启动了世贸组织争端解决程序。2008 年 6 月 20 日，加拿大就同一事项诉诸世贸组织争端解决机制。

起诉方的主要关注点在于外国金融信息服务提供者在我国经营业务面临的"商业障碍"。起诉方指出，新华社既是市场竞争者，又是监管者，违反

《中国加入工作组报告书》第 309 段有关独立监管的承诺；《外国通讯社在中国境内发布新闻信息管理办法》要求外国金融信息服务提供者必须指定代理机构向用户提供服务，与中国加入世贸组织的"已获权利"和"市场准入"承诺不符，违反了《服务贸易总协定》第 17 条有关国民待遇的规定；未有效保护外国金融信息服务提供者的商业秘密。

（二）案件结论

2008 年 4 月 22 日至 23 日，中方与欧盟、美国在日内瓦磋商。2008 年 8 月 20 日，中方与加拿大在日内瓦进行磋商。2008 年 11 月 18 日，中方分别与三个起诉方签署了《关于影响外国金融信息服务提供者措施的谅解备忘录》，并于 12 月 4 日通知争端解决机构。

达成的备忘录要点如下：

（1）根据备忘录，中国国务院将在 2009 年 6 月 1 日之前任命新的监管机构，并在中国的相关立法中予以明确。新成立的监管机构将负责发布、制定规则以取代新华社于 2006 年 9 月发布的措施。

（2）外国金融信息提供商不再需要通过代理机构提供服务。他们可以直接向客户提供信息，这些客户也不再受许可证及类似的审批的制约。

（3）新华社，作为金融信息服务领域的一个竞争者，将不再负责金融信息服务的监管。它的责任将被转交给与任何金融信息服务提供商都没有关系的一个新的监管机构。

（4）根据中国的法律法规，外国供应商提供的机密信息将得到充分保护。

（5）外国金融信息供应商在中国建立商业公司将没有任何阻碍。

（6）谅解备忘录的范围是广义上的金融信息服务决定的，包括可能影响金融市场的信息和针对金融使用者的金融数据。该谅解备忘录对金融信息服务的定义使汤森路透和其他外国供应商提供的金融信息服务被完整的涵盖其内。

（7）根据谅解备忘录规定，国务院于 2009 年 1 月发布《国务院关于修改〈国务院对确需保留的行政审批项目设定行政许可的决定〉的决定》，将外国金融信息服务供应商的监管机构改为国务院新闻办公室。国务院新闻办、商务部、国家工商总局于 2009 年 4 月 30 日联合发布《外国机构在中国境内提供金融信息服务管理规定》。这一管理规定自 2009 年 6 月 1 日起施行。

(三) 简要评论

欧盟和美国的诉求及理由确实存在一定的合理性，我国政府单纯从 WTO 规则出发予以反驳，能抗辩欧美有充分理由的诉求是非常困难的，因此，在本案的争端解决谈判中作出让步是必然的。金融信息的透明有助于金融市场稳健发展，国民待遇和市场准入也的确是我国加入 WTO 时的一揽子承诺。根据谅解备忘录，中国同意将新华社监管外国金融信息供应商的职权移交给一家独立监管机构，这是迈向正确方向的重要一步。

七、美国、墨西哥、危地马拉共和国诉中国赠与、贷款和其他激励措施案（China — Grants, Loans and Other Incentives, DS387/388/390）（简称"出口名牌补贴案"）

(一) 基本案情

美国、墨西哥和危地马拉等起诉方磋商请求总共涉及 100 多项措施，其中中央政府措施 8 项，地方政府措施 90 余项，涉及 15 个省、自治区、直辖市和 3 个计划单列市。涉案措施可以分为三类：第一类是涉及国家质检总局开展的"中国世界名牌产品"评价活动以及各级地方政府发布的有关执行和奖励措施；第二类是涉及由商务部、发展改革委、财政部等八部委发布的《关于扶持出口名牌发展的指导意见》以及各级地方政府发布的有关执行和奖励措施；第三类是各级地方政府发布的其他有关扶持出口的措施。

美国提出：(1) 涉案措施基于出口实绩要求向中国企业提供补助、贷款和其他激励，涉嫌违反《补贴协定》第 3 条；(2) 在这些措施向农产品提供补贴的范围内，这些措施涉嫌违反《农业协定》第 3 条、第 9 条和第 10 条；(3) 这些措施涉嫌违反《中国加入议定书》第 I 部分第 12.1 段以及《中国加入议定书》第 I 部分第 1.2 段（在该段并入了《中国加入工作组报告书》第 234 段的限度内）；(4) 在这些补助、贷款和其他激励使中国原产品（而不是进口产品）获得利益的限度内，这些措施涉嫌违反 GATT1994 第 3 条第 4 款。

2008 年 12 月 19 日，美国贸易代表苏珊·施瓦布宣布，美国在 WTO 争端解决机制下已针对中国政府制定的名牌战略及一系列旨在促进品牌发展和增加品牌商品全球销量的相关措施向中国提出磋商请求。同日，墨西哥政府也就相同事项以相同依据在 WTO 向中国提出磋商请求。

2009 年 1 月 15 日，加拿大、欧盟、土耳其就"中国——赠与、贷款和其他激励措施"请求加入磋商。1 月 16 日，澳大利亚请求加入磋商。1 月 19 日，危地马拉提出 WTO 磋商请求，它们的要求和依据与美国、墨西哥之前的相同。

2009 年 2 月 5 日至 6 日，中国与美国、墨西哥、危地马拉三方在日内瓦举行了联合磋商。各方同意不将该案提交 WTO 专家组。

（二）案件结论

2009 年 12 月 18 日，中国与起诉方签署"双方同意的解决办法"（mutual agreed solutions）。中国确认其已经废除或修改了有关措施，关于地方政府涉案措施，地方政府在 2009 年 6 月底之前完成修改或废止等工作。

关于中央政府涉案措施如下。

1. 已经失效的文件

鉴于年度工作通知性质，下列文件已经失效：（1）商务部办公厅《关于请推荐"中国出口名牌"备选名单的通知》（商办贸函〔2007〕25 号）；（2）《关于申报 2006 年中国世界名牌产品的通知》；（3）《关于申报 2008 年中国世界名牌产品的通知》。

2. 已经废止的文件

2009 年 4 月 2 日，商务部、发展改革委、财政部、科技部、海关总署、税务总局、工商总局、质检总局发布《关于推进国际知名品牌培育工作的指导意见》（商贸发〔2009〕150 号），决定废止商务部、发展改革委、财政部、科技部、海关总署、税务总局、工商总局、质检总局《关于扶持出口名牌发展的指导意见》（商贸发〔2005〕124 号）。2009 年 5 月 5 日，国家质检总局发布《关于废止规范性文件的公告》(2009年第42号),决定废止国家质检总局《关于开展中国世界名牌产品评价工作的通知》(国质检质〔2005〕95号)。国家质检总局办公厅关于印发《中国名牌产品评价管理办法(试行)》的通知(国质检〔2001〕32号),已于2009年12月18日被《中国名牌产品管理办法》废止。

3. 已经修改的措施

2009年12月18日,国家质检总局发布修改后的《中国名牌产品管理办法》(国家质检总局令2009年第12号),决定删除《中国名牌产品管理办法》第九条第(二)项中的"出口创汇率"和第十二条中的"和出口创汇水平"。

(三) 简要评论

本案虽然经过磋商以达成协议的方式解决,但本案引出的法律问题仍然值得探讨。此案充分反映了我国出口贸易中的贴牌生产遇到严重困境,由于我国加工贸易约占出口贸易的50%[15],其中轻工、电子、服装和鞋类等出口产品多为贴牌生产,因此,我国出口商应大力培养自主品牌,减少贴牌生产。当然,对出口产品的自主品牌实施政府补贴政策确实不符合WTO规则。另外,在今后一定的时期内,针对中国的政府"补贴"政策,一些WTO成员仍然可能继续发起WTO争端解决机制下的起诉。一方面,中国政府应该依据WTO规则,主动撤销、修改有关补贴政策和措施,特别是那些明显违反WTO规则的禁止性补贴;另一方面,中国也要意识到自己仍然是个发展中国家,需要政府对相关行业实施某些扶持政策,因此,在确保符合WTO规则的前提下,中国仍然要为被起诉的"补贴"政策进行积极抗辩。

与此同时,通过本案的考察,我们也发现美国对我国关注的领域非常宽泛,在这些被诉的案件中,可以说有美国自身的战略利益的关注,比如战略性资源;有重大利益的关注,如出版物的市场准入问题,在服务领域涉及重大的市场准入利益期待;有的则利益层次低一些,如地方补贴案件的关注。美国认为,创中国名牌、世界名牌是出口补贴项目,地方政府对品牌给予的鼓励和奖励措施是政府补贴，因为我国中国名牌的评价指标中有一项是出口占比，还有一项是出口创汇率。这都是比较早的一些政策，现在中国外汇储备的压力很大，出口创汇率本身也不是我们关注的重点。本案对美方来说他们选一个并不恰当的案件，这个案件最终结案的每一项结果都和我们预定的方案一致，我们希望达到的目标一项都没有落空。

八、美国、欧盟、墨西哥诉中国涉及各种原材料出口措施案（China — Raw Materials，DS394/395/398）（简称"原材料出口限制案"）

（一）基本案情

本案涉及中国对于9种原材料（焦炭、矾土、氟石、炭化硅、镁、锰、金属硅、锌和黄磷）实施的出口配额、出口关税、配额分配管理等措施。2009年6月23日，美国和欧盟分别请求与中国进行磋商。2009年8月21日，墨西哥请求与中国进行磋商。

在磋商中，美国、欧盟、墨西哥列举了中国32项涉案措施，并指出还有一些涉案措施没有公布。认为这些措施违反了GATT1994第8条、第11条，以及《中国入世议定书》第5.1条、5.2条、8.2条、第11.3条和第1.2条中涉及《中国加入工作组报告书》的第83段、第84段、第162段、第165段。美国、欧盟和墨西哥认为，这些措施抵消或减损了其在上述协定中直接或间接的利益。

2009年11月4日，美国、欧盟、墨西哥请求DSB成立专家组。12月21日，DSB根据DSU第9.1条成立了专家组。

2010年3月29日，WTO总干事任命三名组成人员组成专家组，由他们主审"美国诉中国涉及各种原材料出口措施案（DS394）""欧盟诉中国涉及各种原材料出口措施案（DS395）""墨西哥诉中国涉及各种原材料出口措施案（DS398）"。因为案件的性质相同，且被诉方同为中国，因此专家组采用合并审理的方式，外界常将上述案件统称为"美国、欧盟、墨西哥诉中国涉及各种原材料出口措施案"。

2011年7月5日，专家组报告散发给各成员。专家组裁定我国多项措施违反了 WTO 规则。中国于 2011 年 8 月 31 日向 DSB 提起上诉，要求推翻专家组报告的部分裁决。美国、欧盟和墨西哥也分别提起上诉。2012 年 1 月 30 日，上诉机构散发给各成员裁决报告。在几个重要议题方面上诉机构支持了中国的上诉请求，修改了专家组之前的部分裁决，认为专家组关于配额分配管理、出口许可证、出口最低限价、配额招标的裁决整体无效；提出专家组对 GATT1994 第 20 条的解释存在错误等。同时，上诉机构维持专家组关于 GATT1994 第 20 条不能适用于出口关税抗辩等部分裁决。2012 年 2 月 22 日，DSB 通过了专家组和上诉机构报告。

（二）裁决结论

（1）中国对矾土、焦炭、氟石、镁、锰、金属硅和锌等七种涉案产品征收的出口关税超过《中国加入议定书》附件 6 所规定范围，违反了《中国加入议定书》第 11.3 条。

（2）中国通过一系列涉案措施对某些形态的矾土、焦炭、氟石、炭化硅实行的出口配额以及对某些形态的锌实行的出口禁止违反 GATT1994 第 11.1 条关于普遍取消数量限制的规定。

（3）中国未能证明其耐火级矾土的出口配额是《1994 年关贸总协定》第 11.2（a）条含义下的为防止或缓解"严重短缺"而"临时实施"的措施。

（4）中国不能援引 GATT1994 第 20（g）条的规定为其对某些形式的氟石实行的出口关税进行抗辩；中国不能援引 GATT1994 第 20（b）条的规定为其对某些形式的镁、锰、锌试行的出口关税以及对焦炭和炭化硅实行的出口配额进行抗辩。

（5）中国要求以往出口实绩和最低资本以获得配额分配的做法违反《中国加入议定书》第 1.2 条、第 5.1 条，以及与之一同解读的《中国工作组报告书》第 83 段和 84 段。

（6）未能公布锌出口配额的分配总量和分配程序违反《1994 年关贸总协定》第 10.1 条；对出口配额的直接分配通过评估配额申请人经营业务管理能力的方式违反《1994 年关贸总协定》1991 第 10.3 条（a）项。

2012 年 3 月 23 日，中国向 DSB 通知了其执行 WTO 裁决的意向，并要求一个合理执行期限。2012 年 5 月 24 日，中国和美国、欧盟、墨西哥分别通知 DSB，它们同意中国实施 DSB 建议和裁决的合理期限为 10 个月零 9 天，于 2012 年 12 月 31 日到期。

（三）裁决执行

2012 年 12 月 10 日，国务院关税税则委员会发布《关于 2013 年关税实施方案的通知》（税委会〔2012〕22 号），公布了《2013 年关税实施方案》，其中《出口商品税率表》删除了涉案的出口产品，包括涉案的 7 种出口产品（注：原材料案仅涉及某些形态的锰、镁、锌）。《2013 年关税实施方案》于 2013 年 1 月 1 日实施。

2012 年 12 月 31 日，商务部、海关总署发布《2013 年出口许可证管理货物目录》（2012 年第 97 号）。根据第一条第（三）项、第十条的规定，对于涉案的焦炭、炭化硅、矾土、氟石等四种产品不再实行出口配额管理，而是实行出口许可证管理，企业凭出口合同申请出口许可证，无须提供批准文件。涉案产品锌则不再实行出口许可证管理。新目录于 2013 年 1 月 1 日实施。

2013 年 1 月 18 日，中美、中欧、中墨分别将 DSU 第 21 条和第 22 条程序协议通报 DSB。

（四）简要评论

本案反映了各国对稀有资源的利益争夺的现实本质。随着自然资源对一国可持续发展战略影响的重要性越来越引起各国的重视，特别是在全球金融危机导致美元贬值的大环境下，发展中国家成员开始从以出口资源换取外汇的经济发展战略逐步转向对自然资源出口的限制；而发达国家成员在储备自身战略资源的同时，积极反对发展中国家成员对自然资源的出口实施限制，因自然资源出口限制措施两大阵营展开了激烈的争论，本案就是在这一大背景下引发的。本案因在全球金融危机的大背景下发生，又因涉及稀有自然资源出口限制，且是奥巴马上任后美国向 WTO 起诉中国的第一起案件，因而备受瞩目。

中国政府实施限制这些高耗能、高污染的自然资源产品出口措施的目的是为了保护自然环境和稀有资源。据统计,关于黄磷、氟石、镁、镁合金、电解锰、工业硅和锌等自然资源产品,中国是世界上最大的出口国之一。发达国家成员在长达几十年中,一方面尽力保护自身稀有资源的开采、生产和出口,另一方面却又以极低的市场价格从中国购买大量的资源;在发展经济初期,中国一直通过稀有资源出口换取大量的外汇储备;但全球金融危机的爆发直接引发美元贬值,稀有资源升值趋势明显。如果有限的稀有资源丧失或掌握在其他国家手中,中国未来的经济发展空间必然因压缩而受到严重影响,用稀有资源换取外汇储备,用牺牲环境去追求外贸出口的发展战略必须转型,而这种转型正好深刻触及了其他国家的经济利益。美国贸易代表柯克明确表示:"中国作为全球稀有资源的供应国,美国有权使用这些原料对其工业生产商而言至关重要。坚持我们的立场,这样美国工业生产商才能获得公平竞争的环境,更多的美国工人才能重返岗位。"[16] 欧共体贸易委员凯瑟琳·阿什顿也发表声明提到,中国控制稀有金属等原材料的出口配额和征收出口税等出口限制措施扭曲了市场竞争,抬高了国际市场上的价格,令在当前金融危机背景下的欧共体工业企业的处境越来越困难。中国的稀有金属原材料出口限制措施好比掐住了欧共体工业企业的脖子,因为很多欧共体工业企业都严重依赖这些稀有金属原材料的进口[17]。

本案主要涉及《中国入世议定书》和《报告书》的法律地位和法律适用、司法经济原则、例外规则适用、透明度要求程度等重要法律问题,这些在中国"入世"谈判中就存在的法律问题都具有相当的普遍性,在今后的案件中,上述问题肯定还将遇到。《中国入世议定书》和《报告书》中的某些承诺似乎成为中国对外贸易中的"紧箍咒",涉及对外贸易的政策措施都需要接受其过滤,经受"合法性"的检验。这也提醒我们,在对外经济贸易政策措施出台前,为了保证措施的有效性和合法性,认真对待《中国入世议定书》和《报告书》,应该是不可缺少的一道工序。

在涉及中国作为被告的 WTO 争端解决案件中,有些措施如果被证实违反了"中国入世承诺",中国可能的唯一辩护理由就是援引 GATT1994 第 20 条的一般例外。但是 WTO 案例实践中,援引第 20 条的例外有着苛刻的门槛。另外,我们也要关注美国在其作为被告时可能援引第 20 条的情况。

GATT1994 第 20 条已经成为今后涉及中国案件的"矛"和"盾"。因此，我们必须系统研究 GATT1994 第 20 条及相关案例的司法解释，为今后援引 GATT1994 第 20 条的一般例外处理 WTO 争端案件提供一个重要的法律武器。

九、欧盟诉中国钢铁紧固件的反倾销税案（China — Provisional Anti-Dumping Duties on Certain Iron and Steel Fasteners from the European Union，DS407）（简称"紧固件反倾销案"）

（一）基本案情

2008 年 12 月 1 日，中国商务部正式收到中国机械通用零部件工业协会紧固件专业协会代表国内碳钢坚固件提交的反倾销调查申请，并于 12 月 29 日发布立案决定对原产于欧盟的进口碳钢紧固件进行反倾销立案调查。2009 年 12 月 23 日发布初裁公告。认为这是中国对欧盟进行的贸易报复措施，是针对欧盟对中国皮鞋延征反倾销税的报复措施。

2010 年 6 月 28 日，中国商务部公布对紧固件反倾销调查的公告，决定对税则号 73181200、73181400、7318150073182100 和 73182200 的产品征收反倾销税。涉案的措施主要有中国《反倾销条例》第 56 条以及对欧盟紧固件采取临时反倾销措施的商务部 2009 年第 115 号公告。

（二）案件结论

2010 年 5 月 7 日，欧盟向中国提出 WTO 磋商请求。本案最终通过磋商解决。

十、美国诉中国影响电子支付措施案（China — Electronic Payment Services，DS413）（简称"电子支付服务案"）

（一）基本案情

本案涉及中国对于外国电子支付服务提供者采取的一系列措施，共涉及中方 19 项措施。2010 年 9 月 15 日，美国请求根据 DSU 第 1 条、第 4 条和 GATS 第 22 条与中国进行磋商。指控中国实施的与电子支付服务有关的措施违反了中国在《服务贸易总协定》(GATS) 中的具体承诺。

2011年2月11日,美国要求根据DSU第6条的标准职权范围设立专家组。3月25日设立了专家组。2011年6月23日,美国请总干事决定专家组的组成。

在该案审理过程中,美国指控中国相关法律、法规中存在的下列要求违反GATS第16条市场准入和第17条国民待遇规定:(1) 强制要求使用中国银联("银联")和/或将银联作为境内为以人民币计价和支付的所有银行卡交易提供电子支付服务(EPS)的唯一提供商("唯一提供商要求"sole supplier requirements);(2) 禁止使用非银联银行卡进行异地、跨行或行内交易("异地/跨行禁令"cross-region/inter-bank prohibitions);(3) 要求在中国境内发行的所有银行卡标注银联标识("发卡机构要求"issuer requirements);(4) 要求中国境内所有商户的银行卡处理设备、所有的自动柜员机(ATMs)及所有的销售点(POS)终端受理银联标识的银行卡("终端设备要求"terminal equipment requirements);(5) 要求所有收单机构标注银联标识并且能够受理所有带有银联标识的银行卡("收单机构要求"acquirer requirements);(6) 有关在中国、香港和澳门的银行卡电子交易的要求("香港/澳门要求",Hong Kong/Macao requirements)[18]。

美国起诉中国的措施均指中国相关法律文件中有关中国银联及其提供的服务。中国银联是一家股份制有限公司,主要业务范围是建设和运营银行卡跨行交易清算系统基础设施、推广统一的银行卡标准规范、提供高效的跨行信息交换、清算数据处理、风险防范等基础服务。即中国银联是一家提供银行卡在不同银行间的电子转接清算服务的银行卡组织[19]。美国提起诉讼的理由和根据是有关银行卡组织提供的转接清算服务的市场准入问题。

中国针对美国的起诉提出釜底抽薪式的抗辩,提出中国的《服务贸易承诺表》根本就没有承诺开放银行卡组织提供的转接清算服务。专家组经过复杂的解释,最终裁定中国政府承诺开放美国提出的中国银联从事的"电子转接清算"服务属于中国《服务贸易承诺表》第7类金融服务中B"银行业及其他金融服务业"中(d)项"所有支付和汇划服务"[20],并且中国在模式三"商业存在"栏目对"电子转接清算"服务,在市场准入和国民待遇中的限制条件为"外资金融机构在申请前已在中国 3 年营业、连续 2 年盈利",其他并无限制[21]。

专家组最后作出 WTO 裁决认为：（1）中国没有要求境内人民币银行卡交易强制使用中国银联，或使中国银联成为唯一的电子支付服务提供者；没有在跨地区或跨银行的交易中禁止使用非银联卡。（2）除"香港/澳门要求"外，对"发卡机构要求""终端设备要求""收单机构要求"，美国没有证据证明中国违反了 GATS 第 16 条有关市场准入的规定；但中国的要求违反了 GATS 第 17 条有关国民待遇的规定。WTO 裁决要求中国修改与 WTO 规则不一致的措施，以符合包括《服务贸易承诺表》在内的 WTO 规则。

本案中，中方的胜诉点在于专家组驳回了美方关于中国银联市场垄断地位的起诉，认定涉案措施没有禁止外国电子转接清算服务提供商进入中国市场；驳回了美方关于外国电子转接清算服务提供商可以通过跨境方式提供服务的主张；美方的胜诉点在于专家组裁定中国银联从事的转接清算服务属于"所有支付与汇划服务"，是中国《服务贸易承诺表》中承诺开放的金融服务，外国电子转接清算服务提供商可以商业存在的方式在中国提供相关服务。

（二）裁决结论

2012 年 5 月 25 日，专家组报告散发给各成员，中美两国政府均未提起上诉。2012 年 8 月 31 日，DSB 通过了专家组报告，专家组认定中国 9 项措施违反了 GATS 相关条款，该裁决进入了执行阶段，中国政府应该执行 WTO 裁决，开放电子转接清算市场。

2012 年 10 月 26 日，中美就执行该案达成程序协定。2012 年 11 月 21 日，中美双方达成了 11 个月的合理执行期限，至 2013 年 7 月 31 日结束。

（三）裁决执行

2013 年 6 月 28 日，中国人民银行发布 2013 年第 7 号公告，宣布废止下列 3 个涉案文件：（1）《中国人民银行关于统一启用"银联"标识及其全息防伪标志的通知》（银发〔2001〕57 号）；（2）《中国人民银行关于印发〈银行卡联网联合业务规范〉的通知》(银发〔2001〕76 号);(3)《中国人民银行关于规范和促进银行卡受理市场发展的指导意见》(银发〔2005〕153 号)。

同时宣布下列 2 个涉案文件失效:1.《中国人民银行关于印发〈2001 年银行卡联网联合工作实施意见〉的通知》(银发〔2001〕37 号);2.《中国人民银行关于进一步做好银行卡联网通用工作的通知》(银发〔2003〕129 号)。

2013 年 7 月 5 日,中国人民银行发布《关于简化跨境人民币业务流程和完善有关政策的通知》,其中第二条第(五)项宣布不再执行涉案 3 个文件中与港澳要求有关的相关条款:(1)《中国人民银行关于为在香港办理个人人民币存款、兑换、银行卡和汇款业务的有关银行提供清算安排的公告》(中国人民银行公告〔2003〕第 16 号)第六条;(2)《中国人民银行关于为在澳门办理个人人民币存款、兑换、银行卡和汇款业务的有关银行提供清算安排的公告》(中国人民银行公告〔2004〕第 8 号)第六条;(3)《中国人民银行关于内地银行与香港和澳门银行办理个人人民币业务有关问题的通知》(银发〔2004〕254 号)第三、四、十七条。值得注意的是,《银行卡业务管理办法》(银发〔1999〕17 号)第 64 条与《银行卡联网联合业务规范》(银发〔2001〕76 号)一起理解时被认定违反了 GATS 第 17 条(国民待遇),但由于《银行卡业务管理办法》第 64 条仅仅规定"中华人民共和国境内的商业银行(或金融机构)发行的各类银行卡,应当执行国家规定的技术标准…",因此中国无须修改这一条款。因此,中国已经在合理执行期内全面执行了本案 DSB 裁决和建议。

2013 年 8 月 19 日,中国与美国将 DSU 第 21 条和第 22 条程序协议通报DSB。

值得注意的是,专家组裁定中国在《中华人民共和国服务贸易具体承诺表》中就电子支付服务做出了模式三(商业存在)市场准入承诺(中间裁决)。但专家组裁定中国没有违反 GATS 第 16 条市场准入义务。在执行WTO 裁决的意义上,中国没有义务执行专家组的前述中间裁决。遗憾的是美国至今仍将本案列入 DSB 例会议程。

为了更好履行中国已经做出的世贸组织承诺,2015 年 4 月 22 日,国务院发布了《关于实施银行卡清算机构准入管理的决定》（国发〔2015〕22号），决定对银行卡清算机构实施准入管理，并规定了成立银行卡清算机构的条件、程序和业务管理要求以及对外资银行卡清算机构的管理要求等事项。前述决定从 2015 年 6 月 1 日起施行。2016 年 6 月 6 日，中国人民银行和中国银行业监督管理委员会联合发布《银行卡清算机构管理办法》（〔2016〕第 2 号），进一步明确银行卡清算机构准入的具体条件、程序及主要业务监管要求。前述决定及管理办法都不是我国为了实施 DS413 专家组裁决而采取的执行措施。

（四）简要评论

本案可能是中国加入 WTO 以来所处理的案件中最为复杂的案件，其原因之一是本案涉及一种特殊的电子服务。

本案中，专家组驳回了美国关于中国银联垄断地位的诉讼，但支持了美国有关中国开放电子支付服务市场的主张，中国政府进行评估后决定不上诉。

2013 年以来，美国频繁在 DSB 就该争端的执行问题向中国提出指责，并坚持认为中国没有给予美国电子支付服务提供商市场准入。2014 年 10 月，中国国务院宣布中国将开放电子支付服务市场对外国供应商。

本案 WTO 裁决中国银联所从事的转接清算服务属于 GATS 项下中国《服务贸易承诺表》开放的金融服务领域。由于专家组裁决认定转接清算服务属于金融领域的银行业服务，中国在执行 WTO 裁决过程中，可根据 GATS 对外资进入该领域设置审慎性的市场准入措施，比如可将东道国与母国双重许可、母国有效监管、监管机构之间信息交流等作为外资银行卡组织的市场准入条件。这些条件将给 VISA 等银行卡组织进入中国市场带来一定难度，可能诱发美国根据 DSU21.5 条提起执行复审之诉，但客观上也对保护中国银联起到一定的作用。

在入世谈判时中国政府没有预想到要开放银行卡组织从事的金融服务领域，现 WTO 裁决认为中国政府承诺了以商业存在模式开放银行卡组织从事的清算专家服务，中国应该执行 WTO 裁决。本案的执行从表面上来看，似乎将中国与 GATS 国民待遇不符的措施修改为与国民待遇相符的措施即可。

在市场准入条件方面，维持《服务贸易承诺表》中的限制即"外资金融机构在申请前已在中国3年营业、连续2年盈利"的条件即可。中国之所以没有对外资银行卡组织的市场准入设置额外条件，是因为中国根本不知道《服务贸易承诺表》中所承诺开放的"所有支付和汇划服务"中包含了"转接清算"服务。因为中国于2001年12月加入WTO，意味着中国承诺开放的"所有支付和汇划服务"指的至少是2001年12月前中国提供的该类服务，而中国银联于2002年3月才开展"转接清算"服务。由于中国没有意识到已经开放了转接清算服务，因此，对外资转接清算服务的市场准入就没有设立相应的法律条件，导致像VISA和万事达等外资银行卡组织无法进入中国。

本案的执行引发了关于中国WTO争端解决机构裁决执行问题的思考，一种选择是老老实实地执行WTO裁决，另外一种选择是妥善利用WTO争端解决裁决执行机制的规则，找到一些合适的理由，给国内转接清算市场开放提供一个适当的过渡期，同时又不会明显地违反WTO规则。通过对欧美执行WTO裁决的分析研究，我们发现它们始终都是遵循国家利益至上的实用主义原则。只要是影响国家利益就会影响它们执行裁决的意愿，在特定情况下，欧美甚至会通过不断修改法律政策的手段拖延执行WTO裁决。如"美国-境外公司销售法案"，WTO裁决美国败诉后，美国略微修改被诉违反WTO规则的《国内收入法案》，使其成为《境外所得免税法案》。虽然美国表面上修改了法案而"执行"了WTO裁决，但是事实上新法案本身并没有任何实质上的改变。因此，欧共体对美国的做法表示不满意，认为其修改后的法案仍然构成禁止性的出口补贴。之后，欧共体不断诉诸WTO，甚至要求实施报复措施，直到2006年5月，美国通过修改《就业促进法案》（Jobs Creation Act of 2004）才正式宣布废除前述的与WTO规则不一致的《境外所得免税法案》[22]。再如DS379案，WTO裁决美国将中国国有企业视为公共机构、对中国产品采取的反倾销税和反补贴税措施有双重救济之嫌，要求美国予以修改或调整。但美国在执行本案裁决过程中，通过对中国《公司法》等法规规章的抽象评估，重申中国国有企业为公共机构的结论，而不针对个别企业进行具体分析认定；通过走过场式的评估双重救济问题，对某些反倾销税和反补贴税进行增减，最后总体税负不但没有减少，反而比起诉前增加更多[23]。

本案在 WTO 裁决执行过程中，增设审慎性市场准入条件带来的最坏后果是美国提出中国没有执行 WTO 裁决，并依据 DSU 第 21.5 条的规定，提起执行复审之诉。这种做法并不会给中国带来直接的损失，可能进一步推迟中国转接清算市场的时间。从执行 WTO 裁决的实践情况来看，我们将审慎性市场准入条件作为执行 WTO 裁决的备选方案的法律风险并不大。但从目前世界范围看，开放转接清算市场是普遍现象，中国银联面对开放的市场环境，需要从服务、效率、安全等方面进一步提高自身的竞争力，经受竞争的考验，在竞争中成为国际品牌。

十一、美国诉中国对来自美国的取向电工钢的反补贴反倾销税案（China—Countervailing and Anti-Dumping Duties on Grain Oriented Flat-rolled Electrical Steel from the United States, DS414）（简称"取向电工双反案"）

（一）基本案情

2009 年，宝山钢铁集团和武汉钢铁集团对美国和俄罗斯的进口钢材进行投诉。中国商务部在同年 6 月 1 日发布立案公告，决定对原产于美国和俄罗斯的进口取向性硅电钢（即取向电工钢）进行反倾销调查。同日，对原产于美国的进口取向性硅电钢进行反补贴调查。

2009 年，中国商务部公布了对进口自美国的取向电工钢进行反倾销和反补贴调查，2010 年 4 月 15 日发布终裁决定。

本案争议措施为中国对美国产取向电工钢（GOES）征收的反补贴税和反倾销税，具体涉及中国商务部第〔2010〕21 号公告及其附件。中国根据争议措施决定自 2010 年 4 月 11 日起，对原产于美国和俄罗斯的进口取向电工钢征收反倾销税，对原产于美国的进口取向电工钢征收反补贴税，上述措施实施期限为 5 年。

2010 年 9 月 15 日，美国就该案请求与中国在 WTO 进行磋商。2011 年 2 月美国请求设立专家组。2012 年 6 月 15 日，专家组报告散发给各成员。报告裁定中国商务部在进行调查时部分措施违反了 WTO 规则。中国于 2012

年 7 月 20 日提起上诉。2012 年 10 月 18 日，上诉机构如期向各成员散发了报告。上诉机构基本维护了专家组的裁决。2012 年 11 月 16 日，DSB 通过了上诉机构报告和经上诉机构修改的专家组报告。专家组和上诉机构裁定中国"双反"措施违反了《反倾销协定》和《补贴与反补贴协定》相关条款。

2013 年 5 月 3 日，根据 DSU 第 21.3（c）条仲裁员发布仲裁裁决，裁定本案合理执行期限为 8 个月零 15 天，至 2013 年 7 月 31 日结束。

（二）裁决执行

2013 年 7 月 29 日，商务部公布了《执行世界贸易组织贸易救济裁决暂行规则》（商务部令 2013 年第 2 号），对中国执行 WTO 贸易救济裁决作出了规定。

2013 年 7 月 31 日，商务部发布了《关于取向性硅电钢执行世贸裁决的公告》（商务部公告 2013 年第 51 号），在合理期限内修改了已被裁定违反 WTO 规则的"双反"措施。新的反倾销税和反补贴税相比最初的反倾销税和反补贴税有所下降。

2013 年 8 月 19 日，中国和美国将 DSU 第 21 条和第 22 条程序协议通报 DSB。

美国声称，中国继续对美输华钢材征收"双反"关税有违 WTO 规则，由于对中国执行本案裁决的情况不满意，美国已于 2014 年 1 月 13 日提起第 21.5 条执行之诉。2 月 26 日，DSB 设立执行专家组，审核中国取向硅钢双反案执行措施的相关情况。2015 年 3 月 17 日，专家组发布中期报告。5 月 5 日，专家组发布最终报告。2015 年 7 月 31 日，执行专家组发布报告，裁定中国没有完全执行本案 DSB 建议和裁决。2015 年 8 月 31 日，DSB 通过了专家组报告。

2015 年 4 月 10 日，商务部发布《关于终止原产于美国和俄罗斯的进口取向电工钢反倾销措施及原产于美国的进口取向电工钢反补贴措施的公告》（2015 年第 11 号），鉴于公告规定时限内国内产业或代表国内产业的自然人、法人或有关组织未提出期终复审申请，商务部亦决定不主动发起期终复审调查。因此自 2015 年 4 月 11 日起，对原产于美国和俄罗斯的进口取向电工钢所适用的反倾销措施及对原产于美国的进口取向电工钢所适用的反补贴措施终止实施。

(三) 简要评论

本案是中国首次对进口产品进行反补贴调查，也是首次对来自一个国家的进口产品同时进行反倾销和反补贴调查，即"双反调查"；同时，也是中国在 WTO 争端解决程度中首次进入确定合理时间的仲裁阶段的案件。

本案并未涉及反倾销、反补贴的实体问题，如倾销和补贴的认定、利益传导等，中国在这些问题上基本参照了美国和欧盟的做法。本案主要涉及了反倾销、反补贴调查的程序问题。由于中国在传统观念上对程序问题不够重视，因此在这些方面比较容易被抓到"把柄"。中国对原产于美国的进口取向电工钢产品实施的反倾销和反补贴措施已于 2015 年 4 月 10 日到期终止。

十二、美国诉中国涉及风能设备措施案（China — Measures concerning wind power equipment，DS419）（简称"风能设备措施案"）

(一) 基本案情

本案争议措施为财政部公布的《风力发电设备产业化专项资金管理暂行办法》（财建〔2008〕476 号）（以下简称《暂行办法》）。

2010 年 12 月 22 日，美国联邦政府应美国钢铁工人联合会的申诉要求，就中国补贴风能设备的相关措施，正式向 WTO 提起争端解决磋商。2011 年 1 月 6 日，WTO 公布了美国就"中国——有关风能设备措施"的争端解决磋商请求的全文。美国认为，《暂行办法》规定向境内风能设备（包括整机和部件）制造企业提供奖励、补贴或奖金的施。美国表示，这些措施根据是否使用国内货物（而不是进口产品）提供奖励、补贴或奖金，与 SCM 协定第 3 条不符。此外，美国认为，由于中国并未通知这些措施，中国未能遵守 GATT 1994 第 16 条第 1 款以及 SCM 协定第 25.1 条、第 25.2 条、第 25.3 条和第 25.4 条。美国还指控说，由于中国没有将这些措施翻译成一种或多种 WTO 官方语言，中国也没有遵守《中国加入议定书》第一部分第 1.2 段（其并入了《中国加入工作组报告书》第 334 段）中的义务。

美国磋商请求主要针对的是"中国政府就其向在华风力发电设备（包括设备整体以及其中的零部件）制造企业提供补助、资助或奖励的情况"。美国磋商请求是中国财政部关于印发《风力发电设备产业化专项资金管理暂行办法》的通知及其附件，以及到目前为止的任何修订或任何相关执行措施。美国在其磋商请求中指出："由于这些措施对使用国产产品（非进口产品）的企业提供补助、资助或奖励，所以它们违反了《反补贴协定》第3条的规定。"美国磋商请求提到的中国财政部通知，是2008年8月11日印发的"财建〔2008〕476号"文件。该文件通知相关单位"中央财政将安排专项资金支持风力发电设备产业化"，要求相关单位"遵照执行"《暂行办法》。而以下则是《暂行办法》中引起争议的相关条款。《暂行办法》在确定"支持对象和方式"时，其第4条规定："产业化资金支持对象为中国境内从事风力发电设备（包括整机和叶片、齿轮箱、发电机、变流器及轴承等零部件）生产制造的中资及中资控股企业。"其第5条规定："产业化资金主要是对企业新开发并实现产业化的首50台兆瓦级风电机组整机及配套零配件给予补助，补助金额按装机容量和规定的标准确定。"

2011年1月12日，欧盟请求加入磋商。2011年1月17日，日本请求加入磋商。2011年2月16日，中美在日内瓦进行了磋商。在磋商中，中方确认争议措施将会被废除。

2011年2月21日，财政部公布《关于公布废止和失效的财政规章和规范性文件目录（第十一批）的决定》（财政部令2011年第62号），宣布《风力发电设备产业化专项资金管理暂行办法》失效。中美都没有向世贸组织通知MAS（相互满意的解决方案）或备忘录。

2011年6月初，美国贸易代表柯克证实，中国已经停止向风电设备企业提供公共资金的有争议措施。中国代表团解释道，2010年起中国就已经停止实施该《暂行办法》。为了消除某些WTO成员的疑虑，中国于2011年2月公开宣布该措施无效。

（二）简要评论

美国这次提请争端解决磋商的具体指控对象，无疑是中国财政部2008

年颁布的《风力发电设备产业化专项资金管理暂行办法》。美国磋商请求认定这一《暂行办法》属于 WTO 的禁止性补贴,因而指控中国风能设备补贴措施违反了《反补贴协定》的相关规定。中国政府特别是地方政府今后实施相关补贴措施,应避免直接与出口业绩挂钩或规定进口替代性质的"国产化率"要求。

十三、欧盟诉中国对 X 射线检测设备的反倾销税案(China — Definitive Anti-Dumping Duties on X-Ray Security Inspection Equipment from the European Union,DS425)(简称"X射线安检设备案")

(一)基本案情

2009 年 8 月,中国企业同方威视(Nuctech Company Limited)向中国商务部提交申请,要求对欧盟国家向中国进口的 X 射线检测设备征收反倾销税。

2009 年 10 月,商务部发起针对欧盟进口的 X 射线检测设备的反倾销调查。商务部将倾销的调查时限确定为 2008 年整年,将损害调查时限确定为 2006—2008 年的三年时间。在欧盟的出口商中,参与调查的只有 Smith Heinmann 公司与欧洲委员会。

2010 年 6 月,商务部作出了关于倾销与损害的初裁,并对相关进口产品征收临时反倾销税。2011 年 3 月,商务部发布了《最终裁定书》,裁定对 Smith 进口中国的 X 射线扫描仪征收 33.5% 的反倾销税,并对欧盟其他企业进口的 X 射线扫描仪按"其他税率"征收 71.8% 的税。

本案争议措施为中国对原产于欧盟的进口 X 射线安全检查设备征收的反倾销税,具体涉及商务部 2011 年 1 月 23 日发布的 2011 年第 1 号公告。

2011 年 7 月,欧盟依据 DSU、《反倾销协定》、GATT1994 的相关条款就商务部的反倾销裁定请求与中国磋商,磋商无果。2011 年 12 月,欧盟申请成立专家组,智利、日本、印度、挪威、泰国、美国保留第三方权利。

2013 年 1 月,专家组发布最终报告。2013 年 2 月 26 日,专家组报告散发给各成员。2013 年 4 月 24 日,DSB 通过了本案专家组报告。专家组裁定中国涉案反倾销措施违反了《反倾销协定》相关条款。

2013年5月24日,中国向DSB通知了其执行WTO裁决的意向,并要求一个合理执行期限。7月19日,中国和欧盟通知DSB就合理执行期限达成协议,为9个月25天,于2014年2月19日到期。

(二) 裁决执行

2014年1月10日,商务部发布《关于执行X射线安全检查设备反倾销措施世贸组织争端裁决的立案公告》(商务部公告2014年第1号),决定自公告发布之日起开始再调查以执行WTO裁决。

2014年2月19日,由于在再调查期间原反倾销案因申请人撤案,商务部发布《关于终止对原产于欧盟的进口X射线安全检查设备征收反倾销税的公告》(商务部公告2014年第9号),决定自公告发布之日起终止对涉案产品征收反倾销税。

(三) 简要评论

本案中,中国在程序性诉求中的答辩比实体性诉求中的答辩要薄弱,这可能说明中国商务部的调查程序确实存在一定的瑕疵。例如在比较平均价格时,用粗放式的单位平均价值的方法来计算。从程序性诉求的内容中可以看出,商务部对于信息披露的范围、方法并没有非常在意,并没有考虑是否符合要求,这也让欧盟钻了空子。

十四、美国诉中国对鸡肉产品的反倾销反补贴措施案(Anti-Dumping and Countervailing Duty Measures on Broiler Products,DS427)(简称"白羽肉鸡'双反'措施案")

(一) 基本案情

2009年8月14日,中国畜牧业协会(CAAA)代表国内白羽肉鸡产业向中国商务部提交反补贴调查申请。

2009年9月27日,中国商务部公告决定对美国肉鸡进行双反调查。2010年2月5日和4月28日,商务部分别作出肯定性反倾销和反补贴初裁。8月30日和9月26日,商务部作出肯定性反倾销和反补贴终裁。商务部裁定认为,美国政府对白羽肉鸡产品的补贴使其在中国市场上获得了不正当的竞争优势，对中国的白羽肉鸡产业造成了实质损害；同时，美国出口商存在倾销，这种倾销对中国国内产业造成了实质性损害。商务部对相关的美国公司征收了50.3%—105.4%的反倾销税，4%—30.3%的从价补贴税，实施期限为五年。

本案争议措施为中国针对美国白羽肉鸡产品征收的反倾销税和反补贴税。相关措施是商务部分别于 2010 年 8 月 29 日和 9 月 26 日发布的年度第 52 号《关于对原产于美国的进口白羽肉鸡产品反补贴调查的最终裁定的公告》和第 51 号《关于对原产于美国的进口白羽肉鸡产品反倾销调查最终裁定的公告》。

2011 年 9 月 20 日，美国请求与中国进行磋商。磋商未能解决争议。2011 年 12 月 8 日，美国请求 DSB 设立专家组。2012 年 1 月 20 日，DSB 设立专家组。欧盟、日本、挪威、沙特阿拉伯、泰国、智利和墨西哥先后保留各自的第三方权利。2012 年 5 月 14 日，美国请求总干事组建专家组。2012 年 5 月 24 日，总干事组建了专家组。专家组报告于 2013 年 8 月 2 日散发给各成员。专家组裁定，中国针对美国白羽肉鸡采取的"双反"措施与《反倾销协定》诸多条款不一致。

2013 年 9 月 25 日，DSB 通过了专家组报告。2013 年 12 月 19 日，中国和美国向 DSB 发出通知，同意中国执行本案专家组裁决的合理期限为 9 个月零 14 天，即于 2014 年 7 月 9 日结束。

(二) 裁决执行

2013 年 12 月 25 日，商务部发布 2013 年第 88 号《关于白羽肉鸡"双反"措施世贸组织争端裁决的立案公告》，决定重开案卷进行再调查。2014 年 7 月 8 日，商务部发布 2014 年第 44 号《关于对原产于美国的进口白羽肉鸡产品反倾销和反补贴措施再调查的公告》，调整了针对美国白羽肉鸡产品征收的反倾销税和反补贴税。

2014 年 7 月 15 日，中国和美国将 DSU 第 21 条和第 22 条程序协议通报 DSB。

2016 年 5 月 10 日，美国要求根据 DSU 第 21.5 条，就中国继续对美国肉鸡产品征收反倾销和反补贴税的措施进行磋商。2016 年 5 月 27 日，美国根据

《争端解决法》第 21.5 条要求设立执行专家组。DSB 在 2016 年 6 月 22 日的会议上同意在可能的情况下将美国提出的问题提交原专家组。巴西、厄瓜多尔、欧盟和日本保留了他们的第三方权利。2016 年 7 月 18 日，执行专家组成立。

2016 年 10 月 18 日，专家组主席通知 DSB，专家组预计在 2017 年底之前发表报告。2018 年 1 月 18 日，执行专家组向成员分发报告。2018 年 2 月 28 日，DSB 接受了执行专家组的报告，认定中国到目前为止还未完全执行该 WTO 裁决。

（三）简要评论

本案是第一个解决如何确定组合/分割/副产品倾销幅度的案例，针对的问题非常复杂。本案的产品是整鸡的不同部分，最终产品是从一个完整独立的产品中分离出来的，因此存在一个分摊问题，对于在倾销计算中如何确定作为各部分的最终产品的成本是一个挑战。

本案专家组并没有就实体问题进行分析，而是根据中国是否说明不适用当事方提供的方法的理由以及适用自己的方法的理由进行的裁决。因此，关于此类产品的成本分摊问题并没有得以解决。建议相关条约或者组织应就此类问题给予指导，分析不同国家的不同分摊方式的利弊和价值以及在类似情况下应如何选择适用。

十五、美国、日本、欧盟诉中国稀土、钨、钼出口限制措施案（China-Rare Earths，DS431/432/433）（简称"稀土案"）

（一）基本案情

2012 年 3 月 13 日，美国、欧盟和日本分别对我国稀土、钨、钼三种原材料出口限制措施提出 WTO 争端解决机制下请求与中国进行磋商。本案争议措施为中国针对稀土、钨、钼三种原材料施加的出口税、出口配额以及配额管理措施。磋商未能解决争议。

2012 年 6 月 27 日，美国、欧盟和日本请求 DSB 设立专家组。2012 年 7 月 23 日，DSB 设立了单一专家组审查美国、欧盟和日本的起诉。巴西、加拿大、哥伦比亚、印度、韩国、挪威、阿曼、沙特阿拉伯、中国台北、越南、阿根廷、澳大利亚、印度尼西亚、秘鲁、俄罗斯和土耳其等 16 个 WTO 成员先后保留各自的当事方权利。美国、欧盟和日本也分别保留其他两个案件中的当事方权利。

2012 年 9 月 12 日，美国、欧盟和日本请求总干事组建专家组。2012 年 9 月 24 日，总干事组建了专家组。专家组报告于 2014 年 3 月 26 日散发给各成员，裁定中国涉案产品的出口管理措施违规。专家组裁定：(1) 中国出口税措施与《加入议定书》第 11.3 段不一致，且中国不能援引也不能根据 GATT1994 第 20 条（b）项获得正当性。(2) 中国出口配额措施与 GATT1994 第 11.1 条、并入到《加入议定书》的《工作组报告》第 162 段和第 165 段不一致，且不能根据 GATT1994 第 20 条（g）项获得正当性。(3) 中国对稀土和钼出口企业施加的贸易权限制与《加入议定书》第 5.1 段、并入到《加入议定书》的《工作组报告》第 83（a）段、第 83（b）段、第 83（d）段、第 84（a）段以及第 84（b）段不一致，且不能根据 GATT1994 第 20 条（g）获得正当性。

2014 年 4 月 8 日，美国抢先提起上诉。2014 年 4 月 18 日，中国也提起了上诉。2014 年 8 月 7 日，上诉机构报告发布。上诉机构维持了专家组最终裁决，但推翻了专家组的一项中间裁决〔GATT1994 第 20 条（g）项施加了公正无偏性要求〕。

2014 年 8 月 29 日，DSB 通过了本案专家组和上诉机构报告。2014 年 9 月 26 日，中国向 DSB 通知了其执行 WTO 裁决的意向，并要求一个合理执行期限。2014 年 12 月 8 日，中国与美国、欧盟和日本分别达成了合理期限协议，同意中国执行本案专家组和上诉机构裁决的合理执行期为 8 个月零 3 天，即于 2015 年 5 月 2 日到期。

（二）裁决执行

关于出口配额措施，2014 年 12 月 11 日，商务部、海关总署发布《2015 年出口许可证管理货物目录》（2014 年第 94 号）。根据第一条第（三）项、第十条的规定，对于涉案的稀土、钨及钨制品、钼等三种产品不再实行出口配额管理，而是实行出口许可证管理，企业凭出口合同申请出口许可证，无须提供批准文件。涉新目录于 2015 年 1 月 1 日实施。

关于出口税措施，2015 年 4 月 14 日，国务院关税税则委员会公布《关于调整部分产品出口关税的通知》（税委会〔2015〕3 号），取消稀土、钨、钼等产品的出口关税，2015 年 5 月 1 日起实施。

2015 年 5 月 20 日，中美、中欧、中日分别将 DSU 第 21 条和第 22 条程序协议通报 DSB。中国通知 DSB 其已完全执行了本案 WTO 裁决。

十六、美国诉中国对汽车的反倾销反补贴税案（China-Anti-Dumping and Countervailing Duties on Certain Automobiles, DS440）（简称"汽车零部件双反案"）

（一）基本案情

2009 年 9 月 9 日，中国汽车工业协会向中国商务部提交反倾销反补贴调查申请，代表国内排气量在 2.0 升及 2.0 升以上小轿车和越野车产业，对原产于美国的排气量在 2.0 升及 2.0 升以上小轿车和越野车进行反倾销与反补贴调查。

中国商务部决定自 2009 年 11 月 6 日起，对被调查产品进行反倾销与反补贴调查。调查确定的倾销与补贴调查期为 2008 年 9 月 1 日—2009 年 8 月 31 日，产业损害调查期为 2006 年 1 月 1 日—2009 年 9 月 30 日。在登记应诉期内，通用汽车有限公司、克莱斯勒集团有限公司、福特汽车公司、梅赛德斯——奔驰美国国际公司、宝马美国斯帕坦斯堡工厂及其关联公司、美国本田制造有限公司及其关联公司、三菱汽车北美公司向调查机关登记倾销与补贴应诉（2009 年 12 月 28 日，三菱汽车北美公司声明退出调查）。

2011 年 4 月 2 日，中国商务部发布第 13 号公告，公布了对美国部分进口汽车产品反倾销和反补贴调查的初裁决定，初步认定原产于美国的排气量在 2.5 升以上的小轿车和越野汽车存在倾销和补贴，中国国内产业受到了实质性损害，并且倾销和补贴与实质性损害之间存在因果关系。

2011 年 5 月 5 日，中国商务部发布第 20 号公告，公布对美国部分进口汽车产品反倾销和反补贴调查的终裁决定，最终认定原产于美国的排气量在 2.5 升以上的小轿车和越野汽车存在倾销和补贴，中国国内产业受到了实质性损害,并且倾销、补贴与损害之间存在因果关系。对六个最终登记应诉的公司——通用汽车有限公司、克莱斯勒集团有限公司、福特汽车公司、梅赛德斯——奔驰美国国际公司、宝马美国斯帕坦斯堡工厂及其关联公司、美国本田制造有限公司及其关联公司,中国商务部分别确定了各公司的从价补贴率,以及其中五个公司的倾销幅度(福特汽车公司由于未在倾销调查期向中国出口,商务部没有确定其倾销幅度)。除此之外,商务部对"所有其他美国公司"(即在调查中没有登记应诉也没有提交问卷的公司)确定了统一的从价补贴率与倾销幅度。

2011年12月14日,商务部发布第84号公告称,根据《中华人民共和国反倾销条例》和《中华人民共和国反补贴条例》的规定,经国务院关税税则委员会同意,按照商务部2011年第20号公告公布的最终裁定,对原产于美国的排气量在2.5升以上的小轿车和越野汽车征收反倾销税和反补贴税,实施期限为两年,自2011年12月15日起到2013年12月14日止。

2012年7月5日,美国就中国对自美国进口的汽车征收反倾销税和反补贴税问题向WTO提出与中国的磋商申请。美国认为中国在案件中存在实质性问题和部分程序上的问题,与下列法律条款产生冲突,具体包括:《反倾销措施协定》第1条、第3.1条、第3.2条、第3.4条、第3.5条、第4.1条、第5.3条、第5.4条、第6.2条、第6.5.1条、第6.8条、第6.9条、第12.2条、第12.2.2条以及附件2;《补贴与反补贴措施协定》第10条、第11.3条、第11.4条、第12.4.1条、第12.7条、第12.8条、第15.1条、第15.2条、第15.4条、第15.5条、第16.1条、第22.3条、第22.5条。

本案争议措施为中国对原产于美国的某些汽车征收的反倾销税和反补贴税,具体涉及商务部2011年5月5日发布的2011年第20号公告和同年12月14日发布的2011年第84号公告。

2012年9月17日,根据DSU第6条及《反倾销协定》第17.4条,美国就中国对自美国进口的汽车征收反倾销和反补贴税案提出成立专家组的申请。

双方磋商未果后,DSB在2012年10月23日的DSB例会上基于美国的申请作出了成立专家组的决定。哥伦比亚、欧盟、印度、日本、韩国、阿曼、沙特阿拉伯、土耳其作为第三方参与该案专家组程序。

2014年5月23日，DSB就中国对自美国进口的汽车征收反倾销税和反补贴税案专家组报告散发给各成员。2014年6月18日，DSB通过了本案专家组报告。专家组裁定中国涉案反倾销措施违反了《反倾销协定》相关条款。

(二) 案件结论

在专家组报告散发各成员之前的2013年12月13日，商务部发布2013年第85号公告即《商务部关于终止对美部分进口汽车产品双反措施的公告》。

公告内容如下：

"2011年12月14日，商务部发布年度第84号公告，决定对原产于美国的排气量在2.5升以上的进口小轿车和越野车征收反倾销税和反补贴税，实施期限2年，自2011年12月15日起至2013年12月14日止。

2013年6月18日，商务部发布年度第43号公告，宣布上述反倾销反补贴措施将于2013年12月15日终止。自该公告发布之日起，国内产业或代表国内产业的自然人、法人或有关组织可在该措施终止日60天前，以书面形式向商务部提出期终复审申请。

在规定时限内，商务部未收到期终复审申请，商务部亦决定不主动发起期终复审调查。鉴此，自2013年12月15日起，对原产于美国的排气量在2.5升以上的进口小轿车和越野车终止征收反倾销税和反补贴税。"

2013年12月13日，中国商务部发布了《关于终止对美部分进口汽车产品双反措施的公告》，宣布本案争议措施于2013年12月15日起，对涉案汽车终止征收反倾销税和反补贴税，由于争议措施在专家组报告通过前已经终止，因此，中国无须采取任何执行措施。

(三) 简要评论

本案中，美国申诉中有很大一部分是源于中国商务部在进行反倾销反补贴措施中的程序不正当、过程不透明等方面，如没有披露必要的基本信息，侵害了行政相对人基本诉讼权利。我国行政执法中存在的问题应当受到重视，应当对国内立法和相关贸易政策进行必要的补充和修正，使之在程序上符合WTO规则的要求，最终完善我国贸易救济法律机制。

十七、美国诉中国对汽车产业的补贴案（China-Certain Measures Affecting the Automobile and Automobile-Parts Industries，DS450）（简称"汽车和零部件措施案"）

（一）基本案情

2001年中国加入WTO以来，中国的汽车及汽车零部件行业发展迅速。美国指责中国向汽车出口商提供了非常补贴。

2012年9月17日，美国向DSB提出磋商请求，指控中国政府为汽车业提供补贴，违反了WTO反补贴的相关规定。美国主要指控中国政府对其建立的"国家汽车及汽车零部件出口基地"，包括2006年和2007年商务部和国家发改委认定的武汉、上海、长春、广州、合肥、芜湖、厦门、台州等12座城市以及在江苏、浙江、广东、山东、陕西、河南、内蒙古等地的160多家汽车及汽车零部件生产企业提供补贴。

目前本案WTO官方网站仍显示处于磋商状态，但不排除本案双方已经实际磋商解决。

（二）简要评论

中国政府特别是某些地方政府出台的关于该地区汽车行业发展以及国家汽车及零部件出口基地的政策文件，很可能与《反补贴协定》的内容相悖，因此选择磋商解决不失为明智之举。今后中国政府有关部门应当注意在制定一些法律和政策性文件时，避免WTO所禁止的补贴措施，适时调整与WTO相悖的补贴措施。

十八、墨西哥诉中国支持纺织品和服装生产和出口的措施案（China — Measures Relating to the Production and Exportation of Apparel and Textile Products，DS451）（简称"纺织品措施案"）

（一）基本案情

2012年10月15日，墨西哥以中国政府持续使用各种补贴直接或间接地支持服装和纺织品的生产商和出口商为由,向 DSB 提出磋商。墨西哥表示,中国的补贴措施违反了《反补贴协定》、GATT、《农业协定》以及《中国入世议定书》的相关要求。

2012 年 10 月 25 日至 11 月 19 日,欧盟、秘鲁、巴西、危地马拉、洪都拉斯、澳大利亚、美国、哥伦比亚等八个 WTO 成员以对本案有实质贸易利益为由,申请加入磋商。中国拒绝了欧盟、美国等八国加入本磋商的请求。

2012 年 11 月,中国与墨西哥在瑞士日内瓦举行了为期两天的正式磋商,但双方并未在此次磋商中形成一致意见。

随后,墨西哥错过了在 2012 年 12 月 7 日将本案提交到 12 月 17 日 DSB 大会议程的机会。12 月 11 日,墨西哥声明将推迟向 DSB 申请成立专家组。

目前本案 WTO 官方网站仍显示处于磋商状态,但不排除本案双方已经实际磋商解决。

(二)简要评论

中国政府为推动产业结构调整、鼓励高新技术研发推广、支持本土企业走出国门,需设立种种优惠的贸易政策是无可厚非的。但这些优惠政策应该在不直接违背 WTO 规则的情况下进行。本案再次证明中国仍然需要建立中央和地方政府贸易政策的 WTO 合规审查机制。

十九、日本、欧盟诉中国高性能不锈钢无缝焊管反倾销措施案〔China — Measures Imposing Anti-Dumping Duties on High-Performance Stainless Steel Seamless Tubes ("HP‐SSST") from Japan,DS454/460〕(简称"无缝钢管反倾销案")

(一)基本案情

2011 年 7 月 15 日,商务部收到江苏两公司正式提交的反倾销调查申请,申请人请求对原产于欧盟和日本的进口相关高性能不锈钢无缝焊产品进行反倾销调查。

2011年9月8日，商务部正式发布立案公告，决定对原产于欧盟和日本的进口相关高性能不锈钢无缝焊管（以下简称"被调查产品"）进行反倾销立案调查。

2012年5月8日，商务部发布初裁公告，认定被调查产品存在倾销，中国国内产业受到了实质性损害，而且倾销与实质性损害之间存在因果关系。商务部决定采用现金保证金形式实施临时反倾销措施，自2012年5月9日施行。

2012年11月8日，商务部发布终裁公告，维持初裁决定。国务院关税税则委员会决定，自2012年11月9日起5年，对原产于欧盟和日本的进口相关高性能不锈钢无缝焊管征收反倾销税。

本案涉及中国对原产于欧盟和日本的进口相关高性能不锈钢无缝钢管（HP-SSST）征收的反倾销税，具体涉及商务部2012年11月8日发布的《关于对原产于欧盟和日本的进口相关高性能不锈钢无缝钢管反倾销案最终裁决的公告》（商务部公告2012年第72号）。反倾销税实施期限自2012年11月9日起5年。

2012年12月20日，日本就中国对原产于日本的进口相关高性能不锈钢无缝焊管实施的反倾销措施向中国提起磋商程序。日本指控涉案反倾销措施与《反倾销协定》相关条款以及GATT1994第6条不符。中国和日本于2013年1月31日和2月1日进行了磋商。

2013年6月13日，欧盟就中国对原产于欧盟的进口相关高性能不锈钢无缝焊管实施的反倾销措施向中国提起磋商程序。欧盟指控涉案反倾销措施与《反倾销协定》相关条款以及GATT1994第6条不符。中国和欧盟于2013年7月17日和7月18日进行了磋商。

上述磋商均以失败告终。

2013年4月11日和8月16日，日本和欧盟分别申请设立专家组。

2013年7月29日和9月11日，分别成立DS454案和DS460案专家组，DS454与DS460专家组成员相同。专家组决定采取统一的工作程序和商定时间表开展工作。

2014年9月19日，专家组向当事方发布中期报告。

2015年2月23日，两个案件的专家组报告（两份独立的专家组报告包含于同一份文件）散发给WTO各成员，专家组裁定涉案反倾销措施违反了《反倾销协定》多个条款以及GATT1994第6条。

2015年5月20日，日本通知DSB其将就专家组报告中的某些法律问题和法律解释提起上诉；5月26日，中国和欧盟通知DSB其将就专家组报告中的某些法律问题和法律解释提起上诉。

2015年10月14日，上诉机构报告散发给WTO各成员，上诉机构支持专家组的大部分裁决。2015年10月28日，DSB通过了上诉机构报告和经上诉机构报告修改的专家组报告。

2016年2月19日，中国和日本、中国和欧盟分别通报DSB，争端双方达成了9个月25天的合理执行期，于2016年8月22日到期。

（二）裁决执行

2016年6月20日，商务部发布《关于执行高性能不锈钢无缝钢管世贸组织争端裁决的立案公告》（商务部公告2016年第30号），决定对涉案反倾销措施进行再调查以执行世贸组织裁决。

2016年8月22日，商务部发布《关于终止对原产于欧盟和日本的进口高性能不锈钢无缝钢管适用的反倾销措施的公告》（商务部公告2016年第34号）。由于再调查期间原反倾销案申请人代表国内产业向调查机关提出撤销原反倾销措施的申请，商务部决定自2016年8月22日起终止对原产于欧盟和日本的进口高性能不锈钢无缝钢管适用的反倾销措施。

（三）简要评论

本案中，中国在实施与反倾销相关的活动中还存在不足之处，如对《反倾销协定》的理解把握还不够；实务能力还有待提高，包括调查反应能力和文稿撰写能力。

二十、加拿大诉中国对进口浆粕的反倾销措施案（China — Anti-Dumping Measures on Imports of Cellulose Pulp from Canada，DS483）（简称"纤维素纸浆反倾销措施案"）

（一）基本案情

2013年11月6日，中国商务部对自美国、加拿大和巴西的进口浆粕启动反倾销调查，涉案产品海关编码为47020000、47061000和47063000。

2014年4月4日，商务部作出反倾销终裁，自4月6日起对原产自美国的进口浆粕征收16.9%—33.5%的反倾销税，对原产自加拿大的进口浆粕征收0—23.7%的反倾销税，对原产自日本的进口浆粕征收6.8%—11.5%的反倾销税。

2014年10月15日，加拿大就中国对自加拿大进口浆粕的反倾销措施向DSB提起磋商。

2015年2月12日，加拿大要求成立专家组。3月10日，专家组成立。4月27日，专家组成员指定。

2017年4月25日，专家组报告散发给WTO各成员。5月22日，DSB接受了专家组报告。2017年6月1日，中国和加拿大通报DSB，争端双方达成了11个月的合理执行期，于2018年4月22日到期。2017年6月17日，中国向DSB通知了其执行WTO裁决的意向。

（二）裁决执行

2018年1月11日，中国通知DSB，中国商务部2017年8月25日发布公告，对加拿大的纤维素浆进行重新调查。中方在通报中表示，通过此次重新调查，中方将全面落实争端解决机构的建议和裁决。

2018年5月2日，中国和加拿大向DSB通报了DSU第21条和第22条规定的商定程序（测序协议）。

由于对中国执行本案裁决的情况不满意，加拿大已于2018年9月11日提起第21.5条执行之诉。

（三）简要评论

本案是加拿大首次针对中国在 WTO 争端解决机制下的单独发案。截至 2014 年底，加拿大在 WTO 争端解决机制下针对中国共提起了三起争端案件，即加拿大诉中国影响汽车零部件进口的措施案（DS342）、加拿大诉中国影响金融信息服务和外国金融信息提供者相关措施案（DS378）以及加拿大诉中国对自加拿大进口浆粕的反倾销措施案（DS483），其中 DS342 和 DS378 均为加拿大跟随美国和欧盟发案，只有 DS483 为单独发案。

二十一、美国诉中国示范基地与公共服务平台案（China — Demonstration Bases and Common Service Platforms Programmes，DS489）（简称"示范基地和公共服务平台措施案"）

基本案情：

本案争议措施涉及向中国境内许多产业的企业提供的依赖于出口实绩的补贴。2015 年 2 月 11 日，美国请求与中国进行磋商。美国主张争议措施与《补贴与反补贴措施协定》第 3.1（a）条和第 3.2 条不符。2015 年 4 月 9 日，美国请求设立专家组。2015 年 4 月 22 日，DSB 设立专家组。

2016 年 4 月 14 日，中国和美国通报 DSB 双方达成了《谅解备忘录》。

二十二、美国诉中国某些国产飞机税收措施案（China—Tax Measures Concerning Certain Domestically Produced Aircraft，DS501）（简称"国产飞机税收措施案"）

基本案情：

2015 年 11 月 8 日，美国就中国对国产飞机税收措施向 DSB 提起磋商。

2015 年 11 月 18 日，加拿大和欧盟申请加入磋商，11 月 21 日，日本申请加入磋商，中国通知 DSB，其已经接受加拿大和欧盟加入磋商的申请。

二十三、美国、欧盟诉中国特定原材料出口税案（China — Export Duties on Certain Raw Materials，DS508/509）（简称"原材料出口税案"）

基本案情：

2016年7月13日，美国、欧盟就中国对特定原材料出口税措施向DSB提起磋商。

2016年7月25日，墨西哥和欧盟申请加入磋商，7月26日，加拿大申请加入磋商，中国通知DSB，其已经接受墨西哥、加拿大和欧盟加入磋商的申请。

2016年10月13日，美国申请建立专家组，11月8日，DSB建立了专家组。

二十四、美国诉中国农产品国内补贴案（China — Domestic Support for Agricultural Producers，DS511）（简称"农业补贴案"）

基本案情：

2016年9月13日，美国就中国对农产品提供国内补贴措施向DSB提起磋商。

2016年11月5日，美国申请建立专家组，2017年1月25日，DSB建立了专家组。

二十五、美国诉中国特定农产品配额案（China — Tariff Rate Quotas for Certain Agricultural Products，DS517）（简称"农产品配额案"）

基本案情：

2016年11月15日，美国就中国对特定农产品实施配额向DSB提起磋商。

2016年11月22日，澳大利亚和欧盟申请加入磋商，11月29日，加拿大和泰国申请加入磋商。

2017 年 8 月 18 日，美国申请建立专家组，9 月 22 日，DSB 建立了专家组。

二十六、美国诉中国铝产品补贴案（China — Subsidies to Producers of Primary Aluminium，DS519）（简称"铝产品补贴案"）

基本案情：

2017 年 1 月 12 日，美国就中国向初级铝生产商提供补贴向 DSB 提起磋商。

2017 年 1 月 23 日，日本申请加入磋商，1 月 27 日，加拿大和俄罗斯联邦申请加入磋商。1 月 30 日，欧盟申请加入磋商。

二十七、美国诉中国知识产权保护措施案（China — Certain Measures Concerning the Protection of Intellectual Property Rights，DS542）（简称"知识产权保护措施案"）

基本案情：

2018 年 3 月 23 日，美国就中国对知识产权保护的特定措施向 DSB 提起磋商。

2018 年 4 月 3 日，日本申请加入磋商，4 月 4 日，欧盟申请加入磋商。

2018 年 10 月 18 日，美国申请建立专家组，11 月 21 日，DSB 建立了专家组。

二十八、欧盟诉中国技术转让特定措施案（China — Certain Measures on the Transfer of Technology，DS549）（简称"技术转让措施案"）

基本案情：

2018 年 6 月 1 日，欧盟就中国对技术转让特定措施向 DSB 提起磋商。

2018年6月8日,日本申请加入磋商,6月14日,美国申请加入磋商。

二十九、美国诉中国美国某些产品附加税案（China — Additional Duties on Certain Products from the United States，DS558）（简称"美国某些产品附加税案"）

基本案情：

2018年7月16日,美国就中国对来自美国的某些产品征收附加税向DSB提起磋商。

2018年10月18日,美国申请建立专家组,11月21日,DSB建立了专家组。

三十、巴西诉中国进口糖措施案（China — Certain Measures Concerning Imports of Sugar，DS568）（简称"进口糖措施案"）

基本案情：

2018年10月16日,巴西就中国对进口糖采取保护措施、配额等措施向DSB提起磋商。

2018年10月30日,欧盟申请加入磋商。

第二节　报告小结

从中国执行WTO裁决的实践情况,我们可以发现：一方面,中国执行WTO裁决的基本立场是积极、善意地执行WTO裁决。虽然从表面上来看,中国执行WTO裁决会对国内政策空间和国家主权造成一定的压力,但从长远来看,WTO裁决的执行对中国的经济改革和产业结构调整是积极和有利的。另一方面,中国执行WTO裁决总体情况良好,并从早期的简单撤销违反措施的执行方式向后期的加强制度化建设方向逐渐转化。但有个别案件中国也面临执行困难的问题,出现其他国家认为的"表面执行"情况。甚至一些国外学者认为中国近年来的 WTO 裁决执行存在"纸上遵守"(paper compliance)的问题,即表面上中国为执行方面做了很多努力,但实质上案件并未得到执行。如果某个案件裁决的执行与我国国家利益相违背或裁决确实存在错误时,我国应当借鉴美国和欧盟的执行做法和经验,一方面要维护我国的大国形象,变通地"表面"执行裁决,另一方面更要维护我国的国家利益和企业权益。

总结中国执行 WTO 裁决实践的经验,在制定执行策略时可以考虑以下几个因素:首先,WTO 协定是一项具有法律约束力的国际条约,每个成员方均应善意履行国际条约的义务;其次,WTO 裁决的执行对中国经济改革的影响是积极的还是消极的;最后,WTO 裁决的执行是否符合中国当前经济发展的需要。因此,需要采用具体案件具体分析的方法,根据个案情况进行综合评估,做出既符合国家利益最大化,又不违反 WTO 协议的执行决策。

注释:

［1］ 为了完整,这里也包括专家组报告通过之前争议措施已经到期的两个案件:中国诉美国禽肉案（DS392）和美国诉中国汽车"双反案"案（DS440）。

［2］ 两个进入到第 21.5 条执行异议程序,最后终获解决:中国诉欧盟紧固件案（DS397）、美国诉中国取向电工钢案（DS414）。

［3］ WTO, China-Value-Added Tax on Integrated Circuits, WT/DS309/1; G/L675; S/L/160, March 23, 2004.

［4］ 参见《财政部、国家税务总局关于停止执行国内设计国外流片加工集成电路产品进口环节增值税退税政策的通知》（财关税［2004］40 号）。

［5］ 专家点评:取消退税会对中国 IC 产业产生什么影响. 中国电子报,2004-7-16。

［6］ USTR 每年都就世界上一些主要国家的知识产权保护状况,发布一份"特殊 301"报告,并在此之前为撰写这份报告而公开征求意见,任何人都可提交材料和评论。

［7］ International Intellectual Property Alliance: 2002 Special 301. Report, http://www.ipr.gov.cn/cn/zhuanti/meiIPzhuanlan/2002teshu301cailiao.pdf,第 31 页。(2019-3-25)。

［8］ See USTR：2002 Special 301 Report，第17页。（2019-3-25）.

［9］ International Intellectual Property Alliance：2002 Special 301 Report，http：//www.ipr.gov.cn/cn/zhuanti/meiIPzhuanlan/2002teshu301cailiao，pdf，第45—46页。（2019-3-25）.

［10］ Bhatia在华盛顿European Institute举办的午餐会上的讲话。（2019-3-21）.

［11］ China-Measures Affecting the Protection and Enforcement of Intellectual Property Rights：Communication from China and the United States concerning Article 21.3（b）of the DSU.（WT/DS 362/13，3 July 2009）.

［12］ China-Measures Affecting the Protection and Enforcement of Intellectual Property Rights：Communication from China.（WT/DS 362/11，15 April 2009）.

［13］ China-Measures Affecting the Protection and Enforcement of Intellectual Property Rights：Communication from China and the United States concerning Article 21.3（b）of the DSU.（WT/DS 362/12，12 May 2009）.

［14］ 见Declaration on the TRIPS agreement and Public health（14 November 2001）.（2019-3-21）.

［15］ 2008年出口总值与加工贸易分别为14285.46亿和6751.83亿美元。商务部综合司/国际贸易经济合作研究院. 中国对外贸易形式报告，2009。

［16］ 欧美就中国限制稀有金属出口向WTO提起诉讼，http：//news.xinmin.cn/world/2009/06/24/2140752.html.（2019-3-25）.

［17］ 欧美诉诸WTO加紧争夺中国稀缺资源. 中国证券报，2009-6-25。

［18］ China—Certain Measures Affecting Electronic Payment Services，WT/DS413/R，para.7.209.

［19］ 使命与职责. 中国银联网. http：//corporate.unionpay.com/infoComIntro/infoCompanyIntroduce/shiming/file_2604489.html.（2019-3-21）.

［20］ China—Certain Measures Affecting Electronic Payment Services，WT/DS413/R，paras.7.202-7.204.

［21］ China—Certain Measures Affecting Electronic Payment Services，WT/DS413/R，paras.7.573，7.575.

［22］ WTO官网. http：//www.wto.org/english/tratop_e/dispu_e/cases_e/ds108_e.htm.（2019-3-20）.

［23］ U.S. Implements 'Double Counting' WTO Case，China Objects To Details，August 3，2012. Inside defense website. http：//inside defense.com.（2019-3-20）.

第五章

中国执行 WTO 裁决问题研究

自改革开放以来，中国已逐渐成为全球经济和贸易体系不可分割的一部分，并在许多国际组织中发挥着积极和不可或缺的作用。作为崛起中的新兴国家，中国在发展本国经济的同时，也在国际社会中积极建构"负责任的利益攸关者"的角色，中国一直积极参与和遵守国际法律制度。在和平崛起的过程中，中国正在重新寻找与校准自身在世界政治舞台上的定位，包括努力塑造一个负责任大国的形象。

当今国际社会，国际法具有号令天下的道义力量。一个国家是否善于运用国际法来维护本国形象，这是检验该国在国际社会上"软实力"强弱的重要标志之一。执行国际司法机构的不利裁决，是国家遵守国际法的重要表现。

自 2001 年 12 月 11 日，中国正式加入 WTO 以来，中国一直积极参与国际法实践，直接或间接地参与 WTO 争端解决机制（见表 5-1）。

表 5-1　中国按年度参与 WTO 争端案件情况分类统计表

	申诉方	占比%	被诉方	占比%	当事方	占比%	第三方	占比%	WTO总案件数
2002	1	2.7%	0		1	2.7%	19	51.4%	37
2003	0		0		0		17	65.4%	26
2004	0		1	5.3%	1	5.3%	9	47.4%	19
2005	0		0		0		6	50.0%	12
2006	0		3	15.0%	3	15%	8	40.0%	20
2007	1	7.7%	4	30.8%	5	38.5%	2	15.4%	13
2008	1	5.3%	5	26.3%	6	31.6%	7	36.8%	19
2009	3	21.4%	4	28.6%	7	50%	6	42.9%	14
2010	1	5.9%	4	23.5%	5	29.4%	7	41.2%	17
2011	1	12.5%	2	25%	3	37.5%	4	50.0%	8
2012	3	11.1%	7	25.9%	10	37%	11	40.7%	27
2013	1	5.0%	1	5.0%	2	10%	12	60.0%	20
2014	0		1	7.1%	1	7.1%	12	85.7%	14
2015	1	7.7%	2	15.4%	3	23.1%	8	61.5%	13

（续表）

	申诉方	占比%	被诉方	占比%	当事方	占比%	第三方	占比%	WTO总案件数
2016	2	11.8%	4	23.5%	6	35.3%	7	41.2%	17
2017	0		1	7.1%	1	7.1%	2	14.3%	14
2018	5	13.9%	4	11.1%	9	25%	23	36.1%	36
总计	20	3.5%	43	7.5%	63	19.3%	160	26.97%	326

仔细梳理中国加入WTO之后利用WTO争端解决机制的实践情况，可以发现中国在WTO争端解决实践过程中表现出明显的"中国特色"：首先，中国涉诉案件呈逐年递增的态势，且分水岭出现在2007年。2002年—2006年，这一阶段称之为"初期阶段"或"过渡期阶段"，因为这一时期中国作为当事方参与的WTO争端解决案件数量非常少（申诉方1件，被诉方4件），而作为第三方参与的案件高达59件，是中国的"入世学习期"。2007年至今，称之为"成长期"或"后过渡期阶段"，这一阶段中国已经逐渐全面参与WTO争端解决案件，一直处于一种"适应"和"成长"的状态，一边学习一边实践。其次，中国作为第三方参与WTO争端解决的案件几乎贯穿了中国"入世"至今的整个过程，2007年之前的"初期阶段"，中国以第三方的身份几乎参与了WTO争端解决的所有案件，在"成长期"，虽然以第三方身份参与的WTO争端解决的案件数量有所下降，但仍然维持着较高的比例，说明中国是一个"善于虚心学习的国家"。最后，以往中国作为被诉方的涉案比例往往高于其作为申诉方的涉案比例，这也反映出了中国在利用WTO争端解决机制解决贸易争端过程中一直处于一种相对被动的规则遵循者的地位，但2018年是有所突破的一年，中国作为申诉方的涉案数量首次高于其作为被诉方的涉案数量（申诉方5件，被诉方4件），说明中国已经开始尝试利用WTO争端解决机制这一有力"武器"进行"适时的反击"。

中国参与WTO争端解决机制的过程分为几个历史阶段，是有其特定原因的。第一个阶段："蜜月期"。在入世过渡期，采用非常谨慎的态度，只有在有把握的情况下，才会动用WTO争端解决机制，如参与对美国钢铁保障磋商案的申诉。在这一时期，中国政府原则上不会主动发起WTO争端解决，其他成员威胁要提交 WTO 争端解决时，中国政府力求协商解决，主要以中国方面让步为结局。这一阶段中国政府从全局考虑，需要一个稳定的贸易外部环境，但是中国政府同时应该意识到，在必要的时候，适时地动用 WTO 争端解决机制也是中国遵守 WTO 规则的表现，即贸易纠纷就应该按照 WTO 规则来解决，如果一味地单方面妥协让步，反而可能会给欧盟和美国等西方发达国家发出误导信号，只要它们威胁进行 WTO 诉讼，中国就会让步。不仅如此，中国还应该积极主动地利用 WTO 争端解决机制，才能遏制一些 WTO 成员单方面频繁地对中国发起 WTO 诉讼[1]。第二阶段："高发期"。中国政府意识到，无论是主动还是被动，都无法避免利用 WTO 争端解决机制。因此，在这一阶段，中国在 WTO 的涉案数量大幅度增加，且中国政府对待 WTO 争端解决的态度也趋于理性。中国政府明确表示："在 WTO 争端解决机制下，起诉是运用规则为导向的法律手段督促成员切实遵守 WTO 规则和承诺，应诉是通过正当法律程序捍卫成员的合法权利和贸易利益。"[2]

通过参与 WTO 争端解决机制，我们发现 WTO 争端解决并不是简单的输与赢的关系，有时看起来在裁决上是输了，但是时间上却是赢了，如争取到了保护产业的时间。根据 WTO 争端解决程序的规定，在 WTO 诉讼并不中止被诉措施的执行，即使一项措施最终被裁定违规，在裁决通过后，被诉方仍然有一段合理时间来执行裁决，这方面我们可以借鉴美国和欧盟的做法。

第一节 中国执行 WTO 裁决概况

中国自 2001 年 12 月 11 日正式加入 WTO 后，国外学者就详细考查了中国执行 WTO 裁决的能力。在先后出现中国"加入威胁论"和"逃避责任论"的背景下，中国认真履行义务、严格执行裁决，对于维护自身"有约必守"的大国形象尤为重要。

第五章 中国执行WTO裁决问题研究

一、中国执行WTO裁决基本情况

截至2019年3月25日,WTO争端解决案件共计573起,中国共参与了63起贸易争端,作为起诉方的有20起,占争端解决案件总数的3.5%;作为被诉方的有43起,占争端解决案件总数的7.5%;以第三方身份参与WTO争端解决案件163起。其中33起案件已经结案(7起案件通过和解结案,7起案件通过磋商结案,19起案件中国政府执行了WTO不利裁决,其中有2起案件提起DSU21.5执行复审诉讼)。其中,中美"白羽肉鸡双反措施案"(DS427)被DSB执行专家组裁决未完全执行该WTO裁决,中加"纤维素纸浆反倾销措施案"(DS483),由于对中国执行本案裁决的情况不满意,加拿大已于2018年9月11日提起DSU第21.5条执行之诉。余下4起案件处于专家组成立阶段,6起案件处于磋商阶段(见表5-2、5-3)。由此可见,中国几乎执行了所有对中国不利的WTO裁决。

表5-2 中国作为被诉方参与WTO争端解决案件一览表

序号	案号	起诉方	年份	案件简称	现状
1	309	美国	2004	集成电路案	和解
2	339	欧盟	2006	汽车零部件案	已执行(废止措施)
3	340	美国			
4	342	加拿大			
5	358	美国	2007	税收优惠政策案	和解
6	359	墨西哥			
7	362	美国	2007	知识产权案	已执行(修改措施)
8	363	美国	2007	文化产品案	已执行(修改措施)
9	372	欧盟	2008	金融信息案	和解
10	373	美国			
11	378	加拿大			
12	387	美国	2008	出口名牌补贴案	磋商解决
13	388	墨西哥			
14	390	危地马拉			

(续表)

序号	案号	起诉方	年份	案件简称	现状
15	394	美国	2009	原材料出口限制案	已执行（修改措施）
16	395	欧盟			
17	398	墨西哥			
18	407	欧盟	2010	紧固件反倾销案	磋商解决
19	413	美国	2010	电子支付服务案	已执行（修改措施）
20	414	美国	2010	取向电工双反案	（执行专家组）已执行措施已终止
21	419	美国	2010	风能设备措施案	磋商解决措施失效
22	425	欧盟	2011	X射线安检设备案	已执行（措施终止）
23	427	美国	2011	白羽肉鸡"双反"措施案	（执行专家组）美国认为未完全执行该WTO裁决
24	431	美国	2012	稀土案	已执行（修改措施）
25	433	日本			
26	432	欧盟			
27	440	美国	2012	汽车零部件双反案	已执行（措施终止）
28	450	美国	2012	汽车和零部件措施案	磋商解决
29	451	墨西哥	2012	纺织品措施案	磋商解决
30	454	日本	2012	无缝钢管反倾销案	已执行（措施终止）
31	460	欧盟			
32	483	加拿大	2014	纤维素纸浆反倾销措施案	已执行 加提出DSU21.5执行复审程序
33	489	美国	2015	示范基地和公共服务平台措施案	和解
34	501	美国	2015	国产飞机税收措施案	磋商阶段
35	508	美国	2016	原材料出口税案	专家组成立
36	509	欧盟			
37	511	美国	2016	农业补贴案	专家组成立
38	517	美国	2017	农产品配额案	专家组成立

（续表）

序号	案号	起诉方	年份	案件简称	现　状
39	519	美国	2017	铝产品补贴案	磋商阶段
40	542	美国	2018	知识产权保护措施案	专家组成立
41	549	欧盟	2018	技术转让措施案	磋商阶段
42	558	美国	2018	美国某些产品附加税案	专家组成立
43	568	巴西	2018	进口糖措施案	磋商阶段

表 5-3　中国作为被诉方参与 WTO 争端解决案件时间一览表

序号	案号	案件简称	磋商日期	专家组报告	上诉机构报告	合理期限	现状
1	309	集成电路案	04.03.18				和解
2	339	汽车零部件案	06.03.30	06.07.18	06.12.15	7个月20天	已执行（废止措施）
3	340						
4	342		06.04.13				
5	358	税收优惠政策案	07.02.02				和解
6	359		07.02.26				
7	362	知识产权案	07.04.10	08.11.13		12个月	已执行（修改措施）
8	363	文化产品案	07.04.10	09.08.12	09.12.21	14个月	已执行（修改措施）
9	372	金融信息案	08.03.03				和解
10	373						
11	378		08.06.20				
12	387	出口名牌补贴案	08.12.19				磋商解决
13	388						
14	390		09.01.19				
15	394	原材料出口限制案	09.06.23	11.07.05	12.01.30	10个月9天	已执行（修改措施）
16	395						
17	398		09.08.21				
18	407	紧固件反倾销案	10.05.07				磋商解决

（续表）

序号	案号	案件简称	磋商日期	专家组报告	上诉机构报告	合理期限	现状
19	413	电子支付服务案	10.09.15	12.05.25		11 个月	已执行（修改措施）
20	414	取向电工双反案	10.09.15	12.06.15	12.10.18	8 个月 15 天（仲裁）	（执行专家组）已执行措施已终止
21	419	风能设备措施案	10.12.22				磋商解决措施失效
22	425	X 射线安检设备案	11.07	13.01		9 个月 25 天	已执行（措施终止）
23	427	白羽肉鸡"双反"措施案	11.09.20	13.08.02		9 个月 14 天	（执行专家组）未完全执行该 WTO 裁决
24	431	稀土案	12.03.13	14.03.26	14.08.07	8 个月 3 天	已执行（修改措施）
25	432						
26	433						
27	440	汽车零部件双反案	12.07.05	14.05.23			已执行（措施终止）
28	450	汽车和零部件措施案	12.09.17				磋商解决
29	451	纺织品措施案	12.10.15				磋商解决
30	454	无缝钢管反倾销案	12.12.20	15.02.23	15.10.14	9 个月 25 天	已执行（措施终止）
31	460		13.06.13				
32	483	纤维素纸浆反倾销措施案	14.10.15	17.04.25		11 个月	已执行加提出 DSU21.5 执行复审程序
33	489	示范基地和公共服务平台措施案	15.02.11				和解
34	501	国产飞机税收措施案	15.11.08				磋商阶段
35	508	原材料出口税案	16.07.13				专家组成立
36	509		16.07.25				

(续表)

序号	案号	案件简称	磋商日期	专家组报告	上诉机构报告	合理期限	现状
37	511	农业补贴案	16.09.13				专家组成立
38	517	农产品配额案	16.11.15				专家组成立
39	519	铝产品补贴案	17.01.12				磋商阶段
40	542	知识产权保护措施案	18.03.23				专家组成立
41	549	技术转让措施案	18.06.01				磋商阶段
42	558	美国某些产品附加税案	18.07.16				专家组成立
43	568	进口糖措施案	18.10.16				磋商阶段

截至2019年3月25日，以DS编号计，中国被诉的案件总量达43件，是仅次于美国和欧盟的被诉案件最多的WTO成员方，向中国提起申诉的主要成员是美国（23起案件）和欧盟（9起案件），这些申诉案件涉及的领域非常广泛，大多针对中国的经济政策和具体措施，争议措施触及贸易救济、出口限制、进口关税、服务贸易、与贸易有关的投资措施以及知识产权等多个经贸领域。

中国败诉的案件数量不少，因而如何执行WTO裁决已经成为中国面临的一个棘手的现实问题。到目前为止，中国政府在所有执行案件中都在约定的执行期限届满前提交了执行状况报告书。从总体上来说，中国政府都认真、努力地践行承诺并执行了WTO裁决，作为被诉方的中国非常好地执行了WTO裁决，几乎全部在合理执行期限内执行了对己不利的WTO裁决，除了"中国-影响部分出版物和音像娱乐产品的贸易权利和销售服务措施案"，由于执行难度过大，比DSB裁定的合理执行期限晚了13个月执行了裁决[3]。这一执行现状既表明对争端解决规则的理解和运用日渐成熟，也表明了较强的执行意愿。

上述作为被诉方需要中国执行的WTO裁决案件中，其中的典型代表案例包括：（1）"汽车零部件案"（DS339、DS340、DS342）是中国在WTO争端解决机制中进入执行程序的第一案。本案中，DSB裁决中国的汽车零部件进口政策违反了 WTO 协定，中国表示愿意执行 WTO 裁决，但需要合理期限，中国同该案的三个原告（美国、欧共体和加拿大）协商确定执行截止期限为 2009 年 9 月 1 日。2009 年 8 月 31 日，中国通知 DSB：2009 年 8 月 15 日，工业和信息化部、发展改革委员会就《汽车产业发展政策》中的"进口管理"部分进行修改，停止执行汽车产业发展政策中影响汽车零部件进口的相关规定；8 月 28 日，国家海关部署和相关部门联合发文撤销部分有关汽车零部件进口管理的"第 125 号令"，上述文件将在 9 月 1 日生效。因此，中国的相关措施已与 WTO 裁决完全一致，相关成员对中国的执行没有异议。(2) 在"知识产权案"（DS362）中，DSB 裁决中国海关对没收侵犯知识产权货物处置的有关规定和《著作权法》的有关规定与 WTO 协定的规定不符，中国表示愿意执行 WTO 裁决，但需要合理期限，中国和美国通过协商确定执行截止期限为 2010 年 3 月 20 日。2010 年 2 月，全国人大常委会通过《关于修改〈著作权法〉的决定》，对《著作权法》中的相关规定进行了调整，2010 年 3 月，国务院通过了修订的《知识产权海关保护条例》，对相关违规措施进行了修改。2010 年 3 月 19 日，中国通知 DSB 其已完成执行 WTO 裁决所需的必要国内立法措施。美国并没有立即认同中国主张其已执行了 WTO 裁决的观点，而是提醒 DSB3 月 20 日是中国执行 WTO 裁决的最后期限，并且要求中国提供所修改法律的官方文本。4 月 8 日，中美两国通知 DSB，它们已就 DSU 第 21 条和第 22 条项下之程序达成谅解。

二、中国执行 WTO 裁决典型案例分析——中美"知识产权案"[4]

本案执行面临的关键问题是修改《著作权法》第 4 条第 1 款的规定。本案的另一个执行问题是我国海关处置侵权货物的某些措施，仅限于行政法规的修订，且在实践中几乎不涉及进口的侵权货物[5]。根据专家组报告，中国《著作权法》第 4 条第 1 款抵触根据 TRIPS 协定第 9 条第 1 款所纳入的《伯尔尼公约》（1971 年）第 5 条（1）款和 TRIPS 协定第 41 条第 1 款项下的义务。因此，裁决建议我国修改《著作权法》以使其与 TRIPS 协定项下的义务相符，且我国应于 2010 年 3 月 20 日之前执行这一裁决。

本案是我国加入 WTO 之后首次因执行 WTO 裁决而修改国内立法[6]，也是《著作权法》自 1990 年通过生效及 2001 年修订以来，第一次因国际争端而进行修改[7]。2010 年 2 月 26 日，全国人大常委会通过了关于修改《中华人民共和国著作权法》的决定（2010 年第 26 号令），并由国家主席胡锦涛同日公布，于 2010 年 4 月 1 日生效。新《著作权法》将第 4 条修改为："著作权人行使著作权，不得违反宪法和法律，不得损害公共利益。国家对作品的出版、传播依法进行监督管理。"

本案在合理执行期限内遵守 WTO 规则，执行 WTO 裁决，成为中国执行 WTO 裁决的典范。本案的执行和另一起与本案相类似的"美国《版权案》第 110（5）节案"的执行形成了鲜明的对比。美国在"《版权案》第 110（5）节案"报告通过后和经仲裁的合理执行期限（12 个月，到 2001 年 7 月 27 日）过后的相当长的时间里，仍未执行该案的裁决。欧共体在获得每年 121 万欧元的授权报复之后，又与美国达成了暂时和解的安排，而没有采取进一步的行动。因此，本案年复一年地处于执行过程中。

本案在执行过程中确实遇到了一些困难和问题。最大的难题就是时间紧、任务重。虽然本案确定的合理执行期限是 12 个月，这充分说明了双方更希望通过协商的方式解决本案争端，也考虑到本案裁决执行的复杂性和修改国家法律的实际难度。但是自 2009 年 3 月 20 日起算，本案实际的合理执行期限只有 8 个半月，而且自 2010 年 1 月 29 日（即双方依据 DSU 第 21.3 条确定该期限之日起的 6 个月）起，我国应向 DSB 递交书面的执行情况报告，也就是说，我国应该在此日期前基本完成包括修改《著作权法》第 4 条第 1 款在内的抵触 TRIPS 协定之处。因此，修改国家法律的时间非常紧迫，对我国立法机制的运行是非常严峻的考验。在 2009 年内基本完成《著作权法》第 4 条第 1 款的修正案起草、上报、征求意见、全国人大常委会的三读通过等，绝非易事。虽然实践证明我们做到了，但本案的执行属于特事特办，并非按照一般规则操作执行。通过本案的执行，建议在《宪法》及《立法法》的框架下制定严密的修改流程，规范操作。

除此之外，在案件的执行过程中，还必须考虑到如果美国对我国《著作权法》第 4 条第 1 款的修改是否完全执行了 WTO 裁决提出异议，甚至提出新的争端解决，我国应如何准备，及时应对。在考虑修改方案的同时就未雨绸缪，准备可能的应诉。还要考虑到万一原专家组裁定我国未完全执行，美国要求授权报复，我们应该如何应对等问题。虽然这两个问题最终没有出现，但在执行过程中对于任何可能性都应有充分准备，争取无懈可击，在实践中学会运用 WTO 争端解决的规则，以最大限度地维护我国的合法权益。

三、对中国执行 WTO 裁决的简要评价

中国自加入 WTO 以来，在很多地区和全球问题上扮演着重要的角色。中国严格履行成员义务，遵守 WTO 规则和执行 WTO 裁决，始终是多边贸易体制的积极参与者、坚定支持者和重要贡献者。中国在遵守 WTO 不利裁决方面的记录甚至比欧盟、美国做得还好。中国作为一名负责任的新兴大国，一直努力遵守 WTO 规则，努力塑造和维护自身作为"守法公民"的形象，长期以来，中国都在用实际行动维护多边主义和自由贸易。大多数评论者认为，中国在遵守 WTO 规则和执行 WTO 裁决方面表现良好。

总体而言，近些年西方国家承认中国接受和遵守国际法的程度在不断提高，但它们对中国遵守国际法的意愿和能力仍抱有质疑的态度。第一，这是以美国为代表的西方国家政府和政治界的惯常做法之一，是贬低中国遵守贸易规则的意愿和能力。例如，美国贸易代表办公室（USTR）经常发布政治色彩浓厚的报告，批评中国在遵守 WTO 规则方面存在的种种不足。如 USTR 2015 年的报告指出，美国对中国提起的诉讼旨在迫使中国遵守 WTO 规则[8]；USTR 2016 年的报告指出，虽然中国全力与美国进行双边投资协定的谈判，但"还未决定实行充分缩减其投资限制以便谈判的成功达成。"[9]；在《2017 年向国会就中国 WTO 合规度所做的报告》中指出，美国支持中国加入 WTO 似乎是一个很明显的错误，WTO 规则在确保中国接受开放、市场化的贸易体制方面并没有起到作用[10]。再如，多位美国总统候选人抨击中国的外贸政策。例如批评中国是外汇操纵国、侵犯知识产权和强制技术转让等。他们表示要取缔中国非法的出口补贴和其他不公平的优势以及降低美国企业的公司税，使其更具竞争力。第二，美国产业界也经常对中国的履约能力和意愿表示质疑，并游说本国政府将中国起诉到 WTO。截至

2019年3月31日，中国共有20次作为申诉方、43次作为被申诉方。美国在WTO争端解决机制项下已对中国提起23项诉讼，占中国被诉案件的一半以上。第三，西方学术界对中国遵守贸易规则的表现也持有不够信任的态度。在他们看来，虽然中国经常向DSB报告其已经"完全遵守"国际义务，但即便执行记录很好，中国还在颁布明显违反WTO纪律的政策。因此，中国只是"纸面上的遵守"[11]。可见，尽管中国在参与国际制度和尊重国际规则方面作出积极的努力，但这些付出并未获得认可和接受，因此，这些情况必将对中国在国际社会的道义影响力和国家声誉产生负面作用。

不仅如此，中国政府还经常需要对各种不实和不公正的指责予以回应，2018年4月25日，针对美驻华官员称"中国不遵守WTO规则"的记者提问，外交部发言人陆慷指出，美方如果真的认为中国违反了WTO规则，是否可以提供具体的证据？成员是否遵守了WTO规则，只能在WTO框架下来判定，而不可能由任何一个成员单边作出裁定[12]。2018年7月17日，外交部发言人华春莹主持例行记者会，对于美国陆续发布多份报告指责中国不遵守WTO规则，甚至将此作为对中国实施单边贸易措施的重要理由，给予强有力的反驳[13]。2018年7月26日，世贸组织总理事会在日内瓦举行年内第三次会议。对于美方对中国经济模式等问题的指责，中国常驻世贸组织大使张向晨针锋相对地予以驳斥。他指出"中国经济的非市场性质"的概念，然而翻遍世贸规则，我们找不到所谓"市场经济"的定义。世界上也没有一个放之四海而皆准的"市场经济"标准。世贸规则没有赋予任何成员以这样特殊的权利，把自己的经济模式作为"市场经济"的样板，一旦有哪个国家不肯照搬，就是"非市场经济"[14]。

由于WTO协定并未明确执行一项不利裁决的法律标准是什么，因此在实践中要将"执行WTO裁决"简化为一个可度量的标准也存在困难。由于何为"执行"的确切含义不清楚，西方国家很容易沿袭长期以来的惯性，将中国视为世界贸易体制中的"麻烦制造者"。因此，即便中国宣称其已完全履行WTO裁决，但"不守法"国家这样标签化的形象，也经常会掩盖其在该具体领域真实的守法表现。它们认为中国在3个WTO裁决的执行质量上有问题，属于"纸面上执行"。例如，在"知识产权案"（DS362）中，中国修改其海关条例以避免 DSB 明确的语言和目的。该修改条例通过限制对进口假货的处理方法保护中国假货行业。再如,在"出版物和音像制品案"(DS363)中,中国首次未能及时执行 WTO 裁决。中国善意执行裁决,并与美国签署一项备忘录以结束争端。但是,中国仍有若干与 WTO 协定不一致的法规还在生效;相似地,为执行"金融信息服务案"(DS373)的裁决,中国制定了两项新的法规,但仍有一项可用来歧视外国公司的法规还在生效[15]。但是,由于"金融信息服务案"还未进入专家组阶段就已通过双方满意的方法解决,在不存在专家组或上诉机构裁决的情况下,作者将其作为"纸面上执行"的例子明显不当[16]。因此,关于执行 WTO 不利裁决的标准,并不存在一个清晰的制度边界,这就使主权国家和媒体得以借用各种理由来诘难中国在执行 WTO 不利裁决方面的表现。西方国家无视中国积极遵守 WTO 规则和裁决的事实,而经常把中国描述为破坏国际贸易规则的国家。西方国家在政治层面或意识形态上对中国的挑战和攻击,势必损害中国在全球范围内的形象。

这些指责对中国的国家声誉造成极大的损害。近些年,中国政府已充分意识到维护和改善国家形象是一个迫切需要解决的问题。从 2011 年起,中共中央对外宣传办公室、国务院新闻办公室下属的中国外文局便牵头在海外开展中国国家形象调查工作,并撰写和出台年度报告。第五份报告《中国国家形象全球调查报告 2017—2018》指出,2017—2018 年,中国在全球的整体形象稳中有升,内政外交表现受好评;"一带一路"倡议获得普遍点赞;未来发展赢得海外信心;受访者预期中国即将成为全球第一大经济体。

第二节 中国执行 WTO 裁决面临的困难和问题

中国执行的 WTO 争端解决案件既包括中国作为被诉方被裁定为败诉的案件也包括通过磋商达成和解方案解决的案件。鉴于通过磋商达成和解方案解决的案件，司法化特征并不强，而更多地体现了争端双方的妥协和让步，因此，本章内容仅讨论通过专家组或上诉机构程序最终裁定中国败诉的案件的执行问题。事实上，对当事方而言，WTO裁决很难评定为绝对的胜诉或败诉，通过实践考察，无论WTO裁决结果如何，争端方往往各有输赢，因此，本章讨论的主要是在争端裁决报告中，中国作为被诉方被裁定中国的被诉措施与WTO协定不符，即中国被诉争议措施被裁定违反WTO规则就算是败诉。截至2019年3月25日，中国已执行的败诉案共19起，分别为"汽车零部件案"（DS339、DS340、DS342）、"知识产权案"（DS362）、"文化产品案"（DS363）、"原材料出口限制案"（DS394、DS395、DS398）、"电子支付服务案"（DS413）、"取向电工双反案"（DS414）、"X射线安检设备案"（DS425）、"白羽肉鸡'双反'措施案"（DS427）、"稀土案"（DS431、DS432、DS433）、"汽车零部件双反案"（DS440）、"无缝钢管反倾销案"（DS454、DS460）、"纤维素纸浆反倾销措施案"（DS483）。对上述19起案件所涉及的争议措施进行统计分析，上述案件中均有措施被专家组或上诉机构裁定与WTO规则不符，因此，将这19起案件认定为中国的败诉案。许多案件已经进入执行阶段，作为败诉方，中国需要执行WTO裁决。

一、中国WTO被诉案件败诉的主要原因分析

通过对中国参与的被诉案件的研究，我们发现了中国被诉案件败诉的主要原因。

（一）国内相关立法存在缺陷

中国被诉措施多数被专家组或上诉机构裁定与WTO规则不符有其深层次的制度方面的原因，其中一个重要原因就是国内相关立法存在缺陷。这种国内立法上的缺陷究其根本原因是由于负责制定贸易政策的国家机构之间缺乏沟通与协调造成的。中国传统的庞大的官僚体制和多头的国家政府机构产生了大量的管理规则和政策措施，这些行政机构缺乏对其制定的规则开展后续的紧密的跟踪和监督。这种行政管理体制直接导致中国的贸易管理体制就

像迷宫一样复杂,让其他 WTO 成员捉摸不透[17]。另外一个方面,由于中央与地方行政机构之间缺乏沟通与协调,有些地方政府部门甚至公布一些之前已被 WTO 裁决违反 WTO 规则的政策和措施。经过长期的 WTO 争端解决机制的实践,上述立法缺陷的体制问题已引起中国政府的重视。国务院办公厅于 2014 年 6 月就颁发了《关于进一步加强贸易政策合规工作的通知》,要求中央和地方各级政府机构高度重视贸易政策的合规工作,不断提高国际贸易规则意识,尽快撤销和修改与 WTO 协议不符的法规、政策和措施,避免类似争端和不利裁决的出现。

(二)案件审理时举证不足

在 WTO 争端解决案件审理过程中,中方举证不足是导致其 WTO 败诉的又一主要原因。起诉方向 DSB 提出针对中国的争端案件时往往都是有备而来的,例如在"稀土案"发生之前,美国和欧盟就曾针对原材料限制措施起诉过中国,明显是一个投石问路和摸清规则的过程,但没有引起中国政府的充分重视。因此,这对被诉方在应诉时的举证责任方面提出了更高的要求。中国经常因为不能说服专家组或上诉机构而导致许多抗辩和主张被驳回,最终导致败诉。如在"原材料出口限制措施案"中,裁决的结果就取决于出口限制措施的合法性、对稀有资源出口征收关税以及关于出口价格审核等方面的举证问题上,因为在 WTO 争端解决机制下司法裁决就是根据证据说话,哪怕我们在中国限制稀有资源的出口方面多么理直气壮也是无用的。再如"稀土案",中国在援引 GATT 第 20 条一般例外时应当承担主要的举证责任,但由于中国通过出口限制措施保护人类健康、环境和资源的实际经验太少了,还在采掘、生产和贸易等环节制定了诸多不协调甚至自相矛盾的政策,因此弱化了中方主张[18]。这类案件的关键,在于 WTO 要求对国内、国外采取同等原则,所以不能在国内开放的同时,专门实行针对出口的扭曲贸易措施。

(三)中国承担了"超 WTO 义务"

中国承担了"超 WTO 义务"也是导致中国败诉的主要原因之一。中国作为后加入WTO组织的新兴发展中国家，但中国承担了大量的"超WTO义务"，而且涵盖范围相当广泛，主要涉及中国的贸易管理体制、经济体制和WTO关于投资、知识产权等多方面的新规则[19]。与WTO原始缔约方相比，中国在WTO中承担了更多的义务，这些中国超WTO义务的条款在"汽车零部件案""音像制品案""原材料案"等案件中均有涉及，也成为导致中国败诉的主要原因之一，对此中国政府表示存在不公平[20]。

（四）中国贸易救济调查机关的调查程序存在缺陷

近年来，中国在WTO面临的反倾销和反补贴诉讼越来越多，使得中国贸易救济调查机关的调查程序存在缺陷也成为中国败诉率高的原因之一。在这些案件的指控中起诉方主要针对贸易救济调查机关行政决定中的程序问题，"取向电工双反案"就是典型案例。该案中，美国指责中国的贸易救济调查机关在启动反补贴调查时未提供充分证据，未要求申请人提供合适的非保密摘要、价格影响和因果关系分析不当等，最终导致中国在这些方面承受了大面积败诉。经过此案的败诉引起商务部对这方面问题的极大的重视。为了完善我国贸易救济法律程序和改进贸易救济调查实践，2015年8月25日，商务部公布了《反倾销和反补贴调查听证会规则（征求意见稿）》《反倾销问卷调查规则（征求意见稿）》和《倾销和倾销幅度期间复审规则（征求意见稿）》，并向社会公开征求意见[21]。

二、中国执行WTO裁决的主要困难和现实问题

到目前为止，中国政府在大多WTO裁决执行案件中均在执行合理期限届满前提交了执行状况报告书。中国政府相当完善的履行了DSU规定的执行程序，一方面反映中国对WTO争端解决规则的理解和运用日渐成熟，另一方面也充分说明了中国的执行意愿非常强。

根据DSU第21.3条的规定，中国在所有的执行案件中都在WTO裁决通过后的30天内向DSB通报了其执行意向，并通过修改法律法规或调整贸易措施努力执行每个WTO裁决。如在"汽车零部件案"中，在专家组报告散发各成员之前，中国商务部已经对外发布终止了争议措施的公告，因此本

案中，在 WTO 裁决作出后中国无须采取任何执行措施。与此同时，在绝大多数案件中，中国政府充分考虑到每起案件的复杂性，尽量通过与起诉方就合理执行期限问题通过协商达成一致，除了在"取向电工双反案"中，由于本案的复杂和执行的困难，通过 DSU 第 21.3（c）条规定的仲裁方式确定了合理执行期限，并在该案中被提起了 DSU 第 21.5 条执行之诉。这种表现与其他贸易伙伴如美国和欧盟明显不同，这些成员方经常在 DSU 第 21.5 条执行之诉中被诉，有些执行案件甚至拖延了数十年才终结，显示出这些成员方对 WTO 裁决执行的"抗拒"。

中国 WTO 裁决执行难的主要原因是执行的案件涉及领域广、敏感行业多。其中货物贸易争端往往涉及国家战略性的原材料物资，服务贸易争端经常涉及敏感的电子支付服务，知识产权领域的争端则涉及文化产品的市场准入等[22]。但通过执行实践的考察，中国在绝大多数执行案件中保持了良好的执行记录，都已经在其合理期限内通过修改法律法规和相关措施的方式执行了 WTO 裁决。但中国在执行 WTO 裁决的过程中确实面临一定的困难和现实问题。

第一，执行范围领域广，敏感行业多。

在中国作为被诉方的 43 起案件中，争议措施涉及贸易救济、出口限制、进口关税、服务贸易、与贸易有关的投资措施以及知识产权等多个领域，其中还涉及一些敏感行业，导致执行 WTO 裁决过程中遇到许多困难和问题。这在中国和美国作为争端方的 WTO 争端解决案件中表现得最为明显[23]。

事实上，中美贸易争端应该是中国利用 WTO 争端解决机制的重点。从案件数量上来分析，最积极起诉中国的 WTO 成员就是美国，提起的案件数量高达 23 起，超过被诉案件数量的一半，且经常集中在同一个议题上起诉中国。美国事实上参与了起诉中国的绝大部分案件，有 8 起案件（DS407、DS425、DS451、DS454、DS460、DS483、DS549、DS568）除外。美国在磋商程序中经常援引的 WTO 及其附属协议包括 GATT1994、《农业协议》（AG）、《反倾销协议》（AD）、《服务贸易总协定》（GATS）、《补贴与反补贴协议》（SCMA）、《与贸易有关的投资措施协议》（TRIMS）、《与贸易有关的知识产权协议》（TRIPS）和《中国入世议定书》等。从援引条款的内容上来分析，一方面，美国通过贸易救济手段不断制造与中国的争端，因为有超过一半数量的 WTO 争端案件中美国援引了《反倾销协议》或者《补贴与反补贴协议》；另一方面，利用自身优势美国在其他许多领域向中国施压。《反倾销协议》和《补贴与反补贴协议》是在 DSB 处理的申诉案件中成员在磋商程序中援引频率最高的 WTO 文件之一，远远高于援引 GATS、TRIMS 和 TRIPS 的频率[24]。但是涉及这三类案件的比例中美 WTO 争端案件均高于 WTO 争端案件的整体比例。

第二，执行难度普遍较大。

在 WTO 裁决执行实践中，执行 WTO 裁决通常会涉及修改或调整不同等级的法律法规或者政策。通过对中国已经执行的 WTO 案件的分析，我们发现涉及最多的是行政法规和部门规章的修改或调整，其次主要是法律修改和贸易措施的调整。其中，最容易执行的是调整贸易措施，主要原因在于这类措施位阶低、涉及部门少，所以执行较为容易；其次是调整法规和规章，主要是涉及的范围比较广，牵涉的部门较多。最后不管是修改、撤销还是重新制定法律来执行 WTO 裁决，难度通常都很大，因为中国国内法对法律的立、改、废等措施都规定了严格的程序[25]。

第三，起诉方仍对中国的部分执行结果表示不满。

中国多数执行案件涉及多项法律法规和部门规章的立、改、废，执行难度普遍较大。例如在"文化产品案"的执行过程中就涉及了 19 个法规和部门规章的调整。在目前的执行实践中，有两个关于供影院放映的电影贸易权问题的文件：《电影管理条例》和《电影企业经营资格准入暂行规定》还未进行彻底的修改。中国希望美国能够考虑到该裁决执行的复杂性和敏感性，理解中国在执行中遇到的困难和问题，希望通过相关成员的共同努力和相互合作妥善解决争端。但美国仍然表示中国在本案的裁决执行缺乏明显的进展[26]。最终中美经过多轮谈判磋商，于 2012 年 4 月 15 日正式签订了《关于供影院放映的电影的谅解备忘录》。中国在 2012 年 5 月 24 日的 DSB 会议上通报其已采取一切必要措施执行了 WTO 裁决。而美国仍认为以上备忘录只代表了显著的进步，该案还未彻底执行完毕。除此之外，美国经常在执行效果上对中国施压，如在"电子支付服务案"中，美国并不满意中国已完全执行 WTO 裁决的结果,并提出将对中国的执行行为进行监督和审查[27]。另外在"知识产权案"和"白羽肉鸡双反措施案"中,美国也不同意中国已完全执行了 WTO 裁决的主张[28]。

第四,中国的执行表现被指责只是"纸面遵守"。

尽管为了执行 WTO 裁决中国已经修改了部分法律法规和管理框架,但依然适用违反 WTO 有关新自由主义惯例要求的政策,尤其在低关税、最小的出口限制、市场准入、平等对待外国投资、高标准的知识产权保护等方面。对此评价,Webster 认为,中国执行 WTO 裁决的努力只实现了"纸面遵守"(paper compliance)[29]。他提出,中国在一些案件中通过维持与 WTO 规则不符的法律法规或以 WTO 规则不符的方式修改规则,从而颠覆了 WTO 裁决。随着中国在规模、地位和经济力量方面的持续增长,它将继续冲击国际体系的边界。中国至少在国际贸易范围内没有超越已经确立的边界,但它似乎也像其他经济体一样对待国际贸易规则,即在相当可行性时遵守它,在不可行时忽略它[30]。

在"知识产权案"执行过程中,原《著作权法》第 4 条被修改为:"著作权人行使著作权,不得违反宪法和法律,不得损害公共利益。国家对作品的出版、传播依法进行监督管理。"这一修改拒绝了为被禁止的作品提供著作权保护,停止了违反 TRIPS 协定的实践。著作权所有者的作品尽管被国内法所禁止,但至少可以根据国际法获得保护。但 Webster 认为,新修订的条款仍然继续授权国家来决定哪些作品是可以出版和传播的[31]。因为 WTO 并未一味强调贸易自由化,而是主张主权国家在对贸易的管制权和贸易自由化之间确立适当的平衡,所以 Webster 在这点上的指责并无 WTO 法上的依据[32]。

同时,国务院在修订《知识产权海关保护条例》第 27.3 条时增加了一句:"但对进口假冒商标货物,除特殊情况外,不能仅清除货物上的商标标识即允许其进入商业渠道。"Webster 认为,增加的这句的规定只适用于进口假冒货物,"进口"一词限制了该款的适用范围和适用性,即不适用于在中国生产的假冒货物。由于他们认为中国是世界上假冒货物的最大生产商,将该条款的适用范围限定于进口假冒产品似乎是不对的。因此,该款的修改保护了中国的假冒产业，并未解决专家组提出的实质问题[33]。

在"音像制品案"的执行过程中，需要取消中国政府对信息和文化产品进口的垄断和其中所包含的强大的审查机制才能执行该案的 WTO 裁决。中国基于诚实信用原则执行了 WTO 裁决，且中美双方签署了谅解备忘录。但 Webster 认为，由于大量与 WTO 规则不符的法规仍然有效，所以中国在本案中甚至连"纸面遵守"都未做到[34]。在一些特别敏感的领域，中国并未完全执行 WTO 裁决。随着中国在 WTO 诉讼经验的增多，不执行（non-implementation）的例子很可能会增加。但有学者认为中国在该案的执行表现并不让人感到惊讶[35]。

第五，中国被指责"游击式"地引入违反 WTO 规则的措施。

Oh Seung-Youn 指出，中国故意利用 WTO 诉讼程序来实现自己的政策目的。中国任意出台与 WTO 规则不符的产业政策，当它们在 WTO 涉诉时，中国就撤销这些受到挑战的措施，而此时中国已经一方面实现了其政策目标，另一方面又展示了其已经执行了 WTO 裁决。中国在利用"方便遵守"（convenient compliance）的战略[36]。

整套的 WTO 争端解决程序需要花费 6 个月到 6 年左右的时间来完成，这一制度缺陷极大地刺激了成员方在短期内出台违反 WTO 规则的措施，然后在 WTO 最终裁决通过后再修改争议措施的做法。中国利用 WTO 的漏洞，通过"游击式"的引入违反 WTO 规则的措施，为调整国内产业赢得时间，这可能是中国追求的目标[37]。事实上，在专家组和上诉机构做出裁决之前，任何措施都不应该被认定为违反 WTO 规则。只有在 DSB 通过后 WTO 裁决才产生法律效力，且执行很多 WTO 裁决都需要一个合理期限，所以，败诉方只要在合理期限届满前修改了违法措施使其与 WTO 规则相一致就已经执行了 WTO 裁决。所以，Oh Seung-Youn 对中国提出的指责并无 WTO 法上的依据。

第六，中国缺乏执行 WTO 裁决的统一法律框架。

虽然商务部于 2013 年 7 月 29 日公布了《执行世界贸易组织贸易救济争端裁决暂行规则》（以下简称《规则》），商务部条法司对该《规则》的出台表示高度肯定和支持，称其奠定了中国执行WTO贸易救济争端裁决工作制度化的良好基础[38]。但《规则》规定简短，仅有8条，且适用范围偏窄，仅适用于执行"两反一保"的WTO裁决。由于这项《规则》只是一个部门规章，立法层级较低，从而无法对WTO贸易救济裁决可能涉及的其他政府部门的行为进行规制。因此，中国政府应尽早结合外贸法的修订，制定一部执行WTO裁决的行政法规，以全面规范此类裁决的执行[39]。除此之外，中国仍缺乏执行WTO裁决的沟通协调机制。

三、WTO裁决执行对中国的影响

WTO所有规则以及依据的经济理论都建立在市场经济基础之上，中国加入WTO就是希望按照市场经济管理方式解决中国市场经济问题。只有建立和完善国内的市场经济体制才能与WTO规则接轨，在WTO框架内有效参与国际竞争。这种市场经济体制的建设就要求中国按照WTO规则修改与市场经济不相适应的制度和措施，逐步减少政府对企业行为和商品价格的干预[40]。

但事实上中国在许多方面都没有真正按市场经济规律管理市场。中国将通过执行WTO裁决修改和调整某些违反WTO规则的法律法规或措施，逐步与WTO规则接轨，从而借助外力规范市场经济管理行为，促进相关产业的健康发展，倒逼中国经济体制改革[41]。例如，通过执行"稀土案"的裁决让我们重视了中国的经贸、环保管理制度的科学性和透明度等问题。中国的稀土政策分布在开采、冶炼/生产和贸易3个环节，政出多门，互不衔接，甚至很多措施自相矛盾。从表面上来看目标好像是环保，但各类措施处处残留着发展稀土下游产业的政策目标[42]。

执行WTO裁决不仅对中国的市场经济发展产生重要影响，而且对中国的法制建设也有很大的促进作用。在执行WTO裁决的过程中，中国修改或撤销了许多违反WTO规则的国内法规和措施，深刻地影响着立法者对国内的立法内容、执法方式以及对国际条约适用的理解[43]。WTO争端解决机制通过WTO裁决的执行如同一只无形的手，对国内立法、行政和司法措施扮演着"司法审查"的角色[44]。

除此之外,中国在WTO争端解决机制中的丰富实践和良好执行,将使中国利用法律手段维护国家经济利益,过去我们都说国际社会是弱肉强食的,根本不存在真正的国际法,但在WTO这里,我们看到了国际法治的曙光,这给我们未来积极参加国际事务增强了信心;进一步维护了中国的国际形象,中国认真执行WTO裁决,在国际社会得到了公认,赢得了良好声誉;推动国内法治建设,中国在WTO能够如此认真守法,那么在国内管理的各个领域,也应该以此为榜样,有利于改革开放,遵守国际规则,以开放促改革,这本来就是中国改革开放政策的基本内容。

 完善中国 WTO 裁决执行机制的策略与建议

中国作为WTO的主要成员方,一方面需要通过申诉维护自身合法权益,另一方面也要学会承受被诉乃至败诉的结果。一旦败诉必然面临执行WTO不利裁决的问题,这时应该清醒地意识到执行WTO裁绝不是一个简单的修改或撤销违反WTO规则的法律法规和措施的问题,而是关系到国际社会、国家利益和私人权益三者之间的关系,既影响到成员方内部的宪政性安排(国内法问题),又关系到构建有效实施国际法的新机制(国际法的新课题)。

WTO多边贸易谈判是以"互惠原则"为基础开展的各国之间以实力为基础的讨价还价的过程[45],发达成员通常能够通过给予换取更多的回报。WTO裁决执行机制作为求同存异的产物,难免存在缺陷。因此,关于WTO裁决的执行问题存在讨论和改变的空间。

在世界经济格局不断调整的背景下,中国正在经历剧烈的国内经济结构变革和国际贸易冲突压力。如何在国内促改革、稳增长的基础上充分保障国家利益,更多参与国际法治和全球治理,通过哪些策略和手段灵活的解决人民币汇率、全球经济互相依附性等问题所引发的国际困局,都是在利用

WTO争端解决机制和WTO裁决执行机制的时候中国需要思考的出发点和落脚点。

根据美国贸易代表办公室（USTR）向国会提交的《中国履行WTO承诺情况报告》显示，美国将密切关注中国执行WTO裁决的情况，美国对中国相关贸易政策的关注焦点主要集中在：出口限制、贸易救济法律、知识产权执法和反垄断的滥用、透明度等问题[46]。虽然目前仅在"取向电工钢案"这一起案件中被提起了DSU第21.5条执行之诉，但从目前的发展趋势来看，中国在WTO可能将面临越来越多的执行之诉。更好地利用WTO机制中的程序和权利以实现中国国家利益已然迫在眉睫。中国应当提高执行过程的透明度，加强与当事方的解释与沟通，以便提高中国执行WTO裁决的效果。

一、中国执行WTO裁决的立场和能力

（一）中国执行WTO裁决的立场

中国在处理WTO事务中具有多重的复杂身份，应该仔细考量各种因素再做决定。首先，中国是发展中国家，因此，原则上应该站在发展中国家的立场上参与谈判、发表意见和提出主张；其次，中国是发展中国家中的大国，在一定程度上中国立场代表着发展中国家成员的立场，应该维护发展中国家成员的普遍利益；最后，中国作为发展中国家，正逐渐向中等发达国家转型，正在从制造业中心转向制造、服务和知识产权等多头并进、逐渐以后两者为主的经济体。因此，中国参与WTO争端解决机制，尤其是执行WTO裁决的立场不能过于僵化，应有自己独立的利益和立场。在兼顾发展中国家整体利益的情况下，结合中国实际情况，以维护我国核心利益应是我国处理执行WTO裁决的立场。

（二）中国执行WTO裁决的能力

早在我国正式加入WTO后不久，克里斯多夫·邓肯就详细考查过中国执行WTO裁决的能力[47]。邓肯认为，从国际角度看，国际压力会促使中国执行WTO裁决，但需要所涉争端各方的共同努力。从国内来看，中国有着

努力执行WTO裁决的意愿，但执行的能力不足。许多因素仍然制约着中国执行WTO裁决的能力，如指定政府执行机构、政治意愿、执行计划的形式、时间限制和地方抵制等因素。据此提出，各国应当对中国持现实态度，应当设计和审查现实主义的解决方案，以最小化中国参与WTO争端解决机制活动的风险。同时建议，由于中国可能无法执行WTO裁决，应当克制发起针对中国的争端；如果决定发起争端，应当强调磋商解决，克制进入正式的专家组程序。

二、中国执行WTO裁决的法律策略

作为国际法体系的后进生，中国一直积极参与国际制度，并尽其所能地融入国际体系。中国不但在加入WTO期间作出重大让步，在加入后也积极废止、修改和重新制定大量国内法律法规，并努力遵守WTO规则及有效执行对中国的不利裁决。近些年，中国在参与国际制度建设和遵守规制国家行为的全球性规则方面已取得实质性的进步，但在遵守国际法的国家声誉方面并未获得相应的提升，这与中国对国际法规则和价值理念的认识，自身的历史、文化和利益，也和中国参与WTO实践所获得的经验密不可分。综合考虑这些因素，中国在执行WTO裁决时，采取有针对性的策略，将取得更好的效果。

一般而言，WTO高度"法制化"具有促进执行的作用，但美国和欧盟等成员时常未能履行它们身为大国本应履行和有能力履行的义务，这种违反义务行为的显著化导致多边贸易体制的实效性与可信赖性受损，致使WTO协定的规范性与正统性更加稀薄化和脆弱化。很多先行研究已经表现出对这种"大国的义务违反"现象的忧虑。作为负责任大国，中国应当积极遵守国际法，维护国际法的权威性和可靠性，同时也必须讲究履行WTO义务的方法和策略。

（一）有效评估执行WTO裁决的适应性，针对不同情况灵活做出执行决策

全球化推动国家更多地参与国际法律体制，并促进国际规则的统一化，

但国家在适用国际法规则时可能遇到"选择性适应"(selective adaptation)的问题。在某些情形中,国家的政治和法律文化会导致它们对条约体制的规则和价值产生不同的理解。因此,国家需要评估不同的国际法规则对它们国家环境的适应性,以及这些规则对本国经济发展的影响,并据此作出相应决策。

"选择性适应"是转型中的国家和社会用以平衡国家需要和遵守外部规则要求的应对策略[48]。中国具有独特的法律传统和历史文化,其又是处于剧烈变革和转型中的大国,国家实力、法律能力和利益诉求都处于快速变化之中。因此,中国对国际法遵守的效果是由其国内规则与全球性规范之间的互动,还有国家的政治意愿、利益需要和制度能力等因素所共同决定。由于在和平发展过程中的复杂利益和多重身份,中国在领土、人权和贸易等不同国际法领域的遵守行为并不一致。实际上,任何国家在处理领土和安全问题等事关国家核心利益的问题时,都要充分考虑本国的历史、文化和民族情结等复杂因素,而不会轻易向其他国家妥协,更不愿受制于第三方的裁断。2013年,菲律宾策划"南海仲裁案"。仲裁庭最终做出对中国不利的裁决。由于裁决本身的非法性和领土问题对一国的重要性等原因,中国郑重声明不接受、不执行此项裁决。对于此类案件,不但中国必然采取此种应对方式,换成其他国家也会如此。因此,不执行此类裁决,并不会对中国造成显著的声誉损失,更不会影响中国在国际贸易、投资等其他领域的守法声誉。

由于现实过于复杂并具有随机性,执行裁决问题涉及不同的规则、不同的议题和不同的国家等因素[49],不能只是简单地以执行或不执行来解释所有问题。同其他国际司法机构相比,WTO受理的案件已高达580个。执行WTO不利裁决也是一个复杂的动态过程,国家在不同情形下可能采取不同的路径,这也完全符合WTO裁决执行的法律机理。因此,要求中国在任何方面的表现都完全符合以西方为主导的国际制度并不合乎情理。换句话说,中国执行WTO不利裁决的结果及其对国家声誉的影响,不仅取决于本国体制与国际规范的兼容度,也受制于中国履约行为与相关方当时的利益、合理期待之间的关系。因此,中国的国家声誉与形象是其履约行为合乎法律性和国家间政治互动等因素共同作用下的结果。为此,中国不能单纯一味的执行所有的 WTO 不利裁决，应该在有效评估执行 WTO 裁决的适应性后再做相应的执行决策。换句话说，在 WTO 不利裁决的执行方面，中国应具体情况具体分析。

尽管大多数 WTO 裁决得到败诉方的完全执行，但也存在一些严重拖延执行的案例，主要发生在美国和欧盟两个最主要的成员方。这充分表明，虽然美国和欧盟等 WTO 主要成员一直鼓吹国际法治，但它们也并非不惜一切代价地执行所有 WTO 不利裁决，而是保留遵守国际义务的灵活性，根据政治现实和利弊得失做出决策。因此，中国也应针对具体情况采取不同的执行策略，以获得国家利益最大化的效果。

（二）进一步完善 WTO 裁决的国内执行程序，提高执行过程的规范性

中国从中央到地区的行政级别较多，各级别政府在对外贸易方面的认证和规定烦琐复杂，地方政府在执行法律文件的力度和效果也不尽相同。例如，出于行政能力或保护地区利益的需要，基层政府部门在执行中央命令时确实也可能打折扣。基于上述原因，即便中国在中央政府层面有善意履行国际法义务的意愿，也难以在每个案件的程序和细节上都做到尽善尽美。解决这一问题的重要方法之一就是进一步完善 WTO 裁决的国内执行程序。美国和欧盟在执行 WTO 裁决与实施授权报复方面的国内立法较为完备，例如美国有《乌拉圭回合协定法》和 1974 年《对外贸易法》中的 301 条款，欧盟有《国际贸易规则执行条例》和《关于共同贸易政策下采取部分措施相关程序修订条例》。在这方面，中国虽然已制定了《执行世界贸易组织贸易救济争端裁决暂行规则》[50]，但相关规定较为简单，不利于从法律制度层面保障 WTO 裁决的顺利执行。

（三）有效提高国家对外政策与 WTO 遵守行为的透明度

透明度是 WTO 的重要原则，也是与大众监督密切相关的问题，更关乎国家形象、国家声誉的维护。强化监督职能，解决成员违反透明度义务的问题，是 WTO 的当务之急。WTO 成员主动提高其政策和行为的透明度，有助于消除贸易伙伴之间不必要的误解和向国际社会宣传自身的良好形象。我

国政府一直高度重视透明度问题,不断改善治理和监管体制,推动各项政策和措施的透明、开放和合规。2018年6月,我国国务院新闻办公室出版的《中国与世界贸易组织》白皮书指出,自加入WTO以来,中国切实履行承诺,对外政策的稳定性、透明度和可预见性显著提高[51]。2018年7月5日,商务部新闻发言人在回答记者提问时指出,此次发布的新版外商投资负面清单的主要特点之一是透明度和规范度提高。2018年7月11日—13日,第七次中国贸易政策审议会议在日内瓦举行。中国共收到1900多个事先提交的问题,并已对其中大多数问题进行了回复。在这次审议会议结束后,中国将对所有尚未完成回复的问题进行回答。这是中国积极展示其贸易体制透明度的表现。同样,中国在WTO不利裁决的执行过程中也应当确保公开和透明,以避免其他成员不必要的担忧、误解和指责。

(四)高度重视"庭外和解"等解决方法的运用

在"出版物和音像制品案"中,中国和美国以14个月作为执行WTO裁决的"合理期间"达成共识。但在"合理期间"届满之前,中国发布一项状态报告,强调涉案措施具有"复杂性和敏感性",导致其难以完全或及时执行该项裁决[52]。2012年4月15日,中美正式签订《关于供影院放映的电影的谅解备忘录》。同年5月24日,中国在DSB会议上表示自己已尽一切必要的努力执行该裁决。可见,对于类似具有高度政治或经济敏感性等案件,中国可通过与争端相对方相互磋商或签订备忘录等方式,以展示自己善意遵守国际法的态度和决心。在"欧共体—香蕉案"中,欧共体的贸易措施被裁定为与GATT1994和执行程序不一致。2012年11月8日,当事方通知DSB它们已通过相互磋商解决争端。

由此可见,通过"庭外和解"等非正式的途径化解纠纷,与运用WTO内部正式的法律机制解决争端一样,都具有同等重要的效果和价值。

(五)不断加强与当事方的解释与沟通

对于何种行为构成对国际法的遵守或违反,不同国家的理解和认知不一定相同。但历史表明,绝大多数国家在绝大多情况下都自觉遵守国际法。在少数案例中，WTO裁决并没有得到很好的执行，这也不意味着国家敢于公然宣称违反国际法。恰恰相反，即便出现执行裁决的障碍，国家也会千方百计的维护自己作为守法国家的声誉。如果因涉及国家安全等重大国家利益的考虑，而不能及时或无法遵守国际法，对国家声誉的不利影响相对要小一些。在实践中，当案件涉及有关国内立法的修改、具有高度政治敏锐性和涉及国家重大利益等问题时，欧盟和美国通常拖延甚至不执行WTO不利裁决。在上述情况下，国家不及时或不完全执行裁决的行为具有一定的正当性，这在某种程度上能减少甚至抵消违反行为对国家声誉的损害。再如，相比于发达国家为保护本国特定行业而采取违反WTO协定的保护主义措施，最不发达国家或发展中国家容易出现因履约能力上的问题，而暂时难以及时遵守某些不利裁决。此时，因履约能力等客观原因不执行或不及时执行WTO不利裁决，并不会造成国家声誉的严重损失。只要相关当事方在执行障碍消失之后，善意遵守国际义务和积极执行不利裁决，其仍可较好地维护自身的国家声誉。

在国际贸易这个国家间互动的平台上，如果国家善于维护其遵守国际法义务的良好声誉，就可用自己的承诺换取更多的让步。相反，不遵守规则的国家将遭受国家声誉制裁，并丧失其他潜在的机会和利益。在当今世界经济低迷、去全球化浪潮加速蔓延的背景下，退出或选择不遵守，都不是国家的明智选项，对于大国和富国来说也是如此，当然中国也不能例外。因此，在WTO裁决执行过程中，如若真的遇到一些特殊的复杂情况，没有办法执行或及时执行裁决，与当事方的有效沟通也不失一种解决问题的方法。

三、完善中国WTO裁决执行机制的建议

中国执行WTO裁决的过程中经常要面临的两个主要难题是执行范围所涉领域广和执行难度普遍较大。美国作为WTO最重要的成员方以实用主义为先导、国家利益为出发点作为执行WTO裁决的基本原则，以USTR为主的协调机制是其另一大特色；欧盟以有利于联盟一体化的态度执行WTO裁决。因此，中国应立足于本国国情，借鉴WTO成员方的执行实践，以获得国家利益最大化的效果。

(一)继续保持良好的 WTO 裁决执行记录

中国作为一个发展中国家成员已经从 WTO 多边贸易体制中获益颇多,中国一直在继续维持 WTO 多边贸易体制的可信性方面做出积极的努力。中国也始终重视维护自己在国际舞台上负责任大国的守法形象,因此有必要及时有效地执行 WTO 裁决,维护自身尊重 WTO 规则和执行 WTO 裁决的守法"模范"形象。鉴于中国政府在国内经济和社会生活中的主导地位,无论任何国内原因,只要中国没有良好的执行 WTO 裁决,都会对中国政府在国际舞台上的声誉产生重大的不利影响。因此,维持良好的 WTO 裁决执行记录对中国而言非常重要。在实践中中国应重视维持良好的 WTO 裁决执行记录。另外,在民众参与社会治理不足的情况下,以执行 WTO 裁决促进国内管理体例改革也是中国政府努力的方向。

从中国执行 WTO 裁决的实践情况来看,中国始终保持了良好的 WTO 裁决执行记录。截至目前,中国被诉案件 43 起,已经有 33 起案件已经做出裁决,中国均在一定程度上败诉。其中,7 起案件通过和解结案,7 起案件通过磋商结案,19 起案件中国政府执行了 WTO 不利裁决,中国几乎执行了所有对中国不利的 WTO 裁决。在 19 起执行 WTO 裁决案件中,中国通过撤销或修改违反 WTO 规则的相关法律法规和政策、措施等,较好地执行了 WTO 裁决。如在"汽车零部件案"和"电子支付服务案"中,中国通过撤销争议措施完全执行了 WTO 裁决;在"知识产权案"中,中国通过修改《著作权法》第 4 条和《知识产权海关保护条例》第 27 条完全执行了 WTO 裁决;在"文化产品案"中,中国通过修改某些争议措施部分执行了 WTO 裁决。针对与院线电影有关的 WTO 裁决,中国与美国达成了和解协议;在"原材料出口限制案"中,中国停止了针对争议原材料的出口税和出口配额,完全执行了 WTO 裁决;在"取向电工双反案"中,中国在合理期限届满前发布了执行 WTO 裁决的反倾销裁定。

(二)执行 WTO 裁决时继续坚持国家利益至上的基本原则

各国基于对他国利益及国家间权力分配的认知创设了国际法,其内生于国家利益而理性地追求利益最大化的行为。因此,国家的行为应该是理性的，并以追求其利益最大化为终极目标。据此理论，国际法并不能令国家在违背其利益的情况下去遵守它，国际法所能实现的可能性结果受限于国家的利益结构和权力分配[53]。世界上一些超级大国主导了现行的 WTO 规则，反映这些超级大国的利益诉求，导致发展中国家往往处于被动和不利的境地。在 WTO 多边贸易体制中美国扮演的角色始终取决于其国家利益，这也决定了美国对待 GATT/WTO 的态度始终是以自身利益和价值判断为出发点[54]。对此，欧盟亦是如此。中国在执行 WTO 裁决的过程中，事实上也坚持了国家利益至上的基本原则。

从成员方执行 WTO 裁决的总体情况以及 WTO 裁决执行的实践来看，完全执行 WTO 裁决不是必须的，只是可供选择的三条道路之一（另外两条道路是拖延执行和变相不执行）。虽然 GATT/WTO 在决策机制的设计上与联合国、世界银行和国际货币基金组织有所不同，但这些组织从本质上来讲均脱胎于战后维系世界政治经济秩序的"雅尔塔体系"，体现着超级大国主导的制度性安排。虽然经过发展中国家阵营与发达国家阵营的长时间的斗争，WTO 体系作为求同存异的产物逐渐走向公平合理，但是不可能尽善尽美，难免存在缺陷。而且，WTO 从 GATT 继承了"协商一致"的原则，即只要在场的成员没有明确反对就可以达成共识。WTO 规则中能被绝大多数成员接受的只能是理论性、原则性的条款[55]。因此，在具体执行 WTO 裁决时，应当结合具体案情，做出使中国国家利益最大化的选择。三条道路的选择都应以国家实际利益为重，只要有符合 WTO 制度的根据自圆其说即可，甚至在没有规则的"灰色区域"。

（三）立足中国特殊的国情制定执行 WTO 裁决的策略

WTO 各成员方实力不平衡的因素必然影响 WTO 裁决的执行问题，"强国与强国之间，外交就是实力；强国与弱国之间，实力就是外交"，彻底消除执行 WTO 裁决上的不公平是不可能的。

中国总是借历史和传统的原因以自己是"最大的发展中国家"自居，但是中国是否能从"发展中国家"这个身份得到就有的便利和优惠问题并没有确切的答案，目前国际社会中的很多成员已经将中国地位等同于发达国家甚至将中国单独对待[56]。为此,中国应该认真分析和研究 WTO、联合国及世界银行等国际组织对于"发展中国家"的定义和标准,积极证实自己"发展中国家"的身份[57]。

事实上,中国具有出口大国和进口大国的双重身份,在对待不同的胜诉方时中国政府应该谨慎处理,因为进口大国的贸易保护措施和报复措施比出口大国更具威慑力,所以尽量实现增加出口利益、减少进口利益的目标。结合实际情况说明,如果申诉方是日本或者韩国,鉴于中国处于逆差状态,对方的依赖程度远远高于中方的依赖程度,因此在执行 WTO 裁决时的态度可以强硬,毕竟实施授权报复的效果远大于日本对于中国制裁的效果。若是美国作为申诉方,其对中国任何行业的报复措施都会产生举足轻重的影响,则情况须另当别论[58]。

(四)中国应对 WTO 裁决作综合评估后灵活执行

除了国家利益外,WTO 裁决的执行还受到很多因素的影响,如 WTO 裁决的公平性和合法性、国内政治法律制度、国际声誉等因素都影响着败诉方的执行决策。中国与美国和欧盟不同,历来重视其在国际社会中的声誉,始终强调维护自己在国际舞台上的形象。因此,中国及时、有效地执行 WTO 裁决对于维持中国尊重 WTO 规则和执行 WTO 裁决的"模范"守法形象非常重要。通过对中国执行 WTO 裁决的实践情况进行分析,我们发现中国在绝大部分案件中都已经在其同意的合理期限内撤销或修改违反 WTO 协议的法律法规和政策措施以执行 WTO 裁决,从而保持了良好的执行记录。

Jackson 教授曾指出,DSB 报告确定了败诉方执行 WTO 裁决的国际法义务[59]。判断败诉方是否遵守了 WTO 义务,很大程度上取决于败诉方是否执行了对其不利的 WTO 裁决。但是,实践中中国是否必须"立即、无条件地"执行所有 WTO 的不利裁决?WTO 裁决不能与 WTO 协定完全等同,执行 WTO 裁决只是要求"保证败诉方国内法与 WTO 协定相符",尽管参考了 WTO 协定的相关规定才做出了 WTO 裁决,但 WTO 协定是 WTO 各成员充分参与了 WTO 协定的缔结程序,WTO 成员经过长期谈判,并经国内议会或立法机关批准的结果。WTO 裁决却仅由几名专家组成员经过对 WTO 协定的解释并结合实际情况做出。因此，WTO 裁决与 WTO 协定相比，并不那么正式。对 WTO 裁决和解释可能相当武断甚至存在错误的怀疑具有一定的正当性。因此，大多 WTO 成员均规定国内法院不能无条件地执行所有 WTO 裁决，而应当采取相关的保障措施。这与美国和欧盟对于 WTO 裁决所持的怀疑立场和相关实践完全吻合。欧盟基础条约并未涉及 WTO 裁决的国内效力问题，而是交由欧盟法院在实践中予以解决。美国法明确排除了 WTO 裁决对美国法的影响，也未将 WTO 裁决纳入国内法律体系[60]。总体上拒绝赋予 WTO 裁决以直接效力和优先效力是 WTO 成员的习惯性做法。

到目前为止，全国人大仍未对国际条约和国内法的关系做出统一明确的规定。根据最高人民法院 2002 年《关于审理国际贸易行政案件若干问题的规定》（以下简称《规定》）第 7 至 9 条的规定，在国际贸易行政案件中，最高法院拒绝了 WTO 协定的直接效力，即公民不能直接援引 WTO 协定向人民法院提起诉讼，法院在裁判文书中亦不能直接将 WTO 协定作为裁判依据。如果在国内法律法规的解释不明确时，《规定》要求选择与 WTO 协定相一致的解释，这已经赋予了 WTO 协定很强的间接效力。但是《规定》没有明确提及 WTO 裁决的国内效力问题。

中国在 WTO 裁决的执行问题上应借鉴美国和欧盟的做法，理论上排除 WTO 裁决的直接效力和优先效力并规定例外情况。虽然 WTO 法作为"模范国际法"在推动国内法治改革中的发挥了重要作用，但在 WTO 裁决执行问题上，中国必须综合考虑实际的 WTO 裁决对中国改革方向的影响是积极的还是消极的以及 WTO 裁决是否适应中国现阶段发展等因素，经过综合评估并结合具体情况后，做出既符合中国国家利益最大化、同时又不明显违反 WTO 规则的策略选择[61]。中国也可以考虑其他成员方的经验，在执行 WTO 裁决的过程中为了调整争议措施赢得时间而提起上诉，与此同时，也应针对其他成员的无理指责予以反驳并利用执行复审程序据理力争。

（五）继续加深对 WTO 裁决及其执行制度的理解和运用

虽然 DSU 第 21 条要求败诉方"迅速符合"WTO 裁决，但是关于

WTO 裁决报告中涉及的权利义务，特别是关于重大贸易利益的时候，中国政府完全可以提出自己的理解和主张，必要的时候可以将自己的观点提交 WTO 部长级会议或者理事会进行讨论。因为，根据 WTO 的规定，WTO 部长级会议和总理事会拥有对 WTO 及其附属协议做出解释的专有权力。不论是专家组还是上诉机构做出的裁决，从人员组成以及解释的程序分析，WTO 裁决报告不具有终局性，只具有"临时性"。而且 WTO 从来没有明确 WTO 裁决报告的先例作用。根据 DSU 第 19 条的规定，WTO 裁决报告不能增减 WTO 成员方的权利和义务。因此，中国政府可以针对 WTO 裁决中的具体问题和 WTO "讨价还价"，最大限度地维护国家和公民的合法经济利益。

败诉方根据 DSU 的规定可自主选择使违反措施变成相符措施的具体方式，即便专家组或上诉机构在一些案件中提出了执行 WTO 裁决的具体建议，但这些建议对败诉方仅供选择而已，不具有任何约束力。这种做法为 WTO 裁决的国内执行提供了自由裁量的空间。但是中国除了达成执行和解协议外的其他败诉案执行实践中，全都采取了直接撤销或修改争议措施的执行方法[62]。这充分说明中国未能很好地利用自由裁量的空间。因此，中国应继续加深对 WTO 规则的理解和运用，通过创造性地诠释 WTO 规则来更灵活地执行 WTO 裁决。

综上所述，中国在执行 WTO 不利裁决的过程中，应当深刻把握和理解包括 WTO 争端解决裁决执行机制在内的整个 WTO 争端解决机制，争端解决时应当具有整体意识，在案件的裁决阶段就应该考虑到执行问题，积极争取对于案件执行最为有利的每一个主张、请求或抗辩，或者其中的每一个因素。

(六) 国内法院以司法克制的态度处理 WTO 裁决

由于 DSU 条文中不仅没有明确 WTO 裁决报告在败诉方国内产生的直接效力和优先效力，而且执行 WTO 裁决报告缺乏与败诉方国内法院沟通的渠道，因此各成员方法院在执行 WTO 裁决上具有较大的自由裁量权。欧盟的做法在承担对 WTO 及其协定解释的具体问题上似乎更有借鉴意义。欧盟司法法院在处理具体案件的同时还展示了其司法角色和司法在推动欧盟经济和法律一体化中不可替代的作用。中国加入WTO后，最高人民法院曾发布了《关于审理反倾销行政案件应用法律若干问题的规定》等，但从制度层面上讲，中国还未明确承担这一重任的具体国家机构。因为根据《宪法》赋予最高人民法院的职能中并没有涉及对国际条约适用的解释权。因此，中国法院目前应该以司法克制的态度处理WTO裁决。

国内法院处理关于WTO裁决时，首先要解决的就是WTO及其附属协定的效力问题，但是全国人大一直没有对国际条约与国内法的关系作出统一明确的规定。结合中国立法的有关规定，中国既非纯"一元论"国家，也非纯"二元论"国家[63]。2002年8月最高人民法院曾公布《关于审理国际贸易行政案件若干问题的规定》。该规定虽然没有明确规定WTO及其附属协定或者WTO规则的效力问题，但根据该规定的第7条和第8条事实上否定了WTO及其附属协定的直接效力[64]。

同大多数其他国际经济条约的规定相类似，WTO不强制规定败诉方在国内法律层面执行WTO裁决的具体方式，只是DSU第164条中要求"每一成员方应当保证法律法规和行政规定与所附各协定对其规定的义务相一致"。因此，大多的败诉方在WTO裁决的执行问题上通过国内立法将承担的国际义务纳入本国法律体系；大多的WTO成员借鉴美国和欧盟的做法，采取消极的态度对待WTO及其附属协议的国内法效力问题，反对国内法院在审理国际贸易案件时直接援引WTO规则或者WTO裁决报告。承认WTO规则或者WTO裁决报告的直接效力意味着增强了司法机关对立法权的控制，这种做法与中国现行法律体制不符。因此，适宜中国当前司法体制的选择是总体上排除WTO报告的直接效力和优先效力并制定例外情况。[65]最高人民法院可以自行拟定规则，处理私人根据WTO裁决主张赔偿的案件。可以借鉴欧盟司法法院的做法（《阿姆斯特丹条约》第3402条赋予的欧盟成员国私人起诉的权利）认定原告资格，即只有中国公民或者法人有权在国内法院起诉，从而排除其他成员方私人的诉讼案件。一旦私人提起相关诉讼，应当根据国内法进行处理。可以针对案件所特有的情况制定更为详细的规则。

WTO败诉方根据"保证成员国国内法与《WTO协议》相一致"的原则通过立法、行政及司法机关,秉承"善意履行"的原来来实现WTO的目标和享受成员方的权益。现有WTO成员方(以美国、欧盟、加拿大和日本为代表)的国内法院总体上拒绝赋予WTO规则、WTO裁决以直接效力和优先效力是目前的习惯做法。外国司法机关通常采取谨慎和节制的态度对与《WTO协议》有关的国内机构的决定或者对其行为行使司法审查。

(七)完善WTO裁决执行机制的相关制度

美国和欧盟都建立了比较完备的WTO裁决执行国内机制。以美国为例,美国国会在批准"乌拉圭回合一揽子协定"的同时于1994年12月制定了《乌拉圭回合协定法》(URAA),专门处理WTO协定与WTO裁决在美国国内法的效力问题,对美国执行涉及各类美国措施的WTO不利裁决做出全面规定。具体内容包括:URAA第123节规定了针对国会立法、州立法、行政部门规章或做法(不包括国际贸易委员会的规章或做法)的WTO不利裁决的国内执行程序,第129节规定了针对具体贸易救济措施的WTO不利裁决的国内执行程序。与此同时,美国国会还批准了美国政府提交的对URAA的解释和适用作了权威表述的《行政行动声明》(SAA)。根据URAA的规定,WTO协定和WTO裁决在美国国内法上不具有直接效力,也不允许基于WTO协定的私人救济。根据WTO裁决所涉不同争议措施的性质,URAA制定了相应的执行程序。如要修改美国法律以执行WTO裁决,必须经美国国会批准,除非该项法律本身授权修改立法,并设立了联邦立法与州立法之间的协调程序;设立了一套以USTR为中心的执行机制专门针对WTO裁决涉及政府行政行为和措施[66]。相应的,欧盟也有WTO裁决执行国内机制予以配合裁决执行。DSB于2001年3月12日通过了"欧共体——床上用品反倾销案"WTO裁决。这是WTO历史上第一起针对欧共体反倾销措施的WTO不利裁决。为了执行该裁决,欧共体于2001年7月26日通过了第1515/2001号理事会条例,即《国际贸易规则执行条例》和《关于共同贸易政策下采取部分措施相关程序修订条例》,建立了欧共体执行与反倾销和反补贴措施有关的WTO裁决的国内机制。该条例是欧盟执行涉及贸易救济WTO裁决的基本立法，其明确规定，WTO裁决仅具有预期效力，而不具有直接效力。因此，在执行WTO裁决的过程中欧盟采用了"转化"的方式。

2013年7月29日，中国政府为了执行"美国诉中国取向电工钢案"WTO裁决，商务部公布了仅有8个条款的《执行世界贸易组织贸易救济争端裁决暂行规则》，明确了商务部有权采取的措施范围和需要遵守的程序等问题，为商务部执行WTO贸易救济裁决提供了国内法律根据。但是由于《暂行规则》效力等级较低，直接导致商务部的《暂行规则》具有一定的"自我授权"性质，且无法有效规范中国执行WTO贸易救济裁决可能涉及的其他政府部门和行政措施，而存在诸多待修改和完善的内容。因此，应该通过立法来进一步提升《暂行规则》的效力等级和完善其内容。目前没有任何法律法规规定涉及其他类型政府措施的WTO裁决的国内执行程序，致使在实践中存在一些问题。因此，中国亟待出台规范的WTO裁决国内执行机制[67]。

中国应参照美国和欧盟相关立法和实践，创设符合本国体制的执行各类WTO裁决的国内机制[68]。这将规范化和制度化WTO裁决的执行行为，也可以为中国执行WTO裁决提供缓冲机制。中国建立WTO裁决执行国内机制意义重大，不仅有利于规范WTO裁决执行的相关行为，而且有利于维护我国的良好守法形象和国际示范。

1. 建立沟通协调机制

借鉴美国USTR设立的协调机制的做法，建议在商务部内部设置一个负责沟通协调的机构，可以选择一位副部长级的官员担任沟通协调机构的负责人，负责全方位的沟通和协调作用。

其主要职责如下。

（1）监管职责。

负责对中国作为申诉方和被诉方的WTO争端案件按七类标准进行统计，进行动态监管。具体分类标准可以参照欧盟的做法，第一种是案件解决结果符合中国利益但是尚未完全结束诉讼的争端；第二种是中国在核心问题上胜诉的争端；第三种是中国在核心问题上不占优势甚至可能败诉的争端；

第四种是处于磋商阶段的争端；第五种是处于 DSB 专家组审查阶段的争端；第六种是处于 DSB 上诉审查阶段的争端；第七种是其他案件。

（2）执行决策职责。

当 WTO 裁决认定中国败诉时，协调机构首先应当组织专家委员会讨论案情和裁决结果，然后与国内相关部门进行磋商，制定执行决策，提出具体执行 WTO 裁决的建议，如制定新的行政规章、措施或者修改撤销原有的行政规章、措施等。如果案情复杂、严重，甚至涉及立法活动，则协调机构首先应在商务部内部展开充分的讨论，确有必要时，可上报国务院法制办，最后与全国人大（常委会）协商，提出启动立法或修改法律的具体程序。如果需要调整或修改的行政行为、措施涉及多个部门或多个省份，则由协调机构牵头组织进行讨论。

在涉及反倾销、反补贴和保障措施案件中，当 WTO 裁决认定中国败诉时，协调机构应当首先与商务部有关部门进行磋商，提出在现行法律体制下采取措施执行 WTO 裁决的具体建议。具体做法：① 协调机构可以书面要求商务部有关部门在 120 天内重新做出裁定，纠正先前行为，从而使其与 WTO 裁决报告相符；② 商务部应当重新开始反倾销或者反补贴调查，并在收到书面申请后的 180 天内，按照协调机构的书面申请重要做出裁定；③ 协调机构还应当要求有关部门出具证明文件，使协调机构在 DSB 处理争端时能拿出中国政府的行为与"WTO 裁决保持一致"的证据；④ 在收到协调机构指示后，允许商务部在 180 天内做出新裁定（新裁定不具有自动执行的效力，需要协调机构的执行指示）；⑤ 协调机构有自由裁量权，可以在其与专家委员会及国内产业代表磋商后作出执行新裁定的时间表。协调机构和商务部有关部门进行磋商的目的在于在分析 WTO 裁决报告和决定执行方式的时候，协调机构能够充分利用商务部在相关领域的经验与特长。在磋商过程中，商务部有关部门将主要就现行的国内反倾销和反补贴规定是否兼容相关执行措施；与执行措施有关的反倾销和反补贴的法律解释；执行 WTO 裁决最理想的方式以及执行合理期限。

（3）实施报复措施的职责。

关于败诉方认为自己已经根据 WTO 裁决修改、调整或撤销了违规的法律法规、政策、措施或者解释，而胜诉方终止 DSB 授权实施报复的程序没有明确的。争端方时常会对是否一定要再发起新的 WTO 程序来决定是否或何时取消报复措施产生疑问，"欧盟——荷尔蒙案"（DS48）就是一个典型的例证。协调机构负有实施报复措施的职责，将会同海关定期修订应当予以报复的进口产品清单，将不严格执行 WTO 裁决的败诉方的有关出口产品列入名单，并提交给中国驻 WTO 谈判代表，除非协调机构发现败诉方即将实施有关 WTO 及其附属协议下的义务或者协调机构认为这种修订是不必要的。

2. 设立专家委员会

协调机构的设立主要是解决上传达下指示的问题，负责各部门、各环节的沟通和协商，但在做出具体执行 WTO 裁决的决策时需要参考专家的意见，因此，建议在商务部内部设一个由协调机构、熟悉行政法和国际贸易的法律专家以及富有国际贸易诉讼经验的律师团队组成的专家委员会，作为常设机构负责咨询或者审议行政机关制定的法律法规和措施、政策以及国内执行 WTO 裁决的决策和进度。目前我国商务部在处理 WTO 争端解决案件时以及遇到诉讼或者执行中棘手的问题时也经常会召开内部的临时专家会议，但这项机制并非长效和稳定的，有时由于时间紧和强度大，导致专家会议讨论的相关问题并不深入、透彻，还未形成完善的解决方案就草草地应对诉讼和作出执行决策，影响了中国在 WTO 争端解决平台上的抗辩能力和裁决结果，甚至关系到中国的执行声誉和国家利益。

当执行 WTO 裁决时，由协调机构工作人员和专家委员会的部分成员（不一定是全部成员，具体人数由协调机构与商务部或者其他部门共同决定）召开会议进行讨论，讨论的内容主要包括：第一，WTO 裁决的内容是否超出了其职权范围、是否在 WTO 框架下增加了中国的义务或者减少了中国的权利、在核心问题上是否裁定中国败诉、执行 WTO 裁决对中国经济利益和产业发展有何影响等；第二，在做出 WTO 裁决的过程中，专家组或者上诉机构是否存在随意或者任性、处理不当或明显脱离 WTO 规则下的审查程序类的行为和措施、在反倾销、反补贴及其他贸易救济案件的审理过程中是否脱离了应适用的审查标准；第三，WTO 裁决是否与中国在《入世议定书》或者其他条约、协定下对 WTO 规则的理解保持一致；第四，中国执行

WTO裁决的具体措施，修改、撤销还是调整有关法律、条例、措施或政策，并向WTO部长级会议和总理事会提交意见。专家委员会将形成一份执行报告，会议记录要长期保存，提供给商务部、国务院乃至全国人大（常委会）的审阅。并对WTO裁决的执行开展讨论，吸取经验。

3. 建立国内贸易报复机制

为了执行WTO裁决，保护国家经济利益，美国和欧盟等成员都在国内设置了有效促进WTO裁决执行的贸易报复机制。如美国《1974年对外贸易法》中的"301条款"是其对外实施贸易报复的主要法律依据；欧盟为了加强实施贸易报复措施的权力和能力，于2012年12月18日由欧盟委员会对外公布了一项旨在建立贸易报复机制的文件，建议欧盟在以下四种情况实施贸易报复措施：（1）DSB授权贸易报复；（2）根据其他国际贸易协定获得报复权；（3）第三国根据WTO《保障措施协定》或其他国际贸易协定的保障措施条款采取保障措施但没有提供相应补偿；（4）WTO成员根据GATT1994第28条修改减让表但没有做出补偿性调整[69]。

从实践效果来看，美国和欧盟的报复措施或报复威胁对于促使败诉方执行WTO裁决发挥了重要作用，同时，其他胜诉方的报复措施或报复威胁也对促使美国和欧盟执行WTO的裁决或者提供补偿产生不错的效果。但是，报复措施的实际适用效果往往受到自身综合国力强弱的影响。报复措施的使用和可能实现的作用是以成员的经济实力为基础的，因而发达国家和发展中国家成员实施报复措施的效果差距很大。发展中国家成员胜诉利用报复威胁或者实施报复措施来实现促使发达国家成员执行WTO裁决的案例也是有的[70]。如在"美国——棉花案"中，巴西在美国没有及时完全地执行WTO裁决时，为了促使美国执行裁决，巴西多次威胁实施知识产权报复措施并建立了知识产权报复机制，最终成功迫使美国与之达成补偿协议。

为了增强贸易报复或报复威胁的可信性和威慑力以及便利DSB授权的贸易报复措施的国内实施，建议中国建立国内贸易报复实施机制，目前，中国作为起诉方的主要对象是美国和欧盟，而它们作为败诉方的执行WTO裁决的记录并不良好，极有可能需要中国动用贸易报复措施推动它们执行WTO裁决。鉴于欧盟没有完全执行"紧固件案"的WTO裁决，中国于

2013年10月30日第一次正式启动了DSU21.5条执行之诉。如执行专家组或上诉机构裁定欧盟没有执行WTO裁决，中国就可以请求DSB授权报复。另在中国诉美国"某些产品双反案"中，中国也认为美国没有完全执行WTO裁决，保留了提起DSU21.5条执行之诉和实施贸易报复措施的权利。为此，中国应借鉴欧美的做法，建立促使执行WTO裁决的国内贸易报复机制。

（八）用尽救济手段和争端解决技巧拖延执行时间

在WTO争端解决机制下，中国与其他WTO成员方产生经贸争端时，除了诉诸DSB之外不能轻易放弃利用磋商、调解、斡旋等其他政治性方法。在WTO争端解决过程中，尽量争取使双方达成满意的解决办法，采取克制态度利用授权报复或报复威胁措施，避免增加争端方之间的"贸易壁垒"。美国和欧盟作为利用WTO争端解决机制最有经验的两大成员方，不断更新执行WTO裁决的方法和技巧，创造许多WTO制度没有涉及或者容忍下的"自保手段"，为国内产业保护和维护国家利益作出了巨大的贡献，中国应该向它们学习，借鉴成熟的经验和做法，为调整国家政策和法律法规以及企业享受的政府补贴或者优惠政策争取尽可能长的时间。

（1）争取尽可能长时间的执行"合理期限"。

DSU第21.3条并没有明确的规定执行的"合理期限"的确切时间，更没有确定的统一标准。基于WTO裁决无"溯及既往"效力，败诉方在合理期限内并没有终止违法措施的义务，也不需要为该违法措施造成的既往损害提供补偿或救济，另外，胜诉方也不得在合理期限内对败诉方实施授权报复措施，使得WTO成员方不用付出任何成本或者代价就可以"恶意"延长合理期限[71]。因此，在中国在执行WTO不利裁决的过程中，应争取尽可能长的合理执行期限，为调整国内产业政策和立法措施争取尽可能长的过渡期。

（2）特定情况下的部分执行WTO裁决。

在特定情况下选择部分执行WTO裁决可能是最优的，一方面，表明中国具有执行的主观意愿且已经部分执行了裁决，如通过不断调整执行措施，虽然胜诉方可能对执行的效果并不十分满意。另一方面，可以利用执行

WTO 裁决的时间为下一步措施的决策赢得更多的考虑时间，要么选择继续执行 WTO 裁决换取更大的利益，或者拖延执行，等得到部分贸易竞争力后再决定是否继续执行及具体执行方案。如果胜诉方的损失不大而国内的补贴政策又能获得更大的利益时，可与胜诉方在裁决执行过程中进行补偿谈判。如果执行 WTO 裁决的过程能够进入"修改—质疑—再修改—再质疑"的往复循环，就可以为国家和相关产业赢得至少 3 到 5 年或者更长的时间，通过这段时间可以扶持中国的相关产业或者对相关产业进行优化调整。

（3）采取灵活的技术性手段拖延裁决的执行。

在遇到一些触及国家核心利益或敏感问题的案件裁决执行过程中，中国可采取灵活的技术性拖延手段。例如，在执行 WTO 裁决时可能引发某些新的争端，迫使胜诉方启动 DSU 第 21.5 条项下的"执行复审"程序，这在事实上能够延长合理执行期限。因为依据 DSU 第 21.6 条的规定，WTO 裁决的执行问题在合理期限开始后的 6 个月内被列入 DSB 会议议程，并保留在 DSB 的会议议程上，直到该问题得以最终解决。有关成员应在 DSB 每一次会议召开前至少 10 天向 DSB 提交一份关于执行 WTO 裁决进展的书面情况报告。不过，由于 DSU 缺乏对通报内容和格式的明确规定，败诉方提交的裁决执行情况报告往往不明确、不具体，缺乏具体执行的细节而导致胜诉方很难判定败诉方是否执行了 WTO 裁决。因此，现行的监督机制在 WTO 裁决执行实践中暴露出了许多问题。除此以外，还存在执行裁决报告内容重复以及缺乏对通报义务的严格监管等问题[72]。在某些特殊情况下，案情复杂，执行困难时，中国认为确有必要，可以在案件的 WTO 裁决执行过程中利用该监督机制的模糊之处。

还可以利用 WTO 制度中的漏洞来拖延执行时间，如利用 DSU 条文本身的冲突，即 DSU 第 21.5 条和第 22 条间的顺序冲突。就是先判断是否有效执行，还是先施行报复之间的顺序问题，冲突的解决现在形成了一个惯例，即由争端双方自觉的先达成协议，这就为国内应对裁决执行增加了缓冲的时间。

执行裁决的具体方式将由执行方自己决定，胜诉方可能对败诉方执行裁决的方式不满，可以依据 DSU 第 21.5 条规定，有关执行裁决的争议可以提交 DSB 裁定。专家组并不就如何执行裁决提出"意见"的原因主要是成员出于国内政治的考虑，并不十分喜欢专家组对其在国内如何执行裁决发号施令，而专家组也不愿意贸然介入[73]。事实上，专家组对是否提出执行裁决方式的意见拥有裁量权，同时，败诉方在选择具体执行裁决的方式上也具有选择权。从政治经济学角度上来看，WTO 成员在执行裁决的方式上具有选择余地，即意味着给予成员一种宽容度，允许其寻找并适用在国内面临政治阻力最小的方式来执行裁决[74]。由于是否履行和如何履行一项国际义务，通常取决于主权国家对自身利益的判断与取舍，因此中国在认识到自身对国际社会的责任、继续充当遵守国际法"模范生"的同时，也应采取更灵活的策略来履行国际义务，以更有效地展示自身的守法形象，增强国家的软实力。

注释：

［1］ 龚柏华. WTO 争端解决与中国二十年. 上海人民出版社，2016：79.

［2］ 2008 年 7 月 9—10 日，在北京举行的"世贸组织争端解决机制：发展中国家经验共享"国际研讨会上，商务部副部长姜增伟在谈到中国在 WTO 的作用和发展方向时如此表示。

［3］ 本案应于 2011 年 3 月 19 日到期，事实上 2012 年 4 月 15 日签订《中美电影协议》后结案。

［4］ 关于本案的基本案情和裁决详见第四章。

［5］ 2005—2007 年，我国海关查处的侵权货物中，进口仅占 0.15%，而海关拍卖的侵权货物价值仅占全部侵权货物的 2.2%。数据参见 China-Measures Affecting the Protection and Enforcement of Intellectual Property Rights，Report of the Panel，WT/DS362/R，26 January 2009.

［6］ "汽车零部件案"涉及措施及"知识产权案"的海关措施均不是全国人大常委会的立法，而是行政法规或部门规章等。

［7］ 1992 年中美《关于保护知识产权的谅解备忘录》签署后，我国为履行该双边协议而加入《伯尔尼公约》，并制定了《实施国际著作权条约的规定》，但未直接修改《著作权法》。

［8］ USTR，2015 Report to Congress on China's WTO Compliance，https：//ustr. Gov/about-us / policy-offices / press-office / reports-and-publications /2015 /2015-report-congress-chinas-wto（2019-3-30）.

［9］ USTR，2016 Report to Congress on China's WTO Compliance，January 2017，p.

4. https：//ustr. gov / sites / default / files /2016‐China-Report-to-Congress. pdf（2019‐3‐30）.

[10] USTR，2017 Report to Congress on China's WTO Compliance，https：// ustr. gov / sites / default / files / files / Press / Reports / China% 202017%20WTO%20Report pdf（2019‐3‐27）.

[11] See Timothy Webster，"Paper Compliance：How China Implements WTO Decisions"，35 Mich. J. Int'l L. 525（2014）.

[12] 《外交部发言人陆慷主持例行记者会》，2018 年 4 月 25 日，http：// www. fmprc. gov. cn / web / wjdt _ 674879 / fyrbt _ 674889 / t1554285. shtml（2019‐4‐30）.

[13] 《外交部发言人华春莹主持例行记者会》，2018 年 7 月 17 日，http：// www. fmprc. gov. cn / web / wjdt _ 674879 / fyrbt _ 674889 / t1577832. shtml（2019‐4‐30）.

[14] China-US Debate At the WTO General Council Meeting，Geneva，26 July 2018.

[15] See Timothy Webster，supra note〔8〕：574.

[16] See Guang Ma，Li Jiang. A Legalization Theory Based Response to Timothy Webster's Paper Compliance of China in WTO Dispute Settlement. 10 Asian J. WTO & Int'l Health L & Pol'y，2015，541：575 .

[17] Webster Timothy. "Paper Compliance：How China Implements WTO Decisions". Michigan Journal of International Law，2014，35（3）：573.

[18] 孙昭. 寸土必争的世贸争端. 北京：知识产权出版社，2015：83.

[19] Qin Julia Ya. "WTO-Plus Obligations and Their Implications for the World Trade Organization Legal System". Journal of World Trade，2003，37（3）：483.

[20] Qin Julia Ya. The Challenge of Interpreting "WTO-Plus" Provisions. Wayne State University Law School，July 2009. http：//papers. ssrn. com/sol3/ papers. cfm？abstract _ id＝1428976♯♯，last visited May 30，2015（2019‐3‐30）.

[21] 商务部关于《反倾销和反补贴调查听证会规则（征求意见稿）》公开征求意见［EB/ OL］. 中国商务部条约法律司网站. http：//tfs. mofcom. gov. cn/article/as/201508/ 20150801089862. shtml；商务部关于《反倾销问卷调查规则（征求意见稿）》公开征求意见［EB/OL］. 中国商务部条约法律司网站. http：//tfs. mofcom. gov. cn/article/as/ 201508/20150801089875. shtml；商务部关于《倾销和倾销幅度期间复审规则（征求意见稿）》公开征求意见［EB/OL］. 中国商务部条约法律司网站. http：//tfs. mofcom. gov. cn/article/as/201508/20150801089882. shtml（2019‐3‐25）.

[22] 徐昕，张磊. 中国执行 WTO 争端解决案件十年考. 理论探索，2011（6）：131.

[23] 李晓郛,熊轩昱.中美 DSB 争端案件考察(2001—2012).世界贸易组织动态究,2013,(3):33.

[24] WTO. Dispute by agreements [EB/OL]. http://www.wto.org/english/tratop_e/dispu_e/dispu_agreements_in-dex_e.htm?id=A2#selected_agreement(2019-3-25).

[25] 徐昕,张磊.中国执行 WTO 争端解决案件十年考.理论探索,2011,(6):136.

[26] China — Publications and Audiovisual Products,WT/DS363/R,WT/DS363/AB.

[27] China — Electronic Payment Services,WT/DS413.

[28] China — Intellectual Property Rights,WT/DS362.

[29] See Timothy Webster. "Paper Compliance: How Chine Implements WTO Decisions", Forthcoming in Michigan Journal of International Law. http://sern.com/abstract-2312877, Last accessed on August 19, 2013(2019-3-25).

[30] Timothy Webster. "Paper Compliance: How China Implements WTO Decisions". Michigan Journal of International Law,2014,35(3):575.

[31] Timothy Webster. "Paper Compliance: How China Implements WTO Decisions", Michigan Journal of International Law,2014,35(3):559.

[32] 龚柏华,谭观福.WTO 争端解决视角下的中美互联网措施之争.国际法研究,2015(2):58.

[33] Timothy Webster. "Paper Compliance: How China Implements WTO Decisions", Michigan Journal of International Law,2014,35(3):561.

[34] Timothy Webster. "Paper Compliance: How China Implements WTO Decisions", Michigan Journal of International Law,2014,35(3):569.

[35] Qin Julia Ya. "Pushing the Limits of Global Governance: Trading Rights, Censorship and WTO Jurisprudence - A Commentary on the China-Publications Case". Chinese Journal of International Law,2011,10(2):272.

[36] Oh Seung-Youn. Convenient Compliance: China's Industrial Policy Staying One Step Ahead of WTO Enforcement, May 2015, p.1, http://www.eai.or.kr/data/bbs/eng_report/201505131161726.pdf(2019-3-25).

[37] Oh Seung-Youn, Convenient Compliance: China's Industrial Policy Staying One Step Ahead of WTO Enforcement, May 2015, pp.8-9, http://www.eai.or.kr/data/bbs/eng_report/201505131161726.pdf(2019-3-25).

[38] 商务部条约法律司负责人就美将中国取向电工钢案执行措施诉诸世贸组织争端解决机制发表谈话 [EB/OL]. 中国商务部新闻办公室网站. http://www.mofcom.gov.cn/

article/ae/ai/201401/20140100459536.shtml（2019-3-25）.

[39] 张乃根.WTO贸易救济争端裁决的执行及其比较.暨南学报（哲学社会科学版），2014（5）：7.

[40] 李荣林，朱彤等.WTO的理论基础与中国的市场建设.天津：天津大学出版社，2003：241.

[41] 朱榄叶.参与WTO争端解决败诉不一定是坏事.中国对外贸易，2012（12）：39.

[42] 孙昭.寸土必争的世贸争端.北京：知识产权出版社，2015：81.

[43] 韩立余.入世对中国法治的影响.中国青年政治学院学报，2011（5）：115.

[44] 彭德雷."超WTO条款"法律适用研究：基于中国"稀土案"的考察.国际经贸探索，2015（1）：97.

[45] WTO Secretariat, The World Trade Report 2007, Six decades of multilateral trade cooperation: What have we learnt? 转引自傅星国.WTO决策机制的法律与实践.上海：上海人民出版社，2009：257.

[46] 2014 Report to Congress on China's WTO Compliance. USTR Website . http：//www.ustr.gov/sites/default/files/2014-Report-to-Congress-Final.pdf（2019-3-25）.

[47] Christopher Duncan. Out of Conformity: China's Capacity to Implement World Trade Organization Dispute Settlement Body Decisions After Accession. American University International Law Review，2002（18）：77.

[48] See Ljinana Biukovic. "Conclusion: Reaching Normative Censensus in International Trade Law", in Pitman B. Potter and Ljinana Biukovic（eds.）. Globalization and Local Adaptation in International Trade Law. UBC Press，2011：285.

[49] See Kendall Stiles，State Responses to International Law，Routledge，2015：3.

[50] 参见胡建国，杨梦莎."世贸组织裁决的国内执行"专题研讨会综述.国际法研究.2014（3）：128.

[51] 参见国务院新闻办公室.中国与世界贸易组织［M］.人民出版社，2018：3.

[52] See Status Report, China-Measures Affecting Trading Rights and Distribution Services for Certain Publications and Audiovisual Entertainment Products，WT／DS363／17／Add.2，15 March 2011.

[53] ［美］杰克·戈德史密斯，埃里克·波斯纳.国际法的局限性.龚宇译.北京：法律出版社，2010：12.

[54] 刘振环.美国贸易政策研究.北京：法律出版社，2010：69.

[55] 傅星国.WTO决策机制的法律与实践.上海：上海人民出版社，2009：26.

[56] 何力.我国国际经济法学定位的重新审视—告别发展中国家国际经济法学.复旦学报（社会科学版），2007（2）：83.

[57] 黄志雄.从国际法实践看发展中国家的定义及识别标准.法学评论，2000（2）：81.

[58] 李晓郛，纪演娟.中国执行 DSB 裁决报告的法律对策和建议.兰州商学院学报，2014（1）：123.

[59] John Jackson."International Law Status of WTO Dispute Settlement Reports：Obligation to Comply or Option to 'Buyout'". American Journal of International Law，2004，98（1）：123.

[60] 胡建国.WTO 争端解决裁决的国内效力问题研究——以国家主权为视角.法学评论，2014（6）：145.

[61] 胡建国，杨梦莎."世贸组织裁决的国内执行"专题研讨会综述.国际法研究，2014（3）：127.

[62] 徐昕.美国—丁香烟案执行争端问题评析.武大国际法评论（第十七卷），2015（2）：374.

[63] 张乃根.国际法原理.北京：中国政法大学出版社，2002：24.

[64] 曾令良.WTO 协议在中国的适用.邵沙平，余敏友.国际法问题专论.武汉：武汉大学出版社，2002：352-353.

[65] 李晓郛.WTO 协议在中国法院的适用问题.兰州商学院学报，2013（2）：119.

[66] 贺小勇.WTO 裁决执行与否的法律机理.法学，2015（3）：122.

[67] 胡建国，杨梦莎."世贸组织裁决的国内执行"专题研讨会综述.国际法研究.2014（3）：79.

[68] 李晓郛，纪演娟.中国执行 DSB 裁决报告的法律对策和建议.兰州商学院学报，2014（1）：125.

[69] See European Commission，"Proposal fora Regulation of the European Parliament and of the Council Concerning the Exercise of the Union's Rights for tho Application and Enforcement of International Trade Rules"，Brusscls，18.12.2012，COM（2012）773 final，2012/0359（COD）.

[70] ohn Errico. The WTO in the EU：Unwinding the Knot. Cornell International Law Journal，2011，44（4）：208.

[71] 傅星国.WTO 裁决执行的"合理期限"问题.国际经济与合作，2009（2）：85.

[72] 傅星国.WTO 争端裁决的执行机制.上海：上海人民出版社，2011：185.

[73] Allan Rosas. Implementation and Enforcement of WTO Dispute Settlement Findings：An EU Perspective，Journal of International Economic Law，2001（31）：134.

[74] Robert Hudec. Broadening the Scope of Remedies in WTO Dispute Settlement, in Friedl Weiss: Improving WTO Dispute Settlement Procedures: Issues and Lessons from the Practices of Other International Counts and Tribunals . London: Cameron May, 2000: 378.

结语

从实然的角度看，以"一视同仁"的态度遵守所有国际司法机构的裁决，这固然是一种道义和理想，但却不一定符合国际社会的现实。各国情况和利益等差异有可能导致个别WTO不利裁决得不到及时和完全的执行。作为一个后发的崛起中国家，中国容易被视为国际旧格局的"不确定因子"。鉴于中国在世界舞台上角色的转变，其参与国际法制度的方法和策略亦须不断顺时应势做出调整。一方面，中国需要向国际社会展示自身的开放与友好，积极参与国际法律制度的构建，消除国际关系中的误会和不信任，防止意外的不可控事件发生，促进国际合作和共同发展；另一方面，对于涉及高度政治敏锐性、国家重大利益等案件，也应积极运用国际法原理，以具有灵活性的法律策略遵守国际司法机构的裁决。因此，如能采用各种灵活的方法和策略执行WTO裁决，将有助于改变西方国家对我国在国际社会"守法国家"形象的固有偏见与长期误读，有效提升我国的国际形象，更好地维护国家利益。

  入世之前，中国政府将加入WTO作为一个重要的战略部署，从长远来看，WTO将对中国的社会和经济产生重大持续影响。目前中国作为WTO的重要成员方，既要运用WTO争端解决机制处理与其他成员方的贸易争端，又要面临执行WTO裁决的决策问题。随着中国贸易实力的增强和经济优势的提升，其在WTO中参与的诉讼必将越来越多，而且将越来越棘手，处理WTO争端解决的能力将面临严峻考验，中国政府要学会在国际交往中争取主动权，尽快适应国际交往的潜规则，提高处理高发国际争端的能力已经迫在眉睫。中国在展示在世界舞台遵守规则的意愿和能力的同时，应当学会成为WTO体制中更熟练的参与者，通过运用灵活性的策略来提高履行国际义务的能力，以更好地维护国家声誉和最大化自身利益。因此，建议中国政府放弃完全执行WTO裁决的单一做法，采取国家现实主义的态度，借鉴美国、欧盟等WTO其他成员方的制度和经验，构建一套涵盖立法、行政和司法的有"中国特色"的WTO裁决执行制度，尽最大可能地维护国家利益、保护国内产业。

主要参考文献

一、中文资料

(一) 连续出版物

[1] 张乃根. WTO贸易救济争端裁决的执行及其比较 [J]. 暨南学报（哲学社会科学版），2014（5）：1-9.

[2] 张乃根. 论WTO法下的中国法制变化 [J]. 法学家，2011（1）：33-38.

[3] 张乃根. 论WTO争端解决的合理执行期仲裁——兼论中美知识产权案的执行对策 [J]. 政法论丛，2009（3）：13-18.

[4] 张乃根. 论中美知识产权案的执行问题 [J]. 世界贸易组织动态与研究，2009（9）：20-24.

[5] 张乃根. 试析WTO争端解决的履行 [J]. 武大国际法评论，2009（9）：1-14.

[6] 张乃根. 中美知识产权案评述及可上诉问题探讨 [J]. 世界贸易组织动态与研究，2009（4）：1-9.

[7] 张乃根. 论WTO争端解决的条约解释 [J]. 复旦学报（社会科学版），2006（1）：120-133.

[8] 张乃根. 论WTO争端解决机制的若干国际法问题 [J]. 法律适用，2001（10）：8-17.

[9] 贺小勇. WTO裁决执行与否的法律机理 [J]. 法学，2015（3）：116-123.

[10] 贺小勇. 中国执行DS413案专家组裁决的法律思考 [J]. 世界贸易组织动态与研究，2013（5）：25-33.

[11] 赵维田. 垂范与指导作用——WTO体制中"事实上"的先例作用 [J]. 国际贸易，2003（9）：33-45.

[12] 龚柏华. 中国参与WTO争端解决机制实践的评述 [J]. 福建政法管理干部学院学报，2009（1）：21-29.

[13] 余敏友. 论世贸组织争端解决机制的强制执法措施 [J]. 暨南学报（哲学社会科学版），2008（1）：23-34.

［14］ 余敏友. 论世贸组织法律救济的特性［J］. 现代法学, 2006（6）: 14-24.

［15］ 黄东黎. 违反 WTO 的义务如何救济［J］. 人民法院, 2002（9）: 46-55.

［16］ 黄志雄. 从国际法实践看发展中国家的定义及其识别标准—由中国"入世"谈判引发的思考［J］. 法学评论, 2000（2）: 73-85.

［17］ 韩逸畴. 再论 WTO 执行法律本质: 遵守抑或再平衡［J］. 现代法学, 2014（11）: 167-176.

［18］ 张军旗. 论 WTO 国际责任的范围及其发展方向［J］. 政治与法律, 2006（6）: 71-82.

［19］ 傅星国. WTO 对报复水平的仲裁［J］. 国际经济合作, 2009（8）: 76-81.

［20］ 傅星国. WTO 裁决执行的"合理期限"问题［J］. 国际经济合作, 2009（2）: 79-85.

［21］ 车丕照. 国际秩序的国际法支撑［J］. 清华法学, 2009（1）: 44-53.

［22］ 何志鹏. 国际法的遵从机制探索［J］. 东方法学, 2009（9）: 85-96.

［23］ 何志鹏. 国际法治: 和谐世界的必由之路［J］. 清华法学, 2009（1）: 36-48.

［24］ 胡建国. 美欧执行 WTO 裁决的比较分析——以国际法遵守为视角［J］. 欧洲研究, 2014（1）: 47-58.

［25］ 谭观福. WTO 争端解决中国败诉案执行法律问题探析［J］. 上海对外经贸大学学报, 2016（7）: 23-34.

［26］ 李晓郛. 以贸易救济为视角看美国对 DSB 裁决的执行［J］. 上海海关学院学报, 2013（1）: 101-108.

［27］ 李晓郛. WTO 协议在中国法院的适用问题［J］. 兰州商学院学报, 2013（2）: 114-119.

［28］ 李晓郛. 私人通过援引 DSB 裁决在 ECJ 获得赔偿的可能性分析—以司法判例为视角［J］. 国际经济法学刊, 2012（3）: 15-40.

[29] 李晓郛，纪演娟. 中国执行 DSB 裁决报告的法律对策和建议 [J]. 兰州商学院学报，2014（2）：56-68.

[30] 李晓郛、熊轩昱. 中美 DSB 争端案件考察（2001—2012）[J]. 世界贸易组织动态究，2013（3）：25-33.

[31] 徐昕、张磊. 中国执行 WTO 争端解决案件十年考 [J]. 理论探索，2011（6）：130-136.

[32] 都毫. 对 WTO 争端解决机制裁定执行的评估：遵守与否的考量因素 [J]. 上海对外经贸大学学报，2017（3）：89-98.

[33] 孙立文. WTO 贸易救济争端解决裁决执行问题分析 [J]. 国际商务研究，2010（3）：11-18.

[34] 吕晓杰. WTO 规则在欧盟法律体系中效力的新发展——统一解释原则的确定与适用 [J]. 现代法学，2008（1）：110-125.

[35] 栾信杰. 美国对 WTO 争端解决机构裁决的复审及其影响分析 [J]. 世界贸易组织动态与研究分析，2008（8）：33-38.

[36] 姜丽勇. 美国在 WTO 争端解决活动中的实践考察和立场研究 [J]. 法学评论，2005（2）：65-74.

[37] 王林彬. 为什么要遵守国际法——国际法与国际关系：质疑与反思 [J]. 国际论坛，2006（4）：32-44.

[38] 唐颖侠. 试析遵守问题与国际制度的理性设计 [J]. 天津社会科学，2008（1）：76-84.

[39] 李万才. 浅论国家主权和国际法的关系 [J]. 世界经济与政治，2000（1）：105-116.

[40] 朱杰进. 国际制度缘何重要——三大流派比较研究 [J]. 外交评论（外交学院学报），2007（2）：97-105.

[41] 随新民. 国际制度的合法性与有效性——新现实主义、新自由制度主义和建构主义三种范式比较 [J]. 学术探索，2004（6）：77-85.

[42] 李杰豪. 论"无政府状态"下国际法之遵守——以利益分析为基点 [J]. 当代世界与社会主义，2007（6）：67-78.

[43] 于洋，张辉. WTO争端解决执行异议诉讼的趋势［J］. WTO经济导刊，2015（7）：90-97.

[44] 纪文华. WTO争端解决执行中的"顺序"问题法律解读［J］. 世界贸易组织动态与研究，2005（12）：20-25.

（二）专著

[1] 王铁崖. 国际法［M］. 北京：法律出版社，1994.

[2] 赵维田. 最惠国与多边贸易体制［M］. 北京：中国社会科学出版社，1996.

[3] 赵维田. 世贸组织（WTO）的法律制度［M］. 长春：吉林人民出版社，2000.

[4] 赵维田. WTO的司法机制［M］. 上海：上海人民出版社，2004.

[5] 张乃根. WTO争端解决的履行［M］. 武汉：武汉大学出版社，2008.

[6] 曹建明. 关税与贸易总协定［M］. 北京：法律出版社，1994.

[7] 曹建明，贺小勇. 世界贸易组织（第2版）［M］. 北京：法律出版社，2004.

[8] 李双元，蒋新苗. 世贸组织（WTO）的法律制度：兼论中国"入世"后的应对措施［M］. 北京：中国方正出版社，2001.

[9] 王贵国. 世界贸易组织法［M］. 北京：法律出版社，2003.

[10] 曾令良. 世界贸易组织法［M］. 武汉：武汉大学出版社，1996.

[11] 张乃根. 国际法原理［M］. 北京：中国政法大学出版社，2002.

[12] 朱榄叶. 世界贸易组织国际贸易纠纷案例评析（2003—2006）［M］. 北京：法律出版社，2008.

[13] 朱榄叶. 世界贸易组织国际贸易纠纷案例评析（1995—2002）上册、下册［M］. 北京：法律出版社，2003.

[14] 朱榄叶. 世界贸易组织国际贸易纠纷案例评析［M］. 北京：法律出版社，2000.

[15] 朱榄叶，贺小勇. WTO争端解决机制研究［M］. 上海：上海世纪出

版集团，2007.

[16] 韩立余. WTO案例及评析 [M]. 北京：中国人民大学出版社，2001.

[17] 韩立余. 既往不咎：WTO争端解决机制研究 [M]. 北京：北京大学出版社，2009.

[18] 余敏友. 世界贸易组织争端解决机制法律与实践 [M]. 武汉：武汉大学出版社，1998.

[19] 余敏友，左海聪，黄志雄. WTO争端解决机制概论 [M]. 上海：上海人民出版社，2001.

[20] 贺小勇. WTO法专题研究 [M]. 北京：北京大学出版社，2010.

[21] 贺小勇. 国际贸易争端解决与中国对策研究-以WTO为视角 [M]. 北京：法律出版社，2006.

[22] 傅星国. WTO争端裁决的执行机制 [M]. 上海：人民出版社，2011.

[23] 傅星国. WTO决策机制的法律与实践 [M]. 上海：上海人民出版社，2009.

[24] 张军旗. WTO国际法律责任制度研究 [M]. 北京：法律出版社，2012.

[25] 张玉卿. WTO新回合法律问题研究 [M]. 北京：中国商务出版社，2004.

[26] 李成钢. 世贸组织规则博弈—中国参与WTO争端解决的十年法律实践 [M]. 北京：商务印书馆，2011.

[27] 张向晨. 发展中国家与WTO的政治经济关系 [M]. 北京：法律出版社，2000.

[28] 杨国华. WTO争端解决程序详解 [M]. 北京：中国方正出版社，2004.

[29] 杨国华. 中国与WTO争端解决机制专题研究 [M]. 北京：中国对外经济贸易大学出版社，2004.

[30] 杨国华，李咏谦. WTO争端解决程序详解 [M]. 北京：中国方正出版社，2004.

[31] 纪文华，姜丽勇. WTO争端解决规则与中国的实践 [M]. 北京：北

京大学出版社，2005.

[32] 刘振环. 美国贸易政策研究［M］. 北京：法律出版社，2010.

[33] 鲍志才. 世界贸易组织经典案例评析［M］. 成都：四川辞书出版社，2003.

[34] 胡建国. WTO争端解决裁决执行机制研究［M］. 北京：人民出版社，2011.

[35] 常景龙. WTO之DSB报告执行制度论—十五年的实施与反思［M］. 福建：厦门大学出版社，2012.

[36] 贺其治. 国家责任法及案例浅析［M］. 北京：法律出版社，2003.

[37] 葛壮志. WTO争端解决机制法律和实践问题研究［M］. 北京：法律出版社，2013.

[38] 孔祥俊. WTO法律的国内适用［M］. 北京：人民法院出版社，2002.

[39] 孔祥俊. WTO知识产权协定及其国内适用［M］. 北京：人民法院出版社，2002.

[40] 黄志雄. WTO体制内的发展问题与国际发展法研究［M］. 武汉：武汉大学出版社，2005.

[41] 韩秀丽. 论WTO法中的比例原则［M］. 福建：厦门大学出版社，2007.

[42] 张庆麟. 全球化时代的国际经济法［M］. 武汉：武汉大学出版社，2009.

[43] 李耀芳. WTO争端解决机制［M］. 北京：中国对外经济贸易出版社，2003.

[44] 程宝库. 世界贸易组织法律问题研究［M］. 天津：天津人民出版社，2000.

[45] 范健，孙南申. 关贸总协定的国际规则与适用惯例［M］. 贵阳：贵州人民出版社，1994.

[46] 叶兴平. 国际争端解决机制的最新发展：北美自由贸易区的法律与实践［M］. 北京：法律出版社，2006.

[47] 顾婷. 国际公法视域下的WTO法［M］. 北京：北京大学出版社，

2010.

[48] 温树斌.国际法强制执行问题研究［M］.湖北：武汉大学出版社，2010.

[49] 倪世雄.当代西方国际关系理论［M］.上海：复旦大学出版社，2001.

[50] 郭树勇.建构主义与国际政治［M］.北京：长征出版社，2001.

（三）译著

[1] 世界贸易组织法律事务部编.WTO争端解决案件概要（1995—2007）［M］.朱榄叶译.北京：法律出版社，2009.

[2] ［英］詹宁斯·瓦茨.奥本海国际法［M］.第一卷第一分册.王铁崖等译.北京：中国大百科全书出版社，1995.

[3] ［美］约翰 H. 杰克逊.关贸总协定：国际经贸中的法律与政策［M］.赵维田译.北京：海天出版社，1993.

[4] ［美］约翰 H. 杰克逊.世界贸易体制—国际经济关系的法律与政策［M］.张乃根译.上海：复旦大学出版社，2002.

[5] ［美］约翰 H. 杰克逊.GATT/WTO法理与实践［M］.张玉卿等译.北京：新华出版社，2002.

[6] ［美］博登海默.法理学：法律哲学与法律方法［M］.邓正来译.北京：中国政法大学出版社，2004.

[7] ［意］安东尼奥·卡塞斯.国际法［M］.蔡从燕等译.北京：法律出版社，2009.

[8] ［比］约斯特·鲍威林.国际公法规则之冲突—WTO法与其他国际法规则如何联系［M］.周忠海，周丽英，马静，黄建中等译.北京：法律出版社，2005.

[9] ［美］道格拉斯·G. 等.法律的博弈分析［M］.严旭阳译.北京：法律出版社，1999.

[10] ［德］沃尔夫刚·格拉夫·魏智通.国际法（第2版）［M］.吴越，毛晓飞译.北京：法律出版社，2002.

［11］ ［奥］凯尔森. 纯粹法理论［M］. 张书友译. 北京：中国法制出版社，2008.

［12］ ［美］帕尔米特，［希腊］马弗鲁第斯. WTO 中的争端解决：实践与程序（第 2 版）［M］. 罗培新，李春林译. 北京：北京大学出版社，2005.

（四）专著中析出的文献

［1］ 张乃根. 试析 WTO 争端解决的履行［A］. 张乃根. WTO 法与中国涉案争端解决［M］. 上海：上海人民出版社，2013：77-89.

［2］ 韩立余. "美国博彩案"对中国执行 WTO 裁决的启示［A］. 张乃根. WTO 争端解决的"中国年（2009）"［M］. 上海：上海人民出版社，2010：183-195.

［3］ 李成钢. 对中国参与 WTO 争端解决的若干问题思考［A］. 张乃根. WTO 争端解决的"中国年（2009）"［M］. 上海：上海人民出版社，2010：19-24.

［4］ 余敏友，陈喜峰. WTO 争端解决机制的改革谈判和我国的应对之策［A］. 陈安. 国际经济法学刊（第 10 卷）［M］. 北京：北京大学出版社，2004：156-178.

［5］ 张若思. 多边贸易体制内争端解决制度的发展—从关贸总协定到世界贸易组织［A］. 中国国际法年刊 1996［M］. 北京：法律出版社，1997：123-135.

［6］ 曾令良. WTO 协议在中国的适用［A］. 国际法问题专论［C］. 武汉：武汉大学出版社，2002：341-353.

二、英文资料

（一）英文论文

［1］ John H. Jackson. Dispute Settlement and the WTO Emerging Problems［J］. Journal of International Economic Law，1998：319-335.

[2] John H. Jackson. An Interview with John H. Jackson: Shaping International Economic Law [J]. Journal of the International Institute, 1997, 5 (1): 60-87.

[3] John H. Jackson. International Law Status of WTO Dispute Settlement Report: Obligation to Comply or Option to 'Buy-Out'? [J]. American Journal of International Law, 2004 (98): 103-125.

[4] John H. Jackson. The WTO Dispute Settlement: Misunderstanding on the Nature of Legal Obligation [J]. American Journal of International Law, 1996, 91: 40-63.

[5] John H. Jackson, The WTO Dispute Settlement Understanding-Misunderstanding on the Nature of Legal Obligation [J]. The American Journal of International Law, 1997, 91 (1): 62-98.

[6] Steven P. Croley, John H. Jackson. WTO Dispute Procedures, Standard of Review and Deference to National Governments [J]. American Journal of International Law, 1996, 90: 183-196.

[7] Ernst-Ulrich Petersmann. The GATT/WTO Dispute Settlement System: International Law, International Organizations and Dispute Settlement [J]. Kluwer Law International, 1997, 82 (1): 66-97.

[8] William J. Davey. The Sutherland Report on Dispute Settlement: A Comment [J]. Journal of International Economic Law, 2005, 8 (2): 321-358.

[9] William J. Davey. The WTO Dispute Settlement System: The First Ten Years [J]. Journal of International Economic Law, 2005, 8 (1): 55-87.

[10] William J. Davey. The WTO: Looking Forwards [J]. Journal of International Economic Law, 2006, 9 (3): 22-43.

[11] William Davey. Compliance Problems in WTO Dispute Settlement

[J]. Cornell International Law Journal, 2009, 119 (2): 42-68.

[12] William Davey. Implementation Problems in the WTO Dispute Settlement System: The US Experience [J]. Journal of International Economic Law, 2004, 6 (1): 67-98.

[13] William. J. Davey, Dispute Settlement in GATT [J]. Fordham International Law Journal, 1987, 11: 51-105.

[14] Robert E. Hudec. The Adequacy of WTO Dispute Settlement Remedies, a Developing Country Perspective, Development, Trade and WTO: a Handbook [J]. The World Bank, 2002 (11): 89-122.

[15] Robert E. Hudec, Retaliation against Unreasonable Foreign Trade Practice: The New Section 301 and GATT Nullification and Impairment [J]. Minnesota Law Review, 1975, 59: 461-509.

[16] Steve Charnovitz. Rethinking WTO Trade Sanctions [J]. The American Journal of International Law, 2001, 95 (4): 792-832.

[17] Steve Charnovitz. The Enforcement of WTO Judgments [J]. Yale Journal of International Law, 2009, 34: 77-109.

[18] Steve Charnovitz. Should the Teeth be Pulled? An Analysis of WTO Sanctions [J]. Political Economy, 2010, 3 (11): 125-156.

[19] Joost Pauwelyn. Enforcement and Countermeasures in the WTO: Rules are Rules — Toward a More Collective Approach [J]. The American Journal of International Law, 2000, 94 (2): 335-364.

[20] Chad P. Bown, Bernard M. Hoekman. WTO Dispute Settlement And The Missing Developing Country Cases: Engaging the Private Sector [J]. Journal of International Economic Law, 2005, 8 (4): 861-890.

[21] C. P. Bown. On the Economic Success of GATT/WTO Dispute Settlement [J]. The Review of Economics and Statistics, 2004, 7

(86): 811-856.

[22] C. P. Bown. Developing Countries as Plaintiffs and Defendants in GATT/WTO Trade Dispute [J]. The World Economy, 2004, 27: 59-85.

[23] C. P. Bown. Trade Disputes and the Implementation of Protection under the GATT: An Empirical Assessment [J]. Journal of International Economics, 2004, 62: 263-289.

[24] C. P. Bown. Trade Remedies and World Trade Organization Dispute Settlement: Why Are So Few Challenged? [J]. Journal of Legal Studies, 2005, 34: 515-544.

[25] C. P. Bown. Participation in WTO Dispute Settlement: Complainants, Interested Parties and Free Riders [J]. World Bank Economic Review, 2005, 18 (7): 90-122.

[26] B. A. Blonigen, C. P. Bown. Antidumping and Retaliation Threats [J]. Journal of International Economics, 2003, 60: 249-266.

[27] Chamovitz. Rethinking WTO Trade Sanctions [J]. American Journal of International Law, 2001, 95: 794-825.

[28] Chi Carmody. Remedies and Conformity under the WTO Agreement [J]. Journal of International Economic Law, 2002, 5: 307-329.

[29] Chi Carmody. Customs Tariff S. 59 (2): A "Canadian 301"? [J]. Journal of International Economic Law, 1998 (2): 670-694.

[30] Chios Carmody. A Theory of WTO Law [J]. Journal of International Economic Law, 2008, 11 (3): 527-557.

[31] Duncan B. Hollis. Why State Consent Still Matters: Non–State Actors, Treaties, and the Changing Sources of International Law [J]. Berkeley Journal of International Law, 2005, 4 (3): 323-358.

[32] John Errico. The WTO in the EU: Unwinding the Knot [J].

Cornell International Law Journal, 2011, 44 (4): 179-208.

[33] Geraldo Vidigal. Re-assessing WTO Remedies: The Prospective and the Retrospective [J]. Journal of International Economic Law, 2014, 16 (3): 517-538.

[34] Judith Goldstein & Lisa L. Martin. Legalization, Trade Liberalization, and Domestic Politics: A Cautionary Note [J]. International Organization, 2013, 54 (3): 603-632.

[35] Mark L. Movsesian. Enforcement of WTO Ruling: An Interest Group Analysis [J]. Hofstra Law Review, 2013, 1 (2): 32-60.

[36] Krzysztof J. Pelc. Seeking Escape: The Use of Escape Clauses in International Trade Agreements [J]. International Studies Quarterly, 2009, 53 (2): 349-368.

[37] David Collins. Efficient Breach, Reliance and Contract Remedies at the WTO [J]. Journal of World Trade, 2009, 43 (2): 225-244.

[38] PC Mavroidis. Remedies in the WTO Legal System: Between a Rock and a Hard Place [J]. European Journal of International Law, 2000, 11 (4): 810-832.

[39] Onuma Yasuaki. International Law in and with International Politics: The Functions of International Law in International Society [J]. European Journal of International Law, 2003, 14 (1): 122-148.

[40] Claus D. Zimmermann. Strengthening the WTO by Replacing Trade Retaliation with Stronger Informal Remedies? [J]. Journal of International Trade Law & Policy, 2012, 11 (1): 83-105.

(二) 英文著作

[1] John H. Jackson. Sovereignty, the WTO and Changing Fundamentals of International Law [M]. New York: Cambridge University

Press, 2006.

［2］ John H. Jackson. The World Trading System: Law and Policy of International Economic Relations (2nd ed.) [M]. London: The MIT Press, 1997.

［3］ John H. Jackson (eds.). Legal Problems of International Economic Relations: Cases, Materials and Text (5th ed.) [M]. StPaul MN: Thompson/West, 2008.

［4］ John H. Jackson. World Trade and the Law of GATT [M]. Indianapolis Bobbs-Merill Press, 1969.

［5］ John H. Jackson. Emerging Problems of the WTO Constitution: Dispute Settlement and Decision Making in the Jurisprudence of the WTO, in Liberalisation and Protectionism in the World Trading System [M]. Philip Ruttley, 1999.

［6］ John H. Jackson. The Jurisprudence of GATT and the WTO: Insights on Treaty Law and Economic Relations, (2nd ed.). [M]. New York: High Education Press, 2002.

［7］ John H. Jackson. Dispute Settlement and the WTO: Background Note for Conference on Developing Countries and the New Round Multilateral of Trade Negotiations [M]. London: Harvard University, 1999.

［8］ Ernst-Ulrich Petersmann. The GATT/WTO Dispute Settlement System: International Law, International Organizations and Dispute Settlement [M]. Kluwer Law International, 1997.

［9］ David N. Palmeter. The WTO as a Legal System: Essays on International Trade Law and Policy [M]. London: Cameron May, 2003.

［10］ David Palmeter, Petros C. Mavroidis. Dispute Settlement in the World Trade Organization: Practice and Procedure (2nd ed.) [M]. New York: Cambridge University Press, 2004.

[11] Robert Z. Lawrence. Crimes and Punishments? Retaliation under the WTO [M]. Washington: Brookings Institution Press, 2003.

[12] Robert Hudec. The GATT Legal System and World Trade Diplomacy [M]. Butterworth Legal Publisher, 1990.

[13] Robert E. Hudec. Enforcing International Trade Law [M]. Salem: Butterworth, 1991.

[14] Sherzod Shadikhodjaev. Retaliation in the WTO Dispute Settlement System [M]. Netherlands: Kluwer Law and Business, 2009.

[15] Oliver Long. Law and Its Limitations in the GATT Multilateral Trade System [M]. London: Martinus Nijhoff, 1985.

[16] Elisabeth Zoller. Peacetime Unilateral Remedies: An Analysis of Countermeasures [M]. New York: Transnational Publishers, 1984.

[17] Omer Yousif Elagab. The Legality of Non-Forcible Counter-Measures in International Law [M]. Oxford: Clarendon Press, 1988.

[18] Andreas F. Lowenfeld. International Economic Law [M]. New York: Oxford University Press, 2002.

[19] Matthias Oesch. Standards of Review in WTO Dispute Resolution [M]. New York: Oxford University Press, 2004.

[20] Bhagirath Lal Das. The WTO and the Multilateral Trading System: Past, Present and Future [M]. Third World Network & Zed Books Ltd, 2003.

[21] Mark W. Janis &John E. Noyes. International Law: Cases and Commentary [M]. Thomson/West, 2006.

[22] MalcolmShaw. International Law [M]. Cambridge University Press, 2008.

[23] Alina Kaczorowska. Public International Law [M]. Routledge

Cavendish, 2005.

[24] Andrew Guzman. How International Law Works: A Rational Choice Theory [M]. Oxford: Oxford University Press, 2008.

[25] Autar Krishen Koul. Guide to the WTO and GATT Economic, Law, and Politics [M]. London: Kluwer Law international, 2013.

[26] Claude E. Barfield. Free Trade, Sovereignty, Democracy: The Future of the World Trade Organization [M]. Oxford: Oxford University Press, 2008.

(三)专著中析出的文献

[1] Bruce Wilson. The WTO Dispute Settlement System and Its Operation [A]. In Rufus Yerxa, Bruce Wilson Edit. Key Issues in WTO Dispute Settlement: The First Ten Years [M]. New York: Cambridge University Press, 2005.

[2] Gabrielle Marceau. Consultations and the Panel Pross in the WTO [A]. In Rufus Yerxa, Bruce Wilson Edit. Key Issues in WTO Dispute Settlement: The First Ten Years [M]. New York: Cambridge University Press, 2005.

[3] David Evans, Celso de Tarso Pereira. DSU Review: A View from the Inside [A]. In Rufus Yerxa, Bruce Wilson Edit. Key Issues in WTO Dispute Settlement: The First Ten Years [M]. New York: Cambridge University Press, 2005.

[4] John Magnus. Compliance with WTO Dispute Settlement Decisions: Is There a Crisis? [A]. In Rufus Yerxa, Bruce Wilson. Key Issues in WTO Dispute Settlement: The First Ten Years, [M]. Cambridge University Press, 2005.

[5] Giorgio Sacerdoti. The Nature of WTO Arbitration on Retaliation [A]. In Chad P. Bown, Joost Pauwelyn (eds.). The Law, Economics and Politics of Retaliation in WTO Dispute Settlement

[M]. New York: Cambridge University Press, 2010.

[6] Chad P. Bown. The WTO Secretariat and the role of economics in Panels and arbitrations [A]. In Chad P. Bown, Joost Pauwelyn (eds.). The Law, Economics and Politics of Retaliation in WTO Dispute Settlement [M]. New York: Cambridge University Press, 2010.

[7] Chad P. Bown, Joost Pauwelyn. Trade Retaliation in WTO Dispute Settlement: a multi-disciplinary Analysis [A]. In Chad P. Bown, Joost Pauwelyn (eds.). The Law, Economics and Politics of Retaliation in WTO Dispute Settlement [M]. New York: Cambridge University Press, 2010.

[8] Gregory Shaffer, Daniel Ganin. Extrapolating Purpose from Practice: Rebalancing or Inducing Compliance [A]. In Chad P. Bown, Joost Pauwelyn (eds.). The Law, Economics and Politics of Retaliation in WTO Dispute Settlement [M]. New York: Cambridge University Press, 2010.

[9] Lothar Ehring. The European Community's Experience and Practice in Suspending WTO Obligation [A]. In Chad P. Bown, Joost Pauwelyn (eds.). The Law, Economics and Politics of Retaliation in WTO Dispute Settlement [M]. New York: Cambridge University Press, 2010.

[10] Luiz Eduardo Salles. Procedures for the Design and Implementation of Trade Retaliation in Brazil [A]. In Chad P. Bown, Joost Pauwelyn (eds.). The Law, Economics and Politics of Retaliation in WTO Dispute Settlement [M]. New York: Cambridge University Press, 2010.

三、相关网站

[1] The website of WTO: http://www.wto.org.

[2] The website of World Trade Law：http：//www.worldtradelaw.net.

[3] The website of U.S. Government：http：//www.ustr.gov.

[4] The website of UN：http：//www.un.org.

[5] The website of International Court of Justice：http：//www.icj-cij.org.

[6] http：//www.westlaw.com

[7] http：//heinonline.org.

[8] http：//lexisnexis.com.cn

[9] 中华人民共和国商务部网站，网址：http：//www.mofcom.gov.cn.

[10] 上海WTO事务咨询中心网站，网址：http：//www.sccwto.org.

[11] 中国国际经济法学会网站，网址：http：//www.csiel.org.

[12] WTO经济导刊网站，网址：http：//www.wtoguide.net.

后记

WTO争端解决机制一直是我非常关注的研究问题之一。本著作的顺利完成完全得益于我的博士后合作导师刘晓红教授的悉心指导，是她一直支持我走过了从选题、修改到定稿的整个过程。

2016年4月，我非常幸运地进入了梦寐以求的华东政法大学博士后流动站继续学习深造。导师刘晓红教授才识渊博、治学严谨、平易近人，在其指导下三年多的学习研究使我终身受益。学习期间，在导师的耐心指导和帮助下，我成功申请了博士后基金项目，也为我后期出站报告的顺利完成奠定了理论基础。在刘晓红教授的鼓励和支持下，我作为项目负责人还成功申请到了教育部研究课题，为我的研究经历增光添彩，2019年7月我作为项目负责人申请的以WTO争端解决机制中国改革方案为主题的国家社科基金项目也成功获得立项，国家社科基金项目的立项对我本人是极大的鼓舞，支撑我将WTO争端解决机制相关研究继续深入下去。关于本专著的研究主题，当我有了一些研究想法和思路以后，第一时间与导师刘晓红教授商量将这一问题的研究作为我博士后研究期间的主要研究内容，得到导师的认可和支持，并向我推荐了在这方面有卓越研究的国际法学者和顶级杂志，提出了她的一些想法和建议，拓展了我的思路，使我的研究观点和理论框架更加的清晰。

在这一主题的研究和写作过程中，我倍感WTO裁决执行问题的复杂和相关案件裁决的晦涩难懂。初稿完成后，刘晓红教授倾注了大量的宝贵时间和精力，不厌其烦地逐字逐句审阅，将文中谬误的观点、粗浅的论证、不详的出处，甚至是语言和标点的不当都一一指出，并在写作技巧上进行指导，一遍一遍地帮助我完善著作，对于导师的言传身教，学生不胜感激。

同时，华东政法大学法学院诸位教授的指导和教诲也让我受益匪浅。撰写著作期间，我拜读了华东政法大学贺小勇教授的专著和论文，为我后期的写作帮助极大，他还支持和帮助我申请国家社科基金项目，对著作撰写和项目申请提出很多的宝贵意见；也要感谢复旦大学法学院的陈力教授，对著作的结构、内容、资料和语言表述等都提出了大量宝贵意见，对著作的进一步修改和完善提供了帮助，在此表示感谢。她（他）们的鼓励、支持以及在学术方面的指导使我受益良多。

后 记

最后，感谢我的父母，他们给了我良好的教育和无私的爱，感谢我的家人对我一如既往的支持和理解。著作写作和修改期间，勤劳大度的丈夫担负起家里家外所有的事情，乖巧懂事的女儿学习努力、认真，使我能够全身心投入到著作的写作和修改当中，著作的顺利完成也有他们的贡献。

本书的出版承蒙复旦大学出版社的厚爱和大力支持。负责审稿的姜作达老师以极大的耐心和责任心进行审稿，并不断与我沟通，我被她的专业与敬业精神深深感动！

本书的出版受教育部人文社会科学研究"WTO裁决执行的法律机理及中国实践研究"项目（项目批准号：17YJC820036）的资助。

本书的出版特别感谢上海第二工业大学的资助。

本著作虽已完成，其研究深度与广度仍然有一定局限，仍未达到令自己满意的水平，由于选题涉及经济、政治、法律等众多领域，本人深感对选题整体驾驭能力的不足，将通过今后的不断努力予以弥补。

谨以此书献给所有关心、帮助和支持我的人们。

孟 琪

2019年5月6日

图书在版编目(CIP)数据

WTO裁决执行的法律机理与中国实践研究/孟琪著.—上海:复旦大学出版社,2019.8
ISBN 978-7-309-14393-5

Ⅰ.①W… Ⅱ.①孟… Ⅲ.①世界贸易组织-国际贸易组织-国际争端-研究
②世界贸易组织-贸易法-研究 Ⅳ.①F743.1②D996.1

中国版本图书馆CIP数据核字(2019)第109333号

WTO裁决执行的法律机理与中国实践研究
孟 琪 著
责任编辑/姜作达

复旦大学出版社有限公司出版发行
上海市国权路579号 邮编:200433
网址:fupnet@fudanpress.com http://www.fudanpress.com
门市零售:86-21-65642857 团体订购:86-21-65118853
外埠邮购:86-21-65109143 出版部电话:86-21-65642845
上海盛通时代印刷有限公司

开本 787×1092 1/16 印张 22.75 字数 331千
2019年8月第1版第1次印刷

ISBN 978-7-309-14393-5/F·2580
定价:66.00元

如有印装质量问题,请向复旦大学出版社有限公司出版部调换。
版权所有 侵权必究